新编高等院校教育类系列教材

青少年心理发展与教育

贾香花　田学岭　主　编
李　抗　黄羽商　副主编

清华大学出版社
北　京

内 容 简 介

教师专业化是教师职业发展的必然要求，“青少年心理发展与教育”是实现教师专业化的必修课程之一。本书是编者根据教育部等八部门关于印发《新时代基础教育强师计划》的通知(〔2022〕6号)精神，以新时代教师必备的专业知识和专业素养为核心编写的具有应用型特色的教师教育课程教材。

本书内容涉及青少年心理发展的多个方面，包括认知发展、情绪情感发展、自我发展等，对青少年发展与家庭、同伴关系、学校适应等因素之间的关系进行了深入的分析。本书通过“拓展阅读”“知识链接”“趣味小测验”等形式，把抽象的理论与教育教学及社会生活实践相结合，从而帮助教师教育专业学生掌握青少年心理发展规律，增进对青少年心理发展与成长的理解，形成基本的教育理念，同时从教师教育专业学生的专业发展和现实需求出发，全面呈现青少年心理发展与教育的知识，体现出很强的综合性和应用性。

本书具有可读性、可教性和可学性，能帮助读者较为迅速且全面地理解、掌握当今青少年心理发展研究的主流思想，是指导教师教育专业学生职业发展、青少年成长成才的有益之作，对广大中小学教师、青少年工作者、家长也具有重要的参考价值。

本书配套的电子课件和习题答案可以到http://www.tupwk.com.cn/downpage网站下载，也可以扫描前言中的二维码获取。

图书在版编目(CIP)数据

青少年心理发展与教育 / 贾香花，田学岭主编 . 一北京：清华大学出版社，2024.1
新编高等院校教育类系列教材
ISBN 978-7-302-64993-9

Ⅰ. ①青… Ⅱ. ①贾… ②田… Ⅲ. ①青少年心理学一高等学校一教材 ②青少年一心理健康一健康教育一高等学校一教材 Ⅳ. ① B844.2 ② G444

中国国家版本馆 CIP 数据核字 (2023) 第 231214 号

责任编辑：胡辰浩
封面设计：周晓亮
版式设计：孔祥峰
责任校对：成凤进
责任印制：宋 林

出版发行：清华大学出版社
网 址：https://www.tup.com.cn，https://www.wqxuetang.com
地 址：北京清华大学学研大厦 A 座 邮 编：100084
社 总 机：010-83470000 邮 购：010-62786544
投稿与读者服务：010-62776969，c-service@tup.tsinghua.edu.cn
质 量 反 馈：010-62772015，zhiliang@tup.tsinghua.edu.cn
印 装 者：三河市铭诚印务有限公司
经 销：全国新华书店
开 本：185mm×260mm **印 张：**15.25 **字 数：**400 千字
版 次：2024 年 1 月第 1 版 **印 次：**2024 年 1 月第 1 次印刷
定 价：59.00 元

产品编号：104218-01

PREFACE 前言

本书是编者根据教育部等八部门关于印发《新时代基础教育强师计划》的通知(〔2022〕6号)精神，培养造就高素质专业化创新型中小学教师队伍，以新时代教师必备的专业知识和专业素养为核心编写的具有应用型特色的教师教育课程教材。

本书内容丰富，条例清晰，具有全面性、针对性和实用性。本书紧密结合教与学的实践，将内容烦冗的儿童发展与教育心理学理论进行重新梳理整合，广泛借鉴国内外儿童发展与教育心理学研究的最新成果，从一个全新的视角全面阐述了发展与教育心理学的基本理论。本书既考虑了儿童发展与教育心理学学科知识的全面性，又有重点地抽取和突出了相关内容；既注意精选传统经典理论，又新增了对当前教育有重要指导作用的材料；既加强了多学科的联系，又着重突出了教育心理学的主干。本书切合了师范院校的培养目标和教学的实际需要。

本书形式活泼，趣味性强，具有可读性、可教性和可学性。本书以案例导入，在理论阐释之后，设置了“拓展阅读”“知识链接”“趣味小测验”等内容，既注重介绍青少年心理发展的基础知识及新观点、新方法，又关注青少年教育过程中的热点和难点问题。在理论与实践的结合上，本书侧重用心理学理论解决教学实践中的具体问题，启迪读者去思考、去尝试，并为进一步学习拓展了空间，利于教与学。本书既适合作为高等师范院校教师教育专业学生的教学用书，也可作为心理学、教育学等邻近专业学生与教师教育的培训资料，还可作为关注青少年儿童成长的教师、家长及其他读者的推荐读物。

本书由贾香花、田学岭任主编，李抗、黄羽商任副主编。全书分十一章，由贾香花、田学岭教授总体策划，各章撰写人员如下：朱俊卿(第一章)、魏军锋(第二章)、孙卓(第三、四章)、刘芳(第五章)、申雨凡(第六章)、潘丹(第七、十一章)、李抗(第八章)、贾香花(第九章)、黄羽商(第十章)。全书最后由贾香花、田学岭总纂。

编者在编写本书的过程中参考了相关文献，在此向这些文献的作者深表感谢。由于作者水平有限，书中难免有错误与不足之处，恳请专家和广大读者批评指正。我们的电话是010-62796045，邮箱是992116@qq.com。

本书配套的电子课件和习题答案可以到http://www.tupwk.com.cn/downpage网站下载，也可以扫描下方的二维码获取。

配套资源

编 者

2023年9月

CONTENTS 目录

第一章 快速成长的青少年——青少年心理发展

·引 言·

一位母亲向心理热线求助，以下是她所说的主要内容。我很爱我的儿子，他从小就很聪明，也很听话。可是他最近变化很大，他的个头比他爸还高，可他却越来越不懂事了。他凡事都犟头倔脑，自作主张，有时候还喜欢同我们对着干，与我们的意见“反其道而行之”。比如我们叮嘱他多花点时间看书学习，踢球之类的活动可以适当减少。对这个合理的要求，他不但不听，反而第二天故意去踢球，很晚才回家。这样就少不了一场争执，我和他爸平时很忙，找机会想跟孩子好好聊聊，他却把我们拒之千里。他现在什么话都不愿意跟我们说，我也不知道他是咋想的。

这位母亲描述的是一个进入青春期的少年。这个时期的青少年心理发展有什么特点？该怎么应对青少年的这种变化呢？本章对此进行了初步的探讨。

青少年是由儿童转变为成人角色的过渡时期，也指由儿童向成人过渡时期的人类生活群体。青少年的年龄并没有统一的标准，从不同角度来划分可以有不同的结果。中国大多数心理学家比较倾向于接受世界卫生组织确定的年龄分段标准，把青少年的年龄界定在10~19岁，对应我国小学高年级到高中毕业。这一阶段既是个体生理上快速成熟的时期，也是心理上迅速发展并逐渐成熟完善的时期。

青少年心理发展的基本问题主要包括青少年心理发展的实质、特点、影响因素和动力等问题。为了深入理解青少年的心理发展，必须对这些基本问题有一定的了解。同时，通过对这些问题的学习和掌握，我们可以更好地促进青少年心理的发展。

第一节 青少年心理发展概述

一、青少年心理发展的本质

青少年心理发展问题一直是心理学研究的热点。要解决青少年心理发展的有关问题，首先需要正确理解心理发展的含义。发展心理学认为，心理发展有广义和狭义之分。

广义的心理发展是指个体从胚胎期到出生、成熟、衰老直至死亡的整个生命进程中发生的持续而稳定的心理变化。因此，并不是所有的心理变化都可以叫作发展。例如，由于疲劳和疾病等原因而发生的心理上的暂时性变化，具有易变的不稳定性，因而不能称之为心理发展。可见，在心理学中，心理发展是指个体在心理功能上，依一定的程序，由简单、幼稚、原本的状态，逐步演化、转变、成长，变成复杂、完整、成熟的状态，渐而衰退、老化的整个程序与现象。也就是说，心理发展是指个体身心整体的连续变化过程。心理发展包括量的变化，也包括质的变化；既指前进上升的过程，也指衰退下降的变化；既可以是正面的、增益的(如儿童词汇量的扩增，自信心和其他心理力量的获得等)变化，也可以是负面的、减损的(如随着年龄的增长，失去了所拥有的某些好奇心和学习热情等)变化。

狭义的心理发展主要是指个体在整个生命历程中所发生的一系列积极、稳定的心理变化。一般来说，青少年的心理发展指的是狭义上的心理发展。也就是说，青少年心理发展是指青少年时期个体心理上发生的一系列积极、稳定的变化。所以，青少年心理发展是心理上的变化(如注意力稳定性增强)，而不是生理上的变化(如身高、体重增加)，而且这种变化一定是积极、稳定的(如随着年龄的增长，青少年的记忆力提高)，不能是消极的、暂时的(如喝醉酒后青少年记忆力减退)。另外，心理上的这种变化是在个体内部进行的，个体外部的变化不能称为心理发展。例如，一名学生从家里走到学校，空间位置发生了变化，但不是心理发展。

从上述定义分析，青少年心理发展从本质上讲，就是从不成熟到成熟的过渡过程或趋势，主要表现在以下三方面。

1. 心理活动从不随意性、被动性向随意性、主动性发展

心理活动的随意性和主动性突出表现在注意力上。小学生即使到了高年级也以无意注意为主，有意识地控制、调节心理活动的能力比较差，往往被动地随着外界环境的变化而改变心理活动对象，较少主动地探求周围的客观事物。初中阶段随意注意发展迅猛，到高中阶段，有意注意开始占主导地位，高中生能够有意识地控制自己的心理活动对象，设法排除无关干扰，而且遇到自己感兴趣的、重要的事物，能够主动地探索。可见，青少年心理活动的随意性、主动性在明显提高。

2. 从认识事物的外部特征向认识事物的内部本质发展

由于受心理发展水平和知识经验所限，小学生认识客观事物时往往关注事物的外部特征和表面现象，很少努力认识事物的本质。因此小学生在冬天看到室外的水管爆裂了，并不知道也不会探究其中的原因。而初中生就会思考水管为什么破裂，高中生没有看到水管破裂时就会想到，水管在冬天裸露在室外，有可能因为水管里面的水结冰、体积变大而破裂。由此可知，青少年的心理活动是由认识客观事物的表面向认识客观事物的本质特征发展的。

3. 对周围事物的态度从不稳定向稳定发展

小学生开始从对父母的依赖转向对教师的依赖，明显的表现为对老师无条件地信任和服从，对是非、善恶的判断主要以老师的标准为主要标准，父母的标准居次要地位。初中生虽然还会继续服从教师的权威，但开始重视伙伴之间的真诚与法则，表现得“不再那么听话了”，对各种事物试图有自己独立的见解。高中生则更加独立，对各种事物进行思考并形成自己的看法和态度。虽然他们的态度还不稳定，但是持续的时间明显比之前延长许多，显现出逐渐趋于稳定的趋势。

青少年心理发展从内容看涵盖两个主要部分。一是心理过程的发展，包括感知觉、记忆、思维、想象、意志力、情绪等。这部分的发展受遗传和生理成熟的影响比较明显，而且表现出年龄特征，特别是认知发展，不同年龄段表现出不同的水平和特点。二是社会性的发展，即掌握社

会活动所必需的技能的过程。通过社会化，个体获得在社会中进行正常活动所必需的品质、价值观、信念及社会所赞许的行为方式。在社会化的过程中，个体在生理和心理两方面发展而形成适应社会的人格，并掌握社会认可的行为方式。社会化过程包括学习、适应、交流等人类个体借以发展自己的社会属性、参与社会生活的一切过程。在社会化的过程中，人类学会基本的生活技能，掌握社会规范、生活目标，形成社会职能，培养社会角色。社会化的过程是人类学会共同生活和彼此有效交互作用的过程，也是个体与社会环境交互作用的过程。社会性发展是青少年心理发展的主要任务。

二、青少年心理发展的特点

(一) 连续性和阶段性

青少年心理发展是量变与质变的统一过程，表现出既有连续性又有阶段性的特点。心理发展的连续性是指儿童的心理发展是一个持续不断的变化过程，当没有新特征出现时，它处于量变过程，当出现了新的特征或者新特征占优势时，心理发展则发生质变，于是心理发展水平就达到了一个新阶段，从而表现出心理发展的阶段性。如在童年期，思维特征是以形象思维为主，情感特征是不稳定且形于外；而在少年期，其抽象思维已有较大发展，对情感的体验开始向深与细的方向发展，但很脆弱。处于青年初期的高中生，不但抽象思维发展水平比较高，而且思维具有辩证性，情感的调控能力也明显提高。但需要注意的是，质变不是突然发生的，是孕育在量变的基础上产生的，新特征也不是突然占据优势的，而是逐渐发展到新阶段。

(二) 方向性和顺序性

心理发展总是指向一定的方向并遵循确定的先后顺序。例如，儿童记忆的发展是从机械记忆到意义记忆；情感的发展是先有喜、怒、惧等情绪，而后出现道德感、理智感等高级情感等；儿童先会辨认上下，后会辨认前后；儿童语言的发展顺序是从前语言到单词句、双词句、句子和会话。儿童思维发展的顺序是：0～3岁主要是直观行动思维，4～6岁主要是具体形象思维，7～11岁主要是形象抽象思维，12～14岁主要是以经验型为主的抽象逻辑思维，15～18岁主要是以理论型为主的抽象逻辑思维。这些顺序有先后、有方向，不可跳跃也不可逆转。这些特征要求我们在对青少年进行教育、促进心理发展时要遵循心理发展的规律，因时制宜，不可拔苗助长。

(三) 不平衡性

从出生到成熟个体的心理呈不平衡发展的特点，不同心理功能(认知、情绪、动机、意志等)在发展速度、起始时间、达到的成熟水平方面均存在差异，同一心理机能在不同时期也有不同的发展速度。如在各种心理功能的成熟时间上，感知成熟在先，思维成熟在后，情感和社会性成熟更后。心理学家在这种心理发展不平衡性的基础上提出了发展关键期或最佳期的概念。所谓发展关键期，是指身体或心理的某一方面机能最适宜形成的时期。有人对人的智力发展进行研究，发现人的感知、思维、记忆、想象等都存在不同的关键期，在这一时期对个体某一方面的训练可以获得最佳成效。错过了关键期，训练的效果就会降低，甚至永远无法补偿。

(四) 普遍性与差异性

青少年心理发展既有共同规律，又有个别差异。一般说来，无论是哪个国家、哪种文化背景下的正常儿童，其发展总是有一些共同的规律，从出生到成熟都要经历一些共同的阶段，即存在一些共同的、普遍的、规律性的特征。如儿童智力的发展大体都要经历感知运动阶段、前运算阶段、具体运算阶段和形式运算阶段，这是共性的东西。但是在发展速度、最终达到的水平及发展的优势方面存在个体差异，有的儿童早慧，有的儿童晚熟，同样年龄的青少年其思维发展水平未必相同。再如在处理人际交往方面，有人“少年老成”，有人“少不更事”。总之，教育教学必须根据儿童发展中的普遍规律进行，同时要针对儿童的个体差异，因材施教。

三、青少年心理发展的影响因素

影响青少年心理发展的因素，主要有遗传素质和生理成熟、社会生活环境、学校教育、个体的社会实践活动和主观能动性等几种因素。

(一) 遗传素质和生理成熟因素

1. 遗传素质

遗传素质是个体所具有的与生俱来的解剖生理特点，如个体的身体结构、形态和感觉器官、运动器官及神经系统等，其中对心理发展具有最重要意义的是神经系统的结构和机能特征。一般来说，大多数遗传特性是不可改变的，与心理相关的遗传特性也同样是难以改变的，但在有些方面通过后天的努力，可以在某种程度上有一定改变。那么，遗传素质在青少年的心理发展中有什么作用呢?

首先，遗传素质是青少年心理发展的物质前提。心理是物质发展到高级阶段的产物，人的心理是人的神经系统的机能。青少年心理的发展首先依赖于所获得的遗传素质。遗传素质使青少年保持了种族的生物特征与行为模式，并决定了个体间的生物学差异，使不同个体在自己遗传素质的基础上发展形成了自己独特的心理。遗传素质是青少年心理发展的物质前提，没有遗传素质这个物质前提，就没有青少年心理的发展。脑功能和基因技术的研究成果也可以证明，正常的遗传素质是儿童心理发展最基本的物质前提。

其次，遗传素质为青少年心理发展提供了可能性。个体有了某方面的遗传素质，就有了相应的有利发展条件。因为在一定条件下，凡生理发育正常的人都可以成为具有某种才能、某种品德行为的人。美国教育心理学家詹森对8个国家100多种有关不同亲属关系者的智商相关关系研究材料做了总结，得出结论：儿童与亲生父母的智商相关高于与养父母的；异卵双生子与一般兄弟姐妹间的智商相关相似；同卵双生子的智商相关最高。遗传关系越近，智力发展越相似。

最后，遗传素质影响青少年心理发展的速度和水平。青少年所获得的遗传素质对其心理发展产生重要影响的是神经系统的机能。同一天出生的儿童，即便是双胞胎，他们在后天环境中心理发展的速度和水平都会有所差异。一个具有极好遗传素质的青少年，在心理发展的速度和水平上可能会明显地优于其他正常青少年。众所周知的那些“神童”，他们之所以心理发展的速度快、水平高，其中一个重要原因就是具有正常儿童所不具备的极好的遗传素质。

总之，青少年发育发展的起源是遗传，即遗传素质是青少年心理发展所必需的生物学前提，它奠定了青少年心理发展的先天基础。人的遗传素质存在一定的差异，如人的生理形态和高级神经活动类型的特点各不相同，这些差异为青少年心理发展的差异提供了物质基础。值得明确的是，无论遗传素质对青少年心理发展有多大的影响，它仅仅为青少年心理发展提供了自然前提，使青少年心理发展具有了某种可能性。遗传素质并不能决定一个人发展的模式，真正起决定作用的是后天因素。所以说，在青少年心理发展问题上，否认遗传素质的作用是不现实的，反之，过分夸大其作用，主张“遗传决定论”也是极端错误的。

2. 生理成熟

影响儿童心理发展的生理成熟是指人体各器官的形态、结构和功能发育到完善的状态。它是儿童心理发展所依存的内部生理条件，是一种先天决定的、相对不依赖于环境的机体变化的生长发育。青少年的生理成熟，特别是神经系统和内分泌系统的成熟状况，是其心理发展的必要条件，青少年心理发展就是伴随生理成熟而逐步实现的。

心理发展与生理成熟是有所区别的，生理成熟或者成长是指个体生理上的变化，而心理发展则指个体心理上的变化，这两种变化有密切的关系。生理上的生长和成熟，特别是脑和神经系统的成长变化，对于心理的发展有重大影响。生理成熟是青少年心理发展的必备条件。首先，生理成熟为青少年心理的发展提供了新的可能性。生理成熟是青少年心理发展的前提，是青少年心理发展的物质基础，使新的心理活动的出现处于准备状态。其次，生理成熟水平会制约青少年与客体发生相互作用的程度和范围，生理成熟的顺序也制约青少年心理发展的顺序，从而制约青少年心理发展的程度。再次，生理成熟的个别差异制约青少年心理发展的个别差异。生理成熟的个别差异对青少年接受环境的影响具有制约作用，使青少年以独特的方式对外界的影响做出反应。在青少年心理发展中，青少年的生理成熟是进行某种学习的必备条件。随着儿童的身体特别是脑的成长，他们的学习、记忆、思维的能力日益增强，其兴趣、态度等也在不断变化。但同时要指出，若只有生理成熟而没有其他必要条件的协同配合，青少年心理也不可能得以发展，生理成熟对青少年心理发展的影响随着年龄的增长会逐渐减弱。

(二) 社会生活环境因素

遗传素质和生理成熟仅仅为青少年心理发展提供必要的物质前提和可能性，这种可能性能否变成现实性，主要取决于后天的社会生活环境、教育的作用和个体的主观能动性。社会生活环境是指社会经济、国家制度、生产关系，以及由它所决定的生活方式等。在青少年心理发展中，社会生活环境的作用有两层含义，一是指整个社会环境，如社会风气、生活环境、媒体传播内容等；二是局部的生活环境，主要指家庭因素。

1. 社会环境

整个社会生活环境对青少年心理发展起决定性影响作用，任何人的个性都带有社会的烙印，都会受社会因素的制约，“时势造英雄”的道理就在于此。

首先是社会风气。社会风气是指社会上某一时期流行的思潮和生活方式，人们习惯把它比喻成“大气候”。它对青少年的影响有积极的，也有消极的。健康的社会风气可激励青少年奋发向上，有助于培养他们良好的品德，也有助于学生的情感得到陶冶，人格不断完善，心灵获得升华。

其次是生活环境。城乡差异、人口密度、交往的人群、环境污染、噪声等与人的生存密切相关的因素，对青少年的心理健康成长都存在明显影响。生活在城市里面的青少年，由于同邻居伙伴的交往明显减少，故而缺乏与人交往的技巧，容易形成孤僻的性格。还有研究发现，人口密度过大与青少年违纪有密切关系，精神疾病及其他心理变态也与人口密度有关。

最后是媒体的影响。人类社会已进入信息时代，电影、电视、广播、书刊、报纸、计算机网络等大众传媒从不同的侧面影响青少年心理的发展。这些大众传媒具有影响速度快、覆盖面广、不受时间和空间限制等特点，对青少年心理发展具有潜移默化的作用。特别是计算机网络和电视具有视听统一的特点，生动活泼的情景对青少年具有很强的吸引力，能使青少年体验到许多自己不能亲身经历的场景。他们对于大众传媒提供的各种信息耳濡目染，既接受积极的影响，又不可避免地接受消极影响，这都不同程度地影响青少年的心理发展。网络媒体对青少年的负面影响主要表现为以下几点：①影响青少年正确世界观、价值观的形成；②影响青少年思维能力的发展，由于网络、电视追求的多是通俗性、表面性的内容，若青少年长时间消极被动地接受这些信息，就易养成思维迟钝、不善于思考的坏习惯；③削弱青少年的自我塑造能力，面对网络、电视的强大影响，青少年很容易失去自我控制和自我塑造能力，严重影响其心理健康。

2. 生活环境

家庭是由有血缘关系、婚姻关系或收养关系的成员组成的基本社会单位。青少年从出生就生活在家庭中，家庭的各种因素都会对青少年的心理发展产生重要影响。

首先，丰富的家庭生活条件有利于青少年的心理发展。社会生活环境首先是通过家庭生活条件体现的，家庭生活条件好才能为青少年心理发展提供更好的营养。营养是青少年心理发展，特别是儿童智力发展的重要物质因素。儿童在胚胎期和出生后，大脑和全部神经系统都处在迅速发展时期，因而营养状况直接影响脑的发育，进而影响心理发展。英国学者研究发现，缺乏营养的儿童，缺乏好奇心和探索精神，记忆力差。因此，提供优越的营养有利于青少年心理发展。家庭是儿童接触的第一个生活环境，研究发现：缺乏母亲抚爱的婴儿，可能出现智力发展上的问题。因为有安全感的孩子喜欢探索环境，而探索环境是能力发展的重要条件。因此，为儿童创造良好的家庭物质环境和心理环境，丰富其早期经验，能够促使青少年心理健康发展。

其次，完整的家庭结构能够促进青少年心理发展。家庭结构是指家庭成员是否完整，以及家庭成员间的关系如何。青少年心理发展客观上应有一个完整的家庭环境，他们在完整的家庭环境中受到成人的呵护，享有父爱和母爱，这是青少年心理健康发展所必需的。而残缺的家庭则不利于青少年的心理健康发展。残缺家庭指由于父母离婚、分居或一方死亡、出走等原因造成家庭成员不全的家庭。我国有人曾对小学生的家庭结构与其心理健康的关系进行调查，结果发现，生活在残缺家庭里的小学生，有心理健康问题者所占的百分比为13.8%，而完整家庭中有问题者所占百分比只有0.2%，这充分说明健全完整的家庭结构对儿童的心理健康发展具有良好的作用。近年来，一些关于离婚与青少年心理健康的研究普遍证实，父母离异会使子女的内心产生严重的焦虑、多疑、孤僻、冷漠、神经质，甚至导致心理变态及反社会行为。这主要是因为破裂的家庭给青少年带来了过分紧张的生活气氛和感情冲突，家庭缺乏温暖和关怀，致使他们失去了生活目标，于是在思想观念、情感、行为、性格等方面出现动荡，易向不良的方向发展。

再次，良好的家庭氛围是青少年心理健康发展的保证。家庭氛围是家庭成员所营造的他们之间相互影响的心理情绪和环境气氛。在现代大多数核心家庭中，由父母间的人际关系和由父母与子女之间构成的家庭教育关系(育人态度与方式方法等)所支配的家庭气氛对儿童的心理健康有十分重大的影响，往往父母的眼神、语言交流、行为举止、性格表现、作风习惯和对子女的态度都能无形地影响子女的心理发展，并在其适应过程中，形成他们自己心理和性格上的特征。因为青少年在适应家庭环境的过程中，常以父母和其他家庭成员(祖父、祖母、外公、外婆等)为最亲近、最直接的模仿和认知对象，并以模仿式的学习来感受事物、熟悉环境、发展自己的习惯行为，形成自己的心理定势和性格特征，然后在以后与社会环境的接触中，就开始以长期在家庭气氛中熏陶出来的心理模式、性格特征、习惯行为来适应外面的世界。

最后，家庭教育是青少年心理发展的重要因素。家长的期望是家长对自己子女长大后成为什么样的人所进行的预测或设想。适当的期望会激励子女发奋学习，促进其心理的健康发展。反之，不适当的期望则是子女不必要心理压力的根源，他们会厌学，与父母发生冲突，这会成为儿童心理健康发展的障碍。家长的期望决定了家庭教育的方式，不同的家庭教育方式对青少年心理发展的影响不同。我国心理学者关于家庭教育方式对子女性格形成的影响的研究结果表明：民主型家庭教育方式最有利于儿童的健康成长，其他类型的教育方式都有利有弊。在民主型的教育方式中，子女的性格表现为合作、独立、温顺、善于社交。

综上所述，社会生活环境是通过社会环境和家庭两个主要途径决定青少年心理发展的。当然，我们既不能忽视环境对青少年心理发展的作用，也不能夸大环境的作用。这是因为我们不能脱离遗传素质这个自然前提及个体主观能动性这个内因，而去孤立地看待社会生活环境的决定作用，否则就会陷入“环境决定论”的泥潭。

(三) 学校教育因素

教育特别是学校教育，是由专门从事教育工作的教师有组织、有计划、有目的地进行的一种培养人的社会实践活动。学校教育能够最大限度地利用社会生活环境中的积极因素，控制其消极因素，促进儿童心理的健康发展。良好的学校教育对青少年心理发展起着主导作用，主要表现在以下几方面。

1. 教育内容

学校教育内容是国家依据社会发展对社会成员的要求和儿童心理发展的规律而精心组织的，是对儿童进行有效教育的中介。教育内容中既有人类认识自然的成果，又有认识社会的结晶，这些都是儿童心理健康发展所必需的。就教育内容的性质而言，自然科学类的内容会使青少年间接地获得对自然现象和自然规律的认识，有助于他们唯物主义世界观的形成。人文社会科学类的内容会使青少年间接地获得对社会现象和社会发展规律的认识，同时为青少年提供了效仿的榜样，语文、历史等学科的内容更是如此。青少年在学校里通过学习所开设的课程，在逐步掌握人类社会几千年积累起来的科学文化知识与技能的同时，还形成了各种能力、价值观念和符合社会道德规范要求的行为方式。

2. 教师

教师受社会的委托对青少年实施教育，在对青少年的教育中发挥着主导作用，这种主导作用主要通过教师自身角色作用的发挥而实现，既有正式角色的作用，又有非正式角色的作用。教师对青少年心理发展的影响首先是教师的身份和地位发挥了巨大作用。社会赋予教师对青少年实施教育的职责，他们按社会的要求组织和利用各种积极因素，控制和排除消极因素，将社会的要求转化为青少年自身的需要。青少年在教师的组织下，不仅获得了知识与技能，发展了能力，也形成了一定的品德。同时，教师自身也对青少年产生着潜移默化的影响。青少年在学校接触最多的就是教师，教师的一言一行(尤其是教师的态度和人格)是青少年有意或无意模仿的榜样，是影响青少年心理健康发展的重要因素。在对青少年进行教育的过程中，教师对青少年发展的期望往往对青少年心理的发展更为重要。有些优秀教师要求学生回答问题必须准确、严密、迅速，作业必须一丝不苟。经过长期训练，学生的思维和言语能力都有明显的提高。

3. 校风

每个学校都有自己的校风，它是学校文化环境的重要组成部分。校风是指学校集体通过培养而长期形成的、学校成员所共同具有的、富有特色的、稳定的校园风气与精神面貌，包括集体舆论和带倾向性的集体行为。青少年进入学校后，校风会对其心理产生潜移默化的影响，使青少年的心理与行为逐步趋于与校风一致。大量研究证实，良好的校风能促进青少年知识与技能的掌握和能力的发展，同时能陶冶师生的情感并促进学生良好行为习惯的养成。现实社会生活中，家长在为子女选择就读学校时，学校的校风是他们所要考虑的重要因素，甚至是首要因素。

以上分析表明，学校教育有效发挥在青少年心理发展中的主导作用包括以下几方面。①教育内容具有教育意义和培养价值，是促进心理发展的主要条件。②教育内容和教师的要求应适合学生心理发展的水平，同时又提出更高的要求，才能促进心理的不断发展；过高或过低的要求，都不能有效地促进心理的发展。③教育工作能促进和影响学生的心理发展，其必须在教师的指导下进行。当学生积极主动地、独立地去完成各种活动任务时，他们的智能和个性品质就能得到发展。④教育的系统性、连贯性和一致性，是学生心理发展的必要条件。这是由心理发展过程本身的特点所决定的。如果各种教育不一致、不协调，也会造成学生个性品质的缺陷。⑤在实际活动中，经常反复地进行练习，是发展学生智能和形成良好行为习惯不可缺少的条件。⑥教师要考虑每个学生的特点，采取因材施教的方法。

(四) 个体的社会实践活动和主观能动性因素

人的心理是在个体的社会实践活动中最终形成的，社会实践活动在青少年心理发展中起决定作用。因此，环境与教育的作用不是机械地、被动地为青少年所接受，它对青少年发生作用必须通过与青少年的实践活动相结合，并借助于他们的实践活动。青少年的社会实践活动是他们心理发展的基本途径。青少年的社会实践活动主要是学习，学习本身要求具有相应的知识经验和能力，同时又提供了发展、提高知识经验和能力的机会。在现实社会中，由于实践活动的性质不同，实践活动的广度与深度不同，就形成了各种不同的能力。长期担任班干部的学生，学习、沟通、协调和组织管理能力得到发展，他们善于觉察老师和同学的情绪和思想动向，善于处理同学之间的各种人际关系。

心理的发展和提高离不开人的主观努力，离不开人的自觉能动性。因为事物发展的根本原因不在事物的外部而在事物的内部。外因是变化的条件，内因是变化的根据，外因是通过内因起作用的。青少年心理发展也是如此。在相同的环境和教育条件下，青少年由于对待环境教育的态度不同，付出的主观努力不同，因此会形成不同的个性心理面貌。所以，学校和家庭对青少年施加的影响，必须激起他们的主观需要，使外部的合理要求变成他们自己的兴趣和求知欲，并以此为动力，积极参加各种实践活动，在实践活动中接受锻炼，才能使心理得到健康发展。一个青年学生具有广泛的兴趣和强烈的求知欲，就会刻苦努力，积极向上，他的心理就可能得到健康发展。相反，一个青少年饱食终日、无所用心、不求上进，对周围的一切事物态度冷淡、没兴趣，他的心理则不可能有较好的发展。因此，青少年心理发展是整体的发展，各种心理品质的发展是不可分开的。一些人的成功往往不是因为具有高于常人的天分，而是由于他们有明确的奋斗目标，有坚强的意志品质和坚持不懈的精神。最后还应指出，青少年心理发展还依赖于自我分析与自我评价能力。一个善于进行自我评价的人，才能及时发现自己在心理方面的优点与弱点，并通过自己的努力提高自己，使能力朝向确定的目标发展。

四、青少年心理发展的动力

心理发展的动力问题是儿童心理发展的基本理论问题之一，要探讨儿童的心理发展，必须研究心理发展的动力问题；要促进儿童心理发展，也必须弄清心理发展的动力问题。那么，什么是心理发展的动力呢?

心理发展同所有事物的发展一样，它的根本动力是其内部矛盾。什么是个体心理发展的内部矛盾呢？对此，目前有各种不同的理解。一般认为，在个体心理活动中，个体反映客观要求而产生的新的需要与其原有心理水平之间的矛盾是个体心理发展的内部矛盾。青少年心理的内部矛盾运动是推动他们心理发展的直接动力，没有其心理内部矛盾的运动，就不可能有他们心理的发展。矛盾的一方是个体新的需要，是由个体的和社会的要求所引起的对一定客观现实的反映，是一种追求和倾向于某种事物的关系的体验。需要在人的心理活动中，经常代表着新的比较活跃的面。客观事物总是不断变化发展的，主客观的关系也在不断变化和发展，因此人的需要也就处在不断变化发展的状态中。矛盾的另一方是个体原有的心理状态，是过去反映活动的结果，具体指个体已有的心理发展水平、个性心理倾向和特征等，它代表人的心理活动中旧的比较稳定的一面。

个体心理发展的内部矛盾的两方面是相互依存、相互排斥，又相互转化的。新的需要总是在一定的心理状态上产生，它依存于一定的心理状态。而一定的心理状态的形成，也依存于个体是否有相应的需要。新的需要总是在否定已有的心理状态，而一定心理状态的形成，也意味着对原来需要的否定。个体心理就是在这种矛盾双方不断对立统一的过程中一步步发展的。

个体心理的内部矛盾是在个体自身和客观事物相互作用的过程中产生的，即在个体不断积极活动的过程中产生。心理的内部矛盾不但产生于个体的活动中，而且矛盾双方的转化和统一也都是在个体的活动中实现的，离开了主体和客观事物的相互关系，离开了儿童不断的积极活动，也就没有个体心理的内部矛盾可言。

第二节　心理发展的基本理论

在研究青少年心理发展基本问题的过程中，形成了多种心理学流派，同一学派中不同学者的观点又不尽相同。本章选择皮亚杰为认知发展观的代表、维果斯基为社会文化历史学派的代表、埃里克森为精神分析学派的代表、班杜拉为行为主义的代表、朱智贤为中国发展心理学的代表，分别介绍各大学派的青少年心理发展观。

一、认知心理学的心理发展观——皮亚杰的认知发展论

认知主义学派的理论学家们注重儿童认知的发展，关注儿童获得、加工和运用知识或信息的方式。在发展心理学的领域中，皮亚杰的认知发展理论一直是最有影响力的理论之一。皮亚杰是国际著名的儿童心理学家，创立了发生认识论，提出了儿童认知发展阶段论。

(一) 皮亚杰关于儿童心理发展的机制

皮亚杰认为，儿童心理或行为是儿童的心理或行为图式在环境影响下不断通过同化、顺应达到平衡的过程，从而使儿童心理不断由低级向高级发展。

1. 图式：主体已有的结构——心理的机能结构

儿童在脑中原有的东西，其原始的基础是天生的无条件反射，然后在此基础上，不断同化外来的刺激，这相当于在无条件反射的基础上形成神经联系系统。最早的图式是本能动作。

2. 同化：把客体纳入主体的图式中

当外部刺激作用于主体时，外部刺激或现实的材料会被处理和改变，并结合到主体的结构中，这种对外部刺激输入的过滤或改变叫作同化。

3. 顺应：内部图式的改变以适应现实

有机体的图式不能同化客体，必须建立新的图式，或者调整原有的图式，引起质的变化，使有机体适应环境。

4. 平衡：同化和顺应两种作用之间的平衡

例如，儿童认识新事物往往张冠李戴。小孩在公园玩，见到鹿却说是马，是因为他以前没见过鹿，只知道马，这是把新东西代入原来的图式。大人告诉他，这是鹿，有角。儿童根据鹿的形态特征形成新的图式——鹿，这是通过顺应作用实现的。所以儿童认识事物光同化不行，还要调整原有的图式，建立新的图式，顺应了才能平衡，这样以后再看见鹿，就不会指鹿为马了。同化和顺应必须保持平衡。

(二) 皮亚杰关于影响儿童心理发展的基本因素

1. 成熟

成熟指机体的生长，特别是神经系统和内分泌系统的成熟。皮亚杰认为，成熟是必要的条件，但不是充分的条件。

2. 物理环境

物理环境包括物体经验和数学逻辑经验。物体经验是个体作用于物体得到来自物体本身的经验。数学逻辑经验是高级的抽象经验，是个体在作用于客体的过程中，从动作过程中得来的，是辨别动作中相互协调的结果。例如，在认识数与排列的关系上，虽然两列棋子一样多，但小孩子(3岁前)可能认为分散排列的棋子多，大孩子知道数量与排列无关。这个经验是从动作过程中得来的，大孩子从排列棋子的动作过程中得知不管怎样排列，其数量不变，这个经验是来自动作协调的结果，不是来自客体本身。

3. 社会环境

社会环境中人与人之间的相互作用和社会文化的传递会影响儿童的心理发展。

4. 主体内部存在的机制——平衡过程

皮亚杰认为，如果没有主体内部的同化、顺应、平衡机制，任何外界刺激对儿童心理本身都不起作用。可见皮亚杰强调儿童主体内部在儿童心理发展过程中的作用。他把儿童心理发展看作儿童主体与外部客体相互作用的过程，强调内外因的相互作用，强调儿童的主体，强调儿童动作的作用。

(三) 皮亚杰关于儿童心理发展的四个阶段

1. 感知运动阶段(出生～2岁)

这是儿童心理发展的最低阶段，在无条件反射基础上智力开始发生(萌芽)。该阶段主要通过感知、动作与外界发生关系，智力活动还处在感知运动水平上。

2. 前运算阶段(2～7岁)

此阶段已产生信号功能，产生了表象，同时语言也开始发生作用，表象、语言同时起信号作用，以此描述外部世界。该阶段表现在延迟模仿和象征性游戏上。

延迟模仿指客观事物不在眼前，儿童自己进行的模仿，即模仿自己想起来的过去的事情。

象征性游戏指儿童采用符号去活动，用符号代替实际，再现实际活动。例如，用小石头代替食物。但是，这时儿童只反映了事物的表面或某一面；只注意事物的状态，不注意事物的过程，还不能达到守恒。

3. 具体运算阶段(7～12岁)

这个阶段的儿童可以根据具体事物或表象进行逻辑分类，或认识事物之间的一些逻辑关系，并表现出已能逐渐超出知觉的限制，形成守恒概念，掌握事物之间的可逆关系。

守恒是皮亚杰关于儿童认知能力的一个名词，指尽管物体的外表形式有所改变，但物体的性质并未改变。

4. 形式运算阶段(12岁以上)

这个阶段的儿童能脱离具体事物进行抽象概括，可用假定进行推理，用归纳组合去分析解决抽象问题。这一阶段的儿童根据假设对各种命题进行逻辑推理的能力在不断发展，开始接近成人的思维水平。

(四) 皮亚杰关于儿童道德认知发展的研究

皮亚杰认为儿童的逻辑思维能力和道德判断能力是一种蕴涵关系，儿童的道德发展是认知发展的一部分，也是认知发展的一种自然结果，他开创了儿童道德认知发展研究。

皮亚杰主要通过探讨儿童道德判断，诸如儿童对行为责任的看法、儿童的公正观念和儿童心目中的惩罚的研究，探讨儿童道德认知发展规律，反复论证了儿童他律道德逐渐向自律道德过渡的过程。皮亚杰认为儿童道德发展也和思维发展一样，在发展的连续过程中表现出自己的阶段特点。儿童道德判断的发展阶段与儿童智慧的发展阶段相平行，儿童道德的发展不能超过儿童的思维发展和心理结构，认知发展对于道德发展具有重要意义。儿童的社会性发展依赖于认知的发展，儿童的社会认知会影响儿童的社会行为，儿童在每一发展阶段的道德成长，都是在教师与学生间以及儿童自身间的社会交往和社会合作中完成的。父母、教师的约束和强制绝不能促进儿童智慧的发展和道德的成长。儿童是一个主动的探索者，通过主体内部的平衡机制，同化外部刺激，不断调整原有图式，通过顺应过程建立新的图式以适应外界环境、获得道德认知的发展。儿童社会性发展是儿童主体与外部环境相互作用的结果。

拓展阅读

皮亚杰是第一位系统考察儿童道德规范形成与道德认知发展的心理学家。他在《儿童的道德发展》一书中，详细记录了儿童对弹子游戏规则的态度变化。学前儿童对规则极少关注或缺乏意识，在弹子游戏中常常满足于从弹子本身的多种操作戏法中获得乐趣，极少考虑要在一种统一的规则下获胜。两名3岁儿童玩弹子游戏，很可能会使用各自喜欢的不同的游戏规则。但到5岁左右，儿童开始出现对规则的较多注意和尊重。规则在儿童看来，代表着权威和神圣，是不可怀疑的、固定不变的。儿童常常依据老师、父母和某个令人敬重的长辈的话作为行动标准。1894年，美国斯坦福大学的巴恩斯用问卷法研究儿童惩罚观念的发展。研究表明：成人对儿童的惩罚，儿童总认为是对的。任何对规则的违背必将受到惩罚。皮亚杰称这一时期的道德为“他律道德”阶段。大约在9～12岁，儿童开始认识到社会规则不是固定不变的，而是一种可以改变的社会契约。对权威的遵从既非必要，也不总是正确的。违反规则并非总是错误的，不一定非要受惩罚。儿童判断他人行为时开始考虑动机与情感的问题，试图寻求一种更为公正、平等的公理。这一时期的道德，皮亚杰称之为“自律道德”。这种由他律道德向自律道德的转化，反映了儿童对社会规范的学习与内化过程，必须借助一定的权威、偶像作为中介媒体，进而逐步摆脱这种权威，形成道德自我，即完成由外在的行为要求转变为内在的行为需要，从而建立主体自身的社会行为调节机制。

(资料来源：冯忠良，伍新春，等. 教育心理学[M]. 北京：人民教育出版社，2004.)

(五) 皮亚杰认知发展理论的教育意义

皮亚杰认为知识的获得是儿童主动探索和操纵环境的结果，学习是儿童进行发明与发现的过程。他认为教育的真正目的并非增加儿童的知识，而是设置充满智慧刺激的环境，让儿童自行探索，主动学到知识。这意味着我们在教育中要注意发挥学生的主体性，不要把知识强行灌输给学生，相反，要设法向儿童呈现一些能够引起他们的兴趣、具有挑战性的材料，并允许儿童依靠自己的力量解决问题。

皮亚杰认为认知发展是呈阶段性的，处于不同认知发展阶段的儿童其认识和解释事物的方式与成人是有别的。因此要了解并根据儿童的认知方式设计教学，如果忽视儿童的成长状态，一味按照成人的想法进行教学，只会给儿童带来压力和挫折，让他们感到学习是一件痛苦而不是有趣的事，进而扼杀了儿童学习的欲望与好奇心。

皮亚杰对认知发展阶段的划分是以个体认知方式而非年龄为标准的，个体认知发展的速度是不同的，有快有慢，并不是同样年龄的儿童其认知水平就是相同的。因此在教学中要注意个体差异，做到因材施教。

皮亚杰很重视社会交往对儿童认知发展的作用。他认为与同伴一起学习，相互讨论，使儿童有机会了解别人的想法，特别是当他人的想法与自己不同时，会激发儿童进行思考。因此在教学中，教师应注意引导学生去发现知识而不是给予，同时应多采取小组讨论、合作学习的形式。

二、社会文化历史论的心理发展观——维果斯基的社会文化论

维果斯基是苏联著名心理学家，虽英年早逝，但他的思想越来越受到心理学界的重视，其中的主要原因在于他提出儿童的认知发展既不是其内在成熟的结果，也不完全取决于儿童的自主探

索。要发展心智，儿童必须掌握文化提供给他们的智力工具——语言、文字、数学符号及科学概念等。

(一) 维果斯基的社会文化理论的基本观点

维果斯基在心理的种系发展和个体发展上都进行了研究，特别是他对于人类心理的社会起源，以及儿童心理发展对教育、教学的依赖关系，做了较深入的探讨。

1. 文化—历史发展理论

维果斯基创立了文化—历史发展理论，用以解释人类心理本质上与动物不同的那些高级的心理机能。维果斯基认为，工具的使用引起人的新的适应方式，即物质生产的间接方式，而不像动物一样以身体的直接方式来适应自然。人的工具生产过程凝结着人类的间接经验，即社会文化知识经验，这就使得人类的心理发展规律不再受生物进化规律所制约，而是受社会历史发展的规律所制约。

当然，工具本身并不属于心理的领域，也不加入心理的结构，只是这种间接的物质生产的工具导致在人类的心理上出现了精神生产的工具，即人类社会所特有的语言和符号。生产工具和语言符号的类似性就在于它们使间接的心理活动得以产生和发展。所不同的是，生产工具指向外部，引起客体的变化，而符号指向内部，影响人的行为。控制自然和控制行为是相互联系的，因为人在改造自然时也改变人自身的性质。

2. 发展的实质

维果斯基探讨了发展的实质。他认为，在心理学家看来，发展指心理的发展。心理发展指的是一个人的心理(从出生到成年)在环境与教育影响下，在低级的心理机能的基础上，逐渐向高级的心理机能转化的过程。

心理机能由低级向高级发展的标志是什么？维果斯基归纳为四方面的表现：①心理活动的随意机能；②心理活动的抽象—概括机能，即各种机能由于思维(主要是指抽象逻辑思维)的参与而高级化；③各种心理机能之间的关系不断地变化、组合，形成间接的、以符号或词为中介的心理结构；④心理活动的个性化。

心理机能由低级向高级发展的原因是什么？维果斯基强调了三点：一是起源于社会文化与历史的发展，是受社会规律所制约的；二是从个体发展来看，儿童在与成人交往的过程中通过掌握高级的心理机能的工具——语言、符号这一中介环节，使其在低级的心理机能的基础上形成了各种新质的心理机能；三是高级的心理机能是不断内化的结果。

由此可见，维果斯基的心理发展观，是与他的文化—历史发展理论密切联系在一起的。他强调，心理发展的高级机能是人类物质产生过程中发生的人与人之间的关系和社会文化与历史发展的产物。心理发展过程是一个质变的过程，他为这个变化过程确定了一系列指标。

3. 教学与发展的关系

在教学与发展的关系上，维果斯基提出了三个重要的问题：一是最近发展区思想；二是教学应当走在发展的前面；三是关于学习的最佳期限问题。

维果斯基认为高级心理功能只有经过适当的教育才能获得。因此，如何通过教育促进发展成为维果斯基关注的一个重要课题。维果斯基认为传统的成就测验只告诉我们儿童目前的发展水平，却没有告诉我们他们的潜在发展水平。要决定儿童学习的潜能，我们需要了解儿童在得到适当的帮助后能够达到的水平。他举例说，两个8岁男孩在传统的智力测验上得分相当，表明他们目前处于同一水平。但是当给他们呈现一些难题以致他们不能独立解决时，分别给他们一些小小的帮助，他们的差异就表现出来了。其中一个男孩的得分达到了9岁的水平，而另一个达到了12岁的水平。显然，他们学习新事物的潜能是不同的。维果斯基把儿童独立所能达到的解决问题的水平与经他人指导帮助后所能达到的潜在发展水平之间的距离称为“最近发展区”。所以，维果斯基认为，至少要确定两种发展的水平。第一种水平是现有发展水平，这是指儿童独立活动时所达到的解决问题的水平。第二种是在有指导的情况下所达到的解决问题的水平，也是通过教学所获得的潜力。这二者之间的差异就是最近发展区。教学创造着最近发展区，第一个发展水平和第二个发展水平之间的动力状态是由教学决定的。

根据上述思想，维果斯基提出教学应当走在发展的前面。也就是说，教学可以定义为人为的发展，教学决定着智力的发展，这种决定作用既表现在智力发展的内容、水平和智力活动的特点上，也表现在智力发展的速度上。

怎样发挥教学的最大作用？维果斯基强调学习的最佳期限。如果脱离了学习某一技能的最佳年龄，从发展的观点来看是不利的，它会造成儿童智力发展的障碍。因此，开始某一种教学，必须以成熟与发育为前提，但更重要的是教学必须首先建立在正在开始形成的心理机能的基础上，走在心理机能形成的前面。

4. 语言的发展

维果斯基认为，人类的精神生产工具或心理工具就是各种符号。运用符号可使心理活动得到根本改造，这种改造转化不仅在人类发展中进行，而且在个体的发展中进行。在各种符号中，最重要的无疑是语言。语言有很多功能，但最重要的功能是把我们的思想和注意从当时的情境中——从刺激作用的那一时刻解放出来。词能代表不在眼前的事物和事件，语言能使我们反映过去和计划未来。当人类运用符号时，他们投入了中介行为(mediated behavior)，不只是对环境刺激进行反应，而且他们的行为也受到自己符号的影响或者“中介”。对成长中的儿童来说，获得语言是非常重要的，它使儿童能够参与所属群体的社会生活中，同时，语言还能促进儿童思考。另外两个重要的符号系统是文字和数学符号。文字的发明是人类的一个巨大成就，它使人类将信息永久地记录下来。数学符号使人们能以更加抽象的方式处理量的关系。文化所提供的这些符号系统对认知发展有重要影响，它们不仅是人与其他种系相区别的独特特征，还使纯抽象水平或理论层次上的推理等高级思维成为可能。由于社会文化因素具有很大的历史性和相对性，维果斯基的学说被称为文化—历史学派。

维果斯基突出强调了语言与认知发展的关系。他认为语言具有调节思维与行动的功能。与皮亚杰一样，维果斯基也注意到了幼儿期出现的自我中心语言，但他们的解释截然不同。皮亚杰认为自我中心语言是幼儿在思考时的一种缺陷，表明他们还不能根据听众来调节自己的语言。到了具体运算阶段，自我中心语言就会自动消失。维果斯基比较强调自我中心的积极作用，认为它能帮助儿童解决问题。他观察到儿童在遇到困难任务时，自我中心语言成倍地增加，这说明儿童运用自我中心语言帮助其思考。因此他认为自我中心语言具有促进儿童心理发展的功能，而且他也不同意皮亚杰认为自我中心语言最终会消失的观点，他认为并没有消失，而是内化成内部语言，一种无声的对话。

学生早年还不能使用语言这个工具来组织自己的心理活动，心理活动的形式是直接的、不随意的、低级的、自然的。只有掌握语言这个工具，才能转化为间接的、随意的、高级的、社会历史的心理技能。新的高级的社会历史的心理活动形式，首先是作为外部形式的活动而形成的，以后才内化，转化为内部活动才能“默默地”在头脑中进行。

(二) 维果斯基社会文化历史理论的教育意义

维果斯基提出的最近发展区的概念对于教育具有重要的启示，由于教学应着眼于儿童的潜能发展，因此教师不应只给儿童提供一些他们能独立解决的作业，而应布置一些有一定难度，需要在得到他人的适当帮助下才能解决的任务。如此，教学不只刺激了已有的能力，而且向前推动了发展。但要注意，最近发展区的概念容易使家长和教师更关注儿童的未来发展，应避免在儿童尚未掌握好当前的能力时，就把儿童推向更高一级的发展。同时，还要注意儿童潜能的发展在于获得教师或同伴的帮助，教师和同伴对儿童的认知发展提供了一种支架的作用，但要注意提供的帮助应恰如其分，必须适当，过多反而会造成儿童依赖心理的产生。

拓展阅读

利维•维果斯基(Lev Vygotsky，1896—1934)在白俄罗斯东北方的奥尔沙小镇出生，1917年从主修文学的莫斯科大学毕业后，开始进行文学研究。1917—1923年，维果斯基在一所学校教授文学和心理学，在这所学校里，他也负责成人教育中心的剧场部门，并进行了很多场演讲，谈论文学和科学的问题。在这段时间内，维果斯基开始发行Verask这份文学刊物。不久，他出版了他的第一个文学研究，也就是后来重新发行的艺术心理学(The Psychology of Art)。他还在教师训练机构中设立了一个心理实验室，他在这个机构教授关于心理学的课，课程内容后来出版于《教育心理学》中。1924年，他搬到莫斯科，先是在心理机构工作，后来在他自己设立的残障机构中工作。同时，他在属于人民教育委员会的生理残障及心智障碍儿童教育系主持工作，也在共产教育学院、莫斯科第二大学，以及位于列宁格勒的教学机构中授课。在1925年和1934年之间，维果斯基聚集了一大群擅长于心理学、残障及心理异常等领域的年轻科学家一起工作。对于医学的兴趣促使维果斯基也接受医学的训练，首先在莫斯科的医学机构，后来，他在该地的乌克兰神经心理学院教一门心理学的课。1934年，他死于肺结核，年仅38岁。虽然他的观点遭到了当时政府的批判，但是他的思想被他的学生继承下来。维果斯基一生留下180多种著作，西方有研究者称维果斯基为“心理学界的莫扎特”，布鲁纳也对维果斯基做出高度评价：在过去的四分之一世纪中从事认识过程及其发展研究的每位心理学家，都应该承认维果斯基著作对自己的巨大影响。

(资料来源：林崇德，杨治良，黄希庭. 心理学大辞典[M]. 上海：上海教育出版社，2004.)

三、精神分析的心理发展观——埃里克森的人格发展论

(一) 埃里克森的人格发展理论的基本观点

对精神分析理论的进一步发展贡献最大的莫过于美国的精神分析医生埃里克森。针对弗洛伊德理论的不足之处，埃里克森提出了自己的发展观。第一，他认为发展是内在本能与外部文化和社会要求相互作用的结果，而非性本能的产物，因此称自己的理论为心理社会阶段论。第二，他认为儿童是主动的探索者，能够适应环境并希望控制环境，并不是被动地受环境的影响。只有了解现实世界，才能成功地适应，进而发展出健康的人格。第三，人格的发展并非止于青春期，而是终其一生的。他将人的一生分为八个阶段，每个阶段都有其独特的发展任务，亦面临相应的

发展危机，只有将危机化解，才能顺利地进入下一个阶段，发展健康的人格，否则将产生适应困难。第四，他认为发展健康的人格特征才是人类发展应追求的目标，因此他的理论是基于健康人格特征的，并不像弗洛伊德重视的是人格异常者的治疗和成长。

按照人在一生中所处的特定时期经历的生理成熟和社会要求，埃里克森将人的一生分为八个阶段。

第一阶段：信任对不信任(0～1岁)。这一阶段婴儿的主要任务是发展对外界的信任感，信任的含义是感到他人是可靠的、可以依赖的。照顾婴儿的人如果不能满足婴儿的需要或对婴儿经常采取不一致的态度，婴儿就会认为世界是危险的，他人不值得依赖。

第二阶段：自主行动对羞怯怀疑(1～3岁)。随着生理的成熟，儿童有了控制自己行为的愿望和能力，希望自主行动，学会照顾自己。当儿童认为自己在他人眼中不是一个好孩子时就会产生羞怯感，当他们认为自己受制于人时，就会对自己的能力产生怀疑。

第三阶段：自动自发对退缩愧疚(3～6岁)。这一时期的儿童精力旺盛，常常试着做一些超出自己能力的事，他们的目标或行为常和父母的要求发生冲突，令儿童感到内疚。

第四阶段：勤奋进取对自贬自卑(6～11岁)。这一时期正值小学教育阶段，是儿童自我发展的最关键时期。儿童在求学的过程中，必须学会适应学校的生活，遵守学校的规章制度，在学习和各项活动中达到一定的标准。儿童只有勤奋学习，努力进取，才能学会他应当掌握的知识和社会技能，体验到成功感。如果儿童在学习和交往中屡遭失败，就会产生自卑感。儿童在学校当中所经历的成功和失败，对其人格成长具有重要影响。如果儿童体验到的成功多于失败，他便更易养成勤奋进取的性格，会勇敢地面对学习和生活中的挑战。如果儿童体验到的是失败多于成功，甚至都是失败没有成功，他便更易形成自卑的性格，对新的学习任务产生畏惧感，可能会回避现实，对今后人格的发展产生不利影响。

第五阶段：同一性对角色混乱(11～20岁)。青少年逐渐面临职业选择、交友、承担社会责任等问题。由于他们不能肯定自己是什么样的人，于是产生了“我是谁”的疑问。在对自我的探索过程中，如果能将自己在各方面将要承担的角色统一起来，就会顺利地度过青春期，否则就会感到迷惘、痛苦。

第六阶段：友爱亲密对孤独疏离(20～40岁)。这个阶段的主要任务是与他人建立亲密的感情关系，体验友谊和爱情。如果无法建立这种亲密的感情关系，就会感到孤独。

第七阶段：精力充沛对颓废迟滞(40～65岁)。这个阶段的主要任务是热心承担社会责任，关心家庭，养育后代。不愿或无力承担这种责任的人会变得颓废迟滞或自我中心。

第八阶段：完美无缺对悲观绝望(65岁以后)。在这个阶段，回首往事，觉得一生充实、有意义会产生完善感，对往事感到悔恨会产生悲观的情绪。

每一个发展阶段都由一对矛盾构成，它们是一个连续体中的两极，健康地解决每一个危机或冲突并不意味着必须得到完全正面的结果，丝毫没有负面的体验，而是二者应当有一个恰当的比率。如在第一阶段，不仅要让儿童学会信任，而且要适当地让他体验不信任感，这样他才会学会保护自己。在第四阶段，对小学生来说，体验成功、发展勤奋进取的性格固然重要，但是过分强调能力，儿童就会觉得失败是难以接受的，没有抗挫折的能力，可能会变成工作狂。同时要注意，并不是只有在前一阶段的危机得到解决以后，才能进入下一发展阶段。生理的成熟及社会的期望要求个体必须面对新的发展任务，在埃里克森看来，只要人活得足够长，就要经历所有的发展阶段，顺利度过前一阶段会增强后一阶段成功的机会。

拓展阅读

埃里克森(Erik HomBerg Erikson，1902—1979年)生于德国法兰克福，是美国的精神分析医生，心理学家。他大学预科毕业时获得一份蒙台梭利学校的毕业文凭，以及接受安娜·弗洛伊德在儿童精神分析方面的训练。因为埃里克森没有获得高级学位，所以他完全可以成为弗洛伊德所认为的精神分析家不必攻读医科专业主张的一名典型范例。1930年，他从精神分析的角度对蒙台梭利教学法进行研究，发表了他的第一篇论文，并由此取得了一张蒙台梭利学校的文凭证书，虽然他的全部高等教育也仅在于此，但他的学术成就根植于他不懈的临床实践活动，来自他的乐观主义和深厚的信念。1936—1939年，埃里克森在耶鲁大学人类关系研究所从事研究工作，并在耶鲁医学院从事教学工作。在那里，他研究了正常儿童和情绪紊乱儿童，且和玛格丽特·米德有了交往，并前往南达科苏语印第安人的松脊居住地进行实地考察，观察了苏语印第安人抚育子女的情况。诸如此类的人类学研究使埃里克森进一步意识到社会文化因素对人格形成的重要性。这种认识极其强烈地渗透到他的人格理论中。1960年，埃里克森应聘回到哈佛大学任人类发展学教授，直到1970年退休。在20世纪60年代，他发表了一系列作品，不断参加国际交叉学科的一些重要会议。埃里克森确实不失为我们时代的一个人物，他虽然没有正式的学术履历，但是一个真正具有人性感的学者，他始终坚持把探索精神分析的经验作为一个临床医生的己任，希望阐述人的性质和命运。

(资料来源：根据网络资料整理)

(二) 埃里克森的人格发展理论的教育意义

埃里克森的人格发展理论指出了人生的每个阶段的发展任务和所需要的支持与帮助，这有助于教育工作者了解中小学生在不同发展阶段要面临的各种冲突，从而采取相应的措施，因势利导、对症下药。在教育过程中，为培养学生的勤奋感，教师和学校应鼓励学生大胆地设想和创造，对儿童的建议表示赞赏，并耐心地回答其问题，增强其自信心，发展其主动人格；教师要给学生创造良好的学习环境，培养学生的成败观，使其懂得成功的必然现象，不可因一时失败而丧失信心；教师要最大限度地尊重学生，切不可把他们当成孩子看待，不要在同班或其他人员面前轻视和贬低他们。

四、行为主义的心理发展观——班杜拉的社会学习论

班杜拉于1977年出版《社会学习理论》(*Social Learning Theory*)，全面介绍了他的发展心理学观点。

(一) 观察学习及其过程

观察学习是班杜拉社会学习理论的一个基本概念。所谓观察学习，实际上就是通过观察他人(榜样)所表现的行为及其结果而进行的学习，它不同于刺激—反应学习。刺激—反应学习是学习者通过自己的实际行动，同时直接接受反馈(强化)而完成的学习。观察学习的学习者则不必直接做出反应，也不需要亲自体验强化，而只是通过观察他人在一定环境中的行为，并观察他人接受一定的强化就能完成学习。

观察学习表现为一定的过程，班杜拉认为这个过程包括注意过程、保持过程、运动复现过程和动机过程。

班杜拉认为，强化可以是直接强化，即通过外界因素对学习者的行为直接进行干预。班杜拉指出，外在结果虽然每每给予行为以影响，但它不是决定人的行为的唯一结果。人通常在观察的结果和自己形成的结果的支配下，引导自己的行为。强化也可以是替代强化：学习者如果看到他人成功和被赞扬的行为，就会增强产生同样行为的倾向；如果看到失败或受罚的行为，就会削弱或抑制发生这种行为的倾向。强化还可以是自我强化，即行为达到自己设定的标准时，以自己能支配的报酬来增强、维持自己行为的过程。自我强化依存于自我评价的标准。这种自我评价的标准是青少年根据自己的行为是否比得上他人，用自我肯定和自我批评的方法对自己的行为做出反应而确立的。在这个过程中，成人对儿童达到或超过为其提供的标准的行为表示喜悦，而对未达到标准的行为表示失望。这样，去上班就逐渐形成了自我评价的标准，获得了自我评价的能力，从而对榜样示范行为发挥自我调整的作用。青少年就是在这种自我调整的作用下，形成观念、能力和人格，并改变自己的行为。

(二) 社会学习在个体社会化过程中的作用

班杜拉特别重视社会学习在社会化过程中的作用，即社会引导成员用社会认可的方法去活动。为此，他专门研究了攻击性、性别化、自我强化和亲社会行为等社会化的目标。

1. 攻击性

班杜拉认为，攻击性的社会化也是一种操作性条件作用。例如，当儿童用社会容许的方法表现攻击性时(如球赛或打猎)，父母和其他成人就奖励儿童；当儿童用社会不容许的方法来表现攻击性时(如打幼小儿童)，父母和其他成人就惩罚儿童。所以儿童在观察攻击的模式时，就会注意什么时候的攻击性被强化，而对于被强化的模式便照样模仿。

2. 性别化

班杜拉认为，男女儿童的性别品质大多是通过社会化过程，特别是模仿来获得的。班杜拉认为，儿童常常通过观察学习两性的行为，只是因为在社会强化的情况下，他们通常所从事的仅仅是适合他们自己性别的行为。有时这种社会强化还会影响观察过程本身，也就是说，儿童甚至会停止对异性模式细致的观察。

3. 自我强化

班杜拉认为，自我强化也是社会学习的结果。他曾用实验证明了这一点：7～9岁的儿童观看滚木球比赛。在比赛中，只有得高分者才可以用糖果来奖励自己，否则，将做自我批评。随后，研究者让看过和未看过滚木球比赛的儿童分别独自玩滚木球比赛游戏。结果，看过比赛的儿童将糖果作为自我强化物，而未看过比赛的儿童对待糖果的态度是根据自己是否愿意和喜欢。可见，在儿童评价自我的行为上，即自我强化的社会化方面，社会学习表现出了明显的效果。

4. 亲社会行为

班杜拉认为，呈现适当的亲社会行为(如分享、帮助、合作和利他主义等)模式能够对儿童产生影响。亲社会行为靠训练是没有什么效果的，有时强制的命令可能会一时奏效，但会有反复，只有正确的行为模式的影响才更有用，而且持续时间更长。

班杜拉的社会学习理论从人的社会性角度探讨学习问题，强调观察学习，认为人的行为的变化既不是由个人的内在因素单独决定的，也不是由外在的环境因素单独决定的，而是由两者的相互作用决定的。该理论认为人通过其行为创造环境条件并产生经验(个人的内在因素)，被创造的环境条件和作为个人内在因素的经验又反过来影响以后的行为等。这在相当程度上反映了人类学习的特点，揭示了人类学习的过程，有一定的理论价值和实际价值。但是，班杜拉的社会学习理论基本上是行为主义的。他虽然也重视认知因素，但并没有对认知因素做充分的探讨，更缺乏必要的实验依据。他偏重的是人的行为的研究，在行为研究中没有给认知因素以应有的地位，而只是一般化地对认知机理做些简单的论述。因此，他的社会学习理论具有明显的不足之处，并表现出一定的局限性。

五、青少年心理发展的中国理论——朱智贤的发展心理学理论

在青少年心理发展领域，中国心理学家开展了大量的研究，重大的研究成果相继出现，并形成自己的心理发展理论。陈鹤琴最早在中国进行儿童心理发展研究，其他影响比较大的研究有刘范的“儿童认知发展研究”、朱曼殊的“儿童言语发展研究”、李伯黍的“儿童道德发展研究”、韩进之的“儿童自我意识发展研究”、查子秀的“超常儿童心理发展研究”、林崇德的“青少年思维发展研究”、沈德立的“青少年非智力因素研究”、许政援的“儿童社会性发展研究”等，这些研究极大地丰富了青少年心理发展的理论和实践。而系统研究儿童心理发展的心理学家是朱智贤(1908—1991)，其所取得的成果也最系统和完整，并且得到心理学界的普遍认可，因此以他的发展心理学理论为代表介绍中国青少年心理发展理论。

(一) 心理发展的基本理论

朱智贤用辩证唯物主义的观点探讨了儿童心理发展中关于先天与后天的关系、内因与外因的关系、教育与发展的关系、年龄特征与个别特点的关系等一系列重大问题。

1. 先天与后天的关系

人的心理发展是由先天遗传决定的还是由后天环境、教育决定的？这在心理学界争论已久，在教育界及一般人心目中也有不同看法。朱智贤从20世纪50年代末开始，一直坚持先天来自后天，后天决定先天的观点。首先，他承认先天因素在心理发展中的作用，不论是遗传因素还是生理成熟，它们都是儿童和青少年心理发展的生物前提，它们提供了这种发展的可能性。环境和教育则将这种可能性变为现实性，决定着儿童心理发展的方向和内容。其次，朱智贤不仅提出这个论点，而且坚持开展这方面的实验研究。林崇德对双生子智力、性格的心理研究，正是在朱智贤的指导下进行的，研究结果完全证实了朱智贤的理论。

2. 内因与外因的关系

环境和教育不是机械地决定心理的发展，而是通过心理发展的内部矛盾起作用。朱智贤认为，这个内部矛盾是主体在实践中，通过主客体的交互作用而形成的新需要与原有水平的矛盾。这个矛盾是心理发展的动力。有关内部矛盾的具体提法，国内外心理学界众说纷纭。但目前国内大多数心理学家同意朱智贤的提法，这是因为他提出的内部矛盾揭示了这个问题的实质，初步解决了需要理论、个体意识倾向理论、心理结构(原有水平)理论等一系列的实际问题。

3. 教育与发展的关系

心理是如何发展的，向哪儿发展？朱智贤认为，这不是由外因机械决定的，也不是由内因孤立决定的，而是由适合于内因的一定外因决定的，也就是说，心理发展主要是由适合于主体内因的教育条件决定的。从学习到心理发展，人类心理要经过一系列量变到质变的过程。他还提出了如图1-1所示的表达方式。

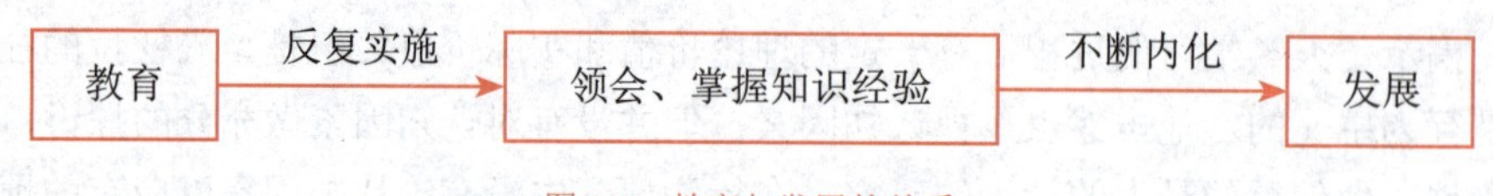

图 1-1　教育与发展的关系

在教育与发展的关系中，如何发挥教育的主导作用？这涉及教育要求的难度问题。朱智贤提出，只有高于主体的原有水平，并经过他们主观努力后又能达到的要求，才是最适合的要求。如果维果斯基提出的最近发展区是阐述心理发展的潜力的话，那么朱智贤的观点则指明了挖掘这种潜力的途径。

4. 年龄特征与个别特点的关系

朱智贤还指出，儿童和青少年心理发展的质的变化会表现出一定的年龄特征。按照这个年龄特征，朱智贤将儿童和青少年的心理发展分为六个阶段，即乳儿期或婴儿前期(从出生～1岁)、婴儿期(1～3岁)、幼儿期或学龄前期(3～6、7岁)、童年期或学龄初期(6、7岁～12岁)、少年期或学龄中期(11、12岁～14、15岁)、青年早期或学龄晚期(14、15岁～17、18岁)。心理发展的年龄特征不仅有稳定性，而且有可变性。在同一年龄阶段，每个人既有本质的、一般的、典型的特征，又有区别于他人的差异性，即个别特点。朱智贤对每个发展阶段的论述，为中国儿童和青少年心理学奠定了理论和实践基础，今天中国发展心理学对儿童和青少年各阶段心理特征的阐述，基本上是朱智贤的框架体系。

在中外发展心理学史上，对上述四个问题的分析和阐述不少，但像朱智贤那样统一的、系统的、辩证的论述还是第一次，这为建立中国科学的儿童心理学奠定了基础。

(二) 强调用系统的观点研究心理学

朱智贤经常说，认知心理学强调儿童认知发展的研究，精神分析学派强调儿童情绪发展的研究，行为主义强调儿童行为发展的研究，我们则要强调儿童心理整体发展的研究。

早在20世纪60年代初，朱智贤在《有关儿童心理年龄特征的几个问题》一文中，首次提出系统地、整体地、全面地研究儿童心理的发展。他反对柏曼单纯地以生理作为年龄特征的划分标准，反对施太伦以种系演化作为年龄特征的划分标准，反对皮亚杰以智力或思维发展作为年龄特征的划分标准。他提出在划分儿童心理阶段时，主要应考虑两方面：一是内部矛盾或特殊矛盾；二是既要看到全面(整体)，又要看到重点。这个全面或整体的范围是什么？朱智贤认为应包括两部分(认识过程和人格品质)和四个有关方面(心理发展的社会条件和教育条件、生物的发展、动作和活动的发展、语言的发展)。他主张对儿童和青少年心理进行系统研究，提倡将心理作为一个开放的自组织系统来研究，系统地分析心理发展研究的各种类型并系统地处理研究结果。朱智贤的观点在当时乃至当今被我国心理学界广泛引用，不少心理学家在此基础上进一步开展了研究工作。

(三) 提出坚持在教育实践中研究中国化的发展心理学

朱智贤多次提出发展心理学研究的中国化问题。早在1978年，他就指出，中国的儿童和青少年及其在教育中的种种心理现象有自己的特点，这些特点表现在教育实践中，需要我们深入研究。

他指出，坚持在实践中，特别是在教育实践中研究发展心理学，这是我国心理学前进道路上的主要方向。他反对脱离实际的为研究而研究的风气，主张研究中国人从出生到成熟的心理发展特点及规律。他认为，中国儿童和青少年与外国的儿童和青少年有共同的心理特点，既存在普遍性，又有不同的特点，即具有特殊性，这是更重要的。我们只有把中国儿童和青少年心理发展的特点研究出来，才能在国际心理学界有发言权。因此，他致力于领导“中国儿童青少年心理发展特点与教育”课题研究工作，克服了许多困难，取得了令人振奋的成果。他主张将发展心理学的基础理论研究与应用研究结合起来，积极建议搞教育实验和教学实验，主张在教育实践中培养儿童和青少年的智力及人格。如今，中国心理学界出现“教育与发展观”，甚至形成较成熟的心理学思想，正是缘起朱智贤的理念。

·本章小结·

1. 青少年心理发展是指青少年时期个体心理上发生的一系列积极的稳定的变化，表现出连续性和阶段性、方向性和顺序性、不平衡性、普遍性与差异性等特点。

2. 遗传素质和生理成熟是青少年心理发展的物质基础，社会生活环境是决定性因素，学校教育起主导作用，个体的社会实践活动和主观能动性是内因。

3. 皮亚杰认为儿童心理发展是儿童的心理或行为图式在环境影响下，不断通过同化、顺应达到平衡的过程，分为感知运动阶段、前运算阶段、具体运算阶段、形式运算阶段四个阶段。

4. 维果斯基创立了社会文化历史理论，提出了最近发展区思想，主张教学应当走在发展的前面，要把握学习的最佳期限。

5. 埃里克森认为发展健康的人格特征才是人类发展应追求的目标。他将人的心理发展分为八个阶段，并提出了每个发展阶段的任务。

6. 朱智贤用辩证唯物主义的观点探讨了儿童心理发展中的一系列重大理论问题，主张坚持在教育实践中研究中国化的发展心理学。

·习　题·

一、单选题

1. 7～11岁处于皮亚杰认知发展阶段论的(　　)阶段。
   A. 感知运动　　B. 前运算　　C. 具体运算　　D. 形式运算
2. 埃里克森的心理社会发展理论认为12～20岁的青少年主要的发展任务是(　　)。
   A. 培养自我统一性　　B. 建立亲密关系　　C. 培养主动性　　D. 培养勤奋感
3. 人们通过观察别人的行为及行为后果间接产生的学习，被班杜拉称为(　　)。
   A. 直接学习　　B. 注意学习　　C. 观察学习　　D. 强化学习
4. 皮亚杰主要通过探讨儿童(　　)来研究儿童道德认知发展规律。
   A. 道德判断　　B. 道德情感　　C. 道德行动　　D. 道德意志
5. 最能够代表中国发展心理学研究成果的是(　　)的发展心理学理论。
   A. 陈鹤琴　　B. 李伯黍　　C. 许政援　　D. 朱智贤

二、判断题

1. 人的心理发展具有连续性与阶段性的特点。(　　)
2. 维果斯基认为，教学应该走在发展的前面。(　　)
3. 青少年心理的发展是量的积累过程，没有质的变化。(　　)

4. 遗传素质决定着青少年心理发展的速度和水平。 ( )

5. 埃里克森认为，人格的发展并非止于青春期，而是终其一生的。 ( )

三、填空题

1. 青少年心理发展是指青少年时期个体__________上发生的一系列积极的稳定的变化。

2. __________之所以在青少年心理发展中起主导作用，是因为它是由专门从事教育工作的教师有组织、有计划、有目的地进行的一种培养人的社会实践活动。

3. 班杜拉认为观察学习的过程包括注意过程、保持过程、__________和动机过程。

4. 截至目前，中国心理学家对心理发展所做的研究和形成的理论最系统、最完整，并得到中国心理学界普遍认可的学者是__________。

5. 维果斯基认为，心理发展指的是一个人的心理在__________影响下，在低级的心理机能的基础上，逐渐向高级的心理机能的转化过程。

四、论述题

1. 试述青少年心理发展的含义及其特点。

2. 分析影响青少年心理发展的因素及各自的作用。

3. 简述皮亚杰的心理发展观。

4. 说明维果斯基的最近发展区思想及其教育意义。

5. 简述埃里克森的心理发展阶段理论。

6. 试述观察学习及其在儿童社会化中的作用。

第二章 睁开双眼看世界——青少年认知的发展

·引 言·

我们生活在一个丰富多彩、纷繁芜杂、瞬息万变的世界里。每天，我们不断地感知、注意大量的外界信息，记忆、思考着各种问题，并通过大脑产生各种行为，所有这些都属于认知活动。正因为有了这些活动，我们才得以正常地生活。认知在所有心理活动中具有基础性地位。个体的感觉、知觉、记忆、想象、思维等认知活动按照一定的关系组成一定的功能系统，从而实现对个体、对环境的认知。在个体与环境的相互作用过程中，个体认知的功能系统不断发展，并趋于完善。心理学将个体认知的功能系统不断完善的变化过程称为认知发展。认知发展是个体心理发展的一个重要层面。

人类个体的认知是在其出生以后开始发生和发展的。新生儿出生不久，就表现出一定的感觉能力，出现了感觉和运动之间的初步协调。从幼儿期到儿童期再到青年期，儿童逐步掌握符号、语言、概念以至逻辑的命题，逐步能对直接感知的具体事物以至抽象的概念进行运算。少年期是指11、12岁到14、15岁的阶段，是个体从童年期向青年期过渡的时期，大致相当于初中阶段，具有半成熟、半幼稚的特点。青年期指14、15岁至17、18岁的时期，相当于高中阶段，本章内容主要探讨青少年认知发展的特点及规律。

案例材料

【情景一】

据教育进展国际评估组织对世界21个国家的调查，中国孩子的计算能力是世界上最强的。调查同时显示，中国的中学生在学校用来做数学题的时间是每周307分钟，而其他国家孩子学数学的时间仅为217分钟。令人遗憾的是，中国孩子的创造力在所有参加调查的国家中排名倒数第五。中小学生中，认为自己有好奇心和想象力的只占4.7%，而希望培养想象力和创造力的只有14.9%。

【情景二】

在课堂上，教师让学生“列举砖头的用处”时，学生小方的回答是“造房子，造仓库，造学校，铺路”；学生小明的回答是“盖房子，盖花坛，打狗，敲钉”。请问小方和小明的回答如何？你更欣赏哪种回答？为什么？

“世间万物中，人是第一个可宝贵的”，人所宝贵的是具有好奇心和想象力等资源，尤其是孩子，他预示着聪慧、年轻、美好和创造力及发展前景，但这个“计算能力世界第一”葬送了孩子宝贵的好奇心和想象力资源，是一种超值的付出，无论怎样算计都是不经济的。每个孩子都有创造能力，创造教育先驱陶行知先生曾指出：“处处是创造之地，天天是创造之时，人人是创造之人。”从小培养孩子的创造力，对孩子未来的发展极为重要。孩子的思维由于没有多少条条框框的约束，不受时间、空间的限制，所以，它往往比成人的思维更丰富、更大胆，这种思维发展下去，就会成为一种创造的力量。因此，家长应该对孩子具有创造力的思维加以保护、鼓励和推动，使孩子摆脱千篇一律的平庸，成为一个富有创造精神的人。创造力是人类特有的一种综合性本领，它是由知识、智力、能力等复杂多因素综合优化构成的。因此，真正理解青少年创造力及其发展规律，首先要了解青少年认知发展的特点。

第一节　认知发展概述

在较通常的意义上，智力(intelligence)、思维(thinking)、认知(cognition)这三个词之间有很大的相似性，即都表示人在认识方面的特点和能力。因此，在一些不需要做严格区分的情况下，这三个概念常被混用。但是，从较严格的意义上看，这三个概念间还是存在区别的。

“智力”是指人认识、理解事物和现象并运用知识、经验解决问题能力的总和，它包括所有的与认识活动有关的能力；“思维”是人运用表象和概念进行分析、综合、判断、推理等认识活动的过程，是智力的最高级和最核心的部分。因此，“智力”与“思维”间的关系应该是：智力包含思维，思维是智力中的灵魂。而“认知”则是近几十年来由心理学家提出的一个描述人的认识能力的新概念。它有广义和狭义之分，当从广义的角度使用“认知”这个概念时，其含义与“智力”的含义等同；当从狭义的角度使用时，其含义与“思维”等同。随着关于人类智力的思维研究的信息加工理论的出现和相关研究技术的引入，心理学家们目前更倾向于用“认知”这个词来描述个体在认识方面的能力。这一方面是因为这个词的含义比较广泛，“认知”——认识和知识，它既包含了一种动态性的加工过程(认识)，也包含了一种静态性的内容结构(知识)；另一方面也是为了能将在学术意义上进行讨论的内容与在较为通俗意义上使用的名词区分开来。在本书中，我们主要采用“认知”这一概念来指代和描述个体呈动态或静态的各种认识能力。

一、认知发展的概念

(一)“认知”的含义

“认知”具体是指那些能使主体获得知识和解决问题的操作和能力。认知是人类个体内在心理活动的产物。我们虽然不能直接看到主体内在的认知过程，但可以通过观察、分析主体认知活动的外在行为来推断其大脑内部进行的认知活动本身。

在通常情况下，心理学家所能观察到的是主体认知活动的外显行为。例如，儿童所能记住的单词的数量，儿童在辨认某些图片、字词时所花的时间或计算某道算术题的正确性等。但心理学家所真正感兴趣的并不是这些容易被观察到的内容，而是那些潜藏在这些行为下的加工过程和技能。例如，6岁儿童和14岁少年在完成某项认知任务时，所使用的认知操作各是什么？对词义的辨别速度是如何反映主体对信息的不同贮存方式的？婴儿是如何利用其关于自己母亲的心理表象去区别其他形象的？这种心理表象是如何产生的，又是如何被不断精确化的？等等。简言之，认知发展心理学家所关心的问题是，儿童进行认知活动的内在过程以及导致儿童认知发展的内在机制。

认知不仅寓于我们意识水平之上的认识活动中，同时寓于人们日常生活的某些非意识行为的过程中，例如，当我们平时在听收音机和看报纸时，我们对每一个声音和字符的辨认都似乎是在不知不觉中进行的。其实，这些活动中包含着非常复杂的认知机制，从广义的角度看，认知几乎包含在所有的认识活动中，例如，获得信息、理解信息、验证信息等过程中包含着认知的成分；制订计划、执行计划、评价计划的可行性和修改计划等方面也包含着认知的成分；对刺激进行编码、分类和贮存等方面还包含着认知成分。总之，在心理活动的任何一个环节中，认知成分都有不同程度的参与。

(二) “发展”的含义

“发展”是指随时间的延续，有机体在结构或功能上发生变化的过程和现象。“结构”在生理学上是指构成机体的基本组织成分。例如，内脏、肌肉、胶体、神经组织等都可以称之为人体的生理结构，它们是人体产生各种活动的基础。但当我们说“心理结构”时，主要指在理论上假设存在的关于各种信息和认识能力的组织，是一种关于认识能力的功能性结构，既包括知识结构，也包括能力结构。例如，当一个儿童能较好地记住狗、狮子、大象等词时，我们就可以推测在儿童的长时记忆系统中存在一个语义系统，不同的词由于具有不同的意义而被分别安置在这个系统中的不同位置上，根据需要，这些词可以随时被激活和提取，这个语义系统就可以被看成一个心理结构。“功能”是指由结构派生出来的活动和表现。例如，肢体的活动就是肌肉和骨骼结构的功能，性激素的分泌是神经系统和性腺的功能。而心理结构的功能主要是指具体的认知能力和表现。

(三) “认知发展”含义

“认知发展”是指主体获得知识和解决问题的能力随时间的推移而发生变化的过程和现象。认知发展心理学的任务就是要探讨这种过程和现象的规律、特点及各种影响因素，探索潜藏在这个过程和现象背后的微观机制，为指导儿童教育实践提供科学依据。

围绕着认知发展，讨论得最多的问题就是发展的阶段性问题，这的确是一个相当重要的问题。“阶段”是指在事物发展过程中所表现出来的某种时间段落。我们通常所说的认知发展阶段，是指儿童在认知发展的全程中所表现出的时间段落性。在每一个特定的时间段落里，儿童将表现出一些较为一致的思维方式和行为方式。认知的发展阶段是与儿童年龄相联系的，但并不等于具体的年龄。关于儿童认知发展阶段的划分方面，皮亚杰所做的工作最多。他通过各种临床观察和实验，提出了很完整的关于儿童认知发展的阶段理论，该理论迄今为止仍在儿童认知发展研究领域中占有十分重要的地位。在这个理论中，皮亚杰将儿童认知发展划分为四个连续发展的阶段：第一个阶段被称为“感知运动阶段”，是以儿童依据运动图式解决问题的特点为标志的；接下来的三个阶段(前运算阶段、具体运算阶段、形式运算阶段)则都是以儿童运用心理符号解决问题为标志的。但在这三个阶段中，儿童运用符号的能力仍表现出发展的趋势。在刚开始时，儿童只能依据表象去解决问题，后来学会了使用语言符号解决问题，最后才学会运用假设解决问题，关于皮亚杰的认知发展阶段理论，在下面会有详细论述。

二、认知发展的理论

(一) 皮亚杰的认知发展理论

认知主义学派的理论学家们注重儿童认知的发展，关注儿童获得、加工和运用知识或信息的方式。在发展心理学的领域中，皮亚杰的认知发展理论一直是最有影响力的理论之一。认知发展是指个体出生后在适应环境的活动中，了解和吸收知识时的认知方式及解决问题的能力随年龄而改变的历程。皮亚杰认为，儿童并不是机械地对环境中的刺激做出反应， 也不是通过被动的强化来获取知识；相反，儿童生下来就是“小小科学家”，他们能积极主动地探究周围环境，并通过与环境的相互作用积极构建知识。也就是说，发展是一种建构的过程，是在个体与环境不断相互作用中实现的。

1. 认知发展的核心概念

皮亚杰认为，发展就是个体与环境不断相互作用的一种建构过程，其内部的心理结构是不断变化的。为了说明这种内部的心理结构是如何变化的，皮亚杰首先引出了图式(schema)的概念。所谓图式，在皮亚杰看来就是人们为了应对某一特定情境而产生的认知结构。最初的图式来源于先天的遗传，表现为一些简单的反射，如握拳反射、吸吮反射等。为了应对周围的世界，个体逐渐地丰富和完善自己的认知结构，形成了一系列的图式。同时，皮亚杰认为图式的变化是通过同化(assimilation)和顺应(accommodation)两个过程完成的。同化与顺应是皮亚杰用于解释儿童图式的发展或智力发展的两个基本过程。皮亚杰认为“同化就是外界因素整合于一个正在形成或已形成的结构”，也就是把环境因素纳入机体已有的图式或结构之中，以加强和丰富主体的动作。也可以说，同化是通过已有的认知结构获得知识(本质上是旧的观点处理新的情况)。顺应是指“同化性的格式或结构受到它所同化的元素的影响而发生的改变”，也就是改变主体动作以适应客观变化，也可以说是改变认知结构以处理新的信息(本质上即改变旧观点以适应新情况)。当有机体面对一个新的刺激情境时，如果主体能够利用已有的图式或认知结构把刺激整合到自己的认知结构中，这就是同化。顺应就是同化性的结构受到所同化的元素的影响而发生的改变，即当有机体不能利用原有图式接受和解释新的刺激情境时，有机体会对自身图式做出相应的改变，以适应新的情境。皮亚杰认为，心理发展就是个体通过同化和顺应日益复杂的环境而达到平衡的过程，个体也正是在平衡与不平衡的交替中不断建构和完善认知结构，实现认知的发展。

2. 认知发展阶段论

皮亚杰认为，在个体从出生到成熟的发展过程中，智力发展可以分为具有不同的质的四个主要阶段：感知运动阶段、前运算阶段、具体运算阶段和形式运算阶段。在皮亚杰看来，并不是所有的儿童都在同一年龄完成相同的阶段。但是，儿童发展的各个阶段顺序是一致的，前一阶段总是达到后一阶段的前提。阶段的发展不是间断性的跳跃，而是逐渐、持续的变化。随着儿童从低级向高级阶段的发展，他们由一个不能独立思考，仅依靠感觉和运动认识周围世界的有机体，逐步发展成一个具有灵活思维和抽象推理能力的独立个体。

1) 感知运动阶段(0～2岁)

皮亚杰把2岁以前的儿童归入第一阶段，即感知运动阶段，也就说婴儿仅靠感觉和知觉动作的手段来适应外部环境。自出生至2岁左右，是智力发展的感知运动阶段。在此阶段的初期即新生儿时期，婴儿所能做的只是为数不多的反射性动作，通过与周围环境的感觉运动接触，即通过他加以客体的行动和这些行动所产生的结果来认识世界。皮亚杰认为感知运动阶段，儿童智慧的成长突出地表现在以下三方面。①逐渐形成客体永久性(不是守恒)的意识，这与婴儿语言及记忆的发展有关。②在稳定性客体永久性认知格式建立的同时，儿童的空间一时间组织也达到一定水平。因为儿童在寻找物体时，他必须在空间上定位来找到它。又由于这种定位总是遵循一定的顺序发生的，故儿童又同时建构了时间的连续性。③出现了因果性认识的萌芽，这与客体永久性意识的建立及空间—时间组织的水平密不可分。儿童最初的因果性认识产生于自己的动作与动作结果的分化，然后扩及客体之间的运动关系。当儿童能运用一系列协调的动作实现某个目的时，就意味着因果性认识已经产生。

2) 前运算阶段(2～7岁)

到前运算阶段，儿童对客体永久性的意识巩固了，动作大量内化。随着语言的快速发展及初步完善，儿童频繁地借助表象符号(语言符号与象征符号)来代替外界事物，重视外部活动，儿童开始从具体动作中摆脱出来，凭借象征格式在头脑里进行“表象性思维”，故这一阶段又称为表象思维阶段。在表象思维的过程中，儿童主要运用符号(包括语言符号和象征符号)的象征功能和替代作用，在头脑中将事物和动作内化。而内化事物和动作并不是把事物和动作简单地全部接受下来而形成一个摄影或副本，内化事实上是把感觉运动所经历的东西在自己大脑中再建构，舍弃无关的细节，形成表象。内化的动作是思想上的动作而不是具体的躯体动作。内化的产生是儿童智力的重大进步。总结起来，前运算阶段的儿童认识活动有以下几个特点。①相对的具体性，借助于表象进行思维，还不能进行运算思维。②思维的不可逆性，缺乏守恒结构。③自我中心性，儿童站在自己经验的中心，只有参照他自己才能理解事物。④刻板性，表现为在思考眼前问题时，其注意力还不能转移，还不善于分配；在概括事物性质时缺乏等级的观念。皮亚杰将此阶段的思维称为半逻辑思维，与感知运动阶段的无逻辑、无思维相比进了一大步。

3) 具体运算阶段(7～11岁)

以儿童出现了内化了的、可逆的、有守恒前提的、有逻辑结构的动作为标志，儿童智力进入运算阶段，首先是具体运算阶段。运算是具体的运算，意指儿童的思维运算必须有具体的事物支持，有些问题在具体事物帮助下可以顺利获得解决。具体运算阶段儿童智慧发展的最重要表现是获得了守恒性和可逆性的概念。守恒性包括质量守恒、重量守恒、对应量守恒、面积守恒、体积守恒、长度守恒等。具体运算阶段儿童并不是同时获得这些守恒的，而是随着年龄的增长，先是在7～8岁获得质量守恒概念，之后是重量守恒(9～10岁)、体积守恒(11～12岁)。皮亚杰确定质量守恒概念达到时作为儿童具体运算阶段的开始，而将体积守恒达到时作为具体运算阶段的终结或下一个运算阶段(形式运算阶段)的开始。这种守恒概念获得的顺序在许多国家对儿童进行的反复实验中都得到了验证，几乎完全没有例外。具体运算阶段，这个时期儿童思维的主要特征是，对于具体的事物或情境能够按照逻辑法则进行推理。具体来说，有以下几个特点。①思维具有可逆性，能够完成守恒任务。守恒是指物体某方面的特征(如重量或体积)，不因其另一方面的特征(如形状)改变而改变。②掌握了类包含的概念。儿童掌握了一类物体与其子类的关系。③能够完成序列化的问题。序列化指能以物体的某种属性为标准对其进行排序，从而进行比较。④思维的去自我中心性。所谓自我中心，是指不能将自己的观点与他人的观点区分开来，但这与自私自利无关。进入具体运算阶段的儿童已经能站在他人的角度考虑问题了。⑤掌握了群集的概念。儿童已经明白两个子集可以组成一个新的集合。

4) 形式运算阶段(12岁以上)

上文提及，具体运算阶段，儿童只能利用具体的事物、物体或过程来进行思维或运算，不能利用语言、文字陈述的事物和过程为基础来运算。而当儿童智力进入形式运算阶段时，思维不必从具体事物和过程开始，可以利用语言文字，在头脑中想象和思维，重建事物和过程来解决问题。除了利用语言文字，形式运算阶段的儿童甚至可以根据概念、假设等前提，进行假设演绎推理，得出结论。因此，形式运算也往往称为假设演绎运算。由于假设演绎思维是一切形式运算的基础，包括逻辑学、数学、自然科学和社会科学在内，因此儿童是否具有假设演绎运算能力是判断他智力高低的极其重要尺度。当然，处于形式运算阶段的儿童，不仅能进行假设演绎思维，皮亚杰认为他们还能够进行一切科学技术所需要的一些最基本运算。这些基本运算，除具体运算阶段的那些运算外，还包括这样的一些基本运算：考虑一切可能性；分离和控制变量，排除一切无关因素；观察变量之间的函数关系，将有关原理组织成有机整体等。这一阶段儿童不再依靠具体事物来运算，能够脱离具体事物进行抽象概括，能够进行假设—演绎推理，能够用归纳组合分析解决抽象问题，这时儿童根据假设对各种命题进行了逻辑推理的能力不断发展，开始接近成人的思维水平。

(二) 维果斯基的社会文化理论

维果斯基是苏联著名心理学家，虽英年早逝，但他的思想越来越受到心理学界的重视，其中的主要原因在于他提出儿童的认知发展既不是其内在成熟的结果，也不完全决定于儿童的自主探索。成熟与主动探索固然重要，但不能使儿童取得长足的进步。要发展心智，儿童必须掌握文化提供给他们的智力工具——语言、文字、数学符号及科学概念等。

维果斯基创立了文化—历史发展理论，用以解释人类心理本质上与动物不同的那些高级的心理机能。维果斯基认为，工具的使用引起人的新的适应方式，即物质生产的间接的方式，而不像动物一样以身体的直接方式来适应自然。人的工具生产过程凝结着人类的间接经验，即社会文化知识经验，这就使得人类的心理发展规律不再受生物进化规律所制约，而是受社会历史发展的规律所制约。工具本身并不属于心理的领域，也不加入心理的结构，只是这种间接的物质生产的工具导致在人类的心理上出现了精神生产的工具，即人类社会所特有的语言和符号。生产工具和语言符号的类似性就在于它们使间接的心理活动得以产生和发展。所不同的是，生产工具指向于外部，引起客体的变化，而符号指向内部，影响人的行为。控制自然和控制行为是相互联系的，因为人在改造自然时也在改变人自身的性质。

1. 发展的实质

维果斯基探讨了发展的实质。他认为，在心理学家看来，发展指心理的发展。心理的发展指的是一个人的心理(从出生到成年)在环境与教育的影响下，在低级的心理机能的基础上，逐渐向高级的心理机能转化的过程。

心理机能由低级向高级发展的标志是什么？维果斯基归纳为四方面的表现：①心理活动的随意机能；②心理活动的抽象—概括机能，也就是说各种机能由于思维(主要是指抽象逻辑思维)的参与而高级化；③各种心理机能之间的关系不断地变化、组合，形成间接的、以符号或词为中介的心理结构；④心理活动的个性化。

心理机能由低级向高级发展的原因是什么?

维果斯基强调了三点：一是起源于社会文化—历史的发展，是受社会规律所制约的；二是从个体发展来看，儿童在与成人交往的过程中通过掌握高级的心理机能的工具——语言、符号这一中介环节，使其在低级的心理机能的基础上形成了各种新质的心理机能；三是高级的心理机能是不断内化的结果。

由此可见，维果斯基的心理发展观，是与他的文化—历史发展观密切联系在一起的。他强调，心理发展的高级机能是人类物质产生过程中发生的人与人之间的关系和社会文化—历史发展的产物。心理发展过程是一个质变的过程，他为这个变化过程确定了一系列的指标。

2. 教学与发展的关系

在教学与发展的关系上，维果斯基提出了三个重要的问题：一是最近发展区思想；二是教学应当走在发展的前面；三是关于学习的最佳期限问题。

维果斯基认为，高级心理功能只有经过适当的教育才能获得。因此，如何通过教育促进发展成为维果斯基关注的一个重要课题。维果斯基认为传统的成就测验只告诉我们儿童目前的发展水平，却没有告诉我们他们的潜在发展水平。要决定儿童学习的潜能，我们需要了解儿童在得到适当的帮助后能够达到的水平。维果斯基把儿童独立所能达到的解决问题的水平与经他人指导帮助后所能达到的潜在发展水平之间的距离称为“最近发展区”。所以，维果斯基认为，至少要确定两种发展的水平。第一种水平是现有发展水平，这是指儿童独立活动时所达到的解决问题的水平。第二种是在有指导的情况所达到的解决问题的水平，也是通过教学所获得的潜力。这二者之间的差异就是最近发展区。教学创造着最近发展区，第一个发展水平和第二个发展水平之间的动力状态是由教学决定的。

根据上述思想，维果斯基提出教学应当走在发展的前面。也就是说，教学可以定义为人为的发展，教学决定着智力的发展，这种决定作用既表现在智力发展的内容、水平和智力活动的特点上，也表现在智力发展的速度上。

怎样发挥教学的最大作用？维果斯基强调学习的最佳期限。如果脱离了学习某一技能的最佳年龄，从发展的观点来看是不利的，它会造成儿童智力发展的障碍。因此，开始某一种教学，必须以成熟与发育为前提，但更重要的是教学必须首先建立在正在开始形成的心理机能的基础上，走在心理机能形成的前面。

3. 维果斯基认知发展理论的教育意义

维果斯基提出的最近发展区的概念对于教育具有重要的启示，由于教学应着眼于儿童的潜能发展，因此，教师不应只给儿童提供一些他们能独立解决的作业，而应布置一些有一定难度，需要在得到他人的适当帮助下才能解决的任务。如此，教学不只刺激了已有的能力，而且向前推动了发展。但要注意，最近发展区的概念容易使家长和教师更关注儿童的未来发展，应避免在儿童尚未掌握好当前的能力时，就把儿童推向更高一级的发展。同时，还要注意儿童潜能的发展在于获得教师或同伴的帮助，教师和同伴对儿童的认知发展提供了一种支架的作用，但要注意提供的帮助应恰如其分，必须适当，过多反而会造成儿童依赖心理的产生。

第二节　青少年认知发展的基本特点

一、青少年思维的发展

(一) 青少年思维发展的基本特点

与儿童期相比，青少年开始从新的角度看待这个世界，他们对世界的看法比以前抽象，能同时注意事物的多个维度，对事件的看法也更为全面。他们能够对未感知或经历过的事情提出假设，并且能够修订自己的假设。这种复杂的认知能力，就是皮亚杰所说的形式运算。与年幼的儿童相比，青少年的认知发展存在一个质变。与年龄较小的儿童相比，少年的思维发生了以下五方面的重要变化。

第一，少年能更好地处理可能性问题，而不是仅简单地处理真实性问题。例如，学习立体几何时，没有达到形式运算水平的儿童，当没有具体的模型时，他们的理解会出现困难，少年则能够摆脱具体事物的限制，从抽象的角度解决空间几何的问题，表明他们获得了长足的进步。

第二，少年更善于思考抽象的问题。他们不仅尝试解决问题，还尝试采用多种方法来解决同一问题。例如，7岁的儿童在偶然地解决了某一问题之后，如果不对他进行要求，他可能不会尝试新的解决问题的办法，但12岁的少年在看到一种解决问题的方案之后，还会主动探索另一种解决方案的可能性。

第三，少年对思维的过程有更多的认识，即他们具有更多的元认知技能。关于青少年元认知技能的发展，将在后面的内容中介绍。

第四，少年的思维会变得多维，他们会从多个角度对事物进行评价。例如，问一个8岁的儿童，某人是好人吗？ 8岁儿童通常会给一个单一的结论，回答是或者不是，但一个15岁的少年在回答此类问题时，通常会从多个角度来进行回答。

第五，少年的思维具有更多的相对性。青少年会日益减少用非此即彼的思维来考虑问题，也不像年幼的儿童那样简单地接受外界的信息，他们对事物有更深层的思考，对现实表现出一定的批判精神。

佩里(Perry)探讨了15岁以后的青少年的思维的发展，他认为此阶段思维的发展大致经历四个阶段。

第一阶段是两重性阶段。此阶段的青少年总以对和错来看待每一件事情。他们对所接触到的事物，认为非对即错、非此即彼，不存在其他情况。两重性的特点是：凡事总要问“什么是正确”的答案。

第二阶段是多重性阶段。在此阶段，青少年相信，世界是复杂的，事物是多种多样的，看待一个事情和解决一个问题，可以有多种方法，但也有一部分世界，在那里任何事物都是不能确切知道的。因此，在多重性阶段的青少年的思维特点是，他们主张每个人都有发表意见的权利。

第三阶段是相对性阶段。在此阶段，青少年认识到，对事物的逻辑判断，需要感知、分析和评价。在此阶段，青少年认为，对事物的判断，一切都要看情况而定。

第四阶段是约定阶段。这一阶段，青少年已经认识到，世上没有决定的事情，他们认识到建立正确逻辑的必要性，也能够根据具体的情况做出如何去做的选择。此阶段的青少年，其思维特点是，他们认为他们做出的选择都是正确的选择。

总的来说，青少年的认知表现出了新的技能。这些新的技能包括能够在头脑中处理两个以上的变量；能够考虑时间推移而带来的变化；能够对事件的结果建立有逻辑的假设；能够对行为的结果进行预测；能够意识到说话或文章中的逻辑连贯或矛盾；能够用相对的观点看待自己、他人与世界。青少年获得的这些技能表明，青少年进行信息化处理和获取知识时，他们的认知品质更为抽象、系统。

(二) 青少年思维的具体发展

1. 青少年假设—演绎推理能力的发展

青少年认知发展的一项重要成就是假设—演绎推理的能力得到了充分的发展。当青少年面临问题时，他们能够思考出所有影响结果的可能因素，形成假设，并预测在什么条件下会产生什么结果，然后运用系统的科学方法，逐步有序地验证这些假设，看哪些在现实中起作用。

青少年在皮亚杰的钟摆任务中的表现表明了青少年的假设—演绎推理能力的发展。在钟摆实验中，主试向青少年演示钟摆运动，并且向被试提供重量不同的钟摆，不同长度的系钟摆的绳子，一根一端连接在支架的横木上，横木的高度可以自由调节，以改变钟摆下落点的高度。被试的任务是确定什么因素或因素的结合会影响钟摆的速度。青少年可以很快地形成四个假设，即影响钟摆速度的四个因素：钟摆的重量、绳子的长度、钟摆下落点的高度、最初推力的大小。然后，他们采用只变化其中的一个因素，控制其他因素不变的方法，逐步检验这些假设，最后得出结论——只有绳子的长度会影响钟摆的速度。青少年解决钟摆问题的过程表明，青少年已经可以像科学家一样，能够提出假设，进行系统的科学实验，探索和解决科学中的问题。

2. 青少年辩证思维的发展

后来的研究者认为，皮亚杰的形式运算并不是个体认知发展的最高阶段，他们提出用辩证思维来拓展皮亚杰的认知发展理论。辩证思维是在形式思维的基础上，将事物的个别性、差异性与普遍性统一起来，在思维中恢复事物的本来面目，反映事物的矛盾运动，以达到对事物全面的、灵活的认识。只有通过辩证思维，人类才能更深刻地认识世界和有效地改造世界。我国学者朱智贤和林崇德通过研究发现，个体的辩证逻辑思维在7～11岁开始出现，随着年龄的增长，其辩证逻辑思维水平不断发展。初三是辩证思维迅速发展的阶段，即重要的转折期。高二有85%的学生能正确地进行辩证逻辑思维，其辩证逻辑思维的水平已接近成人。

辩证思维是由辩证概念、辩证判断、辩证推理三种形式构成的。朱智贤和林崇德发现，青少年对辩证思维三种不同形式的掌握水平是不同的。青少年的辩证概念发展较早，辩证判断次之，辩证推理出现最晚。辩证概念和辩证判断的水平较为接近，而辩证推理的水平则远远落后于前两者。高二学生辩证推理的正确率仅为37%左右。出现这种现象，是由三种思维形式的复杂程度所决定的。青少年辩证概念和辩证判断起点较高，发展的速度较快，辩证推理的起点低，且发展速度比较慢。例如，从青少年掌握辩证概念的顺序来看，是先掌握具体概念，后掌握抽象概念；先掌握“是”“非”的形式概念，后掌握相对变化的辩证概念。概念的内涵逐步深化、完整，达到科学水平。

辩证思维能力主要包括以下内容。①通过现象揭露本质：能较深刻地揭露对象最本质的特征，不受行为外部表现的束缚，并能正确运用比较抽象的概念。②全面考虑问题：能全面地评价，理由准确。③分清问题主次：主要问题和次要问题都考虑，并能明确地指出主要问题。④具体问题具体分析：思想方法是辩证的，能考虑各种不同情况，做到具体问题具体分析。研究表明，我国青少年辩证思维能力的发展是不平衡的，全面看问题的能力水平最高；分清主次的能力其次；揭示本质的能力和具体问题具体分析的能力的发展水平均远低于前两项，但它们的水平较接近，发展是同步的。

青少年辩证思维的这些发展特点说明，辩证逻辑思维是思维发展的最高形态，难度最大，成熟较晚。辩证逻辑思维的完善和成熟，可能要到青年中晚期才能完成。

3. 青少年信息加工能力的发展

信息加工理论关注青少年知识结构、加工容量和加工速度的改变。对专家与新手的对比研究表明，青少年的知识结构影响他们的信息加工能力。有研究考察了青少年象棋专家与成人新手对棋盘中棋子位置的回忆，结果表明青少年专家能更好地回忆棋子在棋盘中的位置。这表明知识对认知任务的成绩影响较大，而专家知识的获得与年龄没有必然的联系。青少年专家与成年新手在专业领域的任务成绩的差异也表明，知识可以补偿一般认知能力的不足。

青少年更多知识的获得也有助于扩大他们信息加工的容量。专家与新手在专业领域的差异，在于专家对专业领域有更多的知识。他们对专业领域内每个概念的描述更丰富，也更能够理解这些概念之间的关系。这使得专家在解决问题之前就可以对问题进行分类和分析，从而制定有效的问题解决办法，专家甚至可以利用简单的记忆来解决问题。专家与新手之间的差异表明，更多知识的获得可以使进入青少年短时记忆的信息量增多，在同一时间内会有更多的信息进行相互比较与相互关联，同时，更多知识的获得也可以为个体提供更多的心理能量和心理空间，而这些心理能量和心理空间可以被用来完成更高水平的认知活动，这些都能使青少年的信息加工容量得到扩大。

青少年的信息加工的速度也得到了增长。5岁的儿童完成一个心理操作平均需要3秒，而14岁的青少年完成一个心理操作的时间平均是1秒多。不过，加工速度的增长是因为更多有效策略的应用，还是速度本身的增长，仍然是一个引起争论的话题。一些研究者认为，尽管练习能够使信息加工的速度变快，但年龄能够比练习和高级策略带来更多的加速度的增长。

二、青少年智力的发展

(一) 智力

对于智力，心理学家有各种不同的解释，很难下一个统一的定义。不过，大部分心理学家把智力理解为一种一般的能力，它是一个包含词汇能力、实际问题解答及社会竞争力的复杂结构。

传统上，对青少年智力发展的研究是基于心理测量学的，即通过智力测验来研究青少年的智力发展。智力的经典定义之一是，把智力定义为智力测量所测到的东西。支持智力测验的理论是假定智力是由不同的因素组成的。根据因素的多少，可以把这些智力理论分为两因素理论、多因素理论和群因素理论。

斯皮尔曼(Charles Spearman，1863—1945)认为智力包含一般因素和特殊因素。一般因素又称G因素，是在不同智力活动中所共有的因素；特殊因素又称S因素，是在某种特殊的智力活动中所必备的因素。二者相互联系，完成任何作业都需要G因素和S因素的结合。由于每种作业都包含各不相同的S因素，而G因素则始终不变，因此G因素是智力结构的基础和关键。

瑟斯顿(Louis Thurston，1887—1955)于20世纪30年代提出智力结构的群因素论。他认为，智力包括七种彼此独立的心理能力，即语词理解(V)、语词流畅(W)、推理能力(R)、计算能力

(N)、机械记忆能力(M)、空间能力(S)和知觉速度(P)。瑟斯顿为此设计了智力测验来测量这七种因素，测验结果与他原来认为各种智力因素之间彼此无关的设想相反，各种因素之间存在正相关关系。例如，计算能力与语词流畅相关为0.45，与语词理解相关为0.38，与机械记忆相关为0.18。事实说明，各种智力因素并非彼此无关，而是存在相互关联的一般因素，这就与两因素论接近了。

1967年，美国心理学家吉尔福特(Guilford，1897—1987)提出智力三维结构模型。他认为，智力结构应从操作、内容、产品三个维度去考虑。智力的第一个维度是操作，即智力活动过程，包括认知、记忆、分散思维、聚合思维、评价5个因素；第二个维度是内容，即智力活动的内容，包括图形、符号、语义、行为4个因素；第三个维度是产品，即智力活动的结果，包括单元、门类、关系、系统、转换、蕴含6个因素。把这3个变项组合起来，会得到4×5×6=120种不同的智力因素。

根据这些智力理论，发展出了得到广泛应用和高度推崇的两种智力测验：斯坦福-比奈量表和韦克斯勒量表。斯坦福-比奈量表(Stanford-Binet Intelligence Scale)测量了一般智力和四种因素：语言推理、数量推理、空间推理和短时记忆，采用了智商(intelligence quotient，IQ)的概念。在斯坦福-比奈量表中，智商是用个体的心理年龄除以实际年龄之后再乘以100之后得到的值。韦克斯勒量表(Wechsler Intelligence Scale)有好几个版本，其中韦克斯勒学龄儿童智力量表第三版适用于6～16岁儿童的智力测验。韦氏智力量表包括一般能力测量，以及对言语智力和操作智力的测量。韦氏量表采用了离差智商的概念。离差智商是将一个人的测验分数与同年龄组的人比较所得到的标准分数。离差智商的计算方式为：IQ=100+15Z，其中Z=(个体测验分数-同年组的平均分)/同年组的标准差。后来，斯坦福-比奈量表也采用了离差智商的概念。

(二) 青少年智力发展的特点

青少年的智力发展随年龄的增长呈现出一定的发展变化的规律和模式。韦克斯勒等的研究表明，一般人的智力发展在3～13岁呈匀加速趋势发展，13岁以后发展速度变慢，大约在25岁达到智力发展的顶峰。还有研究则显示，13岁以前的智力测验分数直线上升，以后上升的速度变慢，25岁时达到顶峰，26～36岁保持稳定，36岁之后则出现下降。

卡特尔(Raymond Bernard Cattell，1905—1998)结合一般因素理论和特殊因素理论的概念，根据对智力测验结果的分析，将智力分为两类：其一为流体智力(fluid intelligences)，指一般的学习和行为能力，由速度、能量、快速适应新环境的测验度量，如逻辑推理测验、记忆广度测验、解决抽象问题和信息加工速度测验等。流体智力的主要作用是学习新知识和解决新异问题，它主要受人的生物学因素影响。其二为晶体智力(crystallized intelligences)，指已获得的知识和技能，由词汇、社会推理及问题解决等测验度量。晶体智力测量的是知识经验，是人们学会的东西，它的主要作用是处理熟悉的、已加工过的问题。晶体智力一部分是由教育和经验决定的，另一部分是早期流体智力发展的结果。卡特尔认为，从发展上看，流体智力一般在20岁以后达到顶峰，以后发展速度变缓，晶体智力发展较流体智力的发展晚，但其发展不因年龄的增长而下降，青春期后仍上升，老年期也保持较高的水平(如图2-1所示)。

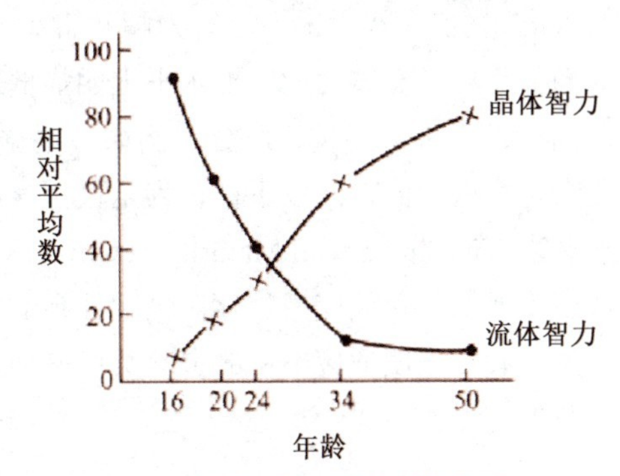

图 2-1　流体智力与晶体智力的发展

青少年的智力测验的结果能成功地预测他们成年后的成就，但传统的智力测验都强调了一般智力，而当今关于青少年智力发展的一个热门话题是讨论智力的发展是一元的还是多元的。越来越多的研究表明，智力的各个因素在青少年时期的发展是不同的，它们在发展的速度、高峰期范围、衰退时间方面都不相同。例如，人的知觉能力发展最早，在10岁就达到高峰，高峰期持续到17岁，从23岁便开始衰退；记忆力发展次之，14岁左右达到高峰期，持续到29岁，从40岁开始衰退；再次是动作和反应速度，18岁达到高峰期，持续到29岁，也是从40岁开始衰退；最后是思维能力，在14岁左右达到高峰期的72%，有的18岁达到高峰期，持续到49岁，从60岁以后开始衰退。这些研究结果表明，还需要更加具体的研究来帮助我们了解青少年智力的优势与弱点。

三、青少年认知发展的个别差异

由于个体的先天素质存在差异，且后天条件不同，如社会、环境、家庭、学校、所从事的实践活动及主观努力程度的不同等，青少年的认知发展出现了个体的差异。

(一) 智力差异

青少年认知发展的个体差异首先表现在智力上。据研究，智力在同龄人口中基本上呈常态分布：两头小，中间大。即智力很高和智力很低的人都是极少数，而智力中等的人占绝大多数。韦克斯勒根据他的研究，提出了如下的智力分类(见表2-1)。

表2-1　韦克斯勒的智力分类

智商	占人口的百分比	类别
130以上	2.2	非常优秀
120～129	6.7	优秀
110～119	16.1	中上(聪明)
90～109	50.0	中等
80～89	16.1	中下(迟钝)
70～79	6.7	临界迟钝
70以下	2.2	智力缺陷

因此，在同龄群体中，按照智力的发展水平，可以将青少年划分为智力超常、智力正常和智力障碍三种。智力超常的青少年是指智商在130以上的青少年。研究表明，智力超常青少年在身体与心理发展上较一般青少年为优，在学校的学业成绩也比一般青少年好，他们的学习兴趣也更为广泛。从学业上看，智力超常青少年最终获得博士学位者，男性较一般人高出5倍，女性比一般人高出8倍。在学术上，智力超常青少年在学术上也能表现出杰出的成就。智力障碍青少年的智商低于70，在智力的发展水平上明显低于智力正常的青少年。根据智力程度和社会适应行为的不同，可以进一步进行区分。例如，根据智力的程度，韦氏智力测验的智商在25以下，斯坦福-比奈量表的智商在20以下被认为是极重度的智力障碍，即通常人们所说的白痴。根据文兰社会成熟量表(Vineland Social Maturity Scale)，可以将智力障碍儿童的社会适应区分为五个等级：无社会适应困难的无负偏差型，存在轻度社会适应困难的轻度负偏差型，存在中度适应不良的中度负偏差型，存在重度适应不良的重度负偏差型，存在极严重适应不良、完全不能参加社会生活的极重度负偏差型。

(二) 认知风格差异

青少年认知发展个体差异的另外一个表现是认知风格(cognitive style)上的差异。认知风格又称认知方式或认知模式，是指个体在认知过程中所经常采用的习惯化方式，是在感知、记忆、思维和问题解决等过程中表现出来的较为稳定的个体所偏爱的、习惯化了的态度和信息加工方式。认知风格的一个划分是认知风格的场依存—场独立(Field dependence-field independence)维度。所谓“场”，是指周围环境，它能不同程度地影响人的感知。场依存—场独立是根据个体受环境影响的程度而划分的。场独立性是指个体以自己内部具有的知识框架为参照，从自己的感知觉出发去获得知识、信息；场依存性是指个体以自己所处的周围环境为外在参照，从环境刺激中去定义知识、信息。场依存性和场独立性是一对连续体，在连续体的一端是场独立性，另一端是场依存性，二者在价值上无好坏之分，只是个体对不同环境适应的结果。

在认知活动中，场独立性者常以分析的眼光看问题，能将背景中某个具体相关项分辨出来，知觉比较稳固、自主，能独立对信息进行重组；而场依存性者常以整体或全局的眼光去看问题，对隐含在场中的相关项不容易分辨，其感知易受外界环境的影响，认知改造技能较差。如在解决问题时，场独立性者比场依存性者更能从习惯的解题模式中摆脱出来，采用新的解题方法。在人际交往方面，场独立性者表现得更有自主性，较少考虑他人的意见；而场依存性者则更多地考虑他人的意见，对别人的想法和情感更加敏感。如在社会交往活动中，场依存性者表现得热情、老练、容纳他人，而场独立性者则表现得冷漠、不体谅别人、与他人保持距离。研究结果表明，一般个体的发展趋势是随着年龄的增长，认知风格越来越倾向于场独立。但是，其发展的程度、速度有性别差异，并受到社会、文化、教育背景的影响。

认知风格的另外一个维度是冲动—沉思型。冲动型青少年的反应通常较为敏捷，能抓紧时间，在回答问题时往往一有答案就迫不及待地回答，但是他们也容易考虑得不周到，对问题往往缺乏细致的研究，没有计划，错误率高；而沉思型的青少年则能够对问题做出审慎的回答，这类青少年善于独立思考，做事往往有计划，但反应的速度慢，很少提问，与其他青少年的交流也较少。优秀的青少年则往往拥有这两种认知风格的优点。

知识链接

镶嵌图形测验

镶嵌图形测验又名隐蔽图形测验，属于场独立性与场依存性测验，如图2-2所示。这是目前研究中采用较多的一种方法，要求被试者在较复杂的图形中用铅笔勾画出镶嵌或隐蔽在其中的简单部分。在测验中，能排除背景因素的干扰从复杂图形中迅速地、容易地知觉到指定的简单图形者为场独立型；而完成该项任务较为困难者为场依存型。

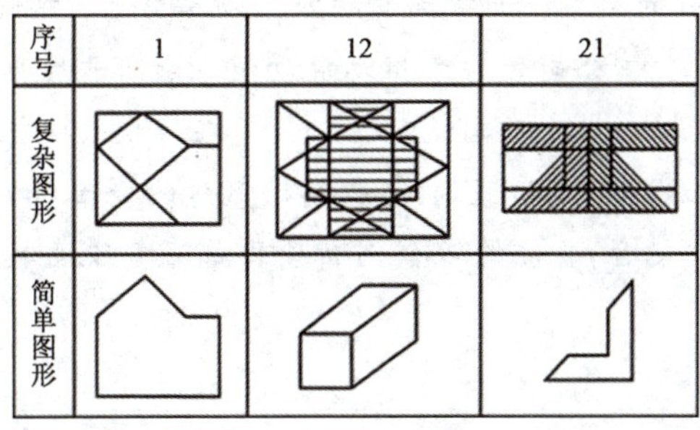

图 2-2　镶嵌图形测验

(三) 性别差异

青少年认知发展的个体差异还表现在性别差异上。认知发展的性别差异是广泛的，大量研究显示，女性在语言能力上具有某种程度的优势。这种优势表现在女性在获得语言上比男性更快和更有效率上。研究显示，在中学时期，女性在阅读和写作上较男性有优势，在大学时期，女性在写作上较男性有优势。

在数学能力上，女性与男性之间的差异表现得较为复杂。大量的研究显示，13岁之前，男女两性在数学能力上没有差异，少量的研究显示，13岁之前女性在算术上较男性有优势，不过，13岁以后男性在许多数学能力方面优于女性。男性与女性在数学能力上表现出来的差异可能与他们所参加的社会活动有关。研究显示男性较女性更多地选择与数学有关的课程与活动，而社会往往也认为数学是男性所从事的活动。这些都导致男女后来在数学能力上的差异。

研究者普遍认为男性比女性具有更好的空间能力。空间能力包括空间知觉(spatial perception)、心理旋转(mental rotation)、空间可视化(spatial visualization)和时空能力(spatiotemporal ability)。空间知觉指的是在存在信息干扰的情况下，进行水平或垂直确定和定位的能力。典型的空间知觉实验是棒框实验：在一个方框中呈现一根棒子，被试的任务是调节棒子的位置，使之与水平面垂直。研究的结果显示，在此类任务中，整个年龄阶段都存在性别上的差异，在儿童和青少年时期，男女之间的差异较小，而成年期的差异则较大。心理旋转是一种在心理上旋转客体就像在实际中旋转一样的能力。研究结果显示，无论是在心理旋转的速度还是准确性上，都表现出了明显的性别差异，男性的成绩在任意年龄段都较女性要高。空间可视化指的是一种加工空间信息、理解客体在空间中的相对位置关系的能力，例如，在绘画或照片中发现隐藏的图案，想象一张纸被折叠后的图形等。男性在空间可视化方面较女性只有较小的优势。时空能力指的是判断空间中的客体运动的能力。例如，预测一个移动的客体何时到达目的地。一些研究显示，男性在此任务中的成绩要高于女性，但另外的一些研究则认为，时空能力的差异与经验有关，男性较女性成绩优秀的一个原因是男性拥有更多的经验。一些研究也提出了反对男性空间能力优于女性的证据。例如，当要求人们快速地进行图形匹配时，女性的成绩要比男性好。女性在记忆空间中一系列物体的位置时，她们的成绩也优于男性。而且，男女在空间能力上的差异并没有表现出跨文化的一致性。

第三节　青少年创造力的发展与培养

【情景一】

埃隆·马斯克是一位现代的科技企业家和发明家，以其勇于打破传统的创新精神而著名。他是特斯拉汽车公司的创始人，该公司致力于推动电动汽车和可再生能源的发展，改变了汽车行业。此外，他还创立了太空探索技术公司(SpaceX)，旨在实现太空探索的可持续性和商业化。埃隆·马斯克还涉足其他领域，如高速交通(超级高铁概念的提出)和神经科学(创立了Neuralink公司，探索人脑与计算机的融合)。他的多个创新项目都有望改变我们未来的生活方式和技术进步。

【情景二】

任正非和华为公司在5G技术领域的创新表现引领了全球，他们投入大量资源用于5G技术的研发、标准制定和大规模网络部署。华为积极推动了5G标准的发展，成为首批提供商用5G设备的公司之一，与众多国际合作伙伴合作，促进了5G技术在各行各业的创新应用。这一创新努力使5G技术成为全球信息通信领域的重要突破，为未来通信、智能设备和互联网发展带来深远影响。

创造力是人类特有的一种综合性本领。创造力是指产生新思想，发现和创造新事物的能力。青少年创造力的特点是什么？如何培养青少年的创造力？

一、青少年的创造力

(一) 创造力

尽管创造力一直以来都被认为是一个重要的因素，但对创造力下一个精确的定义也是困难的。不过，几乎所有的人都认为，创造力代表一种能激发新想法和创新性解决问题的能力，所得到的产品不仅新颖或超乎寻常，而且与情景相适应，并且被他人认为是有价值的。近来也有研究者试图将创造性的过程、创造性的产品、创造性的个人和创造性环境中的两个或多个结合起来对创造力进行定义。

研究青少年创造力的一种常用方法是进行创造力测验。一个为人们所熟悉的创造力测验的例子是物品用途测验，在此测验中，要求青少年对一些日常生活中的物品，如砖头、纸板等想出尽可能的用途。青少年对这些不受约束的测验项目的反应结果在流畅性、灵活性、独创性和精细性四方面被评分。其中，流畅性指想到多少个不同的主意；灵活性指想到多少种类型的主意；独创性是指所想到的主意的独特与不同寻常的程度；精细性是指反映出了多少细节。

(二) 青少年创造力发展的特点

一些研究探讨了青少年创造力发展的年龄曲线。托伦斯(Paul Torrance)对大量的学前儿童、学龄儿童和成人施测了他著名的创造性思维测验。他的研究结果显示，从年龄最小到年龄最大组，测验的得分总趋势递增。但这一年龄曲线包含几处有趣和出人意料的起伏。托伦斯发现，从5岁到8岁，分数稳步上升，9岁时则出现突然的下降。这一发现也为其他的研究者所证实，并被普遍称为“四年级下降”。在10、11岁时，分数得以回升，12岁以后再度下降，此后整个青少年期分数继续稳步提高。托伦斯认为，9岁和12岁创造力的下降，是因为这两个年龄段是儿童的过渡时期，紧张并充满压力，他们被迫放弃他们的习惯和态度去适应，这导致了他们创造力的短暂下降。

最近，胡卫平等采用自编的中学生科学创造力问卷，调查了英国6所中学的1190名青少年和中国2所中学的1087名青少年的科学创造力。该研究结果显示，青少年的科学创造力存在显著的年龄差异。随着年龄的增大，青少年的科学创造力呈持续上升的趋势，不过，在14岁时存在一个下降。其中，11～13岁、14～16岁是青少年科学创造力迅速发展的关键期。该研究也表明青少年的科学创造力存在性别差异和文化差异。在该研究中，英国女生的科学创造力优于男性，而中国学生之间的性别差异不显著。在创造性的问题解决能力方面，中国青少年明显高于英国青少年，但中国青少年在其他方面的科学创造力及总成绩上则明显低于英国青少年。

申继亮等认为，青少年创造性倾向由自信心、好奇心、探索性、挑战性和意志力五个维度组成。他们采用问卷调查的方法，选取小学五、六年级，初中一、二年级，以及高中一、二年级的学生共47人为被试，对青少年创造性倾向的结构和发展特征进行了研究。他们的研究显示，在自信心、探索性、挑战性维度上，初中一年级和其他各个年级都存在显著差异，而其他各个年级间不存在显著差异。在好奇心维度上，初中一年级和其他各个年级都存在显著差异；初中二年级和小学五年级、高中二年级存在显著差异。在意志力维度上，高中一年级显著低于除初中二年级外的各个年级，初中一年级显著高于小学六年级。总体上，随着年级的升高，青少年的创造性倾向呈倒V形发展。其中，初中一年级被试的创造性倾向得分最高并且和其他各个年级都存在显著差异。青少年的创造力产生上述的发展特点，是因为在身心发展的过渡阶段，青少年容易受到社会习俗的压力。高中时期正好是少年向青年过渡的时期，因此很容易受社会压力、学校压力、老师压力、同伴压力等的影响而产生不安全或不可靠的感觉，进而限制意识、产生动荡，使得创造性思维和倾向更加困难。

总的来说，青少年的创造力具有更大的主动性和意识性；思维的品质有极大提高，逐渐转变为以发散思维为主，抽象逻辑思维逐渐成熟；独立意识增强，思维的深刻性、批判性和独创性有很大发展，独立分析和解决问题的能力大大增强。和成人相比，青少年的创造意识更强烈，创造思维更敏捷，创造热情更高涨。青少年喜欢思考，热情奔放，充满对新世界、新事物的憧憬，并有一种对事物执着的追求及标新立异、寻根问底的求知欲。所有这一切就构成了青少年创造力发展的良好条件。同时，青少年由于生活及实践经验不足，容易产生思维不深的问题；想象虽然丰富，但容易脱离实际等。

二、影响创造力发展的因素

有很多因素能影响创造力的发展，加德纳与斯腾伯格等的研究系统地说明了影响创造力发展的因素。

（一）加德纳的研究

加德纳把创造力概括为七个维度，包括认知过程、社会与情绪过程、受家庭方面影响的成长过程、正式与非正式的教育、专业与领域的特征、社会与文化背景方面的特征和历史力量、事件和发展趋势，这些维度的每一个方面都会影响创造力的发展。

在认知过程方面，加德纳和其他的研究者发现早慧并不是那些日后做出一流创造性工作的人的特征。在加德纳研究的七个杰出创造者中，没有一个是典型的天才儿童。这些杰出者在他们的专业领域表现出惊人的认知实力，同时他们也有严重的智力弱点。例如，毕加索虽然是一个绘画天才，但也是一个学业很差的学生。近年来的大量研究也显示，智力与创造力之间只存在较低的相关，通常在0.2～0.3。一般而言，所有智力正常的人都具有一定的创造性潜能。

在社会与情绪过程方面，传统的研究认为，高水平的智能、对经验的开放心态、不拘小节、审美敏感性、认知灵活性、独立性、充沛的经历和果断是有创造力的人的特征。近期对更多极端案例的研究则表明，这些极端案例表现出来的品质并不完全是积极的。在加德纳研究的七个案例中，他们无一例外地在形成亲密友谊或获得深厚感情方面遇到困难。不过，每一名创造者在他们获得主要突破的过程中，似乎都得益于一种强烈的、支持性的关系。家庭无疑也会影响创造力的发展。遗传、出生顺序、抚养风格等都会影响创造力的发展。对青少年的兴趣加以满足，能够发现青少年的特殊才能，对青少年在特殊领域的探索给予情感和物质上的支持，并在家庭资源有限时得到额外的照顾是促进创造者发展的重要因素。

正式与非正式的教育对日后创造性工作的成功是至关重要的。良师益友常常在伟大的创造力的发展中扮演重要角色。特别是在科学上，更有经验的资深人员的指导与支持对一些著名的创造者的生活有巨大影响。一种观点认为，伟大的创造力都是单独发展出来的，不需要教师、导师、同伴和亲密小组的协助，这种观点在很大程度上是一种神话。必须认识到，虽然在创造力的发展上，个体是重要的，但人际关系、社会关系和教育关系始终都很关键。

专业和领域也是影响创造力发展的因素。领域有时是健康的、充满活力的和具有拓展性的，有时则相反。对那些在一个领域中迅速达到顶峰的人和那些一路失去优势的人来说，一个关键的差别是，在知识发展的关键期中，个体与其从事的专业领域的匹配是否合适。在很多天才的案例中，他们和专业的匹配达到了完美的地步，可以说，他们是专门为这个专业而生的，或者说，这些专业是专门为这些人设计的。

社会文化也是一个影响创造力发展的重要因素。社会文化在很大程度上决定创造力是否可能在某个领域得到发展。文化可以通过认定其价值与重要性，来提高或降低创造力在某些领域发展的概率。例如，国际象棋在冰岛得到高度评价，那么一个有潜质的棋手是不太可能被埋没的。

历史影响也是影响创造力发展的一个因素。尽管我们愿意相信天才就是天才，但是，越来越多的证据表明，许多创造力所必需的因素是超出个体所能控制的范围之外的。创造力发展过程的许多因素都可以放在“机遇”事件当中。

(二) 斯腾伯格等的研究

斯腾伯格等认为创造力是六种因素相互作用的结果，这六种因素分别是：智力、知识、认知风格、人格、动机和环境。这些因素将影响创造力的发展。

关于智力与创造力的关系，斯腾伯格等认为，有三种能力对创造力有重要的作用：一是发现并解决新问题，或者用新方法看旧问题的能力；二是评估个人构想，决定哪种想法更有价值的能力；三是将自己有价值的新想法贡献出来的能力。

关于知识与创造力发展的关系，斯腾伯格等认为，一个有创造力的人必须对他的领域非常熟悉。不过，并不是知识积累越多，创造力越大。研究者们发现某一领域的知识与创造力之间存在倒U形关系，因为一个领域的专家会对自己领域的问题持有一种标准化的方法，这就使他们接受其他方法的可能性降低。

认知风格是指人们如何运用或驾驭他们的智力和知识。风格代表一种倾向而不是能力本身，它处于能力与人格之间。善于利用新异的、发散性的思维方式去思考，这种认知风格对创造力是有重要作用的。高创造力的个体不仅具有较好的处理新情况的能力，而且有以新的方式看待问题、承担新的挑战、以自己的方式组织事件的愿望。有创造力的个体还具有全面的而不是局部的风格，即喜欢处理大的、有意义的而不是小的、不连续的问题。

斯腾伯格等认为要表明实质的创造力，五种人格特征是关键，分别如下。

(1) 忍受模糊的能力。忍受模糊的能力在一种理论还没形成期间特别需要。在科学研究中，研究者可能需要等待其理论建立内在联系，或等待将理论和资料充实起来。研究者在他的创造性的思想刚提出，还没有明确地受到人们的欢迎时，特别需要忍受模糊的能力。

(2) 克服障碍的意愿。当与众不同或用不同寻常的方式接近问题时，人们常需要面对不可避免的障碍。研究发现高质量的、不同寻常的观点并不马上得到接受。有创造力的个体需要有克服障碍的勇气，坚信自己能成功。

(3) 成长的意愿。这是超越先前成功的关键，人们常常在有了一两个好的观点后就会觉得满足，从此将其余生花费在当初思想的不重要的含义上，这将妨碍创造力的进一步发展。

(4) 敢冒风险。这是成长必备的条件，有时人们需要冒险，不怕失败。成功者并不是不失败，而是善于从失败中学习并走向提高，与此同时他们需要用多样化的方法分散风险。

(5) 自信。这意味着对自己有能力最大限度地修正错误充满信心。人如果没有勇气相信自己，那么他将发现自己没有任何支持，因为相信自己是赢得他人支持的源泉。

人们只有对从事的某一领域的事业有真正的热情，对工作本身感兴趣而不是对潜在的回报感兴趣，才会取得创造性的成就。研究者一再发现当人们从事创造性的工作时，他们最关心的是他们正在做什么而不仅是他们将从中得到什么，他们不只是注重目标，而是将注意力放在达到目标的必要手段上。

最后，一个支持性的环境对创造力的发展是十分重要的，环境至少可以以三种方式支持创造：帮助传播创造思想、支持创造思想，以及通过基础服务评价和修正这些思想。由于没有统一的关于创造的标准，如果个人关于创造力的标准与环境标准相吻合，将促进个人创造力的形成。

三、青少年创造力的培养

相信任何一个有正常认知能力的青少年都愿意从事某种创造性的工作，大部分人也相信创造力是可以通过培养而得到提高的。如前所述，创造力受到多种因素的影响，下面介绍的促进青少年创造力的方法都是围绕这些因素展开的。

(一) 帮助青少年建立目标和意向

与被动地做别人要求的事情相比，个体在做自己要做的事情时具有更大的创造力。加德纳的研究显示，青少年创造力的发展存在一个关键的转折。在这个时期，青少年由于已经知道此生要做什么而得到动机和目标感，于是突然投入一个专业，将年轻的心智聚集和有条理地指向一个已知的目标。加德纳的研究发现，那些杰出者一旦投身其中，他们的进步就陡然上升。因此，在学习和生活中，要树立青少年的主体性地位，帮助青少年从小树立远大的理想和明确的目标，并培养青少年对某种创造性活动的长久兴趣。这些将促进青少年创造力的发展。

(二) 培养青少年的基本知识与技能

在基础教育的基本技能方面打下坚实的基础，这对青少年创造性潜能的发挥是很有益处的。大量的研究也认为，创造性活动有多种水平，高水平能力建立在低水平能力的基础上。因此，坚实的基础教育对青少年创造力的发展是必需的。同时，知识对在任何领域做出创造性的贡献也是必需的，如果没有知识，我们将不能理解任何新的主意。在加德纳的案例中，他发现了一个现在被称为“十年规则”的模式，即在迄今为止所研究的任何一个领域中，个体从初学者成长为一名精通者，至少要花十年的时间。要将创造力的发展以一种更有力的形式表现出来，往往需要十年左右的关键期来进行准备。

(三) 鼓励青少年的好奇心与探求欲

对事物保持好奇心，不愿对事物产生想当然的态度，对各种解释有深切的渴望，并对“显然”的解释表示怀疑，这些对青少年的创造力的发展是有用的。训练青少年多多观察日常生活中人们视而不见而遗忘的东西，鼓励他们主动地进行科学探究将有利于青少年创造力的发展。对一个立志提高青少年创造力的老师来说，没有比培养学生对世界和现存事物的深层怀疑更重要的事了。

(四) 使青少年产生创造的动机

动机在创造力中的重要性已被完全证实。一个有强烈创造性愿望的人，会比没有这种愿望的人更有可能做出创造性的行为。缺少强烈的动机，个体的创造性潜能就不可能得到充分的发展。不过，动机与创造力之间的关系，也遵从耶基斯-多德森定律法则(Yerkes-Dodson law)，即中等程度的动机比很高或很低的动机的效果要好。就使青少年产生创造性的动机而言，尽管每种动机都能促进创造力，但在高水平的创造性活动中，内部动机比外部动机更为重要。研究表明，原本内部动机高的青少年，外部奖赏会降低他们的动机；而内部动机低的青少年，外部奖赏会激发他们的内部动机。

(五) 培养青少年的自信

害怕失败、害怕暴露自己的局限、害怕遭人讥笑，是影响青少年创造力发展的一个极大的障碍。那些容易受到压力影响而屈服的人，往往不具有创造性。自信往往来自成功的经验。一个鼓励和激励创造的环境能够帮助青少年获得自信。

(六) 鼓励青少年自我竞争

有证据显示，将提高自己的成绩看作自己的目标，并将他们当前的成绩和过去的成绩做比较的青少年，与那些以胜过他人和以传统意义上的取胜为目标的人相比，他们更愿意接受挑战性任务，也更愿意在失败时做出持久的努力。而创造性的活动往往需要持久的努力。而且，那些追求自我提高的青少年，也更容易获得对创造性活动的动机。

(七) 提高青少年对创造力的支持性信念

信念有时可以变成一种自我实现的预言。应该让青少年相信，创造力很大程度上是由动机和努力决定的。他们需要明白，没有主观意图和努力是极少有创造性成果的。研究表明，这种信念可以促进青少年的创造力。

(八) 发展青少年的元认知技能

关注自己的思想过程，了解自己作为一个创造性思维者的长处和短处，并设法利用长处、避免短处，从而更好地控制自己的表现，这对青少年创造力的发展是非常重要的。这意味着青少年需要主动地寻找能促进自己进行创造性工作的条件。此外，培养青少年的时间管理技能，使他们能够充分合理地利用时间，确保他们有足够的时间进行创造性的活动，对促进青少年的有效创造是很重要的。

(九) 传授有利于青少年创造力表现的技术与策略

在教育教学中应该鼓励引进和传授一些行之有效的创造技术和策略，对这些技术与策略的实践有利于促进青少年的创造力。例如，一种常见的促进青少年创造力的方法是头脑风暴法。这种技术意在通过给人们提供一个促进其想象的自由空间和强化想象的应用的社会情境来激发各种观点。这种技术鼓励参与者表达观点，不管他们的观点多奇怪或多不切实际，都禁止在头脑风暴过程中批评他人的观点。在此情境下，人们能够以一种相对不受抑制的方式来表达自己的观点。虽然头脑风暴是为小组设计的，但个体也可以做类似的活动。个体可以尝试去想一系列解决问题的行为和方法，保留对这些想法的批评和评估，直到各方面相对完整为止。有证据表明，在个人头脑风暴中将想法汇集而形成的类似于小组头脑风暴的结果，比在真正的小组中更为有效。

(十) 创设有利于青少年创造力发展的环境

生长在一种能促进青少年智力与动机发展，并对他们的成绩及时进行鼓励的环境中，将有利于青少年创造力的充分发展。有利于青少年创造力发展的环境包括及时发现具有创造力潜能的青少年，为这些有潜能的青少年提供特别的辅导，使青少年的特殊才能得到进一步发展，并适度地容忍有创造力的青少年对教师权威的挑战行为等。

·本章小结·

1. 人类个体的认知是在其出生以后开始发生和发展的。新生儿出生不久，就表现出一定的感觉能力，出现了感觉和运动之间的初步协调。从幼儿期到儿童期再到青年期，儿童逐步掌握符号、语言、概念以至逻辑的命题，逐步能对直接感知的具体事物以至抽象的概念进行运算。

2. 皮亚杰认为儿童并不是机械地对环境中的刺激做出反应，也不是通过被动的强化来获取知识的；相反，儿童生下来就是“小小科学家”，他们能积极主动地探究周围环境，并通过与环境的相互作用积极构建知识。也就是说，发展是一种建构的过程，是在个体与环境的不断相互作用中实现的。

3. 维果斯基认为认知发展既不是其内在成熟的结果，也不完全决定于儿童的自主探索。成熟与主动探索固然重要，但不能使儿童取得长足的进步。要发展心智，儿童必须掌握文化提供给他们的智力工具——语言、文字、数学符号及科学概念等。

4. 青少年的创造力具有更大的主动性和意识性；思维的品质有极大提高，逐渐转变为以发散思维为主，抽象逻辑思维逐渐成熟；独立意识增强，思维的深刻性、批判性和独创性有很大发展，独立分析和解决问题的能力大大增强。和成人相比，青少年的创造意识更强烈，创造思维更敏捷，创造热情更高涨。

·习　题·

一、单选题

1. “我走月亮走，我停月亮停”，这种儿童在特定阶段表现出来的思维特点是(　　)。

A. 客体永久性　　B. 不恒常性　　C. 自我中心性　　D. 不可逆性

2. 王老师观察到，在若干次探究型小组合作学习讨论环节中，孙丽同学自己总是拿不定主意，要靠同伴拿主意。这说明孙丽的认知方式属于(　　)。

A. 场独立型　　B. 同时型　　C. 继时型　　D. 场依存型

3. 下列儿童认知发展阶段中，(　　)阶段的儿童认知发展主要是感觉和动作的分化，其中手抓和嘴吸是他们探索周围世界的主要手段。

A. 感知运动　　B. 前运算　　C. 具体运算　　D. 形式运算

4. 课堂上有的学生开小差，这属于(　　)。

A. 有意注意　　B. 无意注意　　C. 注意的分散　　D. 注意的转移

5. 对客观事物做判断时，常常利用内部的参照，自己对事物做出判断的认知方式属于(　　)。

A. 冲动型　　B. 沉思型　　C. 场独立型　　D. 场依存型

二、填空题

1. __________是有意识、有目的、有计划、较为持久的知觉过程。

2. 按照记忆的不同方式可以把记忆分为机械记忆和__________。

3. 教师边讲课，边留意开小差的学生是运用了注意的__________。

4. 短时记忆的容量是__________个组块。

三、名词解释

1. 认知发展：

2. 最近发展区：

四、论述题

如何开展青少年创造力的培养？

第三章 青少年的第一所学校——家庭

·引 言·

家庭是社会的基本细胞，是个体成长与社会化的主要场所之一，是最重要、最核心的社会组织，也是最重要、最基本、最核心的经济组织，还是人们最重要、最基本、最核心的精神家园。家庭在个体的成长发展过程中发挥了至关重要的作用，家庭关系直接影响个体的身心健康。

【案例1】

北宋著名文人欧阳修，四岁丧父，家境贫寒，母亲曾用荻杆画地教他识字。由于他勤奋好学，又从名师，后来文章名冠天下。欧阳修学识渊博，自不待言。长子欧阳发受其父严谨求实学风的影响，少年好学，后也颇有学名。

【案例2】

一切社会之中最古老而唯一自然的社会就是家庭。

——卢梭

家庭生活是中国人第一重的社会生活，亲戚、邻里、朋友等关系是中国人第二重的社会生活。这两重社会生活，集中了中国人的要求，规范了中国人的活动，规定了其社会的道德条件和政治上的法律制度。

——卢作孚

宋庆龄说："孩子们的性格和才能，归根结底是受到家庭、父母，特别是母亲的影响最深。孩子长大成人以后，社会成了锻炼他们的环境。学校对年轻人的发展也起着重要的作用。但是，在一个人的身上留下不可磨灭的印记的却是家庭。"

家庭是个体成长的最主要场所，也是个体接触到的第一个社会环境，家庭在个人的成长中发挥了巨大的作用，会直接影响个体性格、能力及未来的发展。

第一节　青少年的家庭

一、家庭

(一) 家庭的概念

家庭是在婚姻关系、血缘关系或收养关系的基础上产生的，由亲属之间所构成的社会生活单位，是一个人成长历程中最重要、最大的影响环境。对于长期以来缺乏发达的社会组织的中国人来说，家庭的意义对个体而言更为特殊和重要，形成了东方文化中独特的家庭观。

家庭是每个人最初的社会环境，每个人都从家庭的经历中学习，在家庭的呵护中成长，最终有能力步入社会熔炉。家庭不仅养育着每一个孩子，也对孩子一生的幸福和挫折负有责任。认识自己和家庭的相互关系，多角度地理性审视我们的家庭，与父母有良好的沟通并能从家庭中获得良好的社会支持，是我们走向成熟与和谐的重要途径。

(二) 家庭功能

家庭作为一个不断运行的动态系统，具有其相应的功能。家庭功能是影响家庭成员心理发展的深层变量，包括以下功能。

1. 社会化功能

社会化功能指教育和抚养儿童，使之适应社会。家庭从很多方面讲，都很适合承担社会化任务。它是一个亲密的小群体，父母通常都很积极，对孩子有感情，有动力。孩子常常在依赖下，将父母看作权威。可是，父母很少经过明确训练来对孩子社会化，家庭并不总能很有效果、有效率地完成这一功能。越来越多的学校和专业机构担负起这方面的责任。

2. 情感和陪伴功能

家庭的情感与陪伴功能能够给人们带来基本的安全感。在现代社会，家庭规模日趋变小，对多数人来说，家庭是情感陪伴的主要源泉，提供情感和陪伴已成为现代家庭的核心功能。

家庭情感功能体现在两方面，一是夫妻之间的爱情，它是家庭情感的基础；二是父母、孩子、兄弟姐妹之间的亲情。家庭的情感功能对孩子情感的发展有十分重要的作用。只有在家庭关系和谐、平等、关爱的环境当中，才能培养出孩子健康的心灵，这是它的情感功能。

3. 经济功能

经济功能有生产和消费两块，传统的社会当中，家庭自给自足的时候，既有生产功能，也有消费功能。而在现代社会，随着工业化、信息化、城市化、现代化的发展，家庭的主要经济功能由生产转变成了消费。

(三) 家庭结构

家庭结构指家庭中成员的构成及其相互作用、相互影响的状态，以及由这种状态形成的相对稳定的联系模式。家庭结构包括两个基本方面：一是家庭人口要素，即家庭由多少人组成，家庭规模大小；二是家庭模式要素，即家庭成员之间怎样相互联系，以及因联系方式不同而形成的不同的家庭模式。按照不同的划分标准，家庭结构包括以下几种。

1. 按照家庭成员结构划分

单亲家庭：由父亲或母亲单方和孩子组成的家庭。

核心家庭：由父母和孩子两代人组成的家庭。

扩展家庭：由父母、孩子和祖父母等几代人组成的家庭。

2. 按照家庭的权利结构划分

家长型家庭：父/母亲被认为是一家之长，且对孩子采取专制的态度。

平等型家庭：家庭成员分享权利，相对平等地对待孩子。

3. 按照家庭的规模划分

核心家庭：由一对父母和未成年子女组成的家庭。

主干家庭：由一对父母和一对已婚子女(或者再加其他亲属)组成的家庭。

扩大/联合家庭：由一对父母和多对已婚子女(或者再加其他亲属)组成的家庭。

这是对传统家庭的理解，现代的家庭模式已经远远超出简单的三分法，并正向更加多元的方向发展。家庭结构的不同主要是由于社会经济因素的不同。全世界的家庭结构正在逐渐朝核心家庭的方向转变，这种趋势与城市化、工业化及现代化相关联。我国家庭迅速向规模微型化、结构扁平化、类型特殊化方向发展。从家庭发展角度看，家庭快速向微型和超微型发展，意味着家庭养老育幼功能在急剧丧失，家庭发展存在巨大脆弱性和不稳定性，家庭作为社会稳定器的作用在削弱，这些变化无疑会对社会的健康平稳发展带来诸多潜在问题，对社会公共服务需求带来巨大挑战。

知识链接

非传统家庭结构

1. 单亲家庭：由单身父亲或母亲养育未成年子女的家庭。

2. 单身家庭：人们到了结婚的年龄不结婚，或离婚以后不再婚而是一个人生活的家庭。

3. 重组家庭：夫妻一方再婚或者双方再婚组成的家庭。

4. 丁克家庭：双倍收入、有生育能力但不要孩子、浪漫自由、享受人生的家庭。

5. 空巢家庭：只有老两口生活的家庭。

6. 断代/跨代家庭：无父母的未婚子女共同居住，以及由实体婚姻产生的其他多人共居组合形式。

(四) 家庭系统

家庭是一个系统，每个家庭存在其特定的、相对稳定的交往与情感模式，具有相应的内在规则，这些内在规则规定了每个家庭成员的角色、地位、行为准则、与外界交往的基本原则，各家庭成员的行为特点和交往方式都是对家庭整体交往与情感模式的适应与保持，家庭系统按照其内在规则不断运行。家庭系统与其他系统一样，总在力图保持平衡。一旦发生变动，如家庭成员数目发生增减、家庭成员自身的变化、与社会联系的变化等，家庭原有的运行模式就会受到挑战，家庭运行系统就必须调整以适应这些变化。家庭成员自身的变化是影响家庭系统的最重要因素之一，因为这可能导致先前建立的系统平衡完全被打破，为达到新的平衡，家庭系统必定会发生剧烈变化。

读一读

妈妈一直想要第二胎，但是女儿一直说不要弟弟妹妹。有一天，四岁的女儿突然松口了说：“有一个弟弟妹妹也很好，可以和我一起玩。”一年以后，这位妈妈果然给她生了个小弟弟，全家都很高兴。可是没过几天，小姐姐就不干了，因为这个只会哭闹的小弟弟，不但不好玩而且把爸爸妈妈原先给自己的注意力和爱全都拿走了。所以她就开始反悔了，整天又哭又闹。妈妈很委屈地问：“不是你说要弟弟我才生的吗？”女儿也很委屈地回答：“我现在不要了呀……”

(资料来源：根据网络资料整理)

44岁的肖女士和丈夫努力一年之后，终于如愿怀上二胎，但是13岁的女儿雯雯(化名)百般不愿意，相继以“逃学”“离家出走”“跳楼”相威胁。在女儿尝试用刀片割手腕后，怀孕13周零5天的肖女士不得不含泪到医院终止了妊娠。

(资料来源：根据网络资料整理)

二、家庭关系

家庭关系是指基于婚姻、血缘或法律拟制而形成的一定范围的亲属之间的权利和义务关系。家庭关系依据主体为标准可以分为夫妻关系、亲子关系和其他家庭成员之间的关系。它表现出家庭成员之间的联系方式和互助方式。本章主要介绍亲子依恋关系。

心理学上的“依恋”是指在儿童和特定者，如父母或其他养育者之间形成的一种正性情绪联结，婴儿时期的依恋关系模式会影响我们后半生如何与他人建立关系，具有不可替代性、持久性、强迫性、不平衡性和变化性的特点。

依恋理论是由英国心理学家约翰•鲍尔比(John Bowlby)在20世纪60至80年代率先提出的。该理论认为孩子同其主要照料者间的最初关系构成了以后所有关系的起点。鲍尔比的研究是从母婴分离会对儿童的心理产生影响开始的，阐述母婴分离对于孩子人格和心理各方面的重要影响。

(一) 依恋的发展过程

依恋是随着年龄的增长发生变化的。鲍尔比提出依恋的发展可以分为以下四个阶段。

第一阶段是无分化阶段(0至3个月)。婴儿开始探索周围环境，尤其是人，表现为倾听、注视、吸吮。婴儿对人的探索只能借助于哭泣、微笑和咿呀学语等。一旦成人给予回应，或是留在孩子身边，或是抱起孩子轻轻摇晃，都能使之高兴、兴奋，并且感到愉快、满足。这个时期婴儿对人反应的最大特点是不加区分，没有差别，婴儿对所有人的反应几乎都是一样的，同时，所有的人对婴儿的影响也是一样的。因为此时的儿童还未能实现对人际关系客体的分化，他们并不介意被陌生人抱起。

第二阶段是低分化阶段(3至6个月)。婴儿继续探索环境，开始识别熟悉的人(如父母)与不熟悉的人的差别，也能区别一个熟悉的人与另一个熟悉的人。如婴儿用不同的微笑和发声区别不同的人，对熟悉的人表现为更敏感。他们在母亲面前表现出更多的微笑、咿呀学语、依偎、接近，而在其他熟悉的人面前这些反应就要相对少一些，若是面对陌生人，这些反应则更少。但此时的儿童除了能从人群中找出母亲，仍旧不会介意和父母分开。

第三阶段是依恋形成阶段(6个月至2岁)。从这时候起，孩子对母亲的存在尤其关注，特别愿意与母亲在一起，与母亲在一起就很高兴，而当母亲离开时则非常不安，表现出一种分离焦虑。同时，当陌生人出现时，孩子则会显得谨慎、恐惧甚至哭泣、大喊大叫，表现出怯生、无所适从。不过，这时候的孩子已经明白成人不在视野范围内后还会继续出现，所以他们以母亲为安全保障，在新环境中探寻、冒险，然后又回来寻求保护。

第四阶段是修正目标的合作阶段(2岁以后)。随着认知水平和语言能力的提高，儿童的自我中心减少，能从母亲的角度看待问题。亲子之间形成了更为复杂的关系，具有“目标—矫正”的“伙伴关系”性质。儿童能认识并理解母亲的情感、需要、愿望，知道她爱自己，不会抛弃自己，他们已经理解父母离去的原因，也知道他们什么时候回来，这样分离焦虑便降低了。如2岁的孩子会问妈妈去哪儿(到超市买东西)，什么时候回来(过一会儿就回来)，这些解释使孩子相信母亲肯定会回来。有时他们会要求母亲离开前给他讲个故事，再把他交给别人。总之，这时的儿童会同父母协商，向成人提出要求，亲子之间的合作性加强，而不是跟在他们后面或拉住他们。

(二) 依恋的类型

心理学家玛丽•安斯沃斯(Ainsworth)是依恋理论中的重要代表，她最大的贡献就是和同事一起首创了依恋研究的实验范式——陌生情景测验，并据此测查和划分了几种儿童依恋的类型。

知识链接

安斯沃斯的实验

具体的实验情境有如下几种，例如，婴儿在陌生情境中和不同的人或单独一个人时探索环境的情况；对与不同的个体分离的反应；对陌生人在场和双方互动的反应，以及亲子团聚时的反应。测验程序如下：①母亲和婴儿(12至18个月)一起进入室内，母亲用玩具引发婴儿兴趣，鼓励婴儿自由探索；②陌生人入场，与母亲交谈并与婴儿交往；③母亲离开房间，陌生人和婴儿活动；④母亲返回，安顿婴儿，陌生人离开；⑤母亲再次离开，婴儿独自在室内，陌生人返回，与婴儿一起活动；⑥最后母亲再次返回，重新安顿婴儿，陌生人离开。可以看出，在这项测验中，对婴儿来说，压力是不断增大的。实验就是在这种压力不断增加的情况下观察记录婴儿的多种行为反应。

陌生情境大体包含8个片段。

片段	现有的人	持续时间	情境变化
1	母亲、婴儿和实验者	30秒	实验者向母亲和婴儿作简单介绍
2	母亲、婴儿	3分钟	进入房间
3	母亲、婴儿、陌生人	3分钟	陌生人进入房间
4	婴儿、陌生人	3分钟以下	母亲离去
5	母亲、婴儿	3分钟以上	母亲回来、陌生人离去
6	婴儿	3分钟以下	母亲再离去
7	婴儿、陌生人	3分钟以下	母亲回来、陌生人离去
8	母亲、婴儿	3分钟	母亲回来、陌生人离去

实验场景如图3-1所示。

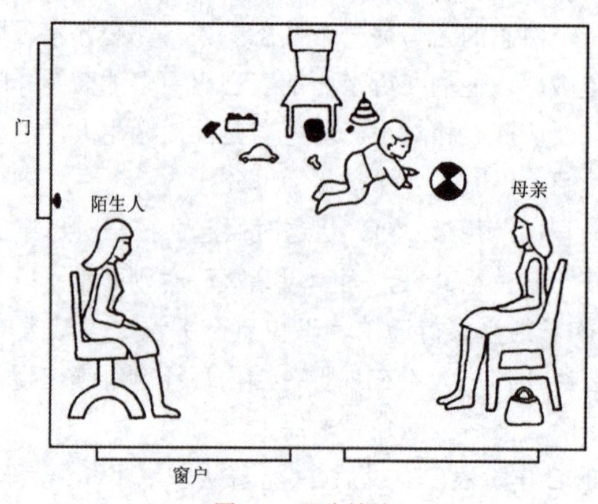

图 3-1　陌生情境

(资料来源：根据网络资料整理)

安斯沃斯将婴儿依恋类型分成了如下三大类。

A型——回避型依恋关系：与身边重要人物很难建立亲密和信任关系的一种依恋类型。孩子对妈妈疏远、冷漠，当妈妈离开时孩子不焦虑，妈妈回来也不特别高兴。

B型——安全型依恋关系：与身边重要人物的关系很亲密且从不担心被抛弃的一种依恋类型。体验到这种依恋的婴儿知道妈妈的负责和亲切，甚至妈妈不在时也这样想。安全型婴儿一般比较快乐和自信。

C型——焦虑—矛盾型依恋关系：此类儿童对母亲的离去表示强烈反抗，母亲回来，寻求与母亲的接触，但同时又显示出反抗，甚至发怒，不能再去做游戏，又称为反抗型。

在陌生情境中，大多数儿童(约65%)的行为是安全型依恋。当父母离开房间时婴儿变得心烦意乱，但当父亲或母亲返回时，婴儿主动寻找父母，并很容易在父母的安慰下平静下来。另一些儿童(10%～15%)是矛盾型(反抗型)。这类婴儿在母亲要离开前就显得很警惕，当母亲离开时表现得非常苦恼、极度反抗，任何一次短暂的分离都会引起大喊大叫。但是当母亲回来时，其对母亲的态度又是矛盾的，既寻求母亲的接触，但同时又反抗与母亲的接触，当母亲亲近他时，如抱他，他会生气地拒绝、推开。但是要他重新回去做游戏似乎又不太容易，不时地朝母亲这里看。回避型儿童(约占20%)显得不会因分离而过于痛苦，并在重聚时主动回避与父母的接触，有时会把自己的注意力转向玩实验室地板上的物体。

知识链接

有趣的是，首先尝试查明和测量这三种成人依恋类型的是刊登在《落基山新闻》上的一项调查。有一千多个读者从科罗拉多州这份报纸的生活版上看到了这个小测验并寄来了他们的答案。其中有一个问题是要求答题的人标明下面三种描述中哪一种与他们最接近。

(1) 我很容易与人接近，信赖他们或让他们信赖我是件开心的事。我不怎么担心被抛弃或害怕别人离我太近。

(2) 与他人接近让我不安；我很难完全相信、依靠他们。有人对我太亲近时我会很紧张，并且爱侣想让我更亲近一点我也有点不自在。

(3) 我想让人亲近我，可别人不情愿。我常担心我的同伴不是真的爱我或者想离我而去。我想和他人完全融为一体，可这个愿望有时会吓跑别人。

第一种情况描述的是安全依恋类型的成人，第二种是回避型的成人，第三种是焦虑—矛盾型成人。尽管样本不一定具有科学性，但是结果具有启发性。答题者中56%属于安全型，25%属于回避型，19%属于焦虑—矛盾型。研究人员就这三个问题调查了大学生，也发现了同样的百分比。

这些数据上的相似表明，成人的依恋类型形成于童年。

1990年，梅因(Main)和所罗门(Solomon)提出了一种新的依恋类型：混乱型不安全依恋，也称作D型依恋。这种依恋类型被看作是一种最不安全的类型，在这种依恋类型中，A、B、C三种类型的依恋行为以非同寻常的方式复杂地结合起来。例如，中高水平的寻求亲近、回避和反抗的结合。除了这些混合的行为，有的儿童还表现出一些稀奇古怪的行为，如接近陌生人时转过头去，突然或怪异的举动，不规则的姿势，表情茫然，或者僵立不动等。混乱型不安全依恋的具体表现有：①表现出一连串的矛盾行为；②同时表现出互相矛盾的行为；③无目的的、不完整的、不连续的活动或表现；④刻板动作、不对称的运动、不适宜的运动、异常的姿势；⑤冷淡、静止、缓慢的运动和表现；⑥直接对父母表现出恐惧；⑦明显的缺乏组织性和方向性。

在这四种依恋类型中，相对于B的安全性依恋，通常将A、C、D三种依恋型统称为不安全依恋。依恋理论家就不同的依恋类型做了进一步的观察后指出，这种不同的亲子依恋类型，会对儿童时期乃至成人以后产生重大的影响。

知识链接

亲子依恋问卷

请思考每句话在多大程度上符合你与父母之间关系的实际情况，在题后选择一个恰当的数字打“√”。数字表示的含义为：1=完全不符合；2=比较不符合；3=不确定；4=比较符合；5=完全符合。

1. 我会把自己遇到的问题和困难告诉妈妈…………………1　2　3　4　5
2. 如果妈妈知道有事情困扰我，她会询问我………………1　2　3　4　5
3. 我没有从妈妈那里得到什么关注……………………………1　2　3　4　5
4. 妈妈接受我现在的样子…………………………………………1　2　3　4　5
5. 我对妈妈感到生气………………………………………………1　2　3　4　5
6. 当我为某事生气时，妈妈能理解我…………………………1　2　3　4　5
7. 与妈妈讨论我的问题让我感到羞愧或愚蠢………………1　2　3　4　5
8. 我很容易因为妈妈感到心烦……………………………………1　2　3　4　5
9. 妈妈帮助我更好地了解我自己…………………………………1　2　3　4　5
10. 妈妈尊重我的感受……………………………………………1　2　3　4　5
11. 我会把自己遇到的问题和困难告诉爸爸…………………1　2　3　4　5
12. 如果爸爸知道有事情困扰我，他会询问我………………1　2　3　4　5
13. 我没有从爸爸那里得到什么关注……………………………1　2　3　4　5
14. 爸爸接受我现在的样子…………………………………………1　2　3　4　5
15. 我对爸爸感到生气………………………………………………1　2　3　4　5
16. 当我为某事生气时，爸爸能理解我…………………………1　2　3　4　5
17. 与爸爸讨论我的问题让我感到羞愧或愚蠢………………1　2　3　4　5
18. 我很容易因为爸爸感到心烦……………………………………1　2　3　4　5
19. 爸爸帮助我更好地了解我自己…………………………………1　2　3　4　5
20. 爸爸尊重我的感受……………………………………………1　2　3　4　5

注：3、5、7、8、13、15、17、18为反向题。

采用Armsden等人编制、Raja等人修订的父母和同伴依恋问卷(Inventory of Parent and Peer Attachment，IPPA)简版，测量青少年与父亲、母亲以及同伴依恋的安全性。每种依恋对象都包含10个项目。本研究根据研究目的，选用父子依恋和母子依恋两个分问卷。采用5点计分，1表示“完全不符合”，5表示“完全符合”，分数越高表示依恋的安全性水平越高。

(三) 依恋对子女的影响

1. 依恋对人格的影响

性格一旦形成就具有相对的稳定性，较难改变。因此，儿童早期形成的性格往往可能成为他一生性格的雏形。早期亲子之间良好依恋关系的建立，对儿童良好性格的形成具有奠基作用。首先，安全依恋的建立，使儿童在心理上产生安全感，从而形成对他人和周围世界的信任感，对环境有较强的适应能力。其次，安全依恋的建立，会促进儿童自我认同感的形成，从而会帮助其逐渐建立起自信心。在对依恋关系和儿童人格发展关系的研究中发现，安全依恋的儿童亲社会得分显著高于不安全依恋的儿童，同时安全依恋儿童的行为问题的发生率是低于不安全依恋儿童的。对父母或幼儿园阿姨依恋较强的儿童，其自我认同感也较好。 缺少自我认同感的孩子，很难建立起良好的自信心，有的甚至会产生一种焦虑和恐惧心理。害怕与他人接触交往、行为退缩，产生自卑的性格特征。

安全型依恋的儿童，在人际交往中积极主动，与照顾者建立起相互信任的关系，在安全感的支持下饶有兴趣地探究周围环境。对于陌生人也能友好相处，表现出自信、独立、适应性强等积极的心理品质。这些社会品质的发展与积极进取的探索行动进一步促进了儿童认知尤其是智力的发展，改善了整体素质，增强了身心发展的和谐性。不安全型依恋的儿童由于受强烈的不安全感和内心冲突所困扰，不能有效地探索环境，难以与人建立友好的交往关系，这在很大程度上阻碍了他们对外界事物的认知与探究活动，限制了他们的经验范围。

回避型的儿童虽能进行自主的探究活动，但并不深入。在与人交往过程中又易被强烈的焦虑所困扰。而且由于具有回避型行为倾向，人际交往与活动的机会减少，从而导致社会经验缺乏，以及社会性发展滞后。

焦虑—矛盾型儿童怯于探索，与陌生人交往异常谨慎。这又缩小了人际空间，阻碍了社会能力的发展和对现实世界的理解。

混乱型儿童在生活中往往惶惑不安，缺乏自主性，不能进行自我定向，实际上是缺乏自信感、自主性和人际交往的能力。

这些在与人和周围环境相互作用过程中所表现出来的心理品质的差异表明，安全依恋的儿童相对于不安全依恋的儿童具有某种现实发展的优势。这种依恋关系的安全性使儿童生活的环境具备了心理意义上的安全保障，即保证了较高的活动安全度，从而驱使儿童自由地探索与交往。而不安全依恋的儿童安全感的缺乏反而增强了寻求安全的需要(消耗更多的心理能量用于弥补童年安全感的缺失需要)，在这种需要得到适当满足之前对自我环境的探索和对社会环境的开拓都很难有效地进行。

在这些不安全依恋类型儿童的日后成长发展中，A型儿童(回避型)会很容易表现出攻击行为，这一类型青少年最缺乏独立能力与沟通能力。C型依恋儿童(焦虑—矛盾型)很容易表现为退缩行为。D型依恋儿童(混合型)则常表现出A型和C型儿童的混合行为，发展的结果常常是产生许多的行为问题和心理障碍。

2. 依恋对情绪发展的影响

婴儿是以情绪的方式同世界发生联系的。早期持久的情绪经验对其一生情绪的发展至关重要。婴儿期能与父母建立良好依恋关系的儿童具有稳定而快乐的情绪。婴儿生理需要的满足最初是通过向母亲发出情绪信号得以实现的。如果母亲能对信号做出迅速的反应，母婴之间积极而又愉快的相互作用将得以保证，安全的依恋关系将发展起来。处于安全状态中的婴儿，他是快乐的，富有爱心和善于表达情感的，而缺乏依恋安全感的婴儿，经常担心母亲离开而处于焦虑、恐惧、不安状态中，甚至成为感情冷漠的人。

3. 依恋对同伴关系的影响

早期儿童的依恋会对儿童以后的人际关系发展产生影响，具有依恋安全感的儿童，对父母有信赖感。父母与他人的交往行为自然成为儿童的榜样，儿童在与父母的交往中也可以得到许多指导，积累成功的交往经验和掌握交往技巧。有安全依恋感的儿童所具有的健全人格特征，为其良好人际关系的建立奠定了基础。儿童与母亲的依恋关系的特质可以预测儿童与同伴以及其他人的社会交往方式。安全型依恋的儿童被同伴拒绝的可能性较低，社会适应更加良好。安全性低的亲子依恋关系可以预测学前期儿童与同伴的交往困难或六岁儿童在学校的行为问题。幼儿亲子依恋和师生依恋关系的安全性越高，其攻击性就越低，就越喜欢帮助别人，也就越容易受到同伴喜爱。对安全型依恋的儿童，教师通常反映他们的朋友多，自尊、同情、积极性情感较高。在人际交往中能够更多地以积极性情感来发动、响应、维持与他人的相互作用。同时，他们的攻击性低，对新鲜活动表现出较少的消极反应，更具社会竞争能力和社会技能。同伴也反映他们比不安全型依恋的儿童更容易接近。安全型依恋的2至3岁儿童，在玩伴中有更强的人际吸引力，积极、利他行为比较多；而不安全型依恋的儿童常对同伴做出消极、攻击的行为，因此人际吸引力差。

父子依恋关系可以预测儿童的同伴交往能力、学校适应。就父母作用的比较而言，母子依恋关系对其同伴交往诸方面的影响更大。这与儿童期母亲的重要监护人角色密不可分。父亲在抵御儿童社交焦虑方面的作用超过了母亲。父亲的支持、可靠会给儿童带来信心，觉得自己是胜任的，从而有效地克服不良情绪的障碍。父亲在儿童友谊质量、社会情绪方面的影响，提示人们在一些深层次的人际交往变量上、在儿童人格的形成上父亲作用的不可替代性。

三、父母教养方式

教养方式是指父母在抚养、教育儿童的活动中通常使用的方法和形式，是父母各种教养行为的特征概括，是一种具有相对稳定的行为风格。它是在父母和儿童交往的过程中形成和发展的。教养方式是父母的教养观念、教养行为及其对儿童的情感表现的一种组合方式，它是相对稳定的，不随情境的改变而变化，它反映了亲子交往的实质。在上述各种定义的基础上，我们将教养方式的含义归纳为父母或其他监护人在抚养、教育儿童的活动中通常使用的方法和形式，它是父母或其他监护人的教养观念、教养态度、教养行为、教养情感等多种方式组合而成的相对稳定的风格。

(一) 父母教养方式的类型

美国加利福尼亚大学教授、心理学家鲍姆令德(Diana Baumrind)曾对父母的教养行为与婴儿个性发展的关系，进行了长达10年的追踪研究，鲍姆令德提出了父母教养方式中的两个衡量指标：要求度和反应度。要求度即控制—容许维度，是指父母对孩子行为标准要求的高低，可以分为高要求度和低要求度；反应度即接受—拒绝维度，是指父母对孩子需求的反应程度和关爱的程度，可以分为低反应度和高反应度。根据这两个指标，可以将父母的教养方式分为四种类型。

1. 民主权威型(高要求高反应度)

父母对孩子的行为提出合理、适度的要求，做出适当的限制，会为孩子设立一定的行为目标。同时，他们非常热爱自己的孩子，关注孩子的成长，满足孩子的合理需求，耐心地倾听孩子的观点和意见，鼓励孩子参加家庭事务的决策，亲子之间沟通流畅，充满温情。这类父母采用的是

“理性、严格、民主、关爱和耐心”的教育方式。这种教养方式下长大的孩子，认知能力和社会能力都很出色，有很强的自信心，具有较强的自控能力，情绪乐观，积极，学习勤奋，成绩良好。

2. 专制独裁型(高要求低反应度)

父母对孩子的行为高标准、严要求，而对孩子的需求和关爱却很少考虑。孩子没有任何与父母协商的权利，如果有少许的抵触，父母就会采取惩罚措施。他们就像暴君，只考虑了自己的标准，而忽略和抑制了孩子的需要和独立性，变相扼杀孩子的个性。这种教养方式下成长的孩子，虽然在学校有较好的表现，但容易形成对抗、自卑、焦虑、退缩、依赖等不良的性格。

3. 溺爱型(低要求高反应度)

父母对孩子的行为没有什么要求和标准，也很少限制他们的一些不良行为，而对孩子的需求却有求必应，充满了关爱和期待。这种教养方式下成长起来的孩子，表现得很不成熟，自控能力特别差。当要求他们做的事情与愿望相违背时，他们几乎不能控制自己的冲动，并以哭闹的方式寻求即时的满足。他们对父母表现出很强的依赖性和无尽的要求，而在任务面前则缺乏恒心和毅力，显得任性、冲动、幼稚，这种情况在少年时期表现得尤为明显。

4. 忽视型(低要求低反应度)

父母对孩子没有什么要求和标准，也不关心孩子的需要，他们只是提供简单的衣食物品，不肯努力为孩子提供更好的生活和成长条件，感情上也表现得比较冷漠。这样的教养方式，可能是因为生活中存在巨大的生存压力，或者遭遇重大挫折或不幸，或者家庭关系出现了重大问题，他们没有时间、精力来照顾孩子。但是，无论出于何种原因，这种极端的忽略都是对孩子的一种虐待，会导致孩子生活态度消极，学习成绩差，自控能力弱。有研究表明，这种教养方式下长大的孩子，往往有较高的犯罪倾向。

知识链接

鲍姆令德的实验

鲍姆令德进行了三次实验，第一次是将被试孩子按个性(独立性、自信、探究、自我控制、交往等方面)成熟水平分出最成熟、中等成熟和最不成熟三组，第一组儿童是最成熟的，他们有能力、有独立性、自信、知足、爱探索、能控制自己、喜欢交往、自我肯定；第二组儿童有中等程度的能力，有自信和自我控制能力，相对说来，不太知足、不安全、忧虑、退缩、怀疑、不喜欢与同伴交往；第三组儿童是最不成熟的，有高度的依赖性，自我控制力比前两组儿童差，遇到新奇事物或紧张的事情会退缩。

然后研究者又通过家访与父母交谈，在特定设计的情景下观察父母与儿童在一起活动的方式，对他们父母的教养水平从“控制”“成熟的要求”“父母与孩子交往的清晰度”“教养”四个方面进行评定。

(1) 控制：指父母为影响儿童行为所使用的各种方式，包括奖励和强化。

(2) 成熟的要求：要求儿童按照他们的智力水平、社会性水平和情绪水平来行动。

(3) 父母与儿童交往的清晰度：如通过说理使儿童服从，征求孩子的意见等。

(4) 教养：不只是爱儿童、同情儿童，还对儿童的成就表示高兴、赞许。

第二次、第三次实验是采用与第一次相反的研究程序，对在不同教养方式下的孩子做个性评定，等这些孩子长到一定的年纪再做一次评定。实验结果是最成熟孩子的父母教养水平最高，依次往下，最不成熟孩子的父母教养水平最低。

第一组儿童的父母在四个方面的成绩都很高。这些父母十分温和，对待儿童真心实意，亲子间有良好的互动。同时，父母对孩子又有严格的要求，要求儿童有符合他们年龄的成熟行为。他们既尊重儿童的独立性，又坚持自己的合理要求。这种既高度控制，又积极鼓励儿童独立自主的方式是有权威的父母的一种控制，这类父母可称为权威父母。

第二组儿童的父母在使用理性的控制方面要差一些，强制性多了一点，对孩子的慈爱、温暖少了些。有些滥用家长的权利，不鼓励儿童提出与父母不同的看法，这类父母可称为专制父母。

第三组儿童的父母是随随便便的，他们对孩子没有要求，奖惩不明，不训练儿童的独立性和自力更生精神，家庭管理也不好，这类父母是不负责任的父母。

(二) 父母教养方式对子女的影响

案例

阳阳，5岁，幼儿园中班。班上的小朋友都在玩玩具的时候，突然听到一阵哭声，走过去一看，原来是阳阳在跟一个小男孩抢一盒积木，只见阳阳死死地抱着积木，不愿意跟别的小朋友分享。老师坐到阳阳的面前，试着说服她跟大家一起玩玩具。结果，阳阳却说道："不行，这是我的，我没玩够呢。我在家想要玩什么，爸爸妈妈都会给我。我的东西，谁也不许玩儿。"班里的其他老师说："阳阳是被家里宠坏了，在班里出了名的霸道，谁也管不了。跟她的父母沟通，他们总是认为小孩子嘛，都是这样。"

毛毛，非常聪明、样子可爱，模样很讨人喜欢。然而他在班上的表现实在让人头痛：自由，任性，想干什么就干什么，从不受任何约束。上课时，发出怪声；吃饭时，把吃剩的骨头放进别人的碗里；睡觉时，在床上跳来跳去；游戏时，捣乱打人那是家常便饭。有时简直是拿他没有办法，一犯错误被老师发现，他承认起错误来比谁都快，而且态度诚恳得令人感动。当然，再次犯错误的速度更是使人吃惊。经过了解后，我们发现孩子的妈妈在单位比较忙，爸爸常和朋友聚会，没时间陪孩子，就常无原则地买东西给孩子玩。常带孩子的外婆、外公、爷爷、奶奶更是管不住他，孩子在家里常常是自己玩自己的，爱干什么就干什么。

甜甜，5岁，胆小，性格孤僻，不爱和别的小朋友一起玩耍，总是一个人待在角落里。甜甜的父母由于感情不和，已离婚，两人都不愿意抚养甜甜。每次五点幼儿园放学，甜甜总是要到六七点才被家人接走。甜甜每天都眼巴巴地看着别的小朋友一个个地被接走。有次，一直到七点半还没人来接，没办法，只好给甜甜的妈妈打电话，电话接通后，甜甜的妈妈说："哎呀，我只顾着买戒指，都把女儿给忘记了。等我买完戒指马上就去接啊。"这时，甜甜在一边大声地哭了。

(资料来源：根据网络资料整理)

上面不同的孩子之所以会出现各种各样的问题，在于父母不同的教养方式。那么不同的教养方式会对孩子的成长和发展带来什么影响呢？

1. 民主权威型教养方式对子女的影响

民主型父母对儿童的态度积极肯定，热情地对儿童的要求、愿望和行为进行反应，给孩子自由发展空间，平等地对待、尊重和信任孩子，能与孩子相互沟通，交流各自的看法，尊重孩子的意见和观点，注意给孩子创设理解、民主、平等、宽松的家庭环境，给孩子的发展提供广阔的心理空间，给孩子自我发展的自由。父母了解孩子的兴趣与需要，尊重孩子的兴趣爱好，尊重孩子的自由与独立，接纳孩子的行为，并以平等的身份与孩子交流，鼓励孩子按照自己的意愿去尝试。 鼓励他们表达自己的想法并参与讨论；鼓励孩子上进，孩子可以按照自己的爱好和兴趣发展，父母也为孩子的发展提出建议，理性地指导孩子成长，对其缺点错误能恰如其分地批评指正，以提高孩子的认知能力。父母对孩子的要求比较明确，对他们的不良行为表示不快时，会严格按规则说服教育；而对其良好行为，则表现出真心的支持和肯定。父母遇事总是先给孩子讲道理，从不打骂。即使有时候父母错了，也会真诚地给孩子道歉。实践证明，在温暖、民主、宽松的家庭中成长，孩子的个性能得到充分发展，也容易产生发挥自身潜能的动力，在学习上表现出的主动性也较强。

民主权威型教养方式培养出来的孩子情绪稳定、乐观向上、自信、独立、爱探索、主动地解决问题、直爽、亲切、宽容、忍让、大方，能和同伴友好相处，在人格等方面均得到较好的发展。

2. 专制型教养方式对子女的影响

专制型教养方式的家长在教养行为上对孩子实行高压政策，要求过分严厉，过多限制，缺少宽容，奉行“棍棒教养”，孩子稍有不妥之处就严加惩罚。父母经常批评、责怪、打骂孩子，对孩子的否定多于肯定，管教过于严厉，要求孩子服从，属于高控制教养方式。但在情感上，父母倾向于拒绝和冷落孩子。父母往往表现出缺乏热情的情感反应，很少考虑儿童自身的愿望和要求；对孩子的一举一动都横加限制，要求孩子无条件地遵循有关的规则，如果违反规则，父母就会采取强硬措施，有的甚至动用暴力。专制型的父母在家里操纵着子女的一切，用权力和强制性的训练使孩子听命，享有无上的权威。父母从来不考虑子女的思想感受，只从父母的主观意志出发，总是代替子女思考，强迫子女接受自己的看法和认识，子女必须要按照父母的认识和意志去活动，不能超越父母的指令。这种类型的父母对子女要求过分严厉，有过高的期望，缺少宽容，有太多的限制，教育子女语言和方法简单，态度生硬。

专制型教养方式家长的教育行为造成孩子独立性和自主性较差，孩子往往会有恐惧心理，缺乏自信心，自我依赖程度也较低，往往不能接纳自己，情绪不安定，极易产生恐惧和逆反心理，容易胆小、抑郁、不善于与人交往，表现为逃避或反抗、胆怯或粗暴。他们既依赖、顺从别人，又常常对别人反抗、凶残。气质弱的孩子可能变得更加依赖、无主见，气质强的孩子可能变得更加反抗、暴躁。

3. 娇惯溺爱型教养方式对子女的影响

娇惯溺爱型教养方式的家长在家庭中把孩子摆在高于父母的不恰当位置上，倾注给孩子的爱抚程度很强，超过了一般的限度。爱得不理智，控制不足。父母对孩子百般疼爱，过分娇宠，过多地满足孩子的各种愿望，对孩子过分地照顾、保护，事事包办代替，不肯放手让孩子自己活动、做事，任其呼风唤雨，对小孩的任何要求不假思索地答应。溺爱型父母一般很少向子女提出要求或施加控制，对孩子的爱缺乏理智和分寸，即使子女提出过分的要求，往往也采取“听之任之”的态度。这一类型的父母对子女怀有过多的期望与爱，为孩子提供无微不至的帮助和保护，但是忘记了孩子社会化的任务，对孩子百依百顺、有求必应、姑息迁就、怂恿包庇。对孩子不合理的要求与缺点既不制止，也不纠正，孩子是家庭中的小霸王，可以无拘无束，任性胡为，父母为了孩子可以牺牲自己的一切。

娇惯溺爱型教养方式导致孩子的行为和性格发生扭曲，使孩子形成了较强的冲动性和攻击性的心理行为，缺乏独立性和责任感，懒惰、自私、任性、撒娇、为所欲为，形成一系列不适合社会要求的行为习惯和性格特征。溺爱下的孩子依赖性强、骄纵、神经质、缺乏独立性、懒惰、自私、以自我为中心、目空一切、任性、为所欲为，缺乏责任感和忍耐心，不适应集体生活，遇事优柔寡断，形成一系列不适应社会要求的行为习惯和性格特征。这类孩子对父母没感情，只知道索取。

4.忽视冷漠型教养方式对子女的影响

忽视冷漠型教养方式的父母对孩子不闻不问，父母与孩子接触的机会少，彼此不了解，容易产生“代沟”和许多分歧。对孩子既缺乏爱的情感和积极反应，又缺少行为的要求和控制，亲子间交往甚少，父母对孩子缺乏基本的关注与了解，对孩子的一切行为举止采取不加干涉的态度，给孩子一种被忽视的感觉。这样的父母认同“树大自然直”的观念，对孩子采取漠不关心、放任自流的教养方式。这种现象多存在于工作繁忙、交际应酬多、业余时间少的父母身上，他们一心扑在自己的工作、学习上，很少与孩子交流沟通，忽视孩子的内心世界和需要，对孩子的行为与学习不感兴趣，也不关心，很少去管孩子。

忽视冷漠型教养方式下培养的孩子情绪不稳定，富有攻击性，对人冷酷，自我控制力差，在青少年时期很容易发生不良行为问题。有些人自信心和探索性很差，有些人有较强的自立精神和创造性。

测一测

你父母的教养方式是什么？

以下问卷有很多题目组，每个题目答案均有1、2、3、4四个等级。请您分别在最适合您父亲和您母亲的等级数字上面打“√”，每个题目只选一个答案。若是独生子女，没有兄弟姐妹，相关的题目可以不答。

题目		从不	偶尔	经常	总是
1. 我觉得父母干涉我所做的每一件事	父	1	2	3	4
	母	1	2	3	4
2. 能通过父母的言谈、表情感受他(她)很喜欢我	父	1	2	3	4
	母	1	2	3	4
3. 与我的兄弟姐妹相比，父母更宠爱我	父	1	2	3	4
	母	1	2	3	4
4. 我能感到父母对我的喜爱	父	1	2	3	4
	母	1	2	3	4
5. 即使是很小的过失，父母也惩罚我	父	1	2	3	4
	母	1	2	3	4
6. 父母总试图潜移默化地影响我，使我成为出类拔萃的人	父	1	2	3	4
	母	1	2	3	4
7. 我觉得父母允许我在某些方面有独到之处	父	1	2	3	4
	母	1	2	3	4

8. 父母能让我得到其他兄弟姐妹得不到的东西…………………………… 父1　2　3　4
母1　2　3　4

9. 父母对我的惩罚是公平的、恰当的…………………………………… 父1　2　3　4
母1　2　3　4

10. 我觉得父母对我很严厉……………………………………………… 父1　2　3　4
母1　2　3　4

11. 父母总是左右我该穿什么衣服或该打扮成什么样子……………… 父1　2　3　4
母1　2　3　4

12. 父母不允许我做一些其他孩子可以做的事，因为他们害怕我会出事…… 父1　2　3　4
母1　2　3　4

13. 在我小时候，父母曾当着别人的面打我或训斥我………………… 父1　2　3　4
母1　2　3　4

14. 父母总是很关注我晚上干什么……………………………………… 父1　2　3　4
母1　2　3　4

15. 当我遇到不顺心的事时，我能感到父母在尽量鼓励我，
使我得到一些安慰……………………………………………………… 父1　2　3　4
母1　2　3　4

16. 父母总是过分担心我的健康………………………………………… 父1　2　3　4
母1　2　3　4

17. 父母对我的惩罚往往超过我接受的程度…………………………… 父1　2　3　4
母1　2　3　4

18. 如果我在家里不听吩咐，父母就会恼火…………………………… 父1　2　3　4
母1　2　3　4

19. 如果我做错了什么事，父母总是以一种伤心样子使我
有一种犯罪感或负疚感………………………………………………… 父1　2　3　4
母1　2　3　4

20. 我觉得父母难以接近………………………………………………… 父1　2　3　4
母1　2　3　4

21. 父母曾在别人面前唠叨一些我说过的话或做过的事，
这使我感到难堪………………………………………………………… 父1　2　3　4
母1　2　3　4

22. 我觉得父母更喜欢我，而不是我的兄弟姐妹……………………… 父1　2　3　4
母1　2　3　4

23. 在满足我需要的东西方面，父母是很小气的……………………… 父1　2　3　4
母1　2　3　4

24. 父母常常很在乎我取得分数………………………………………… 父1　2　3　4
母1　2　3　4

25. 如果面临一项困难的任务，我能感到来自父母的支持…………… 父1　2　3　4
母1　2　3　4

26. 我在家里往往被当作“替罪羊”或“害群之马”………………… 父1　2　3　4
母1　2　3　4

27. 父母总是挑剔我所喜欢的朋友……………………………………… 父1　2　3　4
母1　2　3　4

28. 父母总认为他们的不快是由我引起的……父1　2　3　4
母1　2　3　4

29. 父母总试图鼓励我，使我成为佼佼者……父1　2　3　4
母1　2　3　4

30. 父母总向我表示他们是爱我的……父1　2　3　4
母1　2　3　4

31. 父母对我很信任且允许我独自完成某些事情……父1　2　3　4
母1　2　3　4

32. 我觉得父母很尊重我的观点……父1　2　3　4
母1　2　3　4

33. 我觉得父母很愿意跟我在一起……父1　2　3　4
母1　2　3　4

34. 我觉得父母对我很小气、很吝啬……父1　2　3　4
母1　2　3　4

35. 父母总是向我说类似这样的话“如果你这样做我会很伤心”……父1　2　3　4
母1　2　3　4

36. 父母要求我回到家里必须得向他们说明我在做的事情……父1　2　3　4
母1　2　3　4

37. 我觉得父母在尽量使我的青春更有意义和丰富多彩
(如给我买很多书，安排我去夏令营或参加俱乐部)……父1　2　3　4
母1　2　3　4

38. 父母经常向我表达类似这样的话：“这就是我们为你整日操劳
而得到的报答吗？”……父1　2　3　4
母1　2　3　4

39. 父母常以不能娇惯我为借口不满足我的要求……父1　2　3　4
母1　2　3　4

40. 如果不按父母所期望的去做，就会使我的良心上感到不安……父1　2　3　4
母1　2　3　4

41. 我觉得父母对我的学习成绩，体育活动或类似的事情有较高的要求……父1　2　3　4
母1　2　3　4

42. 当我感到伤心的时候可以从父母那儿得到安慰……父1　2　3　4
母1　2　3　4

43. 父母曾无缘无故地惩罚我……父1　2　3　4
母1　2　3　4

44. 父母允许我做一些我的朋友们做的事情……父1　2　3　4
母1　2　3　4

45. 父母经常对我说他们不喜欢我在家的表现……父1　2　3　4
母1　2　3　4

46. 每当我吃饭时，父母就劝我或强迫我再多吃一些……父1　2　3　4
母1　2　3　4

47. 父母经常当着别人的面批评我既懒惰，又无用……父1　2　3　4
母1　2　3　4

48. 父母常常关注我交往什么样的朋友……父1　2　3　4
母1　2　3　4

题目					
49. 如果发生什么事情，我常常是兄弟姐妹中唯一受责备的一个	父	1	2	3	4
	母	1	2	3	4
50. 父母能让我顺其自然地发展	父	1	2	3	4
	母	1	2	3	4
51. 父母经常对我粗俗无礼	父	1	2	3	4
	母	1	2	3	4
52. 有时甚至为一点儿鸡毛蒜皮的小事，父母也会严厉地惩罚我	父	1	2	3	4
	母	1	2	3	4
53. 父母甚至无缘无故地打过我	父	1	2	3	4
	母	1	2	3	4
54. 父母通常会参与我的业余爱好活动	父	1	2	3	4
	母	1	2	3	4
55. 我经常挨父母的打	父	1	2	3	4
	母	1	2	3	4
56. 父母常常允许我去我喜欢的地方	父	1	2	3	4
	母	1	2	3	4
57. 父母对我该做什么、不该做什么有严格的限制，而且绝不让步	父	1	2	3	4
	母	1	2	3	4
58. 父母常以一种使我很难堪的方式对待我	父	1	2	3	4
	母	1	2	3	4
59. 我觉得父母对我可能出事的担心是夸大的、过分的	父	1	2	3	4
	母	1	2	3	4
60. 我觉得与父母之间存在一种温暖、体贴和亲热的感觉	父	1	2	3	4
	母	1	2	3	4
61. 父母能容忍我与他们有不同的见解	父	1	2	3	4
	母	1	2	3	4
62. 父母常常在我不知道原因的情况下对我大发脾气	父	1	2	3	4
	母	1	2	3	4
63. 当我所做的事情取得成功时，我觉得父母很为我自豪	父	1	2	3	4
	母	1	2	3	4
64. 与我的兄弟姐妹相比，父母常常偏爱我	父	1	2	3	4
	母	1	2	3	4
65. 有时即使错误在我，父母也会把责任归咎于兄弟姐妹	父	1	2	3	4
	母	1	2	3	4
66. 父母经常抱我	父	1	2	3	4
	母	1	2	3	4

(三) 影响父母教养方式的因素

1. 家长本身的特点

1) 夫妻关系

父母承担着教育子女的主要职责，父母的教养方式和行为对子女的身心发展有十分重要的意义。夫妻关系作为家庭的核心关系，夫妻之间的交往状态、角色分工、彼此支持、对对方及婚姻的满意度等都会对他们和子女的交往、对子女发展的指导等产生明显的影响。

首先，夫妻双方消极情绪多，心情抑郁、烦闷，这必然影响他们对子女的态度，影响他们对子女教育的积极性，影响他们和子女的正常交往。

其次，夫妻之间经常发生冲突，说明他们缺乏积极接纳对方、友好协商的技能，或以适当的方式表达自己意见解决冲突的能力和策略，这样的父母很容易以此方式对待子女，从而导致不适当的教养方式。

最后，夫妻冲突作为家庭中的事实，不但可能被孩子观察学习并采纳使用，而且可能使孩子因父母冲突导致压抑、紧张、恐惧、烦闷，进而产生抱怨、逆反，出现许多行为与适应上的问题。这些不良行为和障碍反过来又会增加父母教育上的困难，影响父母的教养方式，造成恶性循环。

在家庭中夫妻恩爱和谐、志同道合、相敬如宾、相亲相爱，家庭生活民主、平等、开放，会使孩子感觉到家的温暖。家庭对孩子有益的教育教养，潜移默化的影响应是积极的、健康的。

2) 家长的受教育程度

父母受教育程度的高低和父母职业的差异对其教养方式具有显著影响。父母受教育程度越高，越利于其形成积极的教养方式；相反，父母受教育程度较低，其教养方式相对消极。受教育程度低的母亲在教育方式中的溺爱、忽视、专制、惩罚、成就要求及教育的不一致等倾向性比受教育程度高的母亲强，而受教育程度高的母亲具有更多的民主性。其次，父母的性别差异对他们采用何种教养方式也有影响。母亲的教养方式更趋于温和，和孩子的沟通比父亲多，而父亲一般扮演“严父”的角色，对孩子更加严厉。

2. 孩子本身的特点

1) 孩子的气质

儿童的气质是影响父母教养方式的重要因素。易养型的儿童易于引发父母积极的教养方式，难养型和启动缓慢型的儿童可能会引发父母消极的教养方式。儿童较高的适应性、积极乐观的心境和较高的注意持久性易引发母亲民主的教养方式，高活动性、低适应性、高趋向性、较高或较低反应性、消极心境和中性注意力分散度容易引起母亲不良的教养方式。父母教养方式和儿童气质的相互影响是强化循环的。父母良好的教养方式对幼儿形成积极的气质类型有促进作用，而幼儿积极的气质因素也有助于父母形成良好的教养方式。

另一方面是孩子的情绪特征。有的孩子很爱激动，有的孩子则完全不同，常常表现出一种静悄悄的、沉稳的、安详的状态，这种表现的差异将引起父母不同的教养方式。最明显的差异就是父母的关注和关心的程度不同。孩子小的时候得到的被抚摸、被拥抱、被安慰的数量和质量与其哭闹程度有关。在短暂的婴儿阶段，孩子性格形成中最需要的安全、信任、抚慰等可贵的东西，得到的越多的孩子，性格发展越趋向乐观、完善、友好、活泼和开朗；相反，孩子的性格则趋向冷漠、不信任和忧郁。

2) 孩子的年龄

在不同的年龄阶段，儿童的发展重点不同，社会对儿童发展的成就要求也有轻重之分，父母教养方式的分化是以儿童当前的特点、发展任务及社会的要求为转移的。儿童的年龄对父母教养方式也表现出一定的影响。随着儿童年龄的增长，母亲的教养方式在发生变化。从儿童5岁起，母亲对儿童的成就要求与惩罚明显增加。父母教养方式随着儿童年龄增长而发生变化，主要是因为在儿童成长的不同阶段，父母需要面对和解决的问题不同，而正是这些不同的问题可能会导致父母的教养方式发生变化。

第二节 影响青少年心理发展的家庭因素

青少年时期是依恋与独立两种倾向暂时冲突和对立的阶段，国外有学者称之为“亲子关系的危机期”。当青少年的独立意识开始觉醒时，他们寻求的自主需要也会引发父母与其沟通方式、对其控制等家庭运作方式的变化，与父母的冲突也开始增多，处于这一时期的青少年往往容易因家庭问题产生情绪问题，如抑郁、焦虑等。

一、青春期家庭的变化

青少年期是人生中一个充满发展与动荡的时期，这一时期的家庭内部各种因素和互动关系呈现出独有的特征。进入青春期的青少年，对于家庭来说也是一个重要的事件，会给家庭系统带来巨大的变化。在子女青春期阶段家庭所表现出来的特征与变化不仅仅是青少年引起的，还涉及青少年父母和整个家庭系统的结构与功能变化。

(一) 父母的变化

当孩子进入青春期时，大多数父母的年龄在40岁左右。这一段时间也可能是父母进入“中年危机”的时期，青少年则进入“青春期危机”或“自我危机”时期。

(1) 在生理方面，父母与孩子都对自己的身体表现出极大的关注。子女身体达到健康、力量和对异性吸引力的高峰，父母对自己不再自信。

(2) 父母与孩子都开始对自己的未来重新进行思考。青少年开始有能力思考自己的未来，父母开始回顾自己的过去，对未来的期待降低。

(3) 青少年与父母的社会地位和身份发生了微妙的变化。青少年开始获得某些身份，尤其是青少年晚期；而青少年的父母必须面对自己年轻时选择的结果，有的人成功登上了事业的巅峰，有的人则与自己的理想相距较远。

(二) 孩子的变化

这个时期的青少年生理成熟，具有独立行动的能力，与父母之间的亲密感降低，而消极情绪表达有所增加。认知发展成熟，有了自己独立的观点。进入青春期后，青少年很少认为父母做的每件事情都正确，“这是父母说的”已经不能够成为让青少年服从命令的理由。他们对父母的去理想化，使得他们把父母与理想的标准进行比较，从而产生不满意。青少年对父母看法的改变影响了他们对父母的行为、态度和信念。青少年常对父母的建议和要求提出质疑和反对，认为自己在某些事情上与父母知道的一样多，甚至超过父母。即使父母的建议和要求是合理的，青少年也不相信他们，而更强调自己做决定的能力，这就必然导致亲子冲突。

获得自主是青少年最重要的任务之一。随着青少年自主要求与独立性意识的迅速增强，他们对父母的权威的不满日益增强，对父母在其生活中的权威的接受性也越来越低，变得越来越公开反对父母。而父母对孩子企图摆脱自己的控制感到不安，亲子间常常发生摩擦。

(三) 家庭关系的变化

在青少年时期，家庭中不仅是家庭成员个体的变化，还有家庭关系的变化。对于幼儿期与儿童期的孩子来讲，家庭主要为教养、保护、社会化。进入青少年时期，这些功能仍然非常重要，但养育功能逐渐被支持功能取代，保护功能被引导功能代替。但在青春期早期，父母可能并没有这个意识，所以青少年会开始尝试在家庭中扮演强劲的角色，他们的言行举止逐渐接近大人，也越来越渴望在家庭中的地位随之提升，如遇到一些家庭问题和家庭决议时，青少年也希望能够参与进去，提出自己的意见和看法并被接受。自信的增长、年龄的增加和青少年不断改变的需求和能力是相适应的。为了适应孩子进入青春期所引发的改变，家庭成员一定要对他们正在经历什么和他们是如何变化的有共同的感受。

二、影响青少年心理发展的家庭因素

(一) 家庭教育对青少年心理发展的影响因素

家庭教育是指家庭里的父母或其他年长者，按照一定的社会规则自觉或不自觉地运用言传身教对青少年子女施加教育影响的行为。家庭教育在青少年成长中的重要作用主要表现在以下两方面。

一方面，家庭教育是青少年健康成长的基础。俗话说，父母是孩子生活中的第一任教师。家庭是青少年成长的主要环境，每天孩子打交道最多的是父母。作为亲人，父母及长辈的一言一行都可能会对孩子产生重要影响。在青少年时期，孩子的个性心理特征处在微妙的变化之中，还不具备成年人的价值观念和行为模式，但他们可以模仿，这时家长的行为、身边的人和事儿都成为孩子模仿和学习的对象。孩子获得的生活常识最初大多来自家长。面对复杂的社会环境，家长经常告诉孩子什么是对的，什么是错的，遇到问题和困难如何处理。教孩子正确做人是家长的首要目标。父母在生活中的启发、指导、传授、批评和提醒是孩子健康成长的必要条件。因此，家长的文化素质如何，教育观念是否正确，教育方法是否科学，对孩子的成长起着重要至关重要的作用。

另一方面，家庭教育是青少年学校教育的补充。天下的父母都珍爱自己的儿女，会在他们身上倾注全部的爱，同时寄予了无限的希望。望子成龙是父母最大的心愿。为了达到这一目标，现代家长们正在自觉地承担起比教孩子生活常识更重要的任务——传授或协助孩子学习文化知识。实际上，目前我国的家庭教育已经成为青少年学校教育的重要补充。相对于学校教育，家庭教育有很大的优势。因为它建立在血肉关系、经济关系和感情关系基础之上，家庭中父母的权威和兄弟姐妹间潜移默化的影响，使孩子易于接受他们的观念和支配，从而完成家庭教育的责任。家长与子女之间的特殊感情使得家庭教育成为对孩子最直接、最有力、最有权威的教育力量，无数优秀人才成长的经验说明：子女文化知识的增长离不开家庭的指导和督促。

知识链接

在我国，家庭教育有着悠久的历史和优良的传统。以《颜氏家训》《治家格言》为代表的家庭教育类教材，历朝历代，在许多家族、家庭中都以不同的形式出现过，它们在传承文化、培养人才、造就中华民族的民族精神民族品格等方面发挥重大的作用。如大家所熟知的一些格言“莫以恶小而为之，莫以善小而不为”“非淡泊无以明志，非宁静无以致远”等，便是出自刘备、诸葛亮对子侄辈的家教中。在近代，有一个人物在这方面所做出的贡献尤为受到后世的广泛赞誉，此人便是曾国藩。

曾国藩给他的家人写了一千多封家书，其中的精华又集中在给弟弟和儿子的信中。他的家书内容丰富，涉及面广阔，有人这样概括：“这是一个思想者对世道人心的观察体验，是一个学者对读书治学的经验之谈，是一个成功者对功名事业的奋斗经历，更是一个胸中有着万千沟壑的大人物心灵世界的袒露。”因为此，近代中国有识之家，莫不把曾氏的家书奉为治家圭臬。

曾国藩曾再三叮嘱子孙："我不愿儿孙为将领，也不愿儿孙为大官，只希望成为饱读诗书、明白道理的君子。"他的大儿子曾纪泽是近代著名的爱国外交家，从沙俄虎口中夺回四百平方公里的土地，是近代中国在谈判桌上为国家争得利益的唯一外交官员。他的小儿子曾纪鸿是一个数学家，致力于圆周率的研究，曾把圆周率推算到小数点后一百位。他的家族后代人才辈出。他的直系后人，有第三代的著名诗人曾广钧、外交家曾广铨，第四代的著名教育家曾宝荪、曾约农。他的第四代外孙有著名学者俞大絪。他弟弟的后人中有第四代的著名化学家曾昭抡、著名考古学家曾昭燏，第五代的著名革命家曾宪植、著名画家曾厚熙。有人做过统计：曾氏家族从他的父亲以下到科举制度废除七十余年间，共出秀才、举人、进士、翰林二十多个。实行新式教育制度后，他的子孙大都大学毕业，留学外国。古人说"君子之泽五世而斩"，曾氏家族却五世不斩。这种世世代代福泽绵延的奇迹令人敬仰。

（资料来源：根据网络资料整理）

(二) 亲子关系对青少年心理发展的影响因素

青少年时期是人生中最关键而有特色的时期，是个体由不成熟的童年向成熟人生过渡的时期，过渡性往往和不稳定性联系在一起。

父母的文化程度作为家庭系统的结构要素，可直接影响家庭的心理环境和青少年发展。有研究表明，高学历父母与子女的关系显著高于低学历父母与子女的关系，而亲子关系的好坏与青少年的心理健康显著相关。虽然受教育程度与能力没有很直接的关系，但受过良好教育的父母更懂得如何与青春期的孩子进行交流和开导，更有利于青少年心理健康的发展。

亲子关系中亲子冲突与亲子亲和是体现亲子关系的核心方面。亲子冲突是指青少年公开地与父母的行为对抗与对立。在青少年早期，亲子冲突大量增加，青少年晚期逐渐降低。冲突的内容基本是日常事务，如是否按时起床、作业，着装是否合适等。

亲子冲突对青少年的影响有消极的一面，也有积极的一面。消极的方面是亲子冲突构成青少年重要的心理压力源，与青少年心理健康的各个方面相关。亲子冲突会导致各种问题行为，如离家出走、青少年犯罪、辍学、早婚早育、药物滥用，甚至自杀等。积极方面是有利于独立人格的形成，同一性的获得。

亲子亲和是指父母与子女之间亲密的情感联结，既可以表现在亲子互动行为中，也可以表现在父母与子女心理上的亲密感受。

(三) 教养方式对青少年心理发展的影响因素

父母教养方式与子女的心理社会发展、自我同一性危机都有很大关系。父母教养方式中的情感温暖、理解与其子女的心理社会发展的总体水平和各分层面水平都呈显著的正相关，同时，父母的情感温暖、理解与子女的自我同一性危机的总体水平和各分层面的水平都呈显著的负相关。如果父母持有温暖、接纳、爱护的态度，则其子女多能自我接纳、愉快和情绪稳定。反之，如果父母持有拒绝、冷酷、控制的态度，将造成子女自卑、焦虑、退缩、过分顺从、无安全感、攻击性强或反社会行为。

专制型教养方式是一种限制性的教养方式，在这种教养方式下，成人为孩子设定许多规则，希望孩子能够严格遵守，通过权力而不是道理迫使孩子顺从他们，不向孩子解释这些规则的必要性，而是依靠惩罚和强制性迫使孩子服从。青少年正在处于叛逆期，如果父母不顾孩子的反对坚持这种教养方式会把孩子推得更远，更容易走上不正确的道路，严重的会使孩子心理扭曲或者抑郁，这种教养方式会对青少年的心理成长造成一定的伤害。

民主权威型教养方式是一种灵活的教养方式，在这种教养下，成人给予孩子自主权，谨慎地向孩子解释提出的限制，并且能保证孩子听从教导。这种类型的父母会对孩子提出许多合理的要求，孩子在知道原因后也很愿意去完成这些要求。这种教养方式有利于青少年的健康成长，有利于培养学生良好的心理素质和正确的价值观、人生观和世界观。

溺爱型教养方式中的父母几乎不对孩子做出要求，几乎不会控制孩子的任何行为。这种类型的父母会做出相对较少的要求，允许孩子自由地表达自己的感受和冲动，不能够密切地监控孩子的行动，很少对孩子的行为做出坚决的控制。因此青少年心理发生偏差或者出现什么问题时，父母也毫不知情，从而导致情况越来越严重。父母消极的教养方式容易使青少年形成敏感多疑、焦虑、自卑等不健康的心理。

(四) 家庭的社会经济地位对青少年心理发展的影响因素

家庭的社会经济地位代表了家庭所能够获取资源的差异，它提供了青少年发展所需要的物质资源和人际资源。家庭的社会经济地位对儿童青少年发展的影响主要体现在身体健康、认知发展、学业成就和社会性情感等方面，并且家庭社会经济地位越低的个体，他的身体健康、认知发展、学业成就、社会情感发展得越来越缓慢。

青少年对于自己在社会上的定位首先是通过父母在社会上的地位，父母的社会地位决定了家庭的阶层地位。具有较高阶层地位的家庭的孩子会表现得更加自信，更愿意与同学交往，产生优越感。具有较高社会地位的父母会更加用心地培养孩子，而且他们也有这个能力，无论是经济上还是自身能力方面，都会比普通人更具有优势，如果用心引导，他们的孩子有较大可能发展得更好。对于社会地位比较低的父母，经济也不怎么好，这样的父母主要有以下特点：强调顺从和对权威的遵从；更具有限制性和专断性，更多使用体罚管教策略；较少与孩子讨论和交谈，甚少了解孩子的想法；缺少温暖和关爱。这些特点势必不利于青少年的心理发展。

(五) 家庭应激对青少年心理发展的影响因素

家庭应激是家庭突发事件所导致的紧张状态。家庭的应激事件会对青少年的发展产生一定的影响，其中主要包括父母婚姻变故和家庭经济压力。

1. 父母婚姻变故

父母离婚后的1到2年对于青少年与儿童来说是一个社会性与情感分裂时期。离婚常常伴随着经济、住所、学校等的改变，以及家庭成员和家庭关系的重新组合，这对于正疲于应对自身各种转折与发展的青少年来说无疑是雪上加霜。离婚对子女带来的负面影响是多方面的，如短期发展障碍、情绪低落、行为障碍等。研究表明，离婚后较短的一段时期(通常是1到2年)对青少年来说是一段社会性和情感分裂期。对父母在青春期前就已离异的女孩而言，家庭关系对儿童的影响具有“延时性”，即当儿童发展到青春期时，这种影响才能表现出来。由此可见，父母离异对青少年心理发展的影响是较大的，可能会影响他们一生的幸福。

2. 家庭经济压力

大多数研究认为家庭遭受严重经济损失或者长期生活在贫困中的青少年，出现心理障碍与问题行为的危险性更大，在这些家庭中长大的青少年表现出更高水平的压抑、孤独，更容易愤怒，更容易有学习障碍，并且可能使用毒品甚至犯罪。

(六) 生活事件对青少年心理发展的影响因素

生活事件指青少年在生活中遇到的各种各样的事件、变故或问题。即使是同一生活事件，不同的人也会有不同的态度和体验，相应地就会有不同性质和不同强度的心理反应。青少年人格的发展更多地受到对于个体来说唯一的、独特的事件，即非标准性生活事件的影响。一些独特、具体的生活事件能够引起青少年心理生理反应，进而影响青少年的人格与心理健康。随着生活事件负荷的增加，青少年发生心理障碍的危险增加，特别是负性生活事件是导致心理健康问题的直接原因。

生活事件对青少年人格健康发展的影响大小取决于事件的刺激属性的强弱(包括事件的性质、强度和频度等)，还受制于青少年所处的社会支持系统的缓冲作用。社会支持又称社会网络，是指青少年受到的来自社会各方面，包括学校、家庭、同伴、亲属等给予的精神或物质上的帮助和支持，具有减轻应激的作用。学校通过各门课程渗透的心理健康教育、专门的心理咨询与辅导活动，以及班级、团队活动等，不仅为青少年提供了增进心理健康的知识，提高其抗挫能力，而且提供了一个良好的社会支持系统。此外，家庭也应为青少年提供良好的社会支持。从家庭来说，除了提供经济上的支持，还应对青少年在学习、生活、个人情感问题方面给予更多的关心，适当降低对他们的期望值，以减轻他们担心无法回报父母而产生的心理压力。

生活事件对青少年人格的影响随着年龄的增长而不断上升，这一方面可能与成年期这些事件发生的频率增加有关；另一方面，可能与整个生命周期内这些事件对人格影响的不断积累有关。

由此可见，家庭对孩子的影响从孩子出生就开始了，会一直持续到长大成人并且将持续下去。青少年需要从家庭源源不断地获得爱、支持和引导，家庭对于青少年健康发展的重要性是毋庸置疑的。

· 本章小结 ·

1. 家庭是在婚姻关系、血缘关系或收养关系基础上产生的，由亲属之间所构成的社会生活单位，是一个人成长历程中最重要、最大的影响环境。

2. 家庭功能是影响家庭成员心理发展的深层变量，包括社会化功能、情感和陪伴功能、经济功能。

3. 依恋是指在儿童和特定者，如父母或其他养育者之间形成的一种正性情绪联结，包括回避型依恋、安全型依恋、焦虑—矛盾型依恋关系。

4. 教养方式是指父母在抚养、教育儿童的活动中通常使用的方法和形式，是父母各种教养行为的特征概括，是一种具有相对稳定的行为风格，包括民主型、专制型、溺爱型和冷漠型。

5. 影响青少年成长的家庭因素包括家庭教育、依恋关系、教养方式、家庭社会经济地位、家庭应激和生活事件。

·习　题·

一、填空题

1. 家庭作为一个不断运行的动态系统，具有其相应的功能，家庭功能包括__________、情感陪伴功能和__________。

2. 按照家庭规模划分，我国常见的家庭结构是__________和__________。

3. 家庭关系是指基于__________、__________或法律拟制而形成的一定范围的亲属之间的权利和义务关系。

二、单选题

1. 安斯沃斯认为常见的依恋类型不包括(　　)。

A. 矛盾型　　B. 安全型　　C. 回避型　　D. 混乱型

2. 父母教养方式中积极的教养方式是(　　)。

A. 溺爱型　　B. 冷漠型　　C. 民主型　　D .专制型

三、名词解释

1. 家庭　2. 依恋　3. 教养方式　4. 家庭结构　5. 家庭教育

四、简答题

1. 简述家庭的功能。

2. 简述不同的家庭结构。

3. 简述依恋的类型。

4. 简述父母教养方式的类型。

5. 简述青春期家庭的变化。

6. 简述亲子关系对青少年心理发展的影响。

五、论述题

1. 论述依恋的发展过程。

2. 论述依恋对儿童的影响。

3. 论述教养方式对青少年发展的影响。

第四章 青少年成长的殿堂——学校

·引　言·

学校是按照一定的程序、有一定的场所和课时，专门用来教育特定对象，传授知识和价值体系的地方。从学习者的观点来看，学校也是专门用来学习的地方，主要包括幼儿园、小学、中学和大学四种形式。

案例

根据国家统计局和教育部公布数据显示，截止到2017年3月，全国共有在校高中生2374.4万人，应届高中毕业生797.6万，高中新招生796.6万人。全国具有高中(含中专)教育程度人口为2.1084亿人。

中国青少年研究中心、日本青少年研究所、韩国青少年开发院及美国Idea Resource Systems公司曾联合实施了“中日韩美四国高中生权益状况比较研究”，调查对象是各国普通高中和中等职业学校1至3年级的在校生，分别为中国北京、黑龙江、陕西、湖北、浙江等五省(市)的1506名高中生，日本青森县等十个县的1210名高中生，韩国首尔等六地的1143名高中生，美国北卡罗来纳州等十一个州的1003名高中生。根据调查结果，四国高中生中，中国高中生每天在校学习、在家学习、在课外补习班或跟家教学习的时间都是最长的，且普通高中学生的学习时间长于职业高中学生。调查结果显示，78.3%的中国普通高中学生平时(不包括周末和节假日)每天在校时间在8小时以上。

(资料来源：根据网络资料整理)

我国大部分人都接受过高中教育，而高中生每天在校时间在8小时以上，这还不包括一部分高中住校生，由此可见，学校是青少年在家庭生活以外接触到的所有机构中，影响他们发展的最重要场所。在学校，青少年可以获得基本知识和学习技能，如阅读、写作、算术、操作计算机，以及外语和科学等。除此以外，学校还会通过第二课堂的形式，教会他们怎样适应并融入当地的文化。在学校学生必须遵守学校规则，与同学合作，尊重权威，做一个好公民。因此，可以把学校看作一种社会化的机构，它可以通过传授知识影响青少年的社会性与情感发展，帮助学生为工作和经济独立做准备。那么，学校教育有什么特点，哪些因素在青少年发展中占据重要地位呢？

第一节　学校教育概述

一、学校教育的特点

教育是培养人的社会活动，这是教育的本质。构成教育活动的基本要素有教育者、受教育者和教育措施。

学校教育是由专业人员承担，在专门的机构(各类学校)，进行目的明确、组织严密、系统完善、计划性强的以影响学生身心发展为直接目标的社会实践活动，是教育制度重要组成部分。

学校教育自产生时起，就区别于社会教育和家庭教育，具有自己的特点。其特点概括起来主要有如下几方面。

1. 职能的专门性

学校教育职能是专门培养人，学校是专门教育人的场所。学校教育同社会教育、家庭教育相比，其不同之处首先是学校教育的专门性。学校教育的专门性特点主要表现在任务的专一。学校唯一的使命是培养人，其他任务都是围绕着培养人来实现的。学校教育有专门教育者——教师，他们都是经过严格选拔并经过专门训练培养出来的。这样的教育者不仅学识广博、品德高尚，并且懂得教育规律，掌握有效的教育方法。学校教育还有专门的教育教学设备，拥有专门进行教育的手段。这一切都充分保证了学校教育的有效性。

2. 组织的严密性

教育的特点在于对人影响的有目的、有组织、有计划，学校教育正是体现了教育的特点。学校教育的目的性和计划性集中体现在严密组织性上，学校教育是制度化的教育。学校教育具有严密的组织结构和制度。从宏观上说，学校有各级各类、多种多样的体系结构；从微观上说，学校内有专设的领导岗位和教育教学组织，有思想、政治、教学工作、总务后勤、文体活动等专门组织机构，还有一系列严密的教育教学制度，是社会教育和家庭教育形态所不具备的。

3. 作用的全面性

学校教育对人的发展作用是全面的。社会教育和家庭教育对人成长的影响多少都带有一定的偶然性，影响的范围也往往只侧重在某些方面。而学校教育是全面培养人的活动，它不仅要关心教育对象的知识和智力的增长，还要关心学生的思想品德形成，以及照顾受教育者的身体健康成长。培养塑造全面完整的社会人，是学校教育的特有职责，而这一职责也只有学校教育才能承担起来。

4. 内容的系统性

为适应培养造就全面完整社会人的需要，学校教育内容特别注重内在连续性和系统性。社会教育和家庭教育在教育内容上一般具有片段性。即使是有计划性的社会教育，往往也具有阶段性，就其知识总体来说也具有片段性。学校教育既要注意知识体系，又要符合认识规律，所以，教育是系统的、完整的。教育内容的完整性和系统性是学校教育的一个重要特点。

5. 手段的有效性

学校具有从事教育的完备的教育设施和专门的教学设备，如声像影视等直观教具、实验实习基地等，这些都是学校教育的有效手段，都是保证教学顺利进行而不可缺少的物质条件，这是社会教育和家庭教育所无法全面提供的。

6. 形式的稳定性

学校教育形态比较稳定。它有稳定的教育场所、稳定的教育者、稳定的教育对象、稳定的教育内容，以及稳定的教育秩序等。学校教育的这种稳定性，更有利于个人的发展。当然，稳定是相对而言的，它也要有相应的改革变化。稳定不是僵化，如果把相对稳定看作墨守成规、僵死不变，那就必然要走向反面。 总之，学校教育具有其他教育形态所不具备的独特特点，也正是这些特点保证了学校教育的高度有效性，使它在各种教育形态中占据主导地位。

二、学校教育的功能

从当代教育学和教育社会学的角度看，学校是一个具有多功能的社会机构。虽然关于学校教育具有多少种功能在理论界有不同的看法，但是比较一致的观点如下。

1. 学校教育的经济功能

教育的经济功能是指教育对社会经济发展所发挥的作用。随着社会生产技术、手段和方式的飞速发展，教育对社会经济增长的促进作用也在不断增强，在社会经济生活中的地位稳步提高。

首先，教育将可能的劳动力转换成现实的劳动力，成为劳动力再生产的重要手段。从历史来看，并非任何教育对生产力都具有推动作用，因而不同的生产力对教育的需求不同。传统社会由于生产规模小，生产水平相对落后，各项生产经验和技能基本上都靠简单的口耳相传进行传递，社会上对教育提出的人才需求主要集中在政治统治领域。现代社会，人才的竞争日趋白热化，教育在国家和地方的经济建设中所发挥的作用也日趋明显，国民受教育水平的高低成为影响一国经济增长的重要因素。学校教育能够为经济的持续发展提供良好的背景、基础和条件。社会经济发展，除了依赖能源、设备、资金等物质条件，劳动者的职业素质和技术水平也是经济顺利发展的必要条件。学校教育为经济发展的各部门，提供了一支有相当数量、较高质量和搭配合理的人才队伍；学校教育通过人才的培养，促进了科学技术的进步，进而促进经济的迅猛发展。

其次，教育创造、保存并传播科学文化知识，提高全社会的科学文化水平。教育是知识创新、传播和应用的主要基地，也是培育创新精神和创新人才的摇篮。教育对经济增长的促进作用不仅体现在各级各类人才的提供上，而且教育在科学文化知识的传递和更新方面对经济建设和发展也起着重要的作用。一方面，现代科学和技术存在一个越来越迅速的发展和更新趋势，任何人都不可能一劳永逸地利用早期学校生活中学到的知识来适应以后的工作，继续教育和在职培训的作用变得越来越突出。这种状况使教育自身也面临既要保存和传递已有的科学文化知识，又要加快教育内容的更新和转换，为经济和社会发展注入新动力的局面。另一方面，现代经济的发展，不仅依靠高素质的劳动力和雄厚的经济资本，还要依靠科技知识在经济生活中发挥作用。“知识经济”概念的提出，使人们认识到了“知识是经济增长的重要来源”，教育成为知识转化为生产力、创造经济价值的重要环节，通过教育把已有知识传授给劳动者，并相应地传授知识创新的方式、手段，促进知识向生产力的转化和知识的经济价值形成。

最后，教育通过自身的运营，直接推动经济增长。前些年，“教育作为一个新的经济增长点”的提法屡屡见诸报端，教育尤其是高等教育逐步与产业化经营相结合，形成了一大批以大学为中心的高新技术产业群，教育作为一种特殊的服务也逐步被纳入经济运行的轨道。一方面，人们看到了众多家长为了子女的未来前途而纷纷投资于教育，投资于未来；另一方面，通过大力发展教育，不仅可以有效地扩大受教育人口的比例，而且可以带动建筑、仪器设备、文教用品、办公家具、通信、交通、报刊出版、旅游等一系列行业的发展，从而达到带动经济增长的目的。值得警惕的是，由于人们过于关注教育的这一功能，直接催生了“教育产业”概念及其实践，加重了社会的教育公平问题。教育产业及随之带来的教育公平问题，引起社会各界的广泛关注，并得到改善。

2. 学校教育的政治功能

政治是人类社会发展到一定阶段的一个不可避免的事实。现代社会任何领域的问题，很快都会从自己狭窄的地段中出来，上升成为政治问题。教育更是被人们赋予了深刻的政治含义，在一定程度上可以说，教育也是一种有效的政治资源，在影响社会政治发展方面具有独特的作用。

第一，教育培养社会治理人才。长期以来，培养社会的各级治理人才，是学校教育的一项基本任务。柏拉图曾主张教育的最高目的是培养“看见善”并且达到善德高度的“哲学王”，即国家的最高统治者。当然，教育并不只是培养帝王或君主，政府的一般组成人员也大都是学校教育的结果。我国古代提倡“学而优则仕”，隋唐以至晚清的各级官员队伍，基本是学校教育经由科举途径而选拔出来的。西方国家的政治人物多出身于名牌的中学或大学。如英国的几大公学，虽为私立但都承担着为未来社会培养公职人员的使命，英国的历任首相绝大多数毕业于牛津、剑桥两所大学。现代社会各项事业的发展日新月异，社会结构和政治活动日趋复杂，这要求社会的各级治理人才都要具备基本的科学文化水平和较高的政治、法律素养，由教育来培养、培训治理人才的作用尤其突出，任务尤其艰巨。培养、培训社会治理人才虽然不是现代教育的唯一目的，但也是责无旁贷的一项重要任务。

第二，教育培养合格公民。伴随着西方“民族—国家”政治形态的出现和工业革命的不断进展，现代教育开始发展到普及阶段。国家和民族认同、普选制、生产需求等社会变革，都对教育提出了培养合格公民的任务。黑格尔针对卢梭提出的“自然人”教育指出，教育人而不是教育公民的做法是一定要失败的，因为这种人对法律是个陌生人。这种人可能会超越法律的限制而为所欲为，其一言一行都不会遵循“事物的普遍特性”，这种人也就是没有教养的人。而有教养的人则首先是指“能做别人做的事而不表示自己特异性的人”。教育要培养的即是这种“有教养的”公民。詹姆斯•布莱斯(James Bryce)就南美的情况曾经指出，教育，如果说它不能使人成为好的公民，它至少使人成为好的公民变得比较容易。

第三，教育传播政治意识，倡导主流政治价值观。学校是一个宣传和传播文化的场所。一定社会文化体现着社会的政治要求和思想，所以，学校教育系统作为一种社会力量，通过文化的宣讲和传播，使社会正统思想由少数人掌握逐渐变为被广大人民群众所知晓。而且教育者的宣讲具有一定的说服性，其不仅使受教育者了解这一思想，更重要的是使他们相信这一思想。现代社会，民主、平等的观念成为主流思想，教育在传播民主、平等思想意识方面的作用尤其受到了重视。在推进社会政治民主化，培养公民的民主、平等意识和习惯的过程中，教育的作用虽然不是根本性的，但也是极其重要且显而易见的。政府通过对学校管理的各种组织形式的规定，通过公开或隐蔽的课程，都能传播特定社会的政治意识形态。当然，学校教育反过来也对国家的政治事务产生影响。

3. 学校教育的文化功能

“文化”与“教育”具有内在的、天然的联系。教育与文化相互包含、相互制约、相互依存、互为目的和手段。离开了文化，教育如同机器生产缺少原料，缺少育人的手段而无法进行；

离开了教育，文化也无法有效地传承与发展。教育的文化功能体现在以下几方面。

第一，教育具有文化的传递的功能。文化是人类在活动中创造的，对个体来说是后天习得的，它不可能通过遗传的方式延续，而只能通过传递的方式发展下去。文化的传承方式有很多，例如，借助于实体文化传承，如文物、名胜古迹、媒介符号等；可以通过物质实体的方式保存下来，代代相传；也可以通过法律、制度的方式将文化保存；还可以通过战争、贸易、旅游、移民来实现。但仅有这些是不够的，因为一方面以物质实体和制度方式保存的文化还需要人的理解；另一方面，作为人类文化核心的文化传统、价值观念、思维方式等，是不可能通过这些形式体现出来的，它只能通过人的培养，体现在每个人的思想意识和认识中，从而得以保存。从这个意义上讲，教育是传递和保存社会文化的重要手段。教育传递着文化，使得新生一代能够经济高效地占有社会文化。

文化传递有两种情况：一是纵向的文化传承，表现为文化在时间上的延续；二是横向的文化传播，表现为文化在空间上的流动。教育作为培养人的活动，它以文化为中介，客观上起着文化的传播、传承的作用。而且相比其他文化传递的方式，教育传播的文化是人类文化中最基本、最精华的部分，文化通过人的掌握而得以保存，保存的是深层的精神文化。因此，教育是一种有效的文化传递方式。正因为有了教育，文化才从一部分人传递给另一部分人，从一代人传递给另一代人，人类的文化才得以积累和普及。

第二，教育具有文化选择的功能。文化选择是文化变迁和文化发展的起始环节，它表现为某种文化的自动选择或排斥。教育虽是文化传递的手段，但教育又不等同于文化传递，因为教育不是对所有文化的传播。教育对文化的传播是有选择的。没有选择的文化传播，就不称为教育，尤其是学校教育。教育进行文化选择的标准有：首先，选择有价值的文化精华，剔除文化糟粕，传播文化中的真善美；其次，选择符合一定社会需要的主流文化；最后，根据受教育者的年龄特点和教育教学的规律，选择适合教育过程的文化。教育的文化选择形式，总体上有吸收和排斥两种。吸收是对与教育同向的文化因子的肯定性选择；排斥是对与教育异向的文化因子的否定选择。教育作为一种特定的文化传递形式，它必须对浩瀚的文化做出选择，没有选择，就无法决定传递什么。所以，选择文化是传递文化的前提。当然，我们还不能只在传递文化的意义上认识文化选择的重要性，文化选择更重要的目的，是以优秀的人类经典文化，促进人的发展。

第三，教育具有文化更新与创造功能。文化是人类创造的，教育不仅负有对既有文化的传递功能，还具有更新、创造文化发展的功能。首先，教育总是基于对既定的社会文化的批判和选择，根据人的发展需要而组织起一种特定的文化，这样一个选择、组织、生成、传播的过程，就是文化重组和更新的过程，教育因此形成了一种新的社会文化因素。其次，教育可以通过科学研究，从事文化创造，生产新的思想、观念和科学文化成果，这是文化创造的一个直接途径。特别要说明的是，高等学校正在成为文化创造的主力军。最后，教育可以促进社会文化的不断发展，输送具有创新精神的各方面人才，通过这些人才再去创造新的文化，从而使学校成为文化的创造地。

第四，现代教育的开放性还可以促进文化的交流与融合。文化是一定时期特定地域人们的思想、行为的共同方式，在这个意义上，任何文化都具有地域性和封闭性。然而，现代社会生产力的发展、市场经济的形成，使政治、经济、文化打破了封闭的格局，从而走向开放和交流，文化在交流过程中渐趋融合。

现代教育也开始走出封闭，在教育的交流和文化的相互学习中，促进了文化的融合。这一促进有两个途径：一个是通过教育的交流活动，如互派留学生、互相进行学术访问、召开国际学术会议等，促进不同文化之间的相互理解、相互吸收，使异域文化之间求同存异；另一个是通过对不同文化、不同思想、不同观点的学习，如引入国外的教材、介绍国外的理论流派和研究成果、利用国际互联网等，对异域文化进行选择、判断，对已有的文化进行反思、变革和整合，融合成新的文化。不同文化间的交流、融合不是一方对另一方的取代，而是吸收其他文化的有益成分，改造原有文化。不同文化的交流、融合，不仅促进了世界文化的发展，而且促进了本民族文化的繁荣。

4. 学校教育的人口功能

当代社会，人口问题日益显著，“人口爆炸”已经成为困扰人类社会可持续发展的一个紧要问题。尽管发达国家和地区的人口自然增长率在近些年都有所下降，但大部分发展中国家和地区的人口数量仍在不断攀升。教育的人口功能主要体现在以下几方面。

第一，学校教育有助于控制人口增长。控制人口增长的手段有很多，学校教育在其中发挥着独特而长远的作用。其一，教育事业的发展与提高劳动力素质有关，这在一定程度上能够刺激家庭的教育需求，从而增加抚养孩子的费用。其二，教育程度的提高可以转变人们的传统生育观念，提高人们对人口增长与国家发展关系的认识。其三，妇女教育程度的提高可以增强其就业能力与机会，职业妇女普遍面临生育与职业的两难选择。其四，教育程度的提高客观上推迟了人们的初婚年龄和生育时间，从而拉大了人们的代际年龄差距。

第二，教育有助于提升人口质量。教育的基本功能在于促进人的发展，实现人类社会的全面进步。教育提升人口质量的功能首先表现在对青少年儿童的培养方面，通过教育提高青少年儿童的科学文化水平，使其成长为德、智、体、美、劳和谐发展的一代新人，增强他们创造美好生活与享受美好生活的能力。其次表现在对成年人的教育上，通过一定的教育使成年人掌握新的知识技能，提高对优生优育的认识，掌握相关的优生优育知识和能力，为后代创造更好的生活环境，提供更好的成长条件。

第三，教育有助于改善人口结构。人口结构包括人口的自然结构与社会结构，自然结构指的是人口的年龄、性别等方面，社会结构是指人口的阶层、文化、职业、地域、民族等方面。教育无论是对人口的自然结构还是社会结构，都会产生一些积极的影响作用。这主要表现在：其一，教育有助于人们形成科学的生育观念，从而避免选择性生育带来的人口性别比失衡等问题；其二，教育可以改变人口的文化结构和职业结构，使其适应社会发展的需要，为社会培养不同教育程度的受教育者，为各行各业输送不同门类、不同数量的人才，为社会持续、稳定发展提供必要的人才储备；其三，教育促进人口流动，使人口的地域分布更加合理。现代学校教育促成人才流动的范围比较广泛，它可以促使层间流动，也可促成人们在不同的区域、不同职业间的流动。在许多情况下，必要的学历已成为社会流动的先决条件，如常见的各种招聘、招工等。

5. 学校教育促进人的身心多方面协调发展的功能

现代学校教育越来越重视和强调人的身心多方面协调发展，在课时、课程设置方面，充分依照学生的身心发展规律和特征，合理安排德育、智育、体育、美育、劳动教育等教学。同时，学校还努力促进人的身心发展潜力的充分发展。

第二节 影响青少年发展的学校教育因素

案例

一位教师在社会研究课上的做法压制了一些富有想象力的问题。他咆哮道："你一直在问'如果……那么……'的问题！别再问这种蠢问题了！"

当问学生们对学校有何感觉时，有个学生回答道："它很棒，我们都很聪明，你看看我们的测试成绩。"一位学生家长说："我的孩子本来是会辍学的。他上小学时，老师曾对我说'这孩子只会让你头痛'。但他现在在这里表现很好，他每天按时到校，一天也不想耽误。暑假对他来说太长太无聊了，他在这里感到很多人关心他。"

(资料来源：约翰•桑特洛克. 青少年心理学[M]. 北京：人民邮电出版社，2013.)

当父母选择一个新的住处时，核心考虑的问题之一便是"附近是否有好的学校，能否让孩子接受好的教育"。这种关注反映了一些普遍的观念：学校教育会影响学生的发展；学校教育中的某些因素在学生发展中起着更重要的作用。是否真的是某些学校更加有效？此外，不同学校对孩子的影响是不同的。有的学校会带给学生消极的影响，而有的学校深受学生们喜爱，学生们能够在学校学到更多的知识和技能，这样的学校对青少年而言是相当有效的。

如果说有效学校是存在的，那么它应该是什么样的？鲁特指出，有效学校(effective schools)的特征是，能够提高孩子的学习成绩，增强其社会技能，使其养成有礼貌的行为、培养积极的学习态度、较少旷课，对超过法定年龄者推行教育，使学生获得能够寻找并维持工作的能力。鲁特认为，无论学生的道德或社会经济背景如何，在实现这些目标时一些学校会比另一些学校更成功。既然青少年所在的学校在效能上是存在差异的，也就是说学校教育在影响青少年的发展上是存在差异的，那么是哪些因素在影响青少年的发展？

一、学校环境

(一) 学校规模

随着综合高中的理念得到广泛认可，一所学校会教授学生各种类型的课程并提供服务。结果，在整个20世纪学校变得越来越大，上千名学生的超大学校比比皆是。那么，是否学校的规模越大越好？虽然大型学校可以为学生提供更加多样化的课程，但是大型学校会让学生的参与感变弱。学校的大小有可能影响学生的学业表现，那么多大规模的学校才能够使学生收获最有效的教育和良好的心理发展？

寻找最佳学校规模的研究已经把研究重点放在了成本分析、课程提供、教职员工及学生成就几个维度上。其中，胡哈•史密斯致力研究初中学校规模与学生学习之间的关系，他有三个研究维度：①对学生学习而言，多大规模的初中最有效率；②多大规模的初中，学习资源能够被公正地分配；③初中学校规模对整个中学阶段的影响是不是持续的？其研究结论是，理想的初中校均规模在600～900人。但是，也有一些研究者认为学校规模需要因地制宜，不能一概而论。如理想的学校规模应该考虑这所学校中各年级学生数量、小学还是中学、综合还是分科，以及地理位置等因素。

规模过大的学校正面临着越来越多的潜在及现实的问题，包括它们在教育标准化运动中竞争力差、连续不断出现校园暴力事件，等等，因而创建小型化、多元化的学校就得到了民众的较大支持。大量基于小型学校的研究与实践已经表明：小型化学习型社区通过提供一个更加安全、更加人性化的学习环境，以及更加积极的全方位的教育实践，能够提高大多数学生的学业成绩。不仅如此，小型学校的学生在课外活动的参与度上也要高于大型学校。参加课外活动提高了青少年学生的能力和技巧，加强了团队合作，并使他们感到自己很重要且被他人需要。尽管大型学校的学生数要多于小型学校，但实际上参与课外活动的学生比例仅是小型学校的一半。参与学校活动对那些成绩不太好的学生具有积极作用。在小型学校，这些学生和成绩优秀的学生一样感到自身的融入和责任感。而在大型学校，学业边缘化的学生则常常会感到自己置身事外。并且，有证据显示大型学校的学生有更多不平等的教育经历，学生根据成绩被划分成三六九等。

近年来美国进一步研究还发现，小型学校如果采用小班教学效果会更好一些，如果班级规模较大则教学效果会大打折扣。然而，也有一些研究表明班级规模与教学效果的关系受学生特点的影响。研究结果显示在特定班级大小的范围内——从20～40个学生不等，青春期之后一般不会影响学生的学业表现。也就是说，对小学生而言小班级确实会有好处，这是因为小学生需要更多一对一的指导。但是对青少年而言，在40个人的班级与20个人的班级所学到的内容是一样的。又比如在矫正教育的班级中，学生需要高度的一对一指导，这时小班级就非常有意义。

简言之，大型学校为学生提供了更加多样化的课程和物质资源，但会使得学生在学习和课外活动的参与度降低。与之相反，小型学校的学生能够接受相同的教育和机会，但学校可能因为资源有限而无法选择更多的拓展课程及活动空间。

(二) 自然环境

良好的校园环境，从不同程度和角度强化了青少年的感知力，陶冶了青少年的情操，巩固了他们的意志，坚定了他们的理想、信念，成为育人的生动载体。首先，优美的自然环境对人的各方面情感有良好的调节作用。中小学生年龄尚小，心理上有易感染、易点化的特点，因此，加强自然环境的良好建设，形成优美的校园环境，对青少年健康全面发展有积极的外部催化作用。其次，科学又适当的文化环境，能形成勤奋、文明、清新、向上的氛围，这对塑造青少年的品行和个性，培养学生良好的道德情感有重要作用。在校园内设置宣传栏、德育室、音美室、团队活动室，使整个校园形成草木可劝学，物物皆为师的育人气氛。最后，优美的物理环境滋润着青少年的心灵，是激发学生奋发向上情感的隐形催化剂。早晨入校有活泼轻快的校园歌曲，课间操有雄浑高昂的运动员进行曲，校园广播站有同学们生动形象的播音，这些教育环境，都会美化青少年的各种感知，激发他们奋进的情感。

(三) 文化环境

学校文化作为一种环境教育力量，其目标在于创设一种氛围，构建学生健康人格，全面提高学生素质。它作为一种隐性课程，通过学校健康向上的精神因素及优美的物理环境施加给学生积极的影响，从而实现教育的目的，具有情境性、渗透性、持久性、暗示性、愉悦性等特点，对学生的健康成长有着巨大的影响。学校可以通过充分利用其丰富的资源，开展多姿多彩的课外活动，为青少年提供发展的空间，在学习态度、价值观念和生活目标等方面对青少年施加潜移默化的影响。总之，学校文化环境对青少年学习的指导、思维的开拓、文化的熏陶和保障起到了重要的作用和影响。

校园与班级是面对学生的直接窗口，是对青少年学生学习和心理发展影响最大的因素。那么什么样的学校和班级环境能够促进学生的学习和发展呢？相关研究发现，有效学校的气氛具有以下特点。

(1) 重视学生的学习。有效学校非常关注学生的学习目标，经常给学生布置家庭作业，并注重对作业的检查和批改，与学生进行讨论。

(2) 科学的课堂管理。在有效学校，教师将较多的时间花在课程本身，而非管理纪律，课程能够按时开始和结束。教师明确地表达对学生的期望，并给他们及时、清楚的反馈。课堂气氛令人愉快，所有的学生都能够得到鼓励，充分发挥自己的潜能，并且老师会对学生的优秀表现给以充分表扬。

(3) 严明的纪律。在有些学校中，全体教职员工都有着强烈的规矩意识，能严格执行规定，当场处理问题而不是把犯错误的学生送到校长办公室。教师很少体罚学生，这样就能有效避免学生逃学、挑衅老师，以及课堂气氛紧张。

(4) 高效的团队工作。有效学校的全体教职员工是一个工作团队，他们共同制定课程目标，指导学生进步，统一接受校长的积极有力领导。

有效学校的环境是一个舒适且有条不紊的环境。学生与教师之间关系良好，教师鼓励、支持学生也会对学生提出要求，学生更乐于参与课堂活动，在这样的环境中学生和老师都感到满意。好的教师在许多方面就像权威型的父母一样，对学生照顾、关心，严格而又有所控制。同样，教师过于强调对班级的控制而缺乏支持让人联想起专制型家长；而缺乏清晰度和组织的教师让人想到溺爱型和冷漠型的家长。研究表明，来自许多社会背景的儿童和青少年更加愿意接受权威型的教师，接受这种教学条件的学生，比接受专制型或宽容型教师的学生成长得更好。

(四) 人际环境

学校人际环境对青少年的影响主要体现在师生关系和学生之间的关系方面。这些人际关系状况对青少年的成长发展有重要影响。宽松、融洽的校园人际环境可使青少年心情愉悦，调节和控制情绪的能力得到增强，人格得以健康地发展，能以积极的心态去面对学习、生活中的困难和挫折。不良的人际环境会造成青少年责任心不足、交往能力差等后果。教师与学生的矛盾是学校教育教学过程中的基本矛盾，在一定条件下是正常的，不可避免的。在传统的教育视野中，教师作为学校教育的实施主体，更是学生成长发展的直接负责人，师生关系必然围绕知识的传授和接受而形成，而师生关系不能只局限于知识的传递上。如教师在处理不做作业的学生时，如果能力戒粗暴批评，做冷处理，用激励的语言对其进行教育，则能消除师生情绪对立，使学生对老师十分信任，并能扬长避短，循序渐进，达到教书必须育人，育人必须育心的目的。师生关系中教师的支持鼓励、关心喜欢和宽容接纳对青少年自尊有明显的积极影响，而苛刻严厉的教育方式对青少年自尊的发展有严重的消极影响。可见，教师与青少年之间的人际沟通对青少年的心理有着重要的影响。此外，学校环境中学生之间的关系是最常见的人际关系，是青少年踏入校园后需要重点处理的人际关系。美国教育家杜威提出了“学校即社会”的观点，并指出学校应“成为一个小型的社会，一个雏形的社会”。在这样一个小型的社会中，青少年除了学习知识，也在学习如何与人相处，学生之间的互相影响对青少年的成长很重要。北京师范大学心理学院副教授林丹华说：“如果在成长过程中，不被同伴接纳，甚至被同伴嘲笑，这会造成心理上深层次的伤害，比扇一记耳光带来的负面作用更大。”青少年之间和睦相处，才能创建团结、和谐、融洽、民主、友好、合作的人际关系环境，才能为青少年成长过程中的人际问题打下良好的基础。

学校是文明的基地，应当充满歌声、笑声，遍布友爱、平等、相互尊重的气息，切不可把人与人的关系搞得紧张、对立、沉闷，以避免形成有害的情绪污染。教师之间和谐的关系会起到潜移默化的身教作用，学生之间的关系是学生情绪的晴雨表。学生间建立友好团结的关系，对促进学生个性及其品质的良性发展有着重要的意义。

积极的师生关系、良好的班级和学校环境不仅有助于提高学生的学习成绩，而且能够起到一种稳定保护作用，有效降低学生行为方面的问题。尤其对于来自贫困家庭或单亲家庭的学生来说，有效学校的气氛不仅可以降低成绩低下的危险，而且可以减少他们出现问题行为、心理失调和其他反社会行为的概率。总之，有效学校在青少年社会化过程中有着重要的作用，它对积极的社会性和情感发展，以及良好的学习成绩具有实质性影响。

二、班级氛围因素

班级氛围在教育中的作用越来越受到教育界的重视，但班级氛围的建设不是目的、不是结果，而是一个过程、一个教育契机。如何运用它来对我们的教育产生促进作用，才是我们最终的目的。一个良好的班级氛围，其作用概括起来有六个重要方面：①有利于培养学生良好的学习习惯和学习风气；②积极影响学生的思想情绪，使学生能积极主动地安排自己的学习活动，提高学习效益；③能扩大学生的知识面，培养他们丰富的想象力和创造力；④为同学之间，教师与学生之间提供更多更好的交流活动条件，培养学生的适应力和自我实现能力；⑤陶冶情操，满足学生对美好的追求和欲望，促进良好的民族性格的培养；⑥促进学生对于环境的感情，加强学生对环境的责任心，利于培养学生的社会责任感，增强凝聚力。建设优良的班级氛围，能在班级成员的心理上产生巨大的内在的激励作用，增强班集体的向心力和归属感，能使班级中的每个人精神振作，身心愉悦，人与人之间紧密团结，高度信任，人际关系和谐，班集体由此焕发出无穷的力量和生机，班集体与学生获得共同的成长与发展。班级氛围的建设，关键在教师。

教师的一言一行是班级的软环境，在环境建设中是一个关键的因素。教师的师表形象是一种无声的语言，对学生的感召力和说服力远远胜过语言上的道德教化。由于学生向师心理的作用，教师特别是班主任的举手投足、音容笑貌无不对学生具有潜移默化的影响，与“班风”有着密切的关系，在班风的形成中有积极的主导作用。班主任首先要主动积极地学习先进的教育管理理论，提高理论修养，更新旧观念、老思想；然后要学习、借鉴先进的教育管理经验，不断提高教育管理能力和水平，提升自身素质。教师的一言一行，一举一动，都应该体现自己的精神风貌、教养水平和文化素质，都应该成为学生表率。其次，班主任要坚持以学生为本，采取科学有效的措施、手段，积极创设宽松和谐、民主平等、生动活泼、竞争进取的班级软环境。当前，我们还有不少小学采用专制型的管理方式，它对班级气氛有着很大的压制，抑制了学生的创造性，使学生丧失了自觉性，阻碍了学生的主动行为。老师应该是一名设计师，即班级发展方向的设计师，而不是保姆、消防队员，不应以家长式的角色去指挥学生，而要以心胸坦荡、为人正直的品德昭示学生，当看到走廊或教室里的废纸片或塑料袋时，弯下腰来把它拣到纸篓里，看到教室里的物品，扫帚显得凌乱了，去把它们整理好……和同学们共同体验劳动的艰辛和乐趣。在学习上，教师要对他们严格要求，认真上课，关注每个学生的情绪甚至每个眼神。要根据学生的现状，建立起具有发展性、潜在性和现实性的班级模式。教师温文尔雅的言谈，大方得体的举止，真诚和谐的师生关系，高尚的人格品位可以感动每一位学生，激励他们奋发向上，促进他们全面发展。在学生高度参与和老师高度支持的环境中，学生和老师都能感到满意。在这样的班级中，老师鼓励学生参与，但并不会让课堂失控。过于强调完成任务的老师控制也较多。

三、教师期望因素

案例

一位刚踏入工作岗位的年轻教师在向原任教师了解情况时，2号(学生的学号)学生给她留下了深刻的印象，据原任班主任反映2号同学脑子聪明，思维敏捷，学习积极，拿过许多奖项。可是在后来的接触过程中，这位老师发现2号同学似乎并没有传说中的那般出众。在她看来，2号成绩平平，也没有什么突出的艺术天赋。她感到很纳闷，本想再去一问究竟，转念一想：同样的学生，为什么在不同老师的教育下会有那么大差别？难道是她的教育方法有问题？还是换了一位老师，2号同学一下难以适应？于是，她开始“格外”关注2号。课堂上，经常提问他，主动为他讲解不会的题目。课下，找他聊天，了解他的心事。鼓励他，夸奖他。渐渐地，她发现2号果然是聪明的！2号学习越来越积极，性格越来越开朗。期末测验，2号如预期般地名列前茅。一天，原任班主任在翻看学生成绩时，情不自禁地说：“哟，2号进步真大呀！原来成绩平平，现在成了优等生啦！”细问之后才发现，原来那个优秀的2号开学时转学了，现在这个是原来的3号。

为何原本成绩平平的3号现在成了成绩优异的2号呢？这便是著名的“皮格马利翁效应”。心理学家罗伯特•罗森塔尔和雷诺•雅科布森(1968)对一所小学的部分学生进行了一个所谓的“预测未来发展的测验”，之后给了教师一份名单，并说名单上的孩子具有很好的发展潜能。而实际上，这个名单并不是根据测验结果确定的，而是随机抽取的。几个月后，罗森塔尔等人再次回到学校并重新进行测验时发现，名单上的孩子都有了明显提高。之所以出现这一现象，是由于教师对名单上的孩子的期望变高，态度变得积极，这种期望创造了一种自我实现的预言，影响了学生的行为，从而越来越向着教师期望的方向发展。

当然，教师心目中形成的对学生的积极或消极预期常常反映了真实的能力差异：过去被期望表现好(或差)的学生常常真的表现好(或差)。如果两个学生的态度和学习动机相同，那么老师对其期望较高的学生可能比老师对其期望较低的学生表现更好。皮格马利翁效应是怎么起作用的？教师好像更愿意让高预期学生解决难题，如果回答正确会表扬他们(这或许使得他们认为自己能力强)。当高预期的学生没有做出正确回答时，老师常常会换个提问方式，这样他们就能正确回答了，这暗示了失败是能够通过坚持和努力而战胜的。反之，低预期的学生接受挑战的机会较少，当他们回答不正确的时候很可能受到批评，这种经历可能使他们相信自己的无能，从而降低他们的成就动机。教师对学生学习成绩的期望效应在低年级作用最大，特别是儿童受到持续的高期许和低期许时。这些期望最终影响了儿童的学业自我概念，使高期许和低期许儿童表现出的学习差异得以延续。

此外，教师对学生学习以外的行为的评价和反馈能够明显地影响儿童在同伴中的地位。在怀特和希斯特纳的一项实验中，让幼儿和一、二年级小学生看一段录像，录像里的孩子在班里的大部分时间都反应适度，偶尔搞些破坏(如傻笑，投纸飞机)。在不同的录像版本中，教师对这个孩子的回应不同。一组儿童看到教师通过表扬儿童的恰当行为来强调积极面，另一组儿童看到教师通过贬损他的冒失行为(如“我受够了”)来强调消极一面。控制组儿童听到教师对全班做了中性评价，不对这个孩子的行为做积极或消极评价。在分别看完录像之后，被试对目标儿童的可爱程度进行判断，并要求指出目标儿童是否会表现出助人之类的亲社会行为和推搡其他孩子之类的反社会行为。结果非常有趣。与控制组的目标儿童相比，儿童认为教师表扬其恰当行为的目标儿童更可爱，并且更倾向于表现出助人之类的亲社会行为，而看到贬损反馈的儿童认为目标儿童不可爱，认为他会表现出打、推这样的反社会行为。可见，小学教师既能提高一个儿童在同伴中的地位(通过表扬恰当的行为)，也能降低其地位(通过贬损不恰当行为)。这种影响具有重要意义，在低年级就受到同伴拒绝的儿童常常会延续他们的被拒身份，并可能在以后的人生中经历各种适应问题(不只是学习成绩差和辍学)。

总之，教师的期望不仅会影响学生的学业表现，而且会影响父母的期望和学生同伴的一致评价，造成一个学生的期望氛围。这种期望氛围对高期望学生是有益的，而对低期望学生是有害的。教师或许会发现，对一个爱捣蛋的学生的行为不做回应是不可能的，但是他们可以通过矫正而不是批评不恰当行为，通过寻找机会赞扬这些孩子恰当的行为，以帮助这些淘气的孩子。

知识链接

教师类型与学生表现

布拉弗德和李波特根据教师能力和性格的多样性，将教师划分为四种不同的类型：强硬专制型、仁慈专制型、放任自流型、民主型，并系统地探讨了各种类型的教师在学生创造力发展中所起的作用和可能导致的学生的反应。

教师类型	教师特征	学生的典型反应
强硬专制型教师	1. 对学生时时严加监视 2. 以严厉的纪律要求学生 3. 少给予表扬(认为这样会宠坏学生) 4. 没有老师监督，学生不可能自觉学习	1. 屈服，但一开始就厌恶和讨厌这种教师 2. 推卸责任 3. 学生易怒，不愿合作，背后伤人 4. 教师离开教室，学习就明显松弛
仁慈专制型教师	1. 不认为自己是独断专行的人 2. 表扬并关心学生 3. 其专断来自过分自信 4. 以我为班级一切工作的标准	1. 大部分学生喜欢，但看穿其行为的学生会恨他 2. 各方面依赖教师，创造力差 3. 屈从，缺乏个人发展能力 4. 班级工作布置可能是多的，且质量可能是好的
放任自流型教师	1. 没信心，任学生自流 2. 很难做出决定 3. 没有明确目标 4. 既不鼓励，也不反对；既不参加学生活动，也不提供帮助	1. 品质差，学习差 2. 有许多“推卸责任”“寻找替罪羊”“容易激怒”的行为 3. 没有合作 4. 谁也不知道应该做什么
民主型教师	1. 和集体共同制订计划和做出决定 2. 在不损害集体的情况下，很乐意给个别学生以帮助、指导和援助 3. 尽可能鼓励集体的活动 4. 给予客观的表扬与批评	1. 学生喜欢工作，喜欢同别人，尤其是同教师一起工作 2. 学生工作的质量都很高，创造力发展迅速 3. 学生相互鼓励，且独自承担某些责任 4. 不论教师是否在课堂，学生都有巨大的创造动机和热情

四、课堂教学因素

(一) 有效教学

教学有无效和有效之分。有效教学的理念源于20世纪上半叶西方的教学科学化运动，特别是在受美国实用主义哲学和行为主义心理学影响的教学效能核定运动之后，这一概念频繁地出现在英语教育文献之中。受科学思潮的影响，以及心理学特别是行为科学的发展，人们明确地提出，教学不仅是艺术，还是科学。也就是说，教学不仅有科学的基础，而且可以用科学的方法来研究。于是，人们开始关注教学的哲学、心理学、社会学的理论基础，以及如何用观察、实验等科学的方法来研究教学问题，如程序教学、课堂观察系统、教师与学生的行为分析、教学效能核定的指标体系，以及教学行为——结果变量等。

有效教学就是在这一背景下提出来的，它的核心问题就是教学的效益，即什么样的教学是有效的？所谓“有效”，主要是指通过教师在一段时间的教学之后，学生所获得的具体的进步或发展。也就是说，学生有无进步或发展是教学有没有效益的唯一指标。教学有没有效益，并不是指教师有没有教完内容或教得认真不认真，而是指学生有没有学到什么或学生学得好不好。如果学生不想学或者学了没有收获，即使教师教得很辛苦也是无效教学。同样，如果学生学得很辛苦，但没有得到应有的发展，也是无效或低效教学。

美国教育学家加里•鲍里奇提出了有效教学的七个要素。

1. 创建流畅的课堂

要让课堂流畅，教师要重视班级经营，注意三方面的问题。一是在给某个班级的学生上课之初，教师就要建立课堂行为准则，以让学生更好地听课与参与。规则不要太多，六至八项即可，多了反而会因太繁杂而失去约束力。当然，规则的多寡可以根据该班级的实际情况而定。二是教师可以创建教学的例行流程，更好地编排课堂活动。如按阅读、问题、讨论、总结的顺序设计教学活动，学生了解课堂教学的每一个步骤，就知道自己什么时候该做什么，会主动参与、总结，慢慢就会形成习惯，这样就保障了课堂教学的流畅性。三是使用低度介入的班级经营方式，对于一些课堂突发问题，教师要尽量大事化小、低调处理，不与学生发生直接冲突，要把注意力集中在课堂本身。可采用眼光扫描、接近、警告等方法，成功解决学生问题。教师如果抓住突发问题不放，就是在扩大课堂上的非主题问题，不仅浪费时间，而且会把学生的注意力分散到教师对问题行为的处理上。

2. 创设温暖的学习氛围

要营造良好的课堂氛围，教师要在温暖和控制间取得平衡，在给予学生过度满足和冷漠对待之间取得平衡，不能非此即彼。要知道不是只有采取冷冰冰的态度才能更好地控制课堂。学生都是有想法的，他们不是空着脑袋来上课的。教师要重视学生的表达需要，让学生有展示自己想法的机会。学生答错问题，教师也要给予适当的鼓励，而不是批评、责骂或告诫。另外，教师要创设互动的环境，给学生提供合作学习和小组活动的机会，淡化个体之间的竞争。

3. 有明确的任务导向

教师要明确课堂教学的任务，有效率地处理行政事务和后勤工作，把课堂时间用在有意义的事情上。在教学时，教师可以选择适当的教学策略，直接教学和间接教学应与适当的教学内容相匹配；持续聚焦单元学习成果，使用前导组织架构，将教学目的和单元目标链接起来。

4. 促进学生积极投入学习

通常，学生的学习成就并没有达到教师的预期，其实这不是学生的问题。教师要与学生沟通，改进教与学的方法，让学生有更多的选择。要求学生“只能这样做”，效果往往不佳；教师应多给学生创造在真实世界中应用所学知识和技能练习和回馈的机会，并有跟进、反馈、演讲、互动，而不只是测试。

5. 提升学生的学习成绩

要使课堂教学有效，教师就必须了解学生当前的水平，以学生目前的程度或稍微高出现有的程度来进行教学，鼓励学生超越自己。学生出错时，教师要多做分析，而不是一味地指责；教师要循序渐进地帮助学生，而不是要求学生必须一次性改正。教师要明确这样的理念：学生思考后出现错误，总比只听课而不思考有效得多。

6. 运用多样的教学方法

教师要注意积累和运用能够吸引学生注意的教学方法，通过讨论真实世界的问题和校外动态，引发学生学习的兴趣。如提问题时，总问“二加二等于几”并不好，而应问“有什么方法可以得到四这个结果”，可以让学生举苹果、羽毛球等生活中的例子来回答。教师在教学中要有激情，注意提高提问的技巧，多问聚敛性和扩散性的问题，并充分接纳学生的观点，学会利用学生的想法推进教学。

7. 创建单元知识结构

教师可提供前导组织架构，以概括性的概念，将教学单元相互链接起来，并给学生提供回顾和总结的机会，运用多种方法，鼓励学生反思与应用所学的内容。

知识链接

开放课堂与学生创造力发展

希尔伯曼认为，开放课堂是“一种教学模式，学习材料具有丰富性，课程内容具有综合性，有更多的个人或小组教学而不是大班教学”。开放课堂形成了一种气氛，它有助于促进进行批判性的探究、好奇心、冒险精神和自我指导的学习，包括空间上的灵活性、学生对活动的选择性、学习材料的丰富性、课堂内容的综合性、更多的个别或小组教学，而不是分等级的或权威的教学。相反，在传统课堂中，司空见惯的是考试、评分、大班教学、课程呆板、频繁地进行集体阅读和练习。

有一个研究分析了开放课堂和传统课堂每周花在各种课堂活动上的时间频数。在传统课堂中最频繁的是集体阅读和数学练习，而在“开放”课堂中最频繁的是创造性写作、小组设计和个人阅读。因此，“开放”课堂较少固定结构，较多为个人活动，教师对活动限制较少，学生的内部动机高，创造性强。

关于“开放”课堂与传统课堂的大量研究中，大多数证明了“开放”课堂有助于学生创造力的发展，其中最著名的是哈登等人的研究。研究者选取了200余名社会经济地位相似的学生，他们一半来自实行传统教学的小学，一半来自实行开放教学的小学。对被试进行各种各样的创造性测验的结果表明，实行开放教学的非正规学校学生的测验成绩始终高于传统学校的学生。以后的追踪结果也显示，来自开放课堂的个体离开小学4年后，其发散思维的水平依旧高于对照组。类似地，高耶尔的研究发现，开放课堂中的学生在思维的流畅性、灵活性、独创性等品质方面，比中间型课堂的学生得分高，而后者又比传统课堂里的学生得分高，开放课堂里的学生，在无限制的团体中得分也较高。

苏里纹的有关研究也发现，在两个吉尔福特创造性思维测验中，开放课堂的儿童比传统课堂的儿童得分要高。而且，在一个讲故事的活动中，开放课堂的儿童使用的语言较生动，在句子结构上变化较大。在自我评价的问卷中，不同课堂的儿童报告的工作方式有显著差异。开放课堂儿童认为他们更喜欢独立完成家庭作业，独立制作东西，在今后的努力方向上需要帮助，希望学习不要有什么固定计划等。

通过对上面有关研究的分析，我们可以看到，在开放课堂里，由于较少有外部限制，故而更加鼓励儿童不去关心如何取悦于教师、如何比其他学生学得好，以及分数的高低，而是把自己的注意力集中在玩、运用材料和观念进行富有创造性精神的探索上。所以，较不正规、开放的课堂环境要比较正规、传统的课堂环境更有利于儿童创造力的发展。

(二) 有效教师的特征

每位教师都会想成为一个受学生欢迎，同时又对学生的学习活动有所帮助的教师。那究竟怎样的教师才是有效的教师呢？亚罗利梅克和福斯特(1989)的研究发现，一位教师的有效性应表现在以下八方面：①了解自己对于学生的职责；②为学生提供大量的学习机会；③可以有效地管理班级；④善于调整自己的教学以利于学习者明确自己学习的阶段性目标；⑤积极活跃；⑥让学习者掌握自己的学习成果；⑦明白对于不同年龄的学生应当采用不同的方法；⑧能为学生提供支持性的学习环境。详细阅读这些条目，回想一下：我在哪个地方做到了，哪些方面还有不足；你觉得作为一个有效的教师还应该有哪些特征？试着将这些特征运用并贯穿于自己的课堂教学，也可以采取“聚焦”的策略，在一定时期内集中让自己在“有效教师的特征”中的某一项特征上表现得比以前更好，慢慢地让这些特征成为固有特征并伴随在自己整个的教育教学过程当中。以上特征仅仅是有效教师的外部特征表现，要拥有这些特征，还必须具备有效教师的认知特征和人格特征。

1. 有效教师的认知特征

(1) 较强的教学设计能力。教师教学效果的优劣、学习者发展的程度如何最根本决定于教师的课堂教学设计和实践能力。

(2) 良好的表达能力。表达能力是教师应具备的基本素质之一，其中最重要的是言语表达能力。言语表达又可分为口头表达和书面表达。英国教育心理学家恰尔德(D. Child)认为良好的教师口头言语表达应做到以下几点：①运用简洁而规范的描述，要点指示明确；②根据学生年龄特点与知识水平，运用易于接受的语言；③不用含混不清或拼凑的语言；④多用简练、富有吸引力的新闻报道式语言；⑤恰当地运用比喻与隐喻；⑥保持语言的流畅性和不间断性；⑦讲授应尽早进入主题；⑧讲授重点应要言不烦；⑨增强语言效果，发音应注意抑扬顿挫；⑩利用辅助性语言，辅以动作表情。

(3) 教学管理能力。这包括对教材内容、教学活动、教学过程的组织，以及对学习者学习活动的激发、维持、评价和对自身教学效果、教学过程的反思。

(4) 教学机智。教学机智指教师对教与学双边活动的敏感性，是教师在教育教学情境中特别是意外情况下，快速反应，随机应变，及时采取恰当措施的综合能力。它表现为：克制；对孩子的体验的理解；尊重孩子的主体性；“润物细无声”；对情境的自信；临场的天赋。

2. 有效教师的人格特征

自身知识的丰富，高水平教育教学能力，这些都是外在的、可见的。除此之外，在许多时候，教师是通过自己的言谈举止对学生产生影响的，这种影响是潜移默化的，教师的人格魅力对学生的影响是终身的。同时，教师的人格魅力有助于学生对教师教育教学水平的评定，一个有效教师的人格特征主要表现在以下方面。①教师的热爱，包括对教育事业的热爱、对学生的热爱、对所教学科的热爱。②良好的性格。良好的性格乃是有效教师最重要的人格特征，主要包括公正无私、谦虚诚实、活泼开朗、独立的性格。③良好的自我意识。表现为在自我认知方面，能进行有效的自我分析、合理的自我评价；在自我体验方面，能做到自立、自信、自尊、自强、自爱；在自我控制方面，能做到自我反省，自我调节。

(三) 针对不同类型问题的有效教学

在课堂教学中，教学内容和教学目标并非完全一致。有的课题是高度有结构的知识和技能，如数学、科学、语法等，这些学科的教学任务结构化较强，教师可以一步一步教给学生，而写作这类问题具有较强的开放性和灵活性。因此，不同科目的教学目标也有所不同。为了帮助学生更高效地学习，教师所采用的教学方法也有所差异。例如，针对掌握知识技能且问题结构良好的指导学习；培养学生的好奇心、创造力和问题解决能力的发现学习；增进学生间合作、互动的合作学习等。

1. 指导学习

案例

女教师朱迪正在为六年级学生的“经线和纬线”一课做准备。她买了一个大海滩球、找了一个旧网球、检查地图和地球仪等。

上课一开始，她让学生们在地图上指出他们所居住的位置。然后她说：“假如你在暑假旅行中结识了一些新朋友，你想向你的朋友们准确地描述你住在什么地方。你该怎么做？”

学生们提出了一些建议后，她问这些建议是否足够准确地指出他们所居住的确切位置。学生们经进一步讨论后得出的结论是“不能”。

她继续说：“我们遇到了麻烦。我们想告诉我们的新朋友我们所居住的准确位置，但我们还没有一个合适的方法，让我们一起看看能否通过画图解决这个问题。”

她拿出海滩球和地球仪，让学生观察和比较。学生们在海滩球上确定了东、西、南、北诸方位后，她通过球心南北方向的轴画了一个圆圈，学生们把圆圈认作赤道。学生们在网球上做了同样的事情。

朱迪继续在海滩球上的赤道两侧画圆圈，然后说：“现在，请大家比较一下这些线有什么共同点。”

“……它们都是平行的。”凯西自告奋勇地回答。

“继续说，凯西。你说‘平行’是什么意思？”朱迪鼓励道。

“……它们没有互相交叉。”凯西边解释边用手做示范。

“好的。”朱迪微笑着点点头。

“还有别的共同点吗？”朱迪问。

学生们又指出："这些线都是东西方向的；当它们远离赤道时逐渐变短。"朱迪将这些共同点都写在黑板上后指出这些线叫作纬度线。

她继续用笔在海滩球上画上各条经度线，使海滩球布满了纵横交错的经纬线。

朱迪："这些线与那些纬度线有何共同点？"

翠西亚："……它们们都是绕着球画的。"

朱迪："很好。还有别的吗？"

伊里欧特："长度都一样。"

托马斯："什么的长度？"

伊里欧特："自上而下的线和那些交叉的平行线呗。"

朱迪："我们刚才把那些平行线叫什么？"

伊里欧特："纬度线。"

基米："我们刚才说过它们逐渐变短……那么，它们又怎么会是同样的长度呢？"

塔巴沙："我认为那些线(手指着经度线)更长些。"

朱迪："我们怎样才能检验这些线的长度呢？"

基米："我们可以测量这些线，比如用磁带或绳或别的什么东西。"

朱迪："同学们认为基米的想法如何？"

同学们都同意这是个好主意。于是朱迪提供了一些绳子并将绳子的一点按住在球的某一点，让基米测量球上的线的长度。测量后让学生们比较。

切瑞斯拿着两根经度线的绳说："这些线一样长。"

尼克拿着两根纬度线的绳说："这些线不一样长。"

当查看了所有测量后的绳子后，朱迪让学生们两两一组去总结他们的发现。学生们得出如下结论。

(1) 经度线逐渐远离赤道，纬度线与赤道的距离在各处都一样。

(2) 经度线都是同样长度，纬度线在赤道以北和赤道以南逐渐变短。

(3) 经度线在极地彼此交叉，经度线和纬度线在全球各处相互交叉。

朱迪继续问道："现在，这些发现怎样帮助我们解决准确确定一个居住位置的问题？"在她的指导下，学生们得出结论说居住位置可以用线与线的交叉点来精确地标定。朱迪指出，这是他们下一堂课要研究的主要问题。

(资料来源：根据网络资料整理)

指导学习是指在教育者仔细指导下，按规定程序来进行的学习。所谓规定的程序，既可以是程序化的教材，也可以是教师对学生作"程序化"的指导。美国心理学家加涅是指导学习法的大力提倡者。他主张要最大限度地指导学习者，并仔细地编排学习任务的程序。他的指导学习法是以程序原则为依据的。程序原则是他的累积学习思想和任务分析法相结合的产物。加涅认为，人类的学习复杂而多样。简单的学习如刺激—反应学习是低级的、基本的，复杂的学习如原理的学习与问题的解决是高级的、抽象的，后者要以前者为基础。在累积学习的模式中，学习的每一后继形式实质上是前一形式更复杂的表现。加涅根据累积学习的思想，致力于教学改革，提出程序原则。他强调设计程序必须采取任务分析法。例如，要求学生解决物理学中的一个问题，就应该分析所需要的原理或规则、组成原理或规则的概念，以及某些更简单、更基本的知识和技能。把每一步骤都记录下来，编排成序列。要使学生最终解决问题，就需要培养他们完成较简单任务的知识与技能。指导学习能够增进学习的效率，有助于达到学科内容的有效学习和解题技能的不断改进。

加涅认为，学习是一个有始有终的过程，这一过程可分成若干阶段，每一阶段需进行不同的信息加工。在各个信息加工阶段发生的事件，称为学习事件。学习事件是学生内部加工的过程，它形成了学习的信息加工理论的基本结构。与此相应，教学过程既要根据学生的内部加工过程，又要影响这一过程。因而，教学阶段与学习阶段是完全对应的。在每一教学阶段发生的事情，即教学事件，这是学习的外部条件。教学就是由教师安排和控制这些外部条件构成的，而教学的艺术就在于学习阶段与教学阶段的完全吻合。

加涅将学习分解成8个阶段。图4-1左边是学习阶段，其方框上面是该阶段的名称，里面是该阶段内部的主要学习过程；右边则是教学事件。这样，学生内部的学习过程一环接一环，与此相应的学习阶段便把这些内部过程与构成教学的外部事件联系起来了。

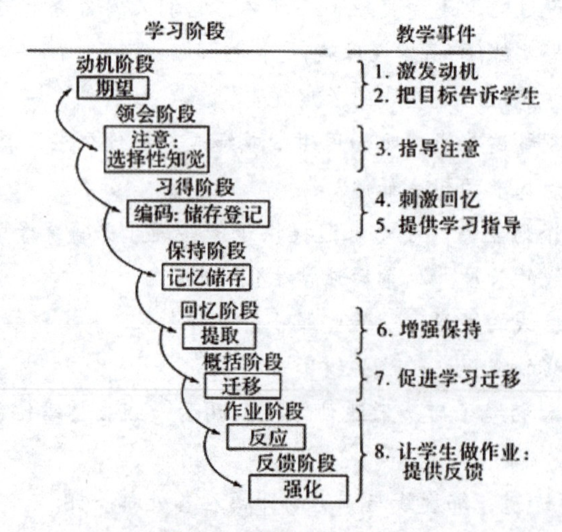

图 4-1　学习的 8 个阶段

1) 动机阶段

有效的学习必须要有学习动机，这是整个学习的开始阶段。动机的形式多种多样，在教育教学情境中，首先要考虑的是激发学生进行学习活动的动机，即学生力图达到某种目的的动机。它是借助于学生内部产生的心理期望过程而建立起来的。期望是指学生对完成学习任务后将会得到满意结果的一种预期，它可以为随后的学习指明方向。

2) 领会阶段

有了学习动机的学生，首先必须接受刺激，即必须注意与学习有关的刺激，而无视其他刺激。当学生把所注意的刺激特征从其他刺激中分化出来时，这些刺激特征就被进行知觉编码，储存在短时记忆中。这个过程就是选择性知觉。为了使学生能够有效地进行选择性知觉，教师应采用各种手段来引起学生的注意，如改变讲话的声调、手势动作等；同时，外部刺激的各种特征本身必须是可以被分化和辨别的。

3) 习得阶段

当学生注意或知觉外部情境之后，学生就可获得知识。而习得阶段涉及的是对新获得的刺激进行知觉编码后储存在短时记忆中，然后把它们进一步编码加工后转入长时记忆中。在此过程中，教师可以给学生提供各种编码程序，鼓励学生选择最佳的编码方式。

4) 保持阶段

学生习得的信息经过复述、强化后，以语义编码的形式进入长时记忆储存阶段。在此阶段，如果教师能对学习条件做适当安排，避免同时呈现十分相似的刺激，则可以减少信息间相互干扰的可能性，从而提高信息保持的程度。

5) 回忆阶段

学生习得的信息要通过作业表现出来，信息的提取是其中必需的一环。相对其他阶段而言，回忆或信息提取阶段最容易受外部刺激的影响。教师可以利用各种方式使学生得到提取信息的线索，增强学生的信息回忆量。但作为教师，重要的是指导学生掌握为自己提供线索的策略，从而成为独立的学习者。

6) 概括阶段

学生提取信息的过程并不始终在与最初学习信息时相同的情境中进行。学生需要把学到的知识运用于各种类似的情境中去，以达到举一反三的目的。因此，学习过程必然有一个概括的阶段，也就是学习迁移的问题。为了促进学习的迁移，教师必须让学生在不同情境中学习，并给学生提供在不同情境中提取信息的机会；同时，更为重要的是，要引导学生概括和掌握其中的原理和原则。

7) 作业阶段

作业能够反映学生是否已习得了所学的内容。但是，教师仅凭一次作业是很难对学生的学习情况做出判断的，有些学生可能碰巧做得很好，有些学生则可能碰巧做得不理想，因此教师需要通过几次作业才能对学生的学习状况做出判断。同时，作业的另一个重要功能是获得反馈，学生通过作业看到自己学习的结果，可以获得一种满足。

8) 反馈阶段

当学生完成作业后，教师应给予反馈，让学生及时知道自己的作业是否正确，从而强化其学习动机。当然，强化在学习过程中之所以起作用，是因为学生在动机阶段形成的期望在反馈阶段得到了肯定。

在许多学习任务中，指导学习对多数学生来说有一定的作用，然而这种方法的必要性，是随着所学知识或技能的复杂性与新颖性而变化的，也是随着个人的经验与自学能力而变化的。因此，指导学习有其局限性。

2. 发现学习

案例

在一堂小学科学课《搭支架》的教学中，教师将全班分为8个小组，每个小组都有课前准备好的旧报纸、透明胶、胶水等。然后教师要求小组合作搭一座高塔，看看哪组搭的高塔承受力最好。

听完老师的任务安排后，各小组开始搭高塔。经过一番讨论，小组成员相互合作最终搭建好高塔。各小组依次向全班同学展示自己组搭的高塔，并示范高塔的承受力是多少(以放作业本的多少为准)。

小组1：塔是三角形立体柱的支架，高19厘米，整个塔身是一个三角形立体柱，底部是三角形，顶部也是三角形，塔侧是3个长方形片状，塔身由内外两层重叠而成，外层比内层在底部多了侧面3片支撑叶。高塔可以承受8本作业本。

小组2：塔是长方体形状的，高18厘米，底部是一个长方形，塔身由四条圆纸棒站在长方形的四个直角上建成。该组的学生在底部又剪了一块长方形纸片粘在四根圆纸棒的下面，四根圆纸棒的顶外侧用一条细小的扁形长纸条按照长方形的四个直角把四根圆纸棒粘在四个角的内侧。高塔不能承受一本作业本。

小组3：塔是长方体形状的，高13厘米，塔身是四根圆纸棒，其中①和②两根纸棒的中间粘上一截短的扁纸棒来连接，③和④也一样。在这两截短的扁纸棒中间又用一条短的圆纸棒把它们连接起来。塔顶贴上一张长方形纸片把四根圆纸棒粘在这个长方形的四个直角上。高塔可以承受5本作业本。

小组4：塔是圆锥体形状的，高15厘米，底部是一个长方形，塔身由4根圆纸棒搭成，一共有4个侧面，相对的两个侧面是两个三角形，另外两个相对的侧面是两个长方形，塔顶是一条线段。该组学生在塔顶上粘了一张长方形纸片。高塔不能承受一本作业本。

小组5：塔是立体三角形的，高24厘米，塔底是一个三角形，该组同学分别用一条扁形纸条在塔身从下向上的1/3处围一圈，粘牢三根圆纸棒，又在塔顶粘牢三根圆纸棒，使人从上往下看，塔顶、塔中部、塔底分别是三个三角形，塔身有3个侧面，都是长方形。高塔可以承受8本作业本。

小组6：塔是立体三角形的，高19厘米，可以承受6本作业本。

小组7：搭的高塔也是立体三角形的，高19厘米，可以承受2本作业本。

小组8：塔是立体三角形的，高19厘米，可以承受24本作业本。这座高塔的材料全部是圆纸棒，塔底和塔顶分别是两个三角形，塔身有6个侧面，也都是三角形。

观察发现小组6的高塔形状与小组5的高塔形状相同，不同的是材料的大小。小组5的高塔搭建用料是3根卷得细小又结实的圆棒；小组6的高塔搭建用料是3根比较粗大又不是很结实的圆棒；小组7的高塔搭建用料是3根扁形纸棒。

接着教师要求学生根据刚才观察到的8个小组搭的高塔，将高塔的形状和承受的重物与自己本组的高塔做比较，讨论采用什么样的结构，承受力最大、最稳固，使用的材料又最少，并根据讨论结果改建本组的高塔或者给其他组提出建议。最后，全班集体交流。

学生1：我发现三角形的支架是最稳固的。

学生2：再加一根圆纸棒，构成一个三角形，就可以增强支架的稳定性和承受力。

学生3：三角形的结构承受力最大、最稳固。

学生4：三角形的支架比正方形、长方形的支架使用的材料少。

学生5：圆棒的承受力比片状材料的承受力好。

学生6：我觉得给小组1的高塔在原来底部片状支撑的地方再分别加上一根圆棒，加固高塔的支撑点。

学生7：我认为第1小组的高塔里层底部已经是一个三角形支架了，侧面的支撑叶支撑不稳，我们可以在支撑叶的下面再加上一个三角形支撑架。

学生8：我认为第2小组的高塔只要在底部和顶部加上根圆棒，变成三角形，这样塔就能站稳了，也能承受重物了。

学生9：我给第3小组提个建议吧，你们组的塔只要在4个侧面都加上一根圆棒，构成三角形框架，它的支撑力就会加强。

（资料来源：根据网络资料整理）

发现学习是教师启发学生独立发现事物意义的学习。对于启发式教学，日本学者大桥正夫把它概括为“以培养探究性思维的方法为目标，以基本教材为内容，使学生通过再发现的步骤来进行的学习”。发现指学习者知道了以前未曾认识的各种关系、法则的正确性和各种观念的类似性，以及对自身能力的自信。发现学习的倡导者布鲁纳认为，向学生提示学科的基本结构可以引导学生形成独立发现的力量。

发现学习是培养探究性思维方法的学习。在发现学习中，“发现探究法”主要表现为三方面。①引起学习兴趣。学生面临教师确定的新异情境时，在思维中产生不确定性，于是出现了探究的学习动机。②着手选择思维。学生对眼前所有可能行得通的途径，或各种解决问题的假设，比较对照，选定最佳的一个，故又称“岔道思维”。能否成功地解决问题，取决于是否形成良好的岔道思维。③从事逻辑操作。验证假说，并由假设转化为法则，得出结论，探究告一段落。可见，发现学习是极为生动活泼的学习。据日本学者的实验研究，发现学习的基本过程有四个阶段：第一阶段，带着问题观察具体事实；第二阶段，提出假设；第三阶段，上升到概念；第四阶段，转化为活的能力。为此，教学采取假设式，学习采取“问题解决法”，从儿童的好奇好问出发，在教师引导下，围绕一定问题，依据提供的材料和线索，让学生通过积极思维、亲身探究和主动发现，产生新的领悟，得出相应的结论。

但是，发现学习也有限制。如果不顾学科性质和内容的深浅，以及学生智慧成熟程度和教师教学技巧及心理品质的高低，无限制地加以推广，是行不通的。任何学习方式，总要受到学习材料、学习者发展水平和学习指导者品质的制约。如何正确应用发现学习方法呢？要注意下述几点。①发现学习最适宜以严密逻辑为基础的数理等学科，也适宜有显著结构的社会科学，而以情感为基础的艺术学科最难应用。发现学习法是与结构课程相适应的。②发现学习一般适用于小学和中学低年级学生，因为他们获得概念主要通过概念的形成方式。对于高年级学生，概念的形成已居次要地位，因此不宜光靠发现学习。③发现学习法的实行没有现成方案，应根据教材的性质和学生的特点来灵活安排。因此要求教师要真正通晓学科的基本结构和科学家如何发现原理的过程，还要求教师具有耐心和灵活机动等心理品质。否则，弄巧成拙是达不到目的的。

3. 合作学习

合作学习是一种越来越流行的教学方法。它是指在教学上运用小组，使学生共同活动以最大限度地促进他们自己及他人的学习。人是生活在群体中的，除了竞争还有合作关系的存在。不管是否真正关心集体的利益，群体总会产生互赖的关系。就学生而言，学习是一个与他人一起进行建构的过程，只有与同伴一起才能更好地认知、更快地解决问题。从学生的心理需要而言，他们也需要被关注、被认同，能够自我实现。

不同的学者对合作学习的定义有所差异，但对任何一种形式的合作学习来说，有五个共同的基本要素是不可缺少的。一是积极的相互依赖，使小组成员确信他们“同舟共济”；二是面对面的交互作用，确保小组成员能直接交流；三是个体责任；四是合作技能，即与他人在小组中协同学习所需要的组织能力、交流能力、协同能力、相互尊重的态度等；五是集体自加工，小组成员采取自我检查或反馈方式考查集体学习进行得如何并提出改进措施。

迄今为止，合作学习的方法与策略不下百种，其中还不包括每一种方法的变式。但这些方法和策略可以划分为三种主要的类型。①正式的合作学习。正式的合作学习有固定的小组成员，而且组员之间的关系会持续一段时间，同时小组任务明确。通常来说，其组织方式主要有：斯莱文提出的小组分层计分法(STAD)和小组活动比赛法(TGT)、小组促进法(TAI)、合作性读写一体化法

(CIRC)、阿伦森提出的吉格索法(Jigsaw Method)、沙兰提出的团体调查法(GI)、约翰逊提出的共同学习法(LT)和小组教学法(Small-Group Teaching)等。这些模式的共同点是它们都试图将学习小组置于某种合作程序中，使学生在积极的相互交往中增进智力和社会性的发展，但它们采取了不同的途径和手段以确保学生协同活动顺利进行，从而体现出各自不同的特点，同时有不同的适用范围。②非正式的合作学习。这种合作学习也许只持续几分钟已完成简短讨论。如同伴阅读法、对话记录法、读书会、同伴交流法等。它们中的许多没有得到充足的研究，但也有资料表明这些模式同样是经过检验证实是靠得住的。③合作性基层团体。它也指合作基层小组。小组由不同性质的成员组成，代表学校里不同性别、能力、文化背景甚至种族的群体，他们之间的关系持续时间更长一些。研究指出，尽管合作学习能够为学生提供有用的学习经验，但作为一种有效的学习策略，它与其他教学模式一样，也存在一些缺点和局限性。如日常教学中合作学习的效果远低于实验室效果、合作学习的使用条件没有得到清晰的界定、合作学习的多元评价体系还没有建立、教师缺乏合作学习必需的技能等。

·本章小结·

1. 学校教育的特点包括职能的专门性、组织的严密性、作用的全面性、内容的系统性、手段的有效性和形式的稳定性。

2. 学校教育的功能包括经济功能、政治功能、文化功能、人口功能。

3. 影响青少年发展的学校教育因素包括学校环境、班级氛围、教师期望、课堂教学。

4. 有效教学的七个要素包括创建流畅的课堂、创设温暖的学习氛围、有明确的任务导向、促进学生积极投入学习、提升学生的学习成绩、运用多样的教学方法和创建单元知识结构。

5. 教师的有效性表现在八方面：①了解自己对于学生的职责；②为学生提供大量的学习机会；③可以有效地管理班级；④善于调整自己的教学以利于学习者明确自己学习的阶段性目标；⑤积极活跃；⑥让学习者掌握自己的学习成果；⑦明白对于不同年龄的学生应当采用不同的方法；⑧能为学生提供支持性的学习环境。

·习　题·

一、填空题

1. 从当代教育学和教育社会学的角度看，学校是一个具有多功能的社会机构，包括____________、经济功能、文化功能和____________。

2. 文化传递有两种情况：一是纵向的____________，表现为文化在时间上的延续；二是横向的____________。

3. 学校人际环境对青少年的影响主要体现在____________和____________。

4. 学生____________或发展是教学有没有效益的唯一指标。

5. 教师教学效果的优劣、学习者发展的程度如何最根本决定于教师的____________和____________。

二、名词解释

1. 学校教育　2. 合作学习　3. 发现学习　4. 指导学习　5. 有效教学

三、简答题

1. 简述学校教育的特点。
2. 简述学校教育的经济功能。
3. 简述学校教育的文化功能。
4. 简述班级氛围对学生的影响。
5. 简述有效教师的认知特征。

四、论述题

1. 论述有效教学的要素。
2. 论述有效教师的特征。
3. 论述教师期望如何影响学生。
4. 论述加涅划分的学习的8个阶段。

第五章 觉醒与困惑——青少年自我的发展

·引　言·

青少年最有价值的心理成果就是发现了自己的内心世界，对于青少年来说，这种发现是极其重要的。本杰明•富兰克林曾经说过："世界上有三种东西是极其坚硬的：钢铁，钻石和了解自我。"然而，青少年对自我的发现、了解和探索，往往是一个觉醒与困惑交织的过程。

案例材料

一个15岁女孩的自我描述

我是一个什么样的人呢？这个问题很复杂！我敏感、友好、外向、受人欢迎、宽容，尽管我也可能很害羞、局促不安，甚至有时是可憎的。可憎！我希望自己永远是友好和宽容的，那正是我想成为的人。如果我不是那样，我会感到失望。我有责任感，甚至偶尔还很用功；但另一方面，我又是个偷懒的人，因为，如果你太勤奋，你就不会受欢迎。在学校里，我通常不会很勤奋。我是一个快乐的人，特别是和朋友在一起的时候，有时候甚至有点吵闹。在家里，在父母身边的时候，我有点焦虑，因为他们希望我所有的科目都得A。这不公平！所以，在家里我常常感到压力过大，或者爱挖苦人，因为爸妈常常挑我的刺。但我真不明白我怎么能变得这么快？我的意思是，我怎么能在这一分钟开开心心，下一分钟又忧虑万分，接下来还会挖苦人？哪一个是真的我呢？有时我觉得自己很假，尤其是和男孩在一起的时候。比方说，我认为某个男生可能有兴趣约我出去，我就会试着表现得很特别。我有时会局促不安，觉得尴尬。然后，我又会变得极端内向，我不知道我到底是谁？我只是试着给别人留下深刻印象，还是别的什么呢？但是无论如何，我并不是非常在乎他们的想法。我只想知道我的密友会怎么看，和她们在一起的时候，我可以是真实的自己。和父母在一起的时候，我可能不是真实的自己。他们不理解我，他们怎么会知道一个十几岁的人的感受呢？他们仍然像对待小孩一样对待我。至少在学校里，人们更会像对待成人一样对待我。这也令人困惑，我是说，小孩和成人，我是哪个呢？这很恐怖，因为我根本不知道我长大想成为什么样的人。我的意思是说，我有很多想法。我和我的朋友谈起长大以后要不要当空姐，或者教师，或者护士、医生，或者妈妈、女演员。我真的不知道。我是想说，我想了很多，但是还没下决心。有时候我真希望能不受自己的影响。

这段话表明自我认识、自我认同和情绪变化都是青少年发展的标志。青少年远比儿童更想知道他们是谁，自身的一切及未来的生活会怎样。在本章中，我们着重探索青少年的自我和自我认同感，它们通常被认为是青少年发展的核心。

(资料来源：根据网络资料改编)

第一节　青少年的自我概述

一、什么是自我

进入青春期后，青少年开始思索自己的人生，而探索人生的第一步，就是弄清自己是一个什么样的人。我今天怎么了？我是一个什么样的人？我怎么是这样一个人？我能成为一个什么样的人？每个人在青春期都会遭遇这些问题，并在对这些问题的思索中捕获有关自己的信息，利用这些信息在自己的头脑中构建一个主观的“我”。这个主观的“我”就是自我，在西方心理学中，自我是一个比较笼统的概念，心理学家对这一概念有着各自的认知和解释。美国心理学家詹姆士(James，1890)最早做出了有关自我的系统论述，他指出，自我可以划分为主体自我(经验的自我)和客体自我(纯粹的自我)两部分，其中前者由三种成分构成：物质的自我、社会的自我和精神的自我。符号相互作用论学者米德(Mead，1934)也采纳了这种划分，并指出客体我是自我意识的对象，通过在社会互动中概括他人对自己的态度而形成；而主体我是自我的动力部分，是自我活动的过程，使人的行为具有自由特征、创新性与新异性。罗杰斯(Rogers，1951)则认为自我可以区分为理想的自我与现实的自我，二者的一致性程度可以看作个体心理调节能力的指标。

虽然关于自我的概念有着不同的解释，但总的来看，自我是指对自己及自己与周围人和事物之间关系的认识。从形式上看，自我包括知、情、意三方面。“知”即自我认识，主要指自我概念；“情”即自我体验，主要包括自尊；“意”则是自我控制和自我调节。

(一) 自我的形成

每个人对自己的意识不是一生下来就有的，而是在其发展过程中逐步形成和发展起来的。人首先形成对外部世界、对他人的认识，然后才逐步认识自己。自我是在与他人交往过程中，我们根据他人对自己的看法和评价而发展起来的，这个过程在我们一生中一直进行着。每个人都是一个心灵画家，不过，这个画家的水平是逐渐提高的，当我们对自己的认识达到以下水平时，我们对自己的画像就基本完成了：能意识到自己的身体特征和生理状况，能认识并体验到内心进行的心理活动，能认识并感受到自己在社会和集体中的地位和作用。每个人给自己的画像从无到有、从差到好，大体经历以下三个阶段。

1. 生理自我

生理自我是个体对自己躯体的认识，包括占有感、支配感和爱护感。人们有时把生理自我发展阶段称为自我中心期，这种初级的形态是以自我感觉的形式表现出来的。大约在一岁末，牙牙学语的儿童开始可以用手指拿到纸、笔，拿到什么是什么，但他知道手指是自己的，这样就把自己的动作和动作的对象区分开来，这是自我意识的最初表现。以后儿童开始知道由于自己扔皮球，皮球就滚了，进一步把自己这个主体和自己的动作区分开来。两岁左右的儿童，开始知道自己的名字，这时儿童只是把名字理解为自己的代号，遇到叫周围同名的别的孩子时，他会感到困惑。儿童从知道自己的名字过渡到掌握代名词我、你时，这在儿童自我意识的形成上，可以说是一个质的变化。此时，儿童开始把自己当作一个与别人不同的人来认识。从此，儿童的独立性开始大大增长起来，会经常说“我自己来”“我要……”。随着儿童把自己当作主体的人来认识，他们逐步学会了自我评价，懂得了乖或不乖、好或不好的含义。当儿童在3岁左右时，他们会用人称代词“我”来表示自己，用别的词表示其他事物时，说明他开始意识到自己心理活动的过程和内容，开始从把自己当作客体转化为把自己当作一个主体的人来认识。这是自我意识的萌芽阶段，也是自我意识发展中的一次质变和飞跃，人的自我意识从此萌生。儿童掌握人称代词比掌握名词困难得多，代词具有很大的概括性，“我”一词可与每一个人相联系，运用时必须要有一个内部转换过程。例如，母亲问孩子：“谁给你的糖？”孩子应该回答：“阿姨给我的糖。”而不能说成“阿姨给你的糖”。儿童要能完成人称代词运用中的这一内部转换，没有对自我与他人、自我与他物的一定的区别和把握，是不可能完成的。当然，这时的儿童还没有关于自己内心的意识，像成人一样地沉思内省还是不可能的。

2. 社会自我

从3岁到青春期开始，个体通过幼儿园的学前教育和学校教育，受到社会文化的影响，增强了社会意识，认识到自己是社会的一员，尽量使自己的行为符合社会的标准。这个阶段称为社会自我阶段。

3. 心理自我

从14、15岁到成年，是青少年时期，在这个时期中性意识会觉醒，抽象思维能力和想象力也会大大提高。生理和心理急剧地发生变化，同时促进了自我的成熟，开始进入心理自我的时期。在这个时候，青少年开始在意别人对自己的评价，希望引起别人的注意，不再像以前那样满足，开始对自己不满意，希望改变自己的外貌、性格等。心理自我是个人逐渐脱离对成人的依赖，并从成人的保护、管制下独立出来，表现出自我意识的主动性与独立性，强调自我的价值与理想。这是自我意识发展的最后阶段。这时我们能够通过自我意识去认识外部世界，而且这样的自我意识过程将伴随我们的一生。一个人心理健康的发展与他的心理自我发展密切相关。心理自我发展完善的个体能够以客观的社会标准来认识社会和评价事物，树立正确的伦理道德观念，形成对待现实的正确态度、理想与信念等。

我三岁了，现在跟爸爸妈妈哥哥住在一起，我的眼睛是黑色的，我有一只橘黄色的小猫，在我的房间里有一台电视。我已学会拼音，听着a、o、e。我很强壮，我能举起这张椅子。

我六岁了，上一年级。我学会做很多事情，而且做得很好。真的是很多事情喔！我能跑得很快、爬得很高，而且我会做家庭作业了。

我九岁了，现在上四年级，我非常受欢迎，至少在女孩子中。这是因为我对大家很友善，还乐于助人，能保守秘密。在大多数时候我对朋友很好，但在心情不好的时候，我说的话可能会有些刻薄。在学校，我在一些课上表现得很好，如音乐和作文，但是数学不太尽如人意。我很喜欢我自己，因为对于我来说，受大家欢迎比数学成绩更重要。

我刚满13岁，在和朋友一起时我很健谈，也很风趣。但和父母一起时，我会感到很压抑。为了取悦他们，我感到很伤心、恼火、绝望。但他们对我的看法仍然非常重要，因此在他们对我吹毛求疵时，我会很讨厌自己。在学校我的成绩比大多数人都好，但是我不会骄傲，因为这不是一件很酷的事情。跟不太熟悉的人在一起时，我会害羞，感觉不适和紧张。

我18岁了，是一名高中三年级的学生，我非常认真，特别是在学习的时候。我压力很大，怕考不上自己理想中的大学，我很疲惫，厌倦了这样的生活，但是我知道我会坚持。我偶尔会偷偷懒，但这也会很正常，我不可能总是刻苦用功。尽管我爸妈希望我从事教师工作，可是我还是想当律师。我不像其他小孩那样受欢迎，但是我也不在乎这些，我试着相信自己的想法才是最重要的。虽然我有些矛盾，但是我期待离开家去上大学，在那里我可以更加独立。我总是有点依赖我的父母，但我期待独立，只靠我自己。

这些都是孩子们对“你是一个怎样的人”这一问题的答复，这些答复表明了随着年龄的增长，“自我”的概念是如何发展变化的。

(二) 青少年自我的类型

1. 自我认识、自我体验和自我调控

从知、情、意的角度来看，自我可以分为自我认识、自我体验和自我监控。

自我认识是主观自我对客观自我的认识与评价，自我认识是自己对自己身心特征的认识，自我评价是在这个基础上对自己做出的某种判断。正确的自我评价，对个人的心理生活及其行为表现有较大影响。如果个体对自身的估计与社会上其他人对自己客观评价距离过于悬殊，就会使个体与周围人们之间的关系失去平衡，产生矛盾，长期以来，将会形成稳定的心理特征，如自满或自卑，这将不利于个人心理上的健康成长。自我认识在自我意识系统中具有基础地位，属于自我意识中“知”的范畴，其内容广泛，涉及自身的方方面面。我们可以重点从三个方面进行自我认识训练：第一，让学生能认识到自己的身体特征和生理状况；第二，认识到自己在集体和社会中的地位及作用；第三，认识到内心的心理活动及其特征。自我评价是自我意识发展的主要成分和主要标志，是在认识自己的行为和活动的基础上产生的，是通过社会比较而实现的。由于我们初期的自我评价能力不高，评价往往不是过高就是过低，其中大多属于过高型。因此，要提高我们的自我评价能力，你就应学会与同伴进行比较，通过比较做出评价。你还应学会借助别人的评价来评价自己，学会用一分为二的观点评价自己。由于自我评价是自我认识中的核心成分，它直接制约着自我体验和自我调控，因此，进行自我意识训练的核心应放在自我评价能力的提高上。

自我体验是主体对自身的认识而引发的内心情感体验，是主观的我对客观的我所持有的一种态度，如自信、自卑、自尊、自满、内疚、羞耻等都是自我体验。自我体验往往与自我认识、自我评价有关，也和自己对社会的规范、价值标准的认识有关，良好的自我体验有助于自我监控的发展。进行自我体验训练，可以帮助我们获得自尊感、自信感和自豪感，不自卑，不自傲，不自满，让我们随着年龄增长懂得做错事感到内疚，做坏事感到羞耻。

自我监控是自己对自身行为与思想言语的控制，具体表现为两方面：一是发动作用；二是制止作用，也就是支配某一行为，抑制与该行为无关或有碍于该行为进行的行为。进行自我认知、自我体验的训练目的是进行自我监控，调节自己的行为，使行为符合群体规范，符合社会道德要求，通过自我监控调节自己的认识活动，提高学习效率。提高自我监控能力的重点应放在促进一个转变上，即由外控制向内控制转变。我们自我约束能力较低，常常在外界压力和要求下被动地从事实践活动，比如只有教师要求做完作业后检查，学生才会进行检查。针对这种现象，学生应学会如何借助于外部压力，发展自我监控能力。

2. 物质自我、社会自我和精神自我

从内容上看，自我可分为物质自我、社会自我和精神自我。

物质自我指的是真实的物体和人物，可分为躯体自我和躯体外自我。躯体自我并不仅仅指我们的身体本身，还包括我们对自己的身体所具有的认识和看法，比如对自己的身高、相貌是否满意。同样的身高，有的人可能比较满意，有的人就会不满意，这就形成了不同的躯体自我。躯体外自我则是指个体持续关注并投入的时间和资源、建立情感联系的人或物。例如，你的宠物，你的家乡，甚至你的iPad，这种把所有物当作自我一部分的趋势将贯穿我们的一生，这也可以解释为什么很多人舍不得丢弃旧的，甚至早已没用处的东西。人们对所有物的情绪反应也证明了这些东西对于自我的重要性。相信很多同学会为自己的手机被损坏而极度愤怒，哪怕只不过是很轻微的损伤。又如，当要求人们判断他们对于不同字母的愉悦程度时，他们表现出对于构成他们名字字母或汉字的偏爱。

社会自我指的是我们被他人如何看待和承认，也就是人的社会角色和社会特征。心理学家迪克斯等人把社会自我区分为五大类：私人关系(丈夫与妻子)、种族/宗教、政治倾向、标签群体(志愿者、酒鬼)、职业爱好等，每一种特性都伴随着一系列的期望和行为。在不同的社会情境中，我们的自我是不同的，或者说我们分别表现出自我的不同侧面。比如，一个教授在学生面前讲课和他与朋友喝酒闲聊时的表现是截然不同的；一个管理者在面对下属和上司的时候，表现也是不一样的；即便是一个刚刚懂事的孩子，他在父母面前和在老师面前的表现也是不同的。一个在父母和老师面前举止文雅的少年，在同伴面前很可能是个蛮不讲理的小混蛋；一个在对顾客面前毕恭毕敬、礼貌有加的店员，回到家里可能是个脏话连篇、随意生气的不孝子。詹姆斯认为，我们如何看待我们自己在很大程度上取决于我们所扮演的社会角色。在不同的社会情境中，我们的自我是不同的。那么，是否存在一个超越这些社会角色的稳定的、核心的自我？一些理论家非常坚定地认为“不存在”。一些学者(包括詹姆斯)则认为这样的论断太极端，他们承认人们在不同的社会情境中会有不同的行为表现，但与此同时也主张在这些不同的社会特性中还存在一种普遍的自我。

精神自我是我们的内部自我或心理自我。它包括我们所感知到的能力、态度、情绪、兴趣、动机、愿望等，它表达了我们对于我们自己的主观体验。精神自我是我们的内部自我或心理自我——我觉得我是一个什么样的人？它由除去真实物体、人、地点或社会角色之外的，被我们称为我的任何东西构成。我们所感知到的能力、态度、情绪、兴趣、动机、意见、特质，以及愿望都是精神自我的组成部分。简言之，精神自我指的是我们所感知到的内部的心理品质，它代表了我们属于我们自己的主观体验——我们对我们自己有什么样的感受。例如，我是一个幽默的人；我是一个自信的人；我是一个有同情心和正义感的人；我是一个有主见的和意志坚定的人；等等。

二、青少年自我发展的特点

青少年自我的发展过程实际上是个体不断社会化的过程，也是其个性特征形成的过程。青少年开始用我来表示自己的时候，是自我的发展最初的一个阶段，在此之后，自我相对平稳地发展，到了青春期，青少年进入自我发展的第二个阶段，有人将这个时期称为心理断乳期。此时自我的特点主要体现在以下几方面。

(一) 自我分化

心理学家把自我分成两种，一种是主体的我，处于调节者和观察者的位置，可以调节和观察个体自身的思维、情绪和行为；一种是客体的我，处于被观察的位置，可以作为客观观察对象的自我。主体的我和客体的我最初是混沌不分的，童年期儿童不能将自我作为客观对象来观察。而进入青春期后，自我开始一分为二，这时青少年能认识自己的所作所为，同时还能把做出这些行为的自我作为客观对象加以分析、评定。青少年开始认识自己并主动塑造自己。心理学家把这个时期称为第二次诞生。

(二) 产生成人感

成人感是指青少年感到自己已长大成人，希望参与成人活动，渴望独立，渴望得到尊重的体验。它是青少年个性发展的表现，是青少年自我意识发展的重要特征，也是个性发展的转折点，有利于个体迅速地走向成熟。随着成人感的产生，青少年进而产生了强烈的独立意识，他们愿意以成人的标准要求自己，要求教师与家长能够尊重与理解自己，与自己建立平等的朋友式关系。

(三) 自尊心敏感而强烈

自尊心是青少年最敏感、最不允许别人亵渎和侵犯的部分。这个时期的他们都希望自己能获得社会的承认和周围人的赞赏，希望自己在集体中拥有适当的地位，得到较好的评价与重视，这种尊重自己的人格，以及希望别人也尊重自己的体验是一种自我与社会的需要。

第二节　青少年的自我认同感概述

一、什么是自我认同感

埃里克森(1963)的理论认为，青少年面临的主要发展障碍是获得自我认同感。自我认同感是一种对于自己是谁，将要去向何方，如何适应社会的一种感受，是一个人自我认知程度的标志，是一个人情商高低的主要标尺之一。只有建立了比较充分的自我认同感，才能有效建立信心和自尊。而信心和自尊是一个人获得成功和幸福的重要心理基础。情商的根本在于关怀自己，关心他人。只有充分地认识自己，了解自己，才能真正地悦纳自己，也才能真正地悦纳他人。你知道自己是谁了吗？你发现了自己生命的意义和目标了吗？你切实喜欢上自己了吗？自我认同是指将自身内在的感觉、自我意识及外部评价等加以综合，从而对“我是谁”这个问题给出自己的答案。它是一个人在与他人交往时，把信念和价值观融合到自己人格中去并对自我价值进行评价的过程。这种评价通常来自我们在日常生活中对自身的看法。一个人可能在某些事情上觉得自己很聪明或很愚笨，在某些行为上觉得很拙劣或很卓越；他可能很喜欢自己或很讨厌自己……类似这些常在日常生活中出现的自我印象和经验，日积月累就成为人们对自己的评价，也就是自我认同感。自我认同是个体对“过去我”“现在我”“将来我”产生内在的连续性，也是个体“现实自我”“真实自我”和“理想自我”之间一致性关系的体现。人通过形成自我认同知道自己是谁，在社会上应占什么地位。自我认同是自我意识的重要组成部分。人性中的意识属性是人区别于其他动物的显著特性。当意识的客体为自己时，我们称之为自我意识。自我意识在人类的发展过程中起到关键作用。个体在人类社会环境中，接受教育，继承社会文化，成为合格社会成员的过程与其自我意识的日渐成熟密不可分。而自我认同则是自我意识中核心的自我调节系统。个体形成自我认同是每个人在青年时期所遇到的一个重要任务，是个人发展过程中需要解决的主要矛盾。

二、青少年的自我认同感

(一) 青少年自我认同感形成的发展趋势

自我认同感是个体在成长过程中面临的许多选择中形成的：什么样的职业是我想要的？我该有什么样的人生观、价值观和道德观？作为一名男性或女性个体的我是谁？茫茫人海中我所属的位置是哪里？当然，这一切困扰了许多青少年，埃里克森甚至用“危机”来描述这些青少年在决定“我能做怎样的自我”时体验到的混乱，甚至焦虑的感受。詹姆斯•马西亚(James Marcia，1980)设计了一套针对青少年的结构访谈，根据他们对职业、社会、性取向，以及价值观念的探究的多少和确定程度，可以将青少年划分为4类认同水平。①认同感混乱：是指个体未能形成自我认同，但又不再对此加以探索和质疑的状态。例如，我也不知道自己喜欢什么，我应该做什么，走一步算一步；或我对职业没有多少考虑，我也不知道我以后要做什么。②提前结束：个体讨厌思考自己未来应该做什么，所以过早和不加质疑承诺于某种职业和意识形态的认同状态。例如，我父母是中医世家，我也学中医，当医生。这类个体获得了自我认同感，但未经历过寻求最适合自己的选择时所体验到的危机。③延缓偿付：个体体验到认同危机，但积极对自己的职业和理想加以探索的认同状态。例如，我对自己的未来职业发展方向正在加以考察，希望能找到一种最适合自己生活方式的职业方向。④认同感获得：个体曾仔细思考过认同问题，并对自己的职业和理想达成积极承诺的认同状态。例如，在我对科学、艺术、社会等职业取向进行过许多次观察和思考之后，我最终知道我真正希望从事的工作是什么了。

一般认为，自我认同感的获得大约要等到青春晚期——大学期间，个体才能从认同感混乱或提前结束水平进入延缓偿付水平，然后才能到达认同感的获得。但这并不意味着自我认同感完全形成，许多成年人仍然为之困扰，甚至会把“我是谁”这类以前有了答案的问题重新提出。例如，离婚就会让家庭主妇重新思考作为女人的意义，并对其他方面的自我认同感提出疑问。

另外，获得自我认同感的过程也不平衡。根据西方学者的调查，在职业选择、性取向、宗教信仰及政治意识形态这四方面自我认同感水平一致的个体只有5%，95%的个体这四方面的自我认同感分布在2个甚至3个水平。可见，青少年可能在某一方面获得强烈的认同感，而在其他方面还得苦苦追寻。

詹姆斯•马西亚认为，积极寻求自我认同的个体，比混乱和提前结束的个体对自己的将来更有信心。埃里克森认为，认同感获得是很健康的和适应发展的，他们比其他3种自我认同感水平的个体有更高的自尊。而长期无法获得明确的认同感，处于漫无目的的混乱水平也许是最为痛苦的，他最终会使个体变得压抑和失去自信，也有可能导致埃里克森所说的消极认同，成为害群之马或者成为失败者。这是为什么？也许对于这些备受煎熬的灵魂来说，变成自己不想成为的人总比没有认同感强，于是他们甚至不惜用不良形象来提升自我价值感。

(二) 青少年自我认同感形成的偏差

自我是个体以自身为对象进行认识、体验和调控的过程和产物。尽管自我是一个精神的存在物，但并不是个人的主观臆造，个体自身的客观现实是其形成的基础。但是，一个人的自我与其自身现实之间总会存在一些差异，没有人能够形成与自身完全一致的自我，也没有这种必要。心理学的研究表明，人类有一种积极的错觉，大多数人觉得自己比别人更聪明、更重要、更有价值。这表明，建构积极的自我不仅是个体发展的需要，也是整个人类所具有的一种特质。自我与自身现实之间的差异能够有效地促进我们不断提高或者改变自身，促进我们的发展。但并不是说自我越积极越好。自我偏差是指自我和自身现实之间的差异过大，以致影响个体社会适应的情况。如果自我和自身现实之间的差异过大，出现明显的自我偏差，就会对个体的社会适应造成消极的影响。

青少年的自我刚刚觉醒，自我认识的能力还有待进一步发展，加之人生观、世界观处于形成过程中，因此比较容易出现较大的自我偏差。主要表现在以下方面。

1. 过度的自我关注

进入青春期的一个重要特征就是个体开始关注自身，这种积极的自我关注对于自我发展是必要的，但过度的自我关注则会导致一些自我偏差的出现。

1) 自我中心主义

自我中心主义是瑞士心理学家皮亚杰(J. Piaget)提出的一个概念，是指个体在思维能力发展初级阶段，在思考问题的时候总是从自己的角度或立场出发，而不会换位思考。中学生刚刚进入皮亚杰所谓的形式运算阶段，其自我中心思维依然存在，加之身体生理发育，就导致了对于自身的高度关注，出现了具有年龄特征的自我中心主义。

青少年的自我中心主义可以细分为两种——假想观众和个人寓言。假想观众涉及获取注意的行为，即青少年表现出被人注意、被人观看或像是在“舞台上”等自我中心主义特点。一个青春期的男孩可能会认为其他人和自己一样，也会注意到他的脸上长了一个痘。一个青春期的女孩会认为自己走进教室时，所有的眼睛都在注意她的脸色、发型、着装等。青少年，尤其是处于青春期早期阶段的青少年，感觉自己就像站在舞台上一样，并相信自己是舞台上的主角，其他人都是观众。

这种由自我关注所导致的自我聚焦错觉又称为“聚光灯效应”。当你出席一个聚会的时候，你是否觉得所有人的注意力全都在你这里，你的一言一行、一举一动都会被他们看在眼里，记在心头？你就像舞台上的主角一样，聚焦了所有人的注意力，这就是聚光灯效应。假想观众或者聚光灯效应会导致个体在他人面前紧张不安、手足无措、脸红心跳、说话结结巴巴，对个体的人际交往和自我展现都会产生消极的影响。

个人寓言是指青少年认为自己是独特的和不可战胜的。青少年的个人独特感表现为他们认为没有人能够理解他们真正的感受。青少年也会经常表现出一种不可战胜感，他们会认为虽然其他人容易遭遇悲剧，如一次严重的车祸，但这些事是不会发生在自己身上的。一些发展学家认为，自我中心主义所产生的独特感和不可战胜感是青少年做出一些看似轻率行为的原因，如赛车、使用毒品、自杀等。另外，青少年对身体的自我也会过度关注，青春期由于生理的发育，青少年身体发生剧变，会导致青少年对身体的关注度过高，从而导致一些社会适应不良。例如，男孩子会过度关注并放大自己的身高问题、是否强壮、是否长胡子、生殖器是否发育及其大小等问题；女孩子则会过度关注自己的容貌、胖瘦、胸部大小等。成长中的这些烦恼会时刻困扰少男少女。一些少男会为自己没有肌肉、不够强壮而苦恼，还有一些会因为没有胡须和腿毛而苦恼，他们会用刀子用力地刮自己的腿，据说这样可以加快腿毛的生长。一些少女会为自己胸部的发育而苦恼，另外一些则为自己的胸部没有发育而苦恼，更多的时候，她们会为了保持身材而节食，甚至出现厌食症。

2) 自恋

过度自我关注的另一种表现形式是自恋。自恋一词源于希腊神话：Narcissus是一名翩翩美男子，受众多女性爱慕，可是他谁也不爱。一次Narcissus在湖边喝水，他看到了水里有一个美少年，也就是他自己的倒影。他不知不觉被吸引，对自己的倒影微笑、招手，水中的影子也微笑、招手。从此，他便爱上了自己的倒影，一刻也不想离开。日复一日，Narcissus最终憔悴而死。Narcissus死后，湖边长出一朵小白花，花向湖面低垂着头，像是在凝望自己的倒影。这花被人称为水仙。来源于Narcissus的narcissism就被用以描绘一个人爱上自己，陷入不正常的自我关注的现象，即自恋。

以弗洛伊德为代表的精神分析学者最初将自恋视为一种人格障碍。20世纪80年代后，很多心理学家指出只有极端的自恋行为才被看成病态，而自恋行为表现不处于极端时，倾向于将其看成一种人格特征。也就是说，一般个体的自恋并不是不健康的，而且我们整个社会也是允许适度自恋的，只有个体过度自恋并超出社会对于自恋许可的范围才是不健康的。

自恋包括权欲、优越感、自我钦羡和特权感四个维度。其中，前三个维度都与自尊、果断、独立性、乐观呈正相关，这些体现了自恋适应性的一面；而最后一个维度上的高分往往体现了个体具有高度的社交依赖，喜欢控制别人；与人际关系不良、不适应行为、心理病态、不合理的信念、抑郁、悲观主义等有关，还表现出对负性评价的激烈、极端情绪体验，对威胁自我的反馈表现出愤怒和攻击性等。

知识链接

自恋为什么被看成一种“黑暗人格”？

自恋的典故源于古希腊神话中的美少年纳喀索斯，他因过度爱恋水中自己的倒影而憔悴致死，变作以自己名字命名的水仙花。现在，它用来描述一个人的自我中心、虚荣、骄傲和自私的特点。关于自恋，目前尚无一个统一的、严格的操作性定义。在临床领域，自恋常被作为一种人格障碍而列入精神病诊断统计的标准；在非临床领域，则被作为一种长期的、形式多样化的综合性人格构造加以研究，是个体对于自身、自身想象以及自身在他人眼中形象的过分专注和痴迷，是一种对于自身重要性的夸大感觉。自恋与心理变态和马基雅维利主义被称作“黑暗三人格”。

1914 年，弗洛伊德在他著名的论文《论自恋》中首次系统地论述了自恋的问题。他指出，自恋源于力比多(Libido)。弗洛伊德认为，个体在生命的早期是自恋的。随着个体社会化正常的发展，个体逐步将爱自己的能力发展至爱他人。弗洛伊德认为自恋有两种：原发性自恋和继发性自恋。他认为自恋人格不仅包括自爱和自我夸大，而且包括恐惧、害怕失去爱、无力感和害怕失败。

在一项跨文化研究中，对中、日、美大学生的比较研究发现，中国人的自恋水平最高，其次是美国人，日本人的自恋水平最低(Fukunishi et al.，1996)。还有研究显示，相对于集体主义文化，来自个体主义文化的背景显示出更高的自恋水平(Foster，2003)。

自恋型人格障碍的本质特征是自我夸大、需要被人羡慕和缺乏移情能力。具有这种障碍的人常常夸大自我重要感，沉浸在无止境的对成功、权力和美貌的幻想中。他们通常相信自己是出众的、特别的，或者是独一无二的，同时他们期望其他人也这样看待自己。有研究提到自恋者会歪曲事实以保持他们的自尊，而当负性事件发生在他们身上时，他们会指责别人。当感到个人重要性受到威胁时，自恋者会以不现实的积极方式来看待自己。典型的自恋认知偏见就是高度自我增大，它在积极方向上走向自我评价的歪曲(许秀芬，陈巍，2012)。

米隆等(Millon，et al.，2004)认为自恋的发展不是源于父母对于儿童的冷漠拒绝或贬低的看法，而是源于父母对儿童过度的赞誉。自恋型人格障碍的形成与家庭有极大的关系，自恋者的家庭一贯强化孩子错误的行为来满足父母的需要，儿童扮演的家庭角色导致了他自恋特征的发展。儿童的气质被看作影响儿童自恋型人格特征发展的重要因素，不过重要的并不是儿童的气质，而是母亲与儿童的气质是否匹配，与母亲气质最一致的儿童更容易发展出自恋特征。男孩比女孩有更高的患自恋型人格障碍的概率。

高志华等(2012)发现，自恋会直接影响学生的学习倦怠，隐性自恋对攻击性也有很好的预测作用。自恋与心理健康的关系表现出“双面性”，既有适应的一面，又有不适应的一面，这主要是因为自恋是一个多维度的人格结构。

研究者近日发现，对于青少年和刚刚成年的年轻人而言，自恋可以帮助他们更加顺利地过渡到成年时期。研究者研究了来自368名大学生及其439名家人的调查反馈，分析学生如何看待他们自己和他们的母亲，以及他们的母亲如何看待自己和自己的孩子。参与者同时需回答关于他们自我感知的自恋水平和生活满意度的问题。研究者发现，学生受访者的自恋和他们的生活满意度紧密相连，甚至其个性在其母亲眼里也并不被看作是负面的。自恋之所以有益，是因为自恋给予年轻人更强的自理能力和乐观的个性去发展来自父母影响的独立个性，自恋亦会缓和他们在这个过渡期遭遇失败所造成的影响。

2. 自我评价的偏差：自卑与自大

自信就是相信自己，相信自己在某种实践活动中能够取得成功。自信是以能力为核心的对于自身整体的积极、肯定的评价，是个体对于自身能够做好一件事情持的积极信念。自信的个体在面临问题的时候，能够发自内心地认为“我能行”。自信是一种良好的个性品质，是成功的基石，也是青少年成才的必要条件之一。与自信相关的概念有不自信、自卑和自大。自信是认为自己一定行，不自信则是认为自己不一定行或者自己不一定不行，自卑则是不自信的进一步发展，认为自己一定不行。自信的另一端则是自大，即认为除了自己别人都不行。自卑和自大是自信发展的两个极端，对于个体的健康和发展都具有消极影响。

自卑、自信、自大，这是个体对自身能力评价从低到高依次产生的关于自身的基本信念。由于涉及个人能力，因而和个体的社会实践、事业发展等密切相关。中学生处于人生发展的关键期，应形成自信，避免自卑、自大，这对他们的学习生活和人格完美都是非常重要的。

1) 自卑

精神分析学者阿德勒认为自卑感起源于个体知觉到自己不能达到自己理想的完美标准所产生的不完美、不得志、比别人差的情绪。自卑就是个体“己不如人”“低人一等”的感觉，包括惭愧、羞怯、畏缩甚至灰心的情感和感受。自卑的核心是个体过低地估计自己的能力，并由此产生了对于自身整体的消极观念，是自信的扭曲和变形。当人的某种能力缺陷受到周围人们的轻视、嘲笑或侮辱时，自卑心理往往大大加强，甚至以畸形的方式如嫉妒、暴怒、自欺欺人等表现出来。

阿德勒认为，自卑感是所有人都具有的一种正常的感觉状态，也是所有人之所以奋斗的源头。正是因为知道自己所具有的缺点和不足，意识到“己不如人”，人们才会有动力去克服自卑。克服自卑是一个超越自我的过程，也是一个追求优越感的过程。

2) 自大

自大是指过高估计自己的能力，并由此产生的对于自身整体的极端积极的观点。同自卑一样，自大也是自信的扭曲发展，只不过两者是自信不同的两端，自卑是个体太没有自信，而自大是个体自信心太足。一个人如果自信过了头，就会变成自大。自大的人往往夸大自己的本领，自高自大，目中无人，固执己见。自大的人具有强烈的优越感和自信心，自我感觉非常好，对未来充满信心和希望，幻想着能成就一番丰功伟业。在这种自我概念的支配下，个体往往扩大现实的自我，形成错误的不切实际的理想自我，并认为理想自我的实现轻而易举，以幻想我、理想我代替真实我。在日常生活中，自大的人总是瞧不起周围的同学，自以为是，缺乏谦虚谨慎的精神，不易被周围环境和他人所接受与认可，常引起别人的反感和不满。

自大是一种缺乏现实依据的盲目自信，或者是在少得可怜的一点成绩的基础上，对自己能力的过分夸大。但对于自大的人来说，他们感受到的是自信，却被他人视为自大。自大的人由于并不真正具备他所认为的能力，因此总是眼高手低，真遇到挑战就会失败。在失败面前，自大的人要么寻找客观原因，推卸自己的责任；要么突然发现自己一无是处，开始贬低自己，从自大滑向自卑。

对于自大的个体，最重要的是要认清自身的实际情况，进行客观的自我评价。在必要的时候，教育者可以通过“当头棒喝”的方式，把他们从自我陶醉中惊醒，让他们从自我狭小的世界里走出来，正视现实，意识到“人外有人，天外有天”。

3. 自我价值体验的偏差：高自尊与低自尊

自信是个体关于自身能力的评价，是一个人对于自己能否完成一件事的判断。自尊则是个体在自我评价的基础上产生的情感体验，是个体对自己“作为一个人”的价值判断。自尊在心理结构中居于重要位置，对认知、情感和行为均具有重要的影响。

高自尊者对自己持有较高的自我评价，有着较强的自我价值感，认为自己的存在是必要的。高自尊个体往往相信自己的能力，在遇到困难的时候更具有坚持性，有更多的心理资源支撑其行动。但如果自尊过高，则容易在错误的时候依然固执己见，在错误的道路上越走越远。而且高自尊个体由于过于强调自我价值，会忽视他人的存在或者利益，影响其人际关系。低自尊者对自己持有过低的自我评价，常常觉得自己是无价值的，自己的存在也是不必要的，在这个世界上是微不足道的，容易出现抑郁、焦虑和适应不良等负性情感。

4. 自我控制的偏差：自我放任与完美主义

个体在生命之初只能依据自己的本能需要向环境提出各种要求。随着年龄的增长，幼儿开始能够接受照看者的要求来控制自己的行为。例如，幼儿园会要求小朋友吃饭的时候不能说话，排队和做操的时候不能相互推搡等。小朋友逐渐把这些要求内化，就形成了自我要求。自我要求既反映了个体自我发展的目标，也反映了个体在实现这个目标的过程中所体现出来的自我控制能力的高低。

自我要求过低的人往往容易满足现状，对自己的未来也没有一个清晰的规划。他们在实现目标的过程中，往往会因为自我控制能力较低而被一些琐碎的小事分散精力，最终导致自己失败。

自我要求高的人一般具有较高的自我理想和自我价值追求，为了达到目标，他们会在日常生活中严格控制自己的行为，将自己的所有时间和精力都聚焦在要实现的目标上。但如果自我要求过高，也会给个体带来额外的压力。完美主义人格要求自己事事尽善尽美，对自己期望和要求过高，行为上关注细节，稍有一点事情做得不好便惴惴不安，严重者甚至出现强迫症状。完美主义者往往会有“绝对化要求”，如“我必须成功”“我应该考高分”等。人不可能在每一件事情上都获得成功，当目标难以实现时，完美主义者就会陷入极度的困扰之中。

5. 过度的自我防御

自我防御是精神分析学派的一个术语，是指人们在面对自我威胁和焦虑时启动的自我保护机制，它主要通过对现实的歪曲来维持心理平衡。一个同学在考试中失败了，如果他将失败的原因归为自身能力的不足，则会影响他的核心自我评价。为了避免这种威胁到自我的情况出现，他很可能会将失败归为自身能力之外的因素，如老师出题比较偏、自己生病了或者没有好好复习等，这样就可以避免消极的自我评价，达到自我保护的目的。一定程度的自我防御对于自我来说是必要的，但如果过度地自我防御，就会导致自我和现实脱节，影响自我的健康发展。

自我设障(self-handicapping)是一种典型的自我防御，是指个体针对可能到来的失败威胁，而事先设计障碍的一种防卫行为。当自我设障者预测事情可能会失败时，便会故意在其前进的道路上设置一些所谓的“障碍”，如声称考试之前自己失眠、生病，或者故意在同学面前不努力复习等。如果考试失败，则将之归因于预先自设的障碍，从而避免自身能力不足的归因，达到自我保护的目的。自我设障行为具有暂时维护自我价值感的短期利益，但长期习惯性地自我设障，会使自我设障者经常处于失败的境地，最终必定损害其自我价值感。

(三) 影响青少年自我认同感形成的因素

1. 认知发展因素

认知发展对自我认同感的获得有重要影响。思维达到稳定的形式运算水平的青少年，由于能对假设环境做逻辑推理，故而对于将来的认同感有更深入的思考和设计。比起思维不够的同龄人，他们则更容易产生认同问题，但也更容易解决这类问题。

2. 性别角色因素

青少年第二性征的出现意味着他们的性机能开始成熟，性意识开始觉醒。他们开始对自己的身体特征感到好奇和关注，同时会产生不安、害羞的心理。表面上他们在异性面前羞涩，拘谨而淡漠，暗地里又十分关心自己在异性心目中的印象。常用一些特别的行为来引人注目，例如，特别爱“美”，爱出风头，甚至以吵闹或恶作剧来吸引人注意。总之，中学生微妙的心理变化和心理闭锁性与其较浅的阅历和幼稚行为交织在一起，使他们出现了充满矛盾的多样化表现。

3. 父母教养方式因素

父母是青少年自我认同发展过程中的重要人物。研究发现，民主型的父母由于鼓励青少年参与家庭决策，从而促进了子女自我认同感的发展；专制型的父母由于对青少年的行为控制过严，不给他们机会表达意见，从而促成了子女自我认同早闭；纵容型的父母对青少年的指导极少，并且让他们自行其是，结果促成了自我认同的扩散。还有研究发现，在教育子女时使用解释、接受、同情等行为的父母会促进青少年自我认同感的发展，而使用武断及贬低等限制性行为的父母在青少年自我认同感的发展上则起到消极作用。

4. 同辈群体因素

同辈群体对青少年自我认同的重要影响在于：在同辈群体中，彼此之间可以敞开思想，自由地探讨一些问题，如生死观、恋爱观等。青少年认为这些问题十分神秘，但对于朋友用不着保密。因此，在同辈群体中，青少年形成了一套自己的价值标准。这些标准可能与社会的主流价值观相符合，也可能不符合，甚至背道而驰。他们在接纳吸收同伴行为处事方式的同时改造自己的行为处事方式，并形成相应的自我认同感，追求被同伴接纳和欣赏。

5. 社会文化因素

青少年的成长和对社会的认知，很大一部分从社会文化中获得。社会文化是一种覆盖面很广的人际交流载体，对一种文化共同的兴趣、不同的争议都是增进人们之间相互沟通与交流的良好机会，青少年就是在对社会文化的困惑与理解、反感与喜爱、接受与拒绝中加强与其他个体的碰撞，从而促使自己社会化进程的完成。社会文化作为一种生存的外在环境，对中学生产生的不仅是覆盖式的外部影响，而且是占领式的内部催化，青少年对自我认同的深化，正是在社会文化的熏染下发生结构调整、元素整合、优化定型的巨大改观。社会文化可以把青少年塑造成富有知识、乐于进取、认真负责的一代，也可以把青少年塑造成玩世不恭、过度消费、缺乏理想的一代。

(四) 培养青少年的自我认同感

1. 有效利用环境因素

首先，良好的家庭环境是培养中学生自我认同感发展的必要条件。在自我认同感发展的过程中，父母与孩子的关系起着重要作用。父母对孩子采取接纳、鼓励的态度并且做出榜样示范，可以使孩子在不知不觉中对自我进行肯定的评价。另外，父母对孩子的爱对于他们情感上的安全是必要的，而情感安全则有助于孩子自我认同的健康发展。那些充满爱心和责任感的家庭，可以培养出健康、有所作为、乐观向上的孩子，他们会踏着父母的足迹，走上正直、自制和乐于助人的生活道路。

其次，学校环境，尤其是教师的教育方式与中学生的自我认同感的培养有密切的关系。我们知道，个体社会化的一个最大特点就是观察性的学习和模仿。除父母外，教师也是学生直接模仿学习的榜样。教师的一言一行、一举一动，都会直接影响学生的心理健康。

再次，同伴对青少年健康自我认同感的形成具有举足轻重的作用。个体发展到了青春期，更喜欢和同伴交往。在这时期，如果与优秀的人交往，就会从中吸取营养，使自己得到长足的发展，把同伴各种积极的价值观和信念融入自我概念中，形成健康的自我认同感；相反地，如果交友不慎，则自身也必定受到不良影响。中国有句古语：“近朱者赤，近墨者黑。”所以，这一时期对同伴的选择尤为重要。

最后，电影、电视、报纸、杂志、小说等大众传播媒介对当代中学生的影响也很大。无论是父母还是教师，都有责任密切注意中学生对这些传播媒介的选择，要主动向他们推荐一些反映积极健康价值观的优秀课外读物、影视节目等，为他们提供直观、生动的示范，这有助于他们通过观察、模仿，获得健康的自我认同感。

2. 利用强化原理引导正确归因

青少年由于常常关心“别人是否喜欢和接受自己”“自己在别人眼中是什么样的”等问题，而关注自己行为处世的方式。如果有时自己的一句话、一个动作或某种行为获得了身边人的好感，这句话、这个动作或行为就有可能被内化，这是一种自我归因。由于有了自我归因，那些被他人肯定的做法才有持久性。归因理论认为，若把失败归因于自己能力不够这一稳定的内部因素，则这种失败无助于促使行为的坚持；若把失败归因于不努力等不稳定的内部因素，则可能激发其加倍努力进取的决心。同理，在培养中学生健康的自我认同感方面，应着力使中学生关注自身内在的不稳定因素(如努力)，而不宜过多看重内在稳定因素(如能力)。因此，适当的归因将在自我激励的过程中，由于思想品质的进步、各种任务的竞争、外来的奖励和自我责任心的实现中得到加强，由此所获得的积极自我认同感也会越强。

3. 培养移情能力

移情是指在人际交往中，人们的情感互相作用。当一个人感受到对方的某种情绪时，他自己也能体验到相应的情绪，移情即为他人的情绪情感而引起的与之相一致的情绪、情感反应。移情包括两方面：一是识别和感受他人的情绪、情感状态；二是能在更高的意义上接受他人的情绪、情感状态，并将自己置身于他人的处境，设身处地地为他人着想而产生相应的情绪、情感。在自我认同感形成的过程中培养移情能力，就是要引导中学生能够站在他人的角度反思自我，认识自身人格中的优点与不足，培养其内在的自我调节能力，从而获得比较全面的自我认同感。青少年若能深刻体会他人的情绪、情感，当他们遇到类似的情况时，便会回忆以往的体验，重新整合自我认同的内容，抑制自己的消极行为，做出积极反应。

4. 积极开展心理健康教育

积极开展心理健康教育可以促进青少年提高预防危机的能力，学会自我教育，从而积极主动地进行自我调节。教师可教给学生怎样为将来潜在的问题情境做好准备，怎样发现问题，估计不足，处理问题，学会如何避免自我挫折的办法，从而避免一些生活中令人烦恼的情绪问题等。学校要充分依托行政机构和学生团体，提高中学生自觉塑造自我的意识，对一些已经出现自我认同危机的学生要及时进行心理疏导和帮助，必要时要针对不同学生的心理问题开展心理咨询，对一些认知偏差的学生可以采用认知疗法、自我指导法、团体训练、合理(理性)情绪疗法等进行帮助。自我认识和认同离不开正确的人生观和价值观，学校应该结合思想政治教育工作，承认青少年的自我认同感在形成过程中的层次性和不平衡性，尊重他们的个性及体现个性特征的价值观念，从而有针对性地指导他们克服一些消极的认知，鼓励他们发展健康的精神世界。

第三节　青少年自我的完善

青少年的自我是制约个体人格形成、发展和重建的关键，为了能使青少年的自我在整个人格的完善中充分发挥积极的调控作用，可以采取下列措施来促进青少年自我的完善积极地发展。

一、青少年要形成正确的自我认知

“人贵有自知之明”，全面而正确的自我认知是培养健全的自我意识的基础。自我认知是从多方位建立的，既有自己的认识与评价，也有他人的评价。比如，我们不妨自己认真仔细地想一想，用尽量多的形容词描述自己，要忠实于自己的内心。在此基础上，进行第二步——他观自我的描述，描述父母眼中的我、同学眼中的我、老师眼中的我、恋人眼中的我、兄弟姐妹眼中的我，你再寻找这些描述中共同的品质，将其归类。你描述的维度越多，就越会找到比较正确的自我。青少年只有在正确的自我认知基础上，才能形成正确的自我悦纳、积极的自我体验、有效的自我控制。而要做到这些就必须扩展青少年的生活经验和生活范围，因此教育工作者应鼓励青少年积极投身社会生活实践，拓宽他们的生活交往范围，多为他们组织活动，让他们多关注现实、多接触人，从而不断地摄取新的生活经验以丰富自我、展现自我，同时促使他们更全面地认识自我。因为青少年的自我在一定程度上仍受着他人的影响，而广阔的交往范围可以获得更广泛的来自他人对自我的评价，有利于青少年综合、全面地分析他人对自我的评价来认识自我，以免仅受片面之词的影响。另外，广阔的交往范围也让他们多关注现实、多接触人，从而不断地摄取新的生活经验以丰富自我、展现自我，同时促使他们更全面地认识自我。因为个体对自我的认识常常需要通过与他人的比较才能实现，往往在相互比较中更能认识到自己能力的高低、品质的好坏、追求目标是否恰当等。交往的人多可以提供更多的参照者，在与不同类型者比较中认清自己的优势和劣势，从而达到取长补短、完善自我的目的。

二、青少年的自我接纳

自我接纳是自我健康发展的关键所在。而自我接纳就是无条件地爱自己，喜欢自己，认可自己的价值与存在。接纳自我首先要喜欢自己、欣赏自己，体会自我的独特性，在此基础上体验价值感、幸福感、愉快感与满足感；其次是理智与客观地对待自己的长处与不足，冷静地看待得与失。可能你会有疑问：我现在有这么多不足，这么多令人不满意的地方，我怎么接纳自己呢？而且我还担心，如果我接纳了一个这样的自己，就是降低了对自己的要求，就是甘愿这样平庸下去，会让我更堕落，我是不是就再也实现不了我想要的成功了？没错，这是许多人面对自我接纳时的困惑和迟疑，让我们回到成长的长河中寻找一下这种熟悉的声音可能来自哪里。当我们成绩有一点进步时，我们渴望获得父母或成长中重要他人的鼓励或夸奖，但是获得的信息可能更多的是：不能太肯定他了，否则，他岂不是会得意，再也不努力学习了？年幼时，父母在我们需要肯定时的迟疑，被我们作为一个规则内化成自我的一部分，慢慢地代替父母来管理我们的生活。但是想象一下，当你取得哪怕一点点进步时，父母的肯定和赞赏是让你更努力、更投入，从而取得更大的进步呢？还是让你沾沾自喜、止步不前呢？父母的批评和指责是更让你沮丧还是更给你力量？答案不言而喻。年幼时，父母不肯定我们是认为我们还没达到他们的要求。长大后，我们不能自我肯定和接纳是因为我们认为自己没有达到自己理想的要求，而理想通常会高于现实，于是我们就可能陷入无休止的沮丧中，自卑感随处可以获得，自信却无处可寻。没有自信，做事情就像手脚被捆绑的囚徒，又怎么可能全情投入生活，去为自己的梦想打拼呢？

为什么接纳自我才是走向真正自信的终极出路？抑或不管你身处的情境如何，你仍然可以自信起来的心理机制是什么？让我们首先回忆一下你身边那些散发着自信魅力的同学或朋友，她可能没有出众的容貌，却可以自信地接受来自异性投来的目光；他可能没有出色的口才，却可以站在公众场合自信地发言；他可能来自偏远的贫困农村，却可以自豪地谈论自己的家乡和童年的趣事……于是，我们困惑，他们并不拥有令人羡慕的家庭背景和出众的才能，但为什么生活得那么轻松和自信呢？答案很简单，从绝对意义上说，自卑的人接纳自己是有条件的，而自信的人接纳自己则是无条件的。

接纳自己其实就是尊重自己，真正懂得尊重自己的人也一定懂得尊重别人，即尊重差异。而尊重差异则是真正的平等精神，平等绝不意味着用同一个标准来衡量，而恰恰是尊重每个个体的独特性，因此，尊重自己和尊重他人根本就不矛盾。然而在日常生活中，我们常常在尊重自己和尊重他人之间不知如何抉择，要么选择只“尊重”别人的观点，否定自己；要么选择只“尊重”自己的观点，否定他人。事实上，这两种选择均没有真正体现尊重，其背后隐含着一个错误的前提，即不管任何事情，总是只有一个正确答案，当观点不一致时，要么你错，要么我错。实际上，普通人的日常生活中大是大非的绝对之事少之又少，最多的情况是对同一件事或同一问题的看法因人而异，每个人都有支持自己观点的理由。这一道理简单明白。然而，在指导自己日常心理和行为时，很多困扰则反而因为潜意识中拒绝这一事实，而一厢情愿地、固执地要求这个世界按自己的方式运转，结果常常反而事与愿违。因为如果你有要求别人的权利，别人亦有这个权利。因此，只有当一个人真正懂得尊重自己时，他才能获得他人的尊重，他才能真正地懂得尊重他人。

案例材料

下面我们用一个例子来介绍怎样用“我喜欢”来慢慢学会尊重自己，尊重差异。

王艳和陈娟是同一宿舍的姐妹，因为来自同一省份，她们成了好朋友。然而，随着时间的推移，王艳越来越不愿意和陈娟待在一起了，因为王艳自认为以前自己是一个比较有主见的人，但是与陈娟在一起，她甚至连买东西这样的小事都不知道自己喜欢什么、不喜欢什么，感到很压抑。原来，陈娟是一个比较喜欢挑剔的人，而且喜欢文学和高雅音乐，自恃很有品位，尤其对穿衣打扮有自己独到的看法。所以，最初两个人一起逛街时，每当王艳拿起一件衣服想试穿时，陈娟就会说些诸如“你怎么会看上这件衣服”“这么俗”“一点也不适合你”等话语，次数多了，王艳越来越沮丧。即使想表达自己的看法，只要一听到陈娟那自信的评说，她就开始怀疑自己没有眼光。一件衣服本来觉得还挺喜欢的，只要陈娟一批评，王艳就像被施了魔法一样会突然感觉不喜欢了。久而久之，王艳越来越不敢和陈娟一起逛街了，如果非要一起，也只有一个行动原则，那就是不买东西，这样就可以免于被否定。因为两人关系比较密切，陈娟的行为甚至影响了王艳对自己的看法和认识，在其他方面也变得不敢表达自己的观点。虽然这时的王艳感到有些压抑，但对这种状态并没有太在意，她只是简单地认为可能自己天生就没品位，没有看法，人家陈娟就是比自己强。大学毕业后，一次偶然的机会，王艳接触到了心理学，意识到了自己的问题所在。于是，王艳开始行动了，她要在最初的地方把自信给找回来，她破天荒地主动约陈娟一起逛街。陈娟一如既往，王艳有备而来。当陈娟又否定时，王艳自信地说：“你不喜欢这个款式吗？我挺喜欢的，我觉得这个很适合我。”陈娟看到王艳的反应，愣了一下说：“可能你喜欢吧。”王艳感觉很不错，次数多了，王艳越来越敢于用“我喜欢”来表达自己的看法了。很奇怪，王艳越尊重自己的看法，她就越觉得自己其实还是很有主见的。现在的陈娟也越来越看重王艳的意见，据说在照婚纱照之前，她还专门把图片发给王艳，听听王艳的意见呢！王艳感慨地说：“找到自己的感觉，一个字——爽！”

所以，接纳自己，找到自我，重建自信，不一定要在重大的事情上寻找，确认自己的方式主要是由日常生活的点点滴滴建立起来的。王艳用“我喜欢”尝试尊重自己的看法和感受，最终陈娟也更加尊重王艳的观点。简单的一句“我喜欢”其实并不真的简单，其背后有许多值得强调的理念。设想一下，如果王艳回应陈娟时说：“你凭什么说不好看？我觉得挺好看的。”对比一下上文中王艳的回应，如果你是陈娟，你会有什么不一样的感觉？前者可能会让你感到自己的观点被否定，而且受到了攻击，你本能地想反驳“我就是觉得不好看”，于是二人就完全对立起来了。而后者表明对方尊重了你的看法，但是，她也有自己不同的看法，是“和而不同”，不是对立的你死我活，而是“你可以不喜欢，但是我喜欢”。生活中类似的可以建立自信的场合俯拾皆是，如果你喜欢吃臭豆腐，朋友会说：“咦？你怎么吃这个？臭死了。”这时你不需要解释，只需淡淡一笑，自信地说：“我喜欢这个口味。”没有人可以否定你，你尽可以享受美味。如果你的恋人其貌不扬，朋友表示质疑的时候，你大可不必感到尴尬，只需要甜蜜地说一句：“我喜欢这种类型。”喜欢不需要理由与借口，一句简单的“我喜欢”，充满了神奇的效果，帮助你找回迷失的自我，做真正的自己，尊重自己的同时也赢得他人的尊重。

三、青少年的自我监控

自我监控是以一种监控主体及监控对象为同一客观事物的监控。具体来说，自我监控就是某一客观事物为了达到预定的目标，将自身正在进行的实践活动过程作为对象，不断地对其进行的积极、自觉的计划，监察、检查、评价、反馈、控制和调节的过程。人类由于具有能进行自我监视反馈和调节控制的意识，才使自己得以成为人类——区别于一切非生物和其他一切生物的特殊生物。青少年的自我监控贯穿于他们所从事的形形色色的实践活动之中，可以说无处不在。对每个青少年来说，从生活作息到学习工作，要保证每项活动的正常进行和顺利发展，一般来说，都离不开自我监控。由此可见，人类生活与社会实践中任何自我监控行为或活动的出现，其本身就体现了个体的主体能动性。我国古代思想家老子曾说：“知人者智，自知者明。”这句话精辟地说明了认知活动中自我监控所具有的重要意义和地位。自我监控是青少年自我发展和自我实现的基本前提和根本保证。一方面，正是由于具有了自我监控能力，青少年才得以对自我进行审视与反省，进而才得以树立自己的奋斗目标、制订自己的行动计划，从而为随后的自我发展和自我实现奠定基础。如果缺乏自我意识和自我监控能力，青少年没有也无法去对自我进行审视与反省，当然也就不会有自我发展和自我实现了。因此，自我监控是青少年自我发展和自我实现的基本前提。另一方面，在青少年自我发展和自我实现的过程中，无论是目标的树立、方向的确立、计划的制订，还是具体行为、行动的采取、实施、调整、控制，其中每一步骤的顺利完成都是以个体一定的自我监控与调节为手段的，实际上也都是个体自我监控能力的具体表现。因此，在这个意义上，可以说自我监控是青少年自我发展和自我实现的根本保证。

四、青少年的自我超越

青少年要学会自我超越，要给自己一个机会，告诉自己“原来我也可以”。通常情况下，我们习惯性地把行为限制在一个范围之内，不争取或者不敢给自己一个机会尝试做一些没有做过的事情，我们也就没有机会了解自己的能力，没有办法发现自身的力量。因此，在日常生活和学习中，我们可以选择一些难度较大的事情，经过努力挑战成功，也可以选择一些很小但先前很少做过的事情。给自己一个机会，只要认真去做了，通常就会发出“原来我也可以”的感慨，这对建立自信、重新认识自己和周围的人具有重要意义。

案例材料

有一名女生，她很苦恼，原因是她认为自己在宿舍里很受欺负或者说不受大家的尊重。别人说话或提建议时，她会很认真地听或者采纳，令人难过的是，当她说话时，好像没有什么人在认真听，久而久之，她就很少说话了，宿舍室友们有什么活动时，她也从来不提供意见或建议，只是做个跟从者而已。但是，这样的生活并不是她想要的，她感到很压抑。通过和心理咨询老师交流，领悟力很强的她发现，上大学以来，她为了得到同学的认可，在发表自己的看法时，一旦有同学提出不同意见，通常她就会放弃自己的观点，转而附和别人，以为这样就可以得到别人的接纳。于是，时间长了，越来越没有人尊重她的意见了。后来，即使有机会尝试一些小挑战，她也会因为担心自己能否做好而放弃，更不用说主动争取了。认识到自己的问题之后，她开始主动进行一些尝试。正好机会来了，暑期将至，她们要实习，实习单位离学校比较远，大家都没去过那个地方，于是，她勇敢地挑起了这个担子，她查地图、查公交路线、计算时间等。最后，在她的带领下，两个宿舍参加实习的六名同学成功地到达目的地。回来的路上，她的心里美滋滋的，发现自己和其他很有能力的同学一样有能力，而且，自己还成功地做了一次队长。虽然事情很小，但意义重大，她由衷地说了一句：“原来我也可以的！”后来，在日常交流中，她也逐渐学会温柔地坚持自己的看法，尝试尊重自己的观点。慢慢地，如上文中的王艳一样，她感觉自己活得更轻松和自信了。当然，生活本来并非全都是阳春白雪，不过，只要你走在发现自己的路上，你就可以真正活出自己的人生。

当我们为别人对待我们的方式而苦恼时，当我们指责或埋怨别人时，请停下正在进行的动作，把“你”改成“我”，那通常是自己内心潜藏的真实声音。由于层层的自我保护，我们自己都无法认识自己了。比如，当你指责恋人“你根本就不爱我”时，当你指责别人“你为什么老拿我开涮”时，把内容改成“我根本就不爱自己”“我老拿自己开涮”，扪心自问，是不是这个更接近真实？这个事实的发现，虽然让我们痛苦，但是，只有发现自己的影响力，我们才可能去改变或调整它，使我们不再只扮演一个受害者的角色，而是做一个自我的拯救者。生活中我们经常会看到，一些人不断地陷入爱情又不断地失恋，苦不堪言，无法自拔。最大的问题不在于他有多倒霉，可能的情况是，这些人甚至一辈子也走不出这个怪圈，而走不出的原因就在于自己对心理方面一无所知。我们经常说，要面对现实，可是你根本就看不见现实，又如何面对？我们发热了，咳嗽了，我们知道这是感冒。我们拉肚子了，知道这是食品问题。然而，我们的心理出了问题，却不知问题何在。小时候，可能是大人教会你怎样对待自己，长大后，却是你教会别人怎样对待你。

发现自己的历程是青少年一生的课题，这条成长的路有许多痛苦，因为在打开层层的自我防御的过程中，必须面对一个内心非常脆弱的自己。然而，这条路也很神奇，青少年应该愿意忍受并面对自己的痛苦，因为它通常会给我们带来“噢，原来这样啊”的顿悟，在这种神奇的体验中会不断获得自我的成长。

·本章小结·

1. 自我是指对自己及自己与周围的人和事物之间关系的认识。从形式上看，自我包括知、情、意三方面。“知”即自我认识，主要指自我概念；“情”即自我体验，主要包括自尊；“意”则是自我控制和自我调节。

2. 自我的形成大体经历生理自我、社会自我、心理自我三个阶段。青少年自我的类型从知、情、意的角度来看可分为自我认识、自我体验和自我调控，从内容上看，自我可分为物质自我、社会自我和精神自我。

3. 青少年自我的特点主要体现在以下几方面：自我分化、产生成人感、自尊心敏感而强烈。

4. 自我认同感是一种对于自己是谁，将要去向何方，如何适应社会的一种感受，是一个人自我认知程度的标志，是一个人情商高低的主要标尺之一。青少年自我认同感包括青少年认同感的形成的发展趋势、青少年自我认同感形成的偏差、影响青少年自我认同感形成的因素、培养青少年的自我认同感。

5. 青少年的自我完善包括：青少年要形成正确的自我认知、青少年的自我接纳、青少年的自我监控、青少年的自我超越。

·习　题·

一、单选题

1. 人格发展具有主观能动性的重要原因是 (　　)。

A. 自我观念　　B. 自我认知　　C. 社会环境　　D. 早期教育

2. 自我意识对人格发展具有重要作用的原因是(　　)。

A. 使人格特征具有多样性　　B. 使人格结构具有稳定性

C. 改变个体人格的结构　　D. 使人格发展具有主观能动性

3. 人格的发展受到(　　)因素的影响。

A. 早期经验　　B. 社会文化环境　　C. 学校教育　　D. 遗传

4. 关于青少年期自我概念特征描述不正确的是(　　)。

A. 个体的自我概念较少涉及需要和动机

B. 个体更为关注心理的自我，包括需要、动机、态度和人格等方面的特征

C. 个体的自我概念更为客观和抽象

D. 个体的自我概念更为主观和抽象

5. 关于自我整饰与自我美化的区别，描述正确的是(　　)。

A. 自我整饰是提高自我形象的一种有益技术和方法

B. 过度的自我美化易产生自我欺骗

C. 过度的自我整饰易产生自我欺骗

D. 自我美化受主观动机驱动，易导致自我认识偏差

6. 青年人中常见的错误思维方式包括(　　)。

A. 匆忙下结论　　B. 是或非的思维　　C. 固执与偏见　　D. 以偏概全的思维

7. 根据耶克斯与多德森定律，(　　)的动机最有利于任务的完成。

A. 没有任何关系　B. 低强度　C. 高强度　D. 中等强度

8. 提高自我意识的敏感性包括(　　)。

A. 对自己情绪的认识　B. 对自己思维的认识

C. 对自己身体的认识　D. 对自己人格的认识

二、判断题

1. 大多数心理问题都是“自我”导致的。(　　)
2. 自我意识的偏差不是人格障碍形成的重要原因。(　　)
3. 心理学家贝克认为抑郁者是消极的自我图式所导致的。(　　)
4. 个体的印象整饰都是有意识的。(　　)
5. 高自尊的人很难表现出自我美化的偏差。(　　)
6. 探索我们的意识是重新塑造一个全新自我的重要途径。(　　)
7. 完善自我是为了寻求完美无瑕的我。(　　)

三、填空题

1. 罗杰斯(Rogers，1951)认为自我可以区分为__________与__________。
2. 从知、情、意的角度来看，自我可以分为__________、__________与__________。
3. 埃里克森(1963)的理论认为，青少年面临的主要发展障碍是获得__________。
4. 影响青少年自我认同感形成的因素主要有__________、__________、__________、__________与社会文化的影响几方面。

四.简答题

1. 请简述青少年的自我认同包括哪几种水平。
2. 请简述影响青少年自我认同的因素。
3. 如何培养青少年的自我认同？

第六章 携手共进的亲密朋友——青少年的同伴交往

·引 言·

任何一个人都有社会交往的需要。对于青少年来说更是如此，并且他们的生活中存在着“两个社交世界”，一个是成人—青少年之间的世界。另一个是青少年同伴之间的世界，这两个社会交往系统经常以不同的方式影响青少年的发展。本章我们将要了解的是青少年的同伴交往。

当一个儿童上学之后，他们的绝大多数时间是和同伴们一起度过的。同伴对儿童或青少年的发展起着十分重要的作用。面对同伴交往，很多成年人会有深深的焦虑，这些人可能会认为，同伴会削弱成人为儿童制订最优计划，甚至会引导儿童做出反抗或反社会行为，颠覆、破坏儿童的发展。比如，同伴间的模仿、攀比，同伴的怂恿和奇怪的建议等。但是，如今发展心理学学者越来越认识到以往对同伴影响的认识是极度歪曲的，带有不正确的消极色彩。的确，同伴有时候会产生“坏影响”，但是他们也会以很多积极的方式来影响同伴。同伴交往能够帮助青少年建立自信心，增强他们的社交技能和情感表达能力，从而更好地适应社会生活。

本章将为大家介绍已有的研究成果，并带领大家结合自身的学习、成长经历一起探索该问题的答案。

第一节 青少年同伴交往概述

一、同伴与同伴交往

(一) 同伴与同伴交往的含义

同伴是指与某个体同龄、心理发展相当或社会认知能力相当的个体。同伴交往是指青少年与同龄或者与之发展相当的个体之间的交往。同伴之间在交往过程中建立起来的共同活动、相互协作的关系即同伴关系。同伴交往在青少年的生活中，尤其是在青少年个性和社会化发展中起着成人无法取代的作用，它有利于青少年社会价值的获得、社会能力的培养和人格的发展。

(二) 同伴交往的重要性

同伴在青少年的生活中占有非常重要的地位。美国社会学家哈吐普(Hartup)认为，儿童的人际关系可分为垂直关系和水平关系。垂直关系主要指儿童与成人(如父母、老师等)的关系，其性质具有互补性，即成人控制、儿童服从，或儿童寻求帮助、成人提供帮助。它的主要功能是为儿童提供安全和保护，促使儿童学习知识和技能。水平关系指儿童与那些和自己有相同社会权利的同伴之间形成的一种关系，其性质是平等和互惠，主要功能是给儿童提供学习技能和交流经验的机会。在社会化过程中，水平关系比垂直关系对儿童的影响更强烈、更广泛。可见同伴交往对青少年而言有着深刻的意义。

知识链接

哈洛对恒河猴的研究

与同伴没有交往或只有很少交往的儿童，是否会变得不正常或者功能失调呢？青少年儿童的心理健康是否会受到影响？为了考察这个问题，哈洛及其同事开展了一系列的研究，哈洛把恒河猴幼崽当作研究对象。他们把这些恒河猴幼崽及其母亲放在一起饲养，但是不给这些猴子与同伴交往的机会。过了一段时间后，哈洛发现这些“只有母亲”的猴子不能形成正常的社会行为模式。后来把它们放到同龄的猴群中时，这些被剥夺了同伴的猴子往往躲避猴群。有时，当他们接近同伴的时候，表现出很高的(不恰当的)攻击性，而他们的这种反社会倾向通常持续到成年阶段。故适当的同伴交往对动物和人类都具有十分重要的影响。在青少年儿童与同伴交往的关键时期内，剥夺同伴交往对青少年儿童的心理健康、人格形成都是十分不利的。

同伴交往的重要性主要表现在以下几方面。

一是同伴交往可以满足青少年爱和归属的需要，以及尊重的需要。比之与父母交往，青少年与同伴的交往更为自由、平等，他们敢于在同伴面前表现自己来获得同伴的关注，他们敢于和同伴分享自己的喜怒哀乐。青少年在与同伴交往的时候，建立友谊与信任，获得彼此关爱与尊重，同伴团体的形成也为青少年提供了归属感。

二是同伴交往为青少年提供了学习他人反应的机会。在与同伴交往的过程中，由于年龄、性格、能力等的差异，青少年对待同一问题和事情的态度和方法不同。在交往过程中，青少年能从同伴那里学习到不同的应对问题的方法，并能通过比较、鉴别之后，内化为自己的方法。

三是同伴交往为青少年提供特殊的参考信息。同伴交往的过程也是信息传递的过程，与跟父母交往相比，同伴交往的信息量更大，信息的可用性更强。一些不易从父母那里得到的信息和消息可以从同伴那里知道，如对教师的评价、交友问题及解决方法、考试技能、性知识等。

四是同伴交往是青少年得到情感支持的重要来源。随着年龄的增大，青少年与同伴交往的时间也逐渐增多，同伴对其影响力也在逐渐增强。而父母与师长等对青少年的影响相对减弱。同伴在青少年心目中的地位越来越高，随着真正友谊的形成，同伴之间建立了安全、信任的氛围，他们有事情时往往会找同伴帮忙，心有烦恼也是找同伴倾诉。这样亲密、良好的同伴关系就为青少年提供了重要的情感支持。

综上所述，同伴交往是青少年社会能力发展的重要背景，是满足社交需要、获得社会支持和安全感的重要源泉，同伴交往经验有利于青少年自我概念和人格的发展，对青少年有着极其重要的意义。

二、青少年同伴交往的特点

青少年同伴交往是一个发展的过程，刚开始的交往是建立在外部条件和偶然兴趣的基础之上的，如同桌、同班同学一起踢足球或者一起玩游戏而建立起来的交往。逐渐地，学生会建立交往的标准。首先是与自己相似的个体，即他们喜欢和自己兴趣、性格、习惯、地理位置相似或相近的人做朋友。其次是比较优秀的个体，即他们喜欢和受到社会赞赏的学生做朋友，如选择和成绩好的人做朋友。最后是对自己友善的个体，即他们更愿意接近那些喜欢自己、帮助自己的人。

青少年与同伴待在一起的时间开始逐渐增多，与同伴相处的时间比与成年人群体相处的时间变多。在儿童到青春期的过渡中，孩子与父母家人在一起的时间会大幅度下降。同时，同伴交往受到成人的监管变得更少，即便去同伴家里玩，也会单独待在屋里，或者趁对方父母不在家的时候去玩。

青少年同伴交往也有性别特点。青春期以前的学生往往和同性同伴交往更多，这种现象在小学呈上升趋势。在青少年与同伴交往中，还会有一些有趣的现象。男生经常会选择“惹是生非”的方式接近女生，如在课桌中间画“三八”线、偷偷藏起女生的书包等，这些表现并非反映出他们对与异性交往和友谊不屑一顾，而恰恰反映出他们对异性交往的渴望，反映出男生对女生特有的兴趣。随着年龄的增长，男女生会表现出微妙的变化，例如，有人会表现出更为腼腆、害羞、漠不关心等。这都反映了青少年异性交往的特点。

青少年同伴交往具有小团体的特点。青少年早期，与父母、兄弟姐妹和其他的社会化影响者相比，青少年花更多的时间与同伴在一起，特别是跟一小部分朋友在一起，我们称之为“小圈子”。早期的同伴小圈子往往在儿童晚期形成，一般包括四至八名同性别的成员。不同小圈子的孩子在穿衣、谈吐和举止方面都形成了自己的文化，甚至在吃饭、一起参加活动时，每个小圈子都会拥有特定的区域。在各自的圈子里，每个孩子在自己的圈子内都有属于自己的位置。

三、影响青少年同伴交往的因素

(一) 青少年的个性特征和社会认知因素

青少年的个性特征和社会认知是影响同伴关系的主要因素，两者又相互影响，对其同伴交往的影响具有动态性。乐于助人、友善、有幽默感的青少年比破坏性强、欺骗、敏感的青少年更受同伴欢迎。个人品质是赢取同伴欢迎的最重要因素，高中生喜欢与自己性格、为人处世和爱好方面相似的同伴交往，讨厌同伴的不良品质。可见高中生更注重内在因素的追求，这也是高中生逐渐成熟的标志之一。

另外，青少年的身体特征与同伴接纳程度也有关系。容貌有吸引力的青少年往往更容易被同伴接纳。体型为运动型、肌肉发达的青少年在班里最受欢迎。

(二) 家庭因素

个体不管是婴幼儿、青少年，还是成人，其受到原生家庭的影响都是不可忽略的。在原生家庭中，其获得与他人沟通交流的第一个技能。在一个家庭中家长就是榜样、标杆，是孩子在人际交往中的第一教师。采用关爱和权威型教养方式的养育者，注重与子女讲道理而不是用强权来指导或控制其子女的行为，这样的父母教育出来的孩子多是安全依恋类型的，成人和同伴都喜欢他们。相反，高度专制的或非参与型的父母主要靠权力作为控制手段，他们教育出来的子女，通常是不安全依恋类型的，乖戾、不合作、攻击性强，通常不被同伴喜欢。青少年与父母的关系会对其同伴交往产生影响，并且家庭越幸福的学生友谊质量越高，多子女家庭中的孩子比独生子女家庭中的孩子心理发育更成熟。

(三) 学校教育因素

学校的学风、文化、氛围对于青少年同伴交往也有十分重要的影响。孟母三迁的故事也告诉我们环境对个体的重要性。对于青少年而言，其大部分时间是在学校度过的。在社会上，学校的层次不一，其主要有省重点、市重点、普通高中、职业高中等。在学校，青少年的同伴对象主要是同班同学或校友，极少的同伴是其他学校的。而每个高中都有属于自己的特色，这个学校里的学生当然都带有其相应的气息。学校教育和家庭教育相比，男生受前者影响更大，女生受后者影响更大。

第二节　青少年的友谊与爱情

一、青少年的友谊

友谊是两个个体之间形成的以信任为基础、以亲密支持为情感特征、较持久的双向关系。

如果说同伴是一群年龄相仿或成熟水平相近的个体，那么朋友就是同伴团体中的一小部分，他们相互为伴，相互支持，亲密无间。朋友关系要比同伴群体中的关系亲密得多。有些青少年有几个亲密朋友，有些只有一个，而有些一个都没有。

(一) 青少年友谊的功能

很多研究都表明友谊对青少年的健康成长有非常重要的作用。与那些有一个或更多朋友的同学相比，没有朋友的学生较少做出亲社会行为，且学习成绩较差，情绪也更容易低落，这种情况甚至会持续多年直至成年，缺少高质量友谊的青少年有较低的自尊和自我价值感。沙利文认为亲密关系的心理重要性和亲密度在青少年早期有大幅增加。朋友在促进儿童和青少年的幸福感和发展方面发挥着同样重要的作用。也有一些研究表明和年幼的儿童相比，青少年更愿意向自己的朋友倾诉较多隐私和个人信息。青少年普遍报告说他们更多通过朋友而不是家长来满足自己对陪伴、价值感和亲密感的需要。具体来说，友谊具有以下功能。

第一，陪伴功能。友谊为青少年提供了一个熟悉的同伴，一个愿意与他们共度时光，参与合作活动的伙伴。

第二，刺激功能。友谊为青少年提供了有趣的信息、快乐和娱乐。

第三，物质支持。友谊可提供资源和帮助。

第四，自我支持。友谊提供支持、鼓励和反馈，有助于青少年对自己保持一种有能力的、有吸引力的和有价值的印象。

第五，社会比较。友谊提供了一些与其他人对比的信息，例如，自己处于何种地位，自己的所作所为是否恰当。

第六，亲密情感。友谊在青少年与另一个个体之间确立了温暖的、亲密的、信任的关系，这种关系中包括自我表露。当亲密的朋友互相表露他们的心事时，他们会发现自己并非异类。此外，友谊还是成人浪漫关系的准备。

(二) 青少年友谊的特点

1. 亲密度

亲密度是友谊的一个重要特征。友谊中谈及的亲密度有不同的含义。从广义上，它包括一切可使友谊变得更加亲密的因素。然而，在大多数研究中，友谊的亲密度被狭义地界定为自我表露或隐私分享。个人对朋友的了解也被用作亲密度的一个指标。

当要求青少年回答他们想要从朋友那里得到什么，或如何判断谁是他最好的朋友时，他们常说，最好的朋友是能与他们共同解决问题、理解他们、并愿意倾听自己的想法或感受的人。当年幼儿童谈到友谊时，他们很少涉及或谈论自我表露或相互理解的问题。一项调查表明，友谊的亲密度在13～16岁的青少年中比在10～13岁的青少年中表现得更突出。

2. 相似性

友谊的另一个特征是相似性，在整个儿童期和青少年期，朋友在年龄、性别、种族，以及其他许多因素上都大体相似。朋友通常都有相似的学业态度、教育抱负和高度一致的成就取向。朋友大都喜欢同一风格的音乐、穿同一款式的服装、喜欢相同的休闲活动。假如朋友对学业持有不同的态度，其中一人可能想打篮球或去购物，而不想做功课，另一个朋友却坚持要先完成功课时，这种冲突可能会破坏他们的友谊，双方也可能会因此分道扬镳。

3. 层次范围

随着自身兴趣爱好的增加，青少年的精神生活更加丰富多彩，需要结交更多的朋友以满足不同的需求。所以青少年友谊还具有层次多、范围广的特点。表现在青少年的朋友可能是年长的，也可能是年幼的，还可能是不同地域环境、不同文化背景下一些“志同道合”的朋友。

(三) 塞尔曼的儿童友谊发展阶段

随着儿童年龄的增长，优异的特性也不断发展变化。美国著名儿童心理学家塞尔曼认为儿童友谊的发展有以下五个阶段。

第一阶段(3～7岁)：未形成友谊概念阶段。儿童之间的关系还不能称为友谊，而只是暂时的游戏伙伴关系，这种关系大多建立在实物和邻近性的基础上，具有偶然性和短暂性。对这个阶段的儿童来说，友谊就是一起玩，朋友往往与实利和物质属性，以及时空上的接近相关联。他们认为朋友就是与自己一起玩的人，与自己住在一起的人。

第二阶段(4～9岁)：单向帮助阶段。择友的标准是顺从和服从自己的愿望和要求。即如果顺从自己就是朋友，否则就不是朋友。

第三阶段(6～12岁)：双向帮助，但不能共患难的合作阶段。此时的儿童能够意识到双向的互利互惠，但不能做到甘苦与共，有很强的功利性。

第四阶段(9～15岁)：亲密的共享阶段。这个阶段的儿童发展了朋友的概念，认为朋友之间是可以相互分享的，友谊是随时间推移而逐渐形成和发展起来的，朋友之间应相互信任和忠诚，同甘共苦。他们开始从品质方面来描述朋友，认为自己与朋友的共同兴趣是友谊的基础。儿童的友谊开始具有一定的稳定性，朋友之间可以倾诉秘密，讨论、制订计划，互相帮助，但这一阶段的友谊有强烈的排他性和独占性。

第五阶段(12岁开始)：自主的共存阶段。这是友谊发展的最高阶段，它以双方互相提供心理支持和精神力量，互相获得自我的身份为特征。由于择友更加严格，因此建立起来的朋友关系持续时间都比较长。

以上阶段变化反映了儿童随年龄的增长，对友谊有着不同的理解，青少年时期的孩子大多已经处于第四和第五阶段，他们对友谊更加渴求，对择友更加严格。

二、青少年的爱情

(一) 朦胧的爱情

青少年正值身体发展的高速时期，出现第二性征，性发育逐步成熟，对于异性开始有了朦朦胧胧的好感。青少年期朦胧的爱情开始出现，即我们常说的早恋。

由于文化的不同，对于青少年异性间的朦胧感情的接受程度也不尽相同。在西方国家，大众对于青少年恋爱问题持更开放的态度。在美国的一项研究中发现，14～19岁的青少年中，没谈过恋爱的青少年比恋爱约会中的青少年表现出更多的社交焦虑。另一项研究中，在所选的六年级学生中有40%的人声称："我喜欢某个人。"然而直到10年级才有50%的青少年有持续2个月或更长时间的真正的浪漫关系。直到高年级，还有25%的青少年仍然没有这种持久的浪漫关系。此外，该研究还发现，女孩早恋与其低学业成绩、较少主动参与班级讨论及学校相关问题有关。绝大多数处于稳定约会关系中的青少年说，他们的关系持续了大约11个月以上：20%为14岁及以下青少年，35%为15～16岁的青少年，60%为17～18岁的青少年。

在我国，青少年的爱情问题并不是那么开放。学生家长、老师等都视早恋为洪水猛兽，担心由于早恋影响学生学业进步，往往限制青少年异性同学之间的交往。当然越来越多的社会问题由早恋引发，也使教育者对青少年的爱情问题十分重视。然而学校、家长的约束并没有阻挡住青少年追求爱情的脚步。现阶段，初高中校园内的恋爱出现公开化倾向。在学校内外，经常能看到穿着校服的男女学生成双成对地出现。这些现象都引起家长和学校的担忧，毕竟过早的恋爱对青少年有着很多不利的影响，首先是学习方面。青少年阶段是一个特殊的阶段，他们内心敏感，情绪变化剧烈，对方一言一行、一举一动都可能引起早恋青少年情绪的波动，恋爱中的分分合合更会让他们的心情难以平静。此外，经常单独约会也会占用不少学习时间，这些都会严重影响他们的学习。其次也有学者指出，过早恋爱对青少年行为的影响也有更为严重的一面：热恋中的青少年因好奇冲动偷食禁果，有的因之而痛悔不已，面对社会压力，自觉无脸见人，以自杀寻求逃避。此外，为了维护自己的"爱情"，青少年们也需要一定的经济支持，有的学生为此不惜去欺诈、抢劫其他学生，从此走向犯罪的深渊。

(二) 青少年恋爱的原因

从亲密关系的发展上分析，在早期的恋爱关系中，许多青少年恋爱的动机并非源于满足依恋或者性的需求。相反，早期的恋爱只是为青少年提供了一个环境，供他们探索自己的魅力、学会如何谈恋爱，以及弄清楚同伴群体会如何看待这一切。只有在青少年掌握了一些与恋爱对象交往的基本能力后，满足依恋和性的需要才成为这些关系的核心功能。

从青少年生理因素说，学生进入青春期后，身体发育迅速，第二性征开始出现，性器官也逐渐成熟。他们开始产生朦胧的性意识，渴望和异性交往，从而产生恋爱的可能。

从教育与文化的角度上来说有两个原因，其一是学校教育的不足和缺失。很多学校在面对青春期教育时，采用了回避的方式。很多教师对青少年异性交往存在误解，认为性教育等会诱发反作用，认为异性交往不好，常常压制异性交往，这种只堵不疏的做法只会适得其反。其二是传统观念和社会风气的影响。传统观念中“男女授受不亲”的观念让青少年误认为异性很神秘，要么青少年视异性为敌人，出现异性交往困难；要么在好奇心和对异性幻想的驱动下与异性产生朦胧的爱情。

总之，如果能正确把握好与异性交往的尺度，形成正常的异性交往就会有利于学生的身心发展。首先，良好的异性交往有利于他们建立清晰的自我感知。其次，良好的异性交往可以增进学生的心理健康。因为异性交往可以满足学生的心理需求，从而达到心理平衡。再次，良好的异性交往可以增进学生之间的友谊，为日后获得成熟爱情奠定基础。最后，良好的异性交往可以促进学生的社会性发展。

第三节　青少年同伴交往中的问题及其解决技能

一、青少年同伴交往中的问题

(一) 同伴攀比

同伴攀比是指个体不顾自己的实际情况，盲目地与他人比较。如今，青少年同伴之间的攀比现象越来越普遍，攀比的内容也发生了新的变化。以前同伴之间的攀比无非是谁穿的衣服新，谁学习好，谁受老师喜爱等。这些攀比有物质上的攀比，也有学习等非物质上的攀比。但现在学生攀比内容的范围主要集中在物质领域，比如现在往往攀比谁的父母有钱、有权，谁的衣服是名牌，谁的零花钱多等，这些攀比的内容无疑更物质化、世俗化、功利化。

攀比之风对青少年的危害是很大的。首先，它营造了不良的攀比风气，增加了家庭的经济负担。其次，它不利于青少年的学习，同伴间的攀比务必会影响学习的地位和学生对学习的兴趣。最后，同伴攀比不利于学生身心发展，在相互攀比过程中，占优势地位的同伴往往会有优越感和满足感，而处在劣势地位的同学往往会产生自卑感、失落感。这两种心态不利于青少年心理的健康发展，往往还会加深同伴之间的矛盾，破坏同伴友谊。

同伴攀比的原因也是很复杂的。除社会风气和家庭教育的原因外，从心理层面上来看，大概有以下原因。其一，为了受到关注，获得同伴接纳和赞赏。绝大部分青少年是渴望能够融入同伴群体的，然而由于他们社会经验缺乏，交往技能欠缺，成熟的价值观念尚未确立，他们就错误地认为，只有各个方面都超过同伴，才会受到同伴的关注，才能在同伴群体内受到接纳。而最直接最快速超过同伴的方法无疑是穿戴名牌，大手大脚花零花钱，大方请客等一系列行为。这样无疑便增加了攀比行为，形成了攀比之风。其二，攀比背后隐藏着自卑。攀比行为表面上是为了比同伴优越，实际上这背后隐藏着自卑的因素，这就像一枚硬币有不同的两面一样。攀比无非是想通过同伴对自己的认同来掩盖自卑的一种方法，他们想通过攀比受到关注和赞扬，这恰恰反映出青少年敏感而又容易自我怀疑、自我否定的内心世界。

需要注意的是，攀比不一定完全是件坏事，如果能合理地引导他们在学习和品行上进行发展则有利于促进青少年身心健康发展。比如有的教师在教学实践中喜欢将班级不同小组每个月的纪律、卫生、班级活动等情况整理好，然后贴在墙壁上，以此来激励和引导学生，效果良好。这实际上就是合理利用、引导青少年喜欢比较的心理。

(二) 同伴交往中的退缩行为

退缩行为也称社会退缩、行为退缩，是指孤独的行为，泛指跨时间、情境，在陌生与熟悉社会环境下表现出的独自游戏、消磨时光的行为，它包括行为抑制、害羞和社交孤独等。

一般来讲，诊断青少年有退缩行为的指标如下。

(1) 社交能力较差，很少主动与人交往，面对生人往往出现紧张不安，回避退缩。

(2) 性格上胆小，孤独。

(3) 适应新环境的能力较差。

(4) 一般智力水平正常。

青少年退缩行为的主要表现是，害怕或者不想与他人交往，不爱说话、沉默寡言，和他人说话时紧张，担心别人对自己进行负面评价，茕茕孑立，形影相吊。这些有退缩行为的学生其实是非常渴望加入他人的游戏中的，他们渴望与同伴交往。

退缩行为主要受以下几种因素影响。

(1) 气质类型和性格特征。有的青少年比较胆小、内向、敏感、害羞，对失败有深刻体验，也有的青少年由于自负、以自我为中心、攻击性强，因而受到同伴排斥，最后也会形成人际退缩。

(2) 家庭因素。首先是家庭中亲子关系的好坏，对孩子冷漠的父母往往会增加孩子的退缩行为。其次是父母的教育方式，对子女控制较多，或者溺爱孩子的父母都可能减少孩子的独立性，减少孩子与同伴交往的机会，致使孩子退缩行为增加。

(3) 师生关系的影响。研究表明，受教师信任、重视的学生，与教师积极情感交流更多，社会交往能力更强，更富有自信。也有一些学生，他们平时很安静，比较听话，在平时的生活与交往中暴露的问题不明显，不易引起教师的注意，往往成为教师忽视的群体。这些被教师忽视的学生缺乏与教师的积极情感交流，对教师反应冷漠，对班级活动也缺乏兴趣，行为会变得愈加退缩。

(4) 在幼年时受到的精神刺激。例如，严重的车祸或者受到惊吓等。对于有退缩行为的学生，我们可以采用多种不同方法培养其社会技能，但不管采用何种方法，都要求家长和教师给予有退缩行为的学生充分的爱心与信心，为他们营造一个宽松的环境，减少他们的心理压力，并通过多种多样、生动活泼的活动积极鼓励他们与同伴交往。唯有如此，社会性退缩学生才可能最终改善其孤立的社交地位，真正融入同伴群体之中。

(三) 同伴冲突

同伴冲突是同伴之间在交往过程中出现矛盾或抵触，以致发生的争斗或争执。当学生之间相互反对对方的行为、想法或言语时，冲突就产生了。同伴冲突产生的压力，易使儿童产生受挫感，因此能否合理地处理同伴冲突，直接关系到青少年的身心健康。

传统观点认为同伴冲突是一种不良行为，试图予以干预和制止。然而近年来，随着对同伴冲突研究的深入，研究者逐渐发现，在青少年交往过程中，同伴冲突是不可避免的，它是青少年之间经常发生的一种重要的社会交往形式。根据冲突的结果，可以把人际冲突分为建设性冲突和破坏性冲突。建设性冲突通常具有较低的发生频率和情感强度，较少把最初的冲突问题扩大或升级，一般采用协商折中等解决方法，它对青少年认知和社会性发展具有积极作用。有学者指出，冲突(尤其是地位相当的同伴间的冲突)是去自我中心的关键因素。在解决冲突的过程中，个体能够逐渐获得观点采择能力，学会协商、互助与合作，增长社会经验和规则意识，提高社会交往能力，并最终促进个体社会化的进程和良好个性品质的发展。与之相反，破坏性的冲突通常具有较高的发生频率或卷入较高的情感强度，更容易导致冲突问题的扩大或升级，并且往往会由于攻击或控制策略的使用而导致人际关系的紧张和适应不良。而本文所指的同伴冲突问题更偏重于这种破坏性的冲突。

同伴冲突的原因主要有以下几方面。

(1) 家庭因素的影响。当今的青少年大部分是独生子女，没有兄弟姐妹，因此他们不能在家庭里学习到谦让与合作，他们更需要同龄伙伴，希望与他们发展密切的关系。然而在家庭溺爱、唯我独尊的无冲突情境中成长，儿童极易养成任性、自私等不利于同伴交往的个性。当他们融入学校等群体活动时，便不可避免地产生许多同伴冲突。

(2) 青少年个性的不完善。青少年身心发展迅速，自我意识高涨，但其社会性发展的速度相对迟缓。这样就会形成以自我为中心的发展特点，他们希望别人赞同自己，很少从对方的角度考虑问题，情绪比较激动和不稳定，自尊心弱，有时更容易感到别人的威胁而“先发制人”。他们往往对朋友要求苛刻，要朋友事事时时顺从自己。这些都为同伴冲突提供了条件。

(3) 角色的差异和交往技能的缺乏。在校园里，除了学生这个统一身份，还有班级干部、学生会负责人等，这些都是不同学生所扮演的不同的社会角色。在完成某项具体任务时，由于对任务目标的理解有偏差、行为不协调、缺乏沟通或者沟通时语气语调欠妥等，也会出现冲突。同伴之间也可能由于交往技能不足，常常说出“出口伤人”“忠言逆耳”的话语，从而造成同伴冲突。

同伴冲突如果不能很好地解决，就会影响青少年正常的生活和学习，影响其身心健康，甚至会造成青少年打架斗殴等恶性事件。因此，我们必须正视青少年的同伴冲突，通过多方面的帮助与辅导，提高他们的应对能力。

(四) 同伴“拉帮结派”

随着同伴交往的深入和发展，由两个人形成的同伴关系会不断扩大，最后可能形成各自不同的“派别”。这些“派别”最典型的代表就是小团体。根据小团体的性质，又可以将小团体划分为一般小团体和不良小团体，此处侧重谈后者。同伴不良小团体的形成又被称作同伴“拉帮结派”，它一般在小学高年级以后出现。

同伴“拉帮结派”对青少年有严重危害。首先是班级和学校纪律会受到冲击，不良小团体在校园里滋事闹事、打架斗殴的现象时有发生。这些不良小团体中，一旦有人与团体外人员发生矛盾，很可能就会演变为一个团体对一个人的暴力事件。一旦学校的纪律遭到长时间破坏，学校不再是安全港湾的时候，学校的校风、学风必然也会随之遭到破坏。这不仅会影响青少年知识素养的提高，还会严重影响他们的身心健康，甚至会给社会带来危害。美国的一项调查指出“不良同伴小团体是青少年不良同伴联系的重要表现，学生处于不良团体中时其违法行为增多；当离开其不良团体时，这样的行为会减少；不良团体中的个体参与暴力犯罪的可能性是未加入团体的个体的三倍”。

不良小团体的形成主要与以下因素有关。

(1) 不良媒体。带有团伙暴力性质的电视、电影等对价值观尚未确立的青少年有强烈影响。

(2) 家庭影响。离异家庭及长久得不到家庭关爱的学生更容易和他人结成不良小团体。

(3) 学习和生活压力。青少年往往有升学的压力，加入不良小团体往往也是为了在团体内得到支持，从而摆脱学习的压力。例如，一起逃学会比一个人逃学要“安全”。

(4) 青少年自身心理发展特点。进入青春发育期的青少年，其生理上的显著变化，必然引起心理上的变化。这个时期的他们会出现许多矛盾性心态，包括生理发育与心理发展的矛盾、反抗性与依赖性的矛盾、封闭性与开放性的矛盾、理智与情感的矛盾、勇敢与怯懦的矛盾、高傲与自卑的矛盾、否定童年与眷恋童年的矛盾等。这些矛盾心态及由此引发的焦虑都会促使他们寻求一种归属感来解决这种矛盾，加入不良小团体也就成为一种选择。

二、同伴关系的评估

由于青少年良好同伴关系的重要性，我们需要对同伴关系进行评估，了解青少年的同伴交往情况。

了解和分析班级中的同伴交往状况，对班级学生在同伴交往中产生的问题进行分析、辅导是教师的职责之一。那么如何了解班级学生同伴交往状况，如何筛选需要辅导的学生，采用什么方法去发现问题等，就需要一些评估方法来分析、鉴别。用来评估同伴关系的方法很多，本节主要介绍几种使用比较广泛，影响力比较大的方法。

(一) 观察法

在日常观察中，人们会得到大量关于他人的信息，并据此做出各种各样非正式的判断与推论，因为无论在怎样的社会时代和文化中，人总是通过外在形式表达内心世界的特点，在人与人交往的过程中，人们自然会通过所见所闻对各种信息进行评估。下面就来说明观察法如何具体应用到同伴关系的评估中。一般来说运用观察法有如下基本步骤。

1. 确定观察目的

要运用好观察法，首先要确定目的和计划。这是观察的前提和基础，否则盲目地不带目的观察，很难获得实际所需的资料。

对于同伴关系的观察，其内容有很多，首先要明确其观察目的。比如同伴关系的观察主要目的可以是：了解某个学生与同伴的交往状况；了解班级同伴之间的人际状况；了解班级或个人交往中常见的问题；搜集关于本班学生人际交往中突出的需要解决的问题等。

2. 做好观察准备

首先是做好观察的内容准备。这里所说的内容，主要是要明确所界定、所观察的目标行为及其操作性定义，在实际观察中应当根据目的选择观察目标行为。其次是做好观察工具的准备，包括观察记录表。一份好的观察记录表至少具有两方面功能，一是实施功能，观察可依据记录表合理分配注意力，按要求实施；二是记录的整理功能，以便记录观察资料进行分析、整理。

其他方面的观察工具如录音笔、摄像机等。这些观察工具可以保证资料保存更加完整、详细，可以减少观察误差，但需要注意的是，这些工具必须在被观察者同意时才可以使用。

3. 编制观察提纲

在观察之前，观察者应根据实际情况和自己的目的计划，制定观察提纲。它一般包括：观察同伴关系的具体目的及具体内容；观察同伴关系的地点与详细环境；观察的时间与观察时长；制定行为问题分类表等。

4. 实施观察

做好以上准备，就可以实施观察了，在观察同伴关系中，除了要注意言语信息，也要注意非言语信息，如同伴走路的间距、肢体语言等。

5. 整理、分析资料

搜集关于同伴交往的一些资料后，开始整理资料，其基本任务就是对记录进行补修。如改掉明显错误的地方，还原当时没来得及记录的内容。

分析资料一般包含下列步骤：第一，初步整理，确保这些资料的准确完整；第二，对同伴关系的原始资料按目的分类，如个人活动资料、集体活动资料等；第三，运用分析工具和框架，对资料进行量化，比如观察某同学人际退缩状况，算出他参加集体活动的百分比，以及与他人交流的时间与频率；第四，对观察记录归纳整理，写出观察报告。

(二) 访谈法

访谈法和观察法一样，也是进行心理评估的最基本方法之一。通过访谈法可以直接搜集到当事人的人口学资料，包括家庭环境、成长经历、学习状况等基本信息，因此使用效率高且广泛。一般来说观察法有以下基本步骤。

1. 确定访谈目的

要运用好访谈法，首先要确定访谈目的，然后才能制订访谈提纲、计划等。这为访谈提供了前提和方向。

2. 做好访谈准备

首先是访谈内容上的准备。根据访谈目的，制定访谈内容。如想了解班级中某学生人际退缩的状况，就要围绕这个目的，准备好访谈内容。访谈者可以从该同学的家庭背景、学习状况、个人成长经历、人格特征、兴趣爱好等准备内容，最好能制定访谈清单。

其次是做好技术上的准备，由于访谈法灵活多变，对访谈者的要求较高，因此提问的技巧和倾听的技巧就显得很重要。像一些敏感问题，如你最讨厌班级中的哪位同学，你对某某老师是不是有意见等。这些问题必须等到和受访者交流比较深入的时候才能进行。

一些会引起受访者防卫的话也尽量少问，如“你感觉自己的人品怎么样”“你认为自己是一个好学生吗”等。有“为什么”的问句也会引起受访者的防卫意识，因为“为什么”往往要求受访者解释行为的原因，背后隐藏着质疑，因此访谈对象可能会做出防御性的解答。例如，“你为什么要打某某”，这样的话语就会让访谈对象找出“正当理由”来解释自己行为的合理性。所以访谈者可以使用“当你打架的时候，心里是怎样想的呢？”，这样不易让访谈对象产生过多防卫，从而收集到相对客观的信息。

3. 访谈实施、资料分析

做好以上准备，就可以实施访谈了。在访谈的时候，问问题要由浅入深，要注意语气措辞。有研究者在实施访谈中提出如下建议。

(1) 承诺访谈的保密。如老师承诺：“请放心，这次的谈话就我们两个人知道，你不用担心其他人能从我这得到什么。”

(2) 表达兴趣、温暖。如老师关心道：“你的衣服很合适，天气变冷了，注意保暖，别感冒。”

(3) 让受访者放松下来。如老师说："我们只是随便聊聊，你不用紧张，就当是和朋友聊天好吗？"

(4) 试图体会受访者的感受(共情)。如老师说："你现在心里非常苦恼吧，你感觉他们误解了你，但是你无法向他们说明，是这样吗？"

(5) 鼓励受访者自由地表达其想法和感受。如老师说："我想你的心中肯定有自己的想法，可以把你的想法和我分享吗？"

(6) 保持礼貌、耐心和接纳。如老师说："我感到你仍有担心，担心我对你的评价，所以你还是很犹豫要不要告诉我，对吗？其实老师也从你的这个时代走过，告诉老师才能更好地帮助你解决问题。"

(7) 认真倾听，同时不要有过度的情绪反应。

(8) 做记录和录音时尽可能不要太显眼。

(9) 幽默可以用，但是要谨慎，不能冒犯对方。

访谈完毕，保存好资料，回去以后就可以整理分析了。整理和分析资料的过程类似于观察法，最后是写出访谈报告。

(三) 社会测量法

测验法是心理评估中的主要方法，它能为我们的评估提供比较客观的数据支持。测验法的分类众多，按照本章同伴关系的内容，我们介绍一种在人际关系中影响比较大、应用比较广泛的测验法，即社会测量法。

社会测量是心理学家莫里诺(J.L.Moreno)于1934年提出的一种研究方法。它主要用于研究团体内(特别是小团体)成员之间人际关系和人际相互作用的模式，通过社会测量，可以了解人际关系状况、团体凝聚力等团体特征。它具有以下特点：主要研究人际关系及人际结构特征，强调人与人之间的相互作用；社会测量是对人的某种评价，因此，它容易引起被测人较强的兴趣与动机；其测量结果特别适合于班级研究。在测量、了解班级凝聚力或者宿舍同学关系等方面具有很强的应用性。社会测量法有很多形式，如社会距离测量量表、猜人测验、等级排列问卷、关系分析方法等。社会测量的结果简单易懂、容易解释，根据测量结果就可得出班级内哪些学生人缘不佳，受到孤立，从而重点针对这一部分同学进行有针对性的辅导。如果能将以上几种形式结合起来使用，那么教师就可以准确地了解班级状况。下面介绍社会测量实施的步骤。

首先，要明确告知学生测量目的。告诉学生，邀请他们参加一次简单的心理测量，目的是了解班级同学真实的交往状况，其结果是保密的，班级同学关系也不会受到测验的影响。请学生们放下顾虑，用心作答。

其次，注意编排合适的指导语，对测验进行说明。由于测量的是班级同学关系，因此指导语中要强调，请同学们在班级内部选择适当对象。如"你最喜欢和班级内的哪位同学玩""你在班级内最想和谁交朋友"等。

最后，实施测量。根据指导语的说明，实施测量即可。要注意测量气氛，既不宜紧张、严肃，也不宜活跃、喧闹。

对于测量的结果，最常用的分析方式是矩阵分析和图示分析。比如要求学生选择两个自己最愿意成为好朋友的同学，对选择结果可以用这两种方式进行分析。

1. 矩阵分析

矩阵分析把参加测试的人员及其选择整理在一个n×n(n代表班级人数)的矩阵里，然后进行分析。将班级以某些编号表示。画出表格，横行表示被选者，竖行表示选择者，“1”表示选择，“0”表示不选择，自己不选择自己。最后，可以计算出班级中每个成员被选的次数。

2. 图示分析

矩形方阵也可以用图6-1来表示。图示中的序号代表其中一个同学，箭头表示学生的选择。箭头指向多代表被选次数多，表示该同学在同伴中的位置，以及受欢迎和接纳的程度。

在图6-1中，5号同学处于选择中心；1、2、5号同学相互选择(双向箭头表示)，他们在团体内很可能是一个非正式小团体；5号同学位于中心，被选次数最多，而3号和4号同学则处于边缘。当然，用图解分析法时，团体也不宜过大，一般应少于20人，否则，结果将难以解释。图示分析法可以非常直观地看到同伴间关系的情况，但其也有一定的局限。由于在图示分析法中，不同研究者可以对相同数据做出不同的图解布局，因此图示分析结果的可比性没有矩阵分析的高。

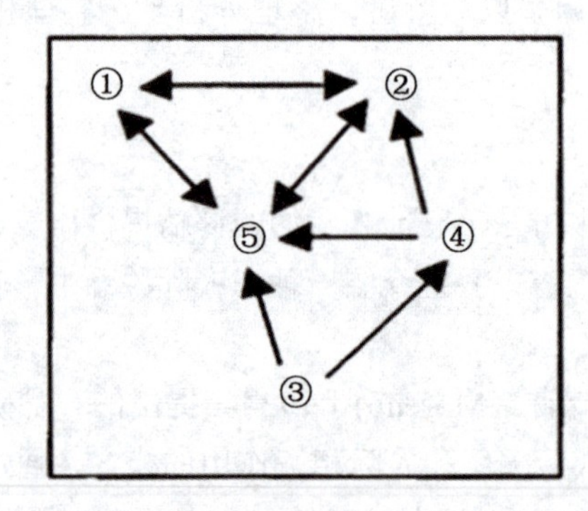

图 6-1　图示分析法

综上所述，观察法、访谈法、社会测量法都是心理评估常用的方法，需要注意的是心理评估是一个复杂的过程，因此不能轻易下结论。综合使用多种方法才能找出同伴交往存在的真正问题，才能对症下药、有的放矢地进行教育。

三、如何帮助青少年提高社交技能

有研究发现，很多社交技能可以改善同伴关系。同伴关系对于青少年来说很重要，因此，如何帮助青少年提高社交技能也是值得研究者、教育者关注的事情。

下面介绍几种比较有效的能够帮助青少年提高社交技能的方法。

(一) 强化法和榜样法

许多针对社交技能的训练方法都建立在学习理论基础上，具体如下：①强化(利用代币和表扬)青少年表现出的合作与分享等恰当社交行为；②让青少年和有丰富社交技能的社交榜样在一起。这两种方法在增加青少年有效的社交行为方面都很成功。当老师和同伴参与干预方案中时，他们更容易注意到被拒绝的或社交困难的同伴的行为变化，并且改变对他们的看法。对于老师和成人来说，有好几种方法可以为被拒绝儿童设置有利于强化他们表现出恰当社交行为的游戏环境。例如，让社交困难的青少年完成一项要求所有参与者通力合作的任务或者达成一个共同目标。另外，如果榜样与接受社交训练的青少年在某些地方相似，并且榜样在做出有技能的社交行为的同时伴随一些评论，把青少年的注意力集中到这些恰当行为的目的和好处上，那么，榜样的效果会更好。

(二) 社交技能的认知训练法

当伴以言语解释或讲道理时，榜样策略会更加有效。这一事实说明，能够帮助青少年想象有技能的社交行为带来的积极后果的干预方案会很有效。因为在社交技能训练中，青少年积极的认知参与能够增加他们对所教原则的理解和认同，有利于他们对这些原则加以内化，然后在与同伴交往时表现出来。

教导是一种认知的社会学习技术，辅导者呈现一种或多种社交技能，详细解释为什么要使用这些技能，让青少年练习，然后告诉青少年怎样改进他们的表现。谢莉•奥登和斯蒂文•阿谢尔教给三、四年级被孤立的儿童四种重要技能：怎样加入一个正在进行的游戏；怎样轮流和分享；怎样有效地交流；怎样给予同伴关注和帮助。这些儿童经教导后不仅变得更加外向和积极，而且一年后的测量表明，这些以前被孤立的儿童的社交能力也有很大进步。

米尔娜•舒尔和乔治•斯皮瓦克设计一种社交问题解决训练的方法，这种方法帮助儿童产生比较友好的解决人际问题的方法并对其进行评价。在为期10周的时间里，儿童用木偶来扮演一个冲突场景，训练者鼓励他们讨论自己采取的解决方法对冲突中对方的感受会造成什么影响。儿童参与这个项目的时间越长，他们的攻击性解决方法就越多，他们的班级适应能力也会随之提高。

综上所述，通过示范和练习可以有效提高青少年社会交往的技能。

•本章小结•

1. 同伴是指与某个体同龄、心理发展相当或社会认知能力相当的个体。同伴交往是指青少年与同龄或者与之发展相当的个体之间的交往。同伴交往可以满足青少年爱和归属的需要，以及尊重的需要；为青少年提供了学习他人反应的机会；为青少年提供特殊的参考信息；是青少年得到情感支持的重要来源。

2. 同伴交往的影响因素有很多，包括青少年自身的个性发展特征、家庭因素、学校教育因素等。

3. 友谊是两个个体之间形成的以信任为基础、以亲密支持为情感特征、较持久的双向关系。青少年的友谊具有亲密度高、相似性、层次多、范围广的特点。

4. 青少年正值身体发展的高速时期，出现第二性征，性发育逐步成熟，对异性开始有了朦朦胧胧的好感。青少年期朦胧的爱情开始出现。

5. 早期的恋爱只是为青少年提供了一个环境，供他们探索自己的魅力、学会如何谈恋爱，以及搞清楚同伴群体会如何看待这一切。只有在青少年掌握了一些与恋爱对象交往的基本能力后，满足依恋和性的需要才成为这些关系的核心功能。

6. 青少年同伴交往过程中，会遇到很多问题，如同伴攀比、退缩行为、同伴冲突及同伴间的“拉帮结派”等。

7. 青少年同伴关系的评估可以采用观察法、访谈法和社会测量法等方法进行评估。

8. 强化法、榜样法及认知技能训练法是常用的提升青少年社交技能、改善同伴关系的方法。

·习　题·

一、判断题

1. 同伴交往带来的消极影响要大于积极影响。（　）
2. 青少年之间的友谊呈现层次多、范围广的特点。（　）
3. 青少年对异性产生朦胧的好感是正常现象，所以要支持青少年恋爱，不应加以约束。（　）
4. 同伴交往是同伴之间的事情，不受家庭因素的影响。（　）
5. 同伴冲突是一种不良行为，正确指导的话是可以避免的。（　）
6. 同伴间的攀比危害极大，但是良性的竞争也能促进青少年健康发展。（　）
7. 青少年自身的个性特征也会影响其与同伴间的交往。（　）
8. 面对有退缩行为的青少年，教师应避免他们与其他同伴交往，以免受到伤害。（　）
9. 好的榜样可以促进青少年同伴交往的技能，改善同伴关系。（　）
10. 暴力影视对青少年的同伴交往没有任何影响。（　）

二、名词解释

1. 同伴交往　2. 友谊　3. 退缩行为　4. 社会测量法

三、简答题

1. 简述同伴交往的重要性。
2. 简述同伴攀比的原因。
3. 简述青少年退缩行为的表现。
4. 简述青少年同伴交往的常见问题有哪些。
5. 简述青少年友谊的功能。

四、论述题

1. 论述如何引导青少年树立正确的恋爱观。
2. 论述如何帮助青少年提高社交技能。

第七章 青少年成长的历程——学习与休闲

·引　言·

如果人生是场马拉松比赛，那么青少年便处于起跑阶段，许多家长都希望孩子不要输在这个重要的阶段，可却忽略了孩子的心理感受，导致现在青少年学生的学习压力越来越大，甚至出现了厌学、逃学的现象，这就像是在比赛中因为不会调整节奏导致太累、半途而废的情况一样，是大家都不愿看到的。

案例一

一位家长焦急地向教育专家请教："我的小孩上高中不久就开始不愿去学校。问他什么原因，他只说没什么原因，就是想睡觉，老师和同学都再三劝解他，他偶尔去几天又不去了。他后来休学了，结果休学一年后他自己觉得要好好学习了，但去了没多久，顶多也就一个月吧，现在又不愿去学校了……老师、同学和我经常跟他沟通，他也说不出什么原因，劝他去做心理咨询又不愿意去，我很无奈。他现在连学校也不愿去，整天闷在家里，上周去了三天，到周四再也不肯去了，问他到底是为什么，他就只说没意思。现在真不知道该怎么办了！"

案例二

一位家长担心地向老师反映："我的孩子比较喜欢出去玩，每次带他出去玩的时候，他和别人说话交流都能让别人感到很舒服，感觉很正常，但是一学习就打瞌睡，注意力不集中，记忆力也比较差，学习成绩也不好，不知是哪里出了问题。"

案例三

孩子从小学升初中、高中的时候，分数都是至关重要的，孩子的学习成绩，牵动着父母的心。成绩差的希望提高，成绩好的希望更好，稳居第一也着急，因为他们希望自己的孩子一骑绝尘，让其他孩子望尘莫及。有家长说："孩子到了初中以后连睡觉的时间都没有了，哪有时间玩？"还有家长说："别人的孩子都学，只有我的孩子玩，他不就落后了？"网友筱雨妈妈说："我作为一名家长，除了安慰孩子没有其他办法，如果有其他选择，我宁愿让孩子不去上学，给她一个轻松快乐的童年，而现在只能眼看着她灿烂的笑容一天天从脸上消失。"

从以上案例可以看到，家长们对于如何处理青少年学生的学习与休闲感到非常头疼，但又不知如何是好。作为教育者，我们都知道：学习虽然重要，但不是青少年生活的全部。

针对当代具有鲜明个性的青少年，怎样使他们既能学得好又能玩得好？怎样使他们既能高效率地学习，又能通过形式多样的休闲得到放松？作为当代青少年休闲途径中不可或缺的一种，互联网又该在青少年的成长历程中起到怎样的作用？本章通过对青少年的学习、青少年的休闲，以及青少年的网络行为进行分析来解决此类问题。这对做好青少年工作，促进青少年的全面成长具有重要的意义。

第一节 青少年学习概述

一、青少年的学习及其特点

(一) 青少年的学习

1. 学习的定义

学习是一种极其普遍的人类心理活动，广义上来讲，学习是由经验产生的在行为或知识方面一种相对稳定的改变。它既包括知识和技能的获得，也包括各种行为习惯、态度、人格特质的形成；学习所产生的结果既可以是积极的、良好的，也可以是消极的、不良的。从狭义来讲，学习仅仅是在专门的学习机构(如学校)，通过有计划、有目的的教学大纲及教学规范，获取系统的知识与技能的过程，本章所指的学习，主要是指这种学习。

2. 青少年学习的类型

青年学生在学校教育条件下的学习，可以从学习内容、方式、方法三个角度进行类型的划分。

1) 依据学习内容可将学习分为知识学习、技能学习和社会学习

(1) 知识学习。知识是客观事物的特征与联系在人脑中的主观表征，可以表现为概念、命题、图式等不同形式，分别标志着对事物反映的不同广度与深度，如各种基础理论与专业知识。知识的学习即通过一系列的心智活动，在头脑中建立起相应的认知结构。知识的学习要解决的是认识问题，即知与不知、知之深浅的问题。

(2) 技能学习。通过学习形成合乎法则的活动方式，有心智技能与操作技能两种。心智技能是指内在的心智活动方式，如各种学习策略、解题思路等。操作技能是指外在的操作活动方式，如各种体育运动技能、专业活动技能。技能的学习比知识的学习更为复杂，它不仅包括认识问题，还包括实际中的执行问题；不仅要知道做什么、怎么做，同时还要能够做出实际动作。技能学习最终要解决的是会不会做的问题。

(3) 社会学习。把外在的行为要求转化为主体内在的行为需要的内化过程。这种学习既包括对社会规范的认识问题，又包含执行及情感体验等问题，因此比知识、技能的学习更为复杂，为人类所独有，并且在生活实践中不断发展，如人文素质课、道德修养课等。

2) 依据学习方式可以将学习分为接受学习与发现学习

(1) 接受学习。将别人的经验变成自己的经验，所学习的内容是以某种定论的形式通过传授

者传授的，无须自己去独立发现。学习者将传授者呈现的材料加以内化和组织，以便在必要的时候再现或加以利用。

(2) 发现学习。在缺乏经验传授的条件下，个体自己去独立发现、创造经验的过程。

3) 依据学习方法可以将学习分为意义学习与机械学习

(1) 意义学习。学习者利用原有经验来进行新的学习，理解新的信息。

(2) 机械学习。在缺乏某种先前经验的情况下，靠死记硬背进行的学习。

3. 青少年学习的发展趋势

要了解现代青少年学习，需要把握其健康发展的趋向。那么，青少年学习的发展趋向是什么呢？

青少年总是处于继承传统知识并创造未来知识的学习过程中。传统知识的学习为青少年提供了认识世界、改造世界的知识起点，滋养和培育了青少年一代。然而，青少年又是最善于思索、最善于解脱、最能标新立异、最富有开拓进取精神的。在正确引导下，青少年总能在有选择地继承优秀传统知识的同时，积极地吸收和创造活跃、开放、多样的、充满生机的现代知识。同时，当代东西方文化知识正在或已经走向合流的趋势，我国当代青少年的学习在继承本国优秀传统文化的基础上，已更具开放和更新的特色。另外，青少年在学习方式上越来越不喜欢慢成式的学习方法，更加喜欢如“快速阅读法”等高效的学习方法。新的学习形态，如咨询、函授、“沙龙”、聚会等被越来越多的青少年所接受。

4. 学习对青少年发展的影响

(1) 有利于青少年的社会化进程。青少年的社会化进程是劳动者形成的过程，青少年社会本质的最大特征是“未完成性”，青少年通过自己的不断学习来完成社会化，这象征着社会发展的新生代力量的逐渐成熟，这一过程将影响新一代人将来能否推动自身和历史的前进步伐。

(2) 有利于青少年观念的更新。青少年学习对传统的主导学习有较强的渗透力，它对传统学习的冲击，更能促进青少年成为更新学习观念、创新学习形式的先锋。

(3) 有利于青少年素质的现代化。学习有利于青少年接受新生事物，进而对现代化信息的变动第一时间做出反应，有利于其素质的现代化。

5. 青少年学习对社会的影响

改革开放40多年的实践告诉我们，青少年对社会的适应基本是积极的，其学习从总体上表现为与社会发展需求的一致性，表现为对社会变革的认同和被社会所吸纳、催化和整合。

从社会发展角度看，社会长期发展运行之后，会产生一定的封闭性与惰性。青少年学习作为一种充满生机的学习形态，往往给稳定、静止的社会注入新鲜活力，使社会保持新的平衡，它对克服社会的惰性、惯性不断起着积极的“预警”功能。这也是为什么青少年在各知识领域都有着越来越大的影响，也正是青少年的不断学习才能保证社会的进步。

从代际发展来看，青少年的学习具有“反哺”功能。所谓“学习反哺”，是指在急速的知识变迁时代，年长一代向年轻一代进行学习的现象。学习反哺是青少年对成人的积极、主动影响。当今时代，社会变化加速，社会信息的更新也不断加速，而青少年接受新生事物的能力往往远超年长一代，因此，他们有能力也有责任对年长一代进行“学习反哺”。

正如郭沫若所说，青少年是社会生命力源泉，如果没有他们，社会就会枯萎，人类就没有发展。

(二) 青少年学习的特点

1. 当代青少年学习活动的一般特点

(1) 学习内容的扩大加深，要求具备一定的抽象逻辑思维能力。

中学阶段在学科系统上，各门学科已接近于科学体系，其中包含许多关于事物的一般规律和抽象的原理。在大学阶段，各门专业课程更是紧密衔接，共同组成了逻辑性更高的学科体系，既强调专，也提倡博，专博统一。至于专门学科类型的学习，基本上都按照学科的知识结构进行学习，本身就具有十分强烈的逻辑色彩。即使是十分偏重应用的课程，也需具有一定的理论底蕴，这都需要学习者的抽象逻辑思维能力。

(2) 学习方法灵活多变，要求具备一定的学习方法策略。

中学阶段现在都已提倡“研究型”学习，老师管讲、学生管听的传统学习模式已经不符合信息社会的发展步伐。学生要安排好自己的学习时间，不仅要听讲，而且要善于听讲，如“研究式学习”“问题式学习”。不能只依赖于老师，而要提高独立性和自觉性，根据个人条件，灵活掌握学习方法策略，以提高学习效率。

(3) 学习态度差异明显，要求具备一定的毅力与决心。

青少年精力旺盛，自然的、社会的各个方面对他们都有巨大的吸引力，学习的积极性与兴趣普遍较高。但应该看到的是在持之以恒、坚韧不拔的学习态度上，存在巨大的个体差异。

在各个阶段、各种层次的学习中，都涌现出一大批坚持学习、努力学习、善于学习的青少年，也有浅尝辄止、想学而又无动力的青少年学生。其中有主观原因，也有某些客观的影响，如中学生面临升学压力，大学生面临就业压力等，使他们有学习的愿望，但抵不过社会的巨大冲击，从而令有些人显得劲头不足，甚至放弃学习。另外，一些来自社会的影响，如不良网络文化等，也使许多学生沉溺其中、不能自拔，导致影响学业。由此看来，学生心理素质教育的开展是非常必要的。从学习心理来讲，培养强烈的学习动机(特别是内部动机)和顽强的学习精神显得尤为重要。

(4) 师生之间平等互动，要求师生关系和谐发展。

由于青少年期具备了一定的思维能力和行为上的能动性，在教学活动中，教师已不再是主导者，而是指导者和顾问，如今在学习中，更强调师生之间互动、平等的发展，共同探讨某些问题。教师应具备丰富的知识储备，对学生所掌握知识起到“画龙点睛”的作用，学生在教师的指导下，举一反三，自觉、主动地获得知识。在日常生活中，师生之间也应保持相互尊重、平等相待、和谐发展的关系。

2. 当代青少年学习的具体特点

1) 学习方式的开放性与超前性

青少年充满活力与生机，敢于想象和表达个性。不拘泥于陈规，思路开阔，善于进行创新，对外来知识不抱成见，具有较强的消化能力，同时对传统知识的学习具有叛逆心理，不是一概接受。尽管其行为与观念有不成熟的特点，但它代表了青少年自我实现的发展方向，也有可能成为现代社会学习的先导。目前，这种青少年学习的超前性正在向更广阔的学习领域扩展，也越来越多地引起人们的重视。

2) 学习价值取向的现实性

青少年具有很强的社会使命感，他们看待知识，更多是看它是否实实在在地满足国家、人民和自我的某种需要。他们反对空洞的学习，愿意全身心地投入社会，做新生事物的接受者和创造者。具体表现为在知识的内容上要求真实，重视效果，要求所学知识与时代和生活相符合，能够解决实际问题。

3) 学习行为的流行性

青少年思维定式尚未形成，最乐于跟革新者走，跟新生事物走。他们都有强烈的时代感和较强的争胜心，希望在每个社会知识热点中都能充当先锋。青少年这种学习行为的流行性，表现在其学习行为的各个方面。

4) 学习内容的动态性

比起传统的学习，青少年的学习有其动态易变的特点。青少年本身不保守，代表了充满活力的新兴的社会力量，与成人相比，他们的学习较少有惰性，更有创造的欲望及热情，也就有了更多的游移性和动态变化性。

5) 学习结构的多层次性

从微观上讲，青少年个体所处的环境、地位及自我经验、学识能力、修养和经历等不尽相同，从而使青少年学习呈现出结构上的多层次性。

二、青少年学习的困惑及对策

青少年学生的主要任务是学习，研究青少年的学习心理，始终不能脱离这一事实。然而在有着丰富而多变因素的客观环境之中，身处青春期这一特殊的时间段，青少年们是否能够安下心来，学有所获，是摆在广大师生和家长面前的重要课题。毋庸置疑，青少年们在学习上所出现的困惑和疑问是客观存在的，这也是造成青少年心理障碍的重要根源之一。那么，青少年学习困惑的实质是什么呢？它是如何表现的，又该如何进行解决呢？下面将进行具体分析。

(一) 学习动力缺乏

学习动力主要是指以学习动机为核心，由学习兴趣、学习情绪、学习态度等组成的非智力激发系统，它对学习具有始动、维持、导向等功能。缺乏学习动力，是重要的学习障碍。青少年学习动力缺乏的主要表现如下。

(1) 没有明确的学习目标和学习计划。既没有长期目标，也没有近期目标；既无每学期、每学年计划，也无每周、每日计划。依附性强、独立性差。

(2) 学习松懈，打不起精神。课堂听课、课外自习，均成为精神负担，怕苦怕累，有的学生甚至经常逃课。

(3) 无成就感，没有学习成功所带来的荣誉感。既无压力感与紧迫感，也无由于学习不好而带来的不安与羞愧。对学校学习管理方面的奖惩措施不感兴趣。

出现以上种种表现，既有学生的自身因素，又有学校因素与社会因素。从自身因素来看，包括不了解自身学习的特点及规律，对所学知识用途的不明确等。学校因素包括学校的学风文化、教师水平、管理水平及设施硬件方面存在的问题等。社会因素包括社会的学习氛围，社会对青少年的期待认可与需要变化等。

(二) 学习方法滞后

在青少年学习的各个阶段，如中学、大学，其学习内容、教师授课方式、学生日常活动都有很多不同之处。部分学生在阶段的转换中一时难以适应，在学习方法上不能及时改变，学习效率低下，从而引发心理困惑，具体表现如下。

(1) 学习缺乏自觉性。对课堂过于依赖，自己对所学课程没有一个统筹安排，往往被动应对作业与考试，总觉得收获不大。

(2) 学习环节不完整。一个完整的学习过程应该包括预习—上课—复习—作业—小结五个基本环节，上课与作业是课程学习的基础，预习、复习、小结体现了一种青少年应具备的自学能力，其中如果有任何一个环节发生脱离，学习效果都会受到影响。

(3) 没有充分利用图书馆或阅览室。不仅是在大学，很多中学都有比较完备的图书馆或阅览室。通过对图书馆内大量藏书的阅读及电子媒介等技术的使用，可以对知识的加深及获取都有很大的帮助，可以说图书馆是学生的良师益友。但据调查，很大一部分青少年在日常的学习中没有充分利用这些场所，造成了资源的浪费。

(4) 不会进行时间管理。这里主要指课内学习与课外学习，学习与休闲关系的处理。青少年不仅要会学习，更要学会适度地休息。良好的休闲方式是保证高效学习更为有力的保障。

(三) 青少年学习困惑的对策

了解了青少年学习的困惑之后，就要有针对性地进行解决。

首先，结合学生的自身因素、学校因素与社会因素，针对青少年学习动力缺乏的调整可以按如下方式进行。

1. 加强青少年的学习信念教育

学生学习动力缺乏的最深层原因，是个人信念、学习信念、社会信念的缺乏。应不断进行精神营养的输入，强调精神的能动性，发挥精神力量。另外，可以建立学习导师制，做到一对一的监督指导，这样能够及时有效地解决青少年学习中出现的各类问题。

2. 营造良好的学习风气，构建奋发向上的校园文化

提高管理水平与教学水平，加快学校基础设施(特别是新校区)建设，营造良好的学习环境，同时在教师、学生群体中共同倡导积极的学习风气，结合主观与客观两方面营造良好的校园文化，形成整体上的学习导向作用。

3. 开展学习型社会的倡导，从而形成学习型社会

国家、社会、学校紧密配合，改善青少年周围的社会环境，使学生们免遭无关因素的干扰，树立全面学习、终身学习的理念。

心理学家们研究认为，过于强烈的动机也有不利的一面，会产生过分的焦虑，影响活动(包含学习)效率。因此，最好使青少年学生保持中等程度稍高一些的动机水平。根据耶克斯•多德森定律，最佳的学习动机强度和活动(含学习)的难易程度有关。

其次，针对青少年学习方法的滞后问题，可以尝试运用以下解决办法。

1. 培养自学能力

所谓自学能力，是指一个人独立学习和获取知识的能力，它是多种智力因素结合和多种心理机制参与的一种综合性能力。提高青少年的自学能力能够提高掌握知识的质量和速度，并能够不断扩大知识面；自学能力是日后独立工作能力、科研能力等其他方面智能发展的重要基础。可以

说，自学能力是一个人终身受益的法宝，在提倡终身教育的今天尤为重要。自学能力的培养不仅对青少年阶段的学习很重要，对以后各个阶段的学习具有不可忽视的作用。

培养自学能力的关键是能够正确选择学习目标和制订学习计划。选择目标要以自己的需要和发展为基础。一个人的时间和精力有限，如果没有明确的目标，缺乏主攻方向，今天向西，明天向东，走到哪儿算哪儿，就会白白耗费精力。在明确目标的基础上，还要为自己制订一个切实可行的计划，养成按自己选定的目标和制订的计划学习的习惯。

2. 完善学习环节

确保学习按照预习—上课—复习—作业—小结五个基本环节有序进行。

1) 做好课前预习，掌握听课主动权

“凡事预则立，不预则废”，课堂就是战场，学习就是战争，不能打无准备的仗。如果第二天有数学课，第一天就要进行充分准备。一方面，要通读教材中的相关内容，看看哪些是懂的，是已经学过的知识；哪些是不懂的，是要通过老师讲解才能理解的新知识。把不懂的部分标注清楚，进行初步思考，把需要解决的问题提出来。另一方面，还要对教材后边的习题初做一遍，把不会做的题做上记号，一起带到课堂去解决。这样做可以增强听课的目的性，掌握听课的主动权，提高听课的效果。长期坚持预习，还能培养读书的习惯，形成自学的能力。

2) 专心听讲，做好课堂笔记

听课要提前进入状态。课前准备得好坏，直接影响听课的效果。正式上课铃声未响，老师尚未走进教室之前，就该把有关的书本、材料(包括课本、笔记本、练习本)和文具事先摆放在桌面上，等待老师的到来。不要指望老师站在讲台上等大家慢慢翻箱倒柜，找这找那。老师进入教室，学生就应该带着预习过程中需要解决的问题，准备专心听讲。学生还要掌握老师讲课的规律，围绕老师讲课重点，积极思考，踊跃回答老师提出的问题。特别是课堂练习和课内作业，要争取回答得既迅速又准确。还要抓住老师讲课要领，做好课堂笔记，记下老师讲课的要点、重点、难点、关键和典型例证。还要记下尚未听懂的问题，以便课后继续钻研或是请老师给予辅导。

3) 及时复习，把知识转化为技能

复习是学习过程的重要环节。复习时，要再次阅读教材，回想当天所学的内容，追忆老师讲课的过程，再现课堂所学的知识，读懂老师已讲的例题(这些例题通常对完成作业有较强的启发和示范作用)，理解和记忆基本的定义、定理、公式、法则(这些都是必须掌握的知识点)。当天及时复习，能够减少知识遗忘，易于巩固和记忆。经常复习能使知识系统化，不断加深对知识的理解，掌握知识之间的相互联系。同时，只有系统化了的知识，才有利于运用，才有利于实现从知识到技能的过渡，才有利于掌握更新的知识。复习要有计划，既要及时复习当天功课，又要及时进行阶段复习。

4) 认真完成作业，形成技能技巧，提高分析解决问题的能力

我国著名数学家杨乐院士在回答中学生如何学好数学的问题时，总结了三条宝贵经验：一是在理解的基础上多实践；二是在理解的基础上多积累；三是循序渐进。这里所说的实践，就是做题，就是完成作业。作业是练习运用知识的主要手段。一定要先复习后作业。除了要求独立完成作业，反对互相抄袭，作业还必须字迹工整、格式规范。要认真读题和抄题。认真抄题，一可磨炼意志，二可推敲题意。在新课学习阶段，抄题不是多余的负担，不该借口占用时间而懒于抄

题。要先审题后解答，所答要对所问。做完作业要检查，减少不必要的失误和失分，保证作业质量，养成认真负责的良好习惯。作业练习能够加深对知识的理解，利于巩固所学的知识，形成技能和技巧，培养分析和解决问题的能力。作业要按时交，在按时和独立完成的基础上，要求正确、整齐、迅速。凡是老师批改时指出的错误，必须及时弄懂，认真改正。同时允许一题多解，提倡独立思考，鼓励创造性。

5) 及时进行小结，把所学知识条理化、系统化

学完一个课题或一个章节，就要及时进行小结。小结就是把每一课题、每一章节的有关知识进行梳理，通过比较异同和寻找相互联系，提炼出实质性的东西，如定义、定理、公式、法则等。把它们用简明的文字概括起来或用图表示意，使之条理化、系统化。杨乐院士介绍学习方法的第二句话要求“在理解的基础上多积累”。这一条理化、系统化的过程，实际上就是一个积累的过程，它既能加深对知识的理解，又能促进对知识的积累和记忆。每一课题结束都应该有小结，每一阶段末尾更要进行系统总结。总结时，除了总结归纳所学知识，还可记下那些在有关知识启示之下所萌生的联想、猜想和发现，以便进一步思考和研究，还可总结学习方法上的心得、体会、经验、教训。特别是期中、期末考试之后，更要结合各科成绩进行一次学习方法总结，并在此基础上制订下一阶段的学习计划。此时，有经验的老师还会组织学生互相交流，取长补短，不断调整，不断改进，不断完善学习方法，逐步学会科学管理自己的学习，使学生学得轻松又有效果，不断提高学习成绩。

以上五个环节是相互联系、相互影响的。每一环节的落实程度如何，都直接关系到下一环节的进展和效果。一定要先预习后听讲，先复习后作业，经常进行阶段小结。每天放学回家，应该先复习当天功课，再完成当天作业，后预习第二天功课。这三件事，一件也不能少，否则就不能保证第二天有高质量的听课效果。

3. 充分利用教学资源

青少年必须充分利用学校的图书馆、阅览室等教学资源，做到口勤、手勤、腿勤，将一切对学习有益、有用的资源都纳入自己的学习过程，当然也要有的放矢，使信息为我所用，因为过多无关信息的摄取往往会适得其反。

4. 有效管理时间

教育家培根说：“合理安排时间就是节约时间”。每位青少年学生都应当学会安排和管理自己的时间，而有效管理时间的措施之一就是制订自己的学习计划表。一份有效的学习计划表可分为三步：①统计非学习的活动及这些活动所占用的时间总量；②计算尚有多少时间可用于学习；③绘制一份每周活动图表，把学习时间列在突出位置。其中第一步可以通过核查用去的时间来确定；第二步可以通过学习时间统计表来完成；第三步可以通过应用日程表来实现。青少年学生应当掌握时间管理的方法，分清学习任务的轻重缓急，通过有效地利用时间，提高学习的效率和质量。制订学习计划表是十分必要的，它可以成为督促学生的工具。当然，不同学生也要有所区别，学业成绩较好的学生，在学习时间量上不用做进一步的要求，重点是学习方法的改进，而对学业成绩中等或较差者，应首先做学习时间上的要求，其次才是学习方法的改进。此外，还要进一步处理好学习和休闲的辩证关系。本章的第二节将专门阐述这一问题。

第二节　青少年休闲概述

一、青少年的休闲及其特点

(一) 青少年的休闲

休闲是生活方式改变的潜力，是社会规范等结构性因素生成、变动的源泉，因为它所引进的价值观有助于指引、支持个人与集体在时间分配上的意愿与选择。人的发展是受其全部生活方式(生活领域的活动内容、形式、特点)制约的，人的生活方式的种种因素以其各自的功能塑造着人的灵魂。对当代青少年而言，休闲是他们生活中不可或缺的重要组成部分，对青少年的素质培养、人格及价值观念的形成等方面都会产生极其重要的影响。

1. 对休闲的认识

1) 休闲的定义

何谓休闲？在古代社会，尤其是人类社会早期，休闲更多地被理解为一种人生哲学，即一种生活态度和一种生存方式。据《说文解字》记载，在古汉语中，“休”的意思是“息止”，“息止”即歇息；“闲”的意思是休闲，“休”“闲”两个字合在一起，在传统文化中则是就人的一种生存状态而言，指一种顺应自然并且宁静、有节制的生活。

而“休闲”一词在现代意义上主要是指休闲、休息和娱乐。从一般语义学角度分析，休闲是指人的空闲时间。《现代汉语词典》中，“休闲”一词的释义为“闲空”，而“闲空”的释义是“没有事的时候”。由此可见，休闲标示了一段特殊的时间过程，即人们没有工作和事情要做，可以悠然消闲的时间过程。但人们没有“必须做的事情”的时间，并不是“不做事情”的时间。准确地说，休闲是人们在参加或完成了社会规定的劳动和一定的家务劳动之外完全由个人自由支配的空闲时间，是不被生产劳动吸收而用于娱乐和休息，从而为劳动者的自由活动和发展开辟广阔天地的空余时间，是劳动者用于消费产品和用于从事自由活动的时间。也就是说，人们在休闲中所从事的一切自由活动，就是休闲。杜马泽德(J • Dumuzedier，1962)曾给休闲下了一个定义：“所谓休闲，就是当个人从工作岗位、家庭、社会所赋予的义务中解放出来的时候，为了休息，为了散心，或者为了培养并无利害关系的知识和能力，自发地投身社会，发挥自由的创造力而完全随意进行的活动的总体，是个人没有必须做的事情因而最感到自由和最能表现个性特点的时间。”

2) 休闲的特点

根据以上对休闲含义的界定，我们可以发现休闲具有自由性、个人性、情感性三个基本特点。

休闲是与劳动相对应的社会经济范畴。不论是社会劳动，还是家庭劳动，都是社会分工和家庭分工的结果，都具有一定的社会他律性和强制性，都不是那么自由的。马克思、恩格斯指出：“当分工一出现之后，每个人就有了自己一定的特殊活动范围，这个范围是强加于他的，他不能超过这个范围：他是一个猎人、渔夫或牧人，或者是一个批判的批判者，只要他不想失去生活资料，他就始终应该是这样的人。”“社会活动的这种固定化，我们本身的产物聚合为一种统治我们的、不受我们控制的、与我们愿望背道而驰的并且把我们的打算化为乌有的物质力量，这是过去历史发展的主要因素之一。”而休闲则使人们从社会和家庭所赋予的义务和责任中解脱出来，不再需要扮演老板与员工、领导与群众、厂商与顾客等社会角色和妻子与丈夫、父母与子女、长辈和晚辈等家庭角色，也不再需要承担相应的义务和责任。在休闲时，人们的思想是自由的、行为是自主的、活动是自发的、心态是自在的，天性可以得到自由的发散和挥洒，个性可以得到最大释放和张扬，身心可以得到最好的补偿和修养，从而使人们在劳动生产过程中消耗的体力和脑力得到恢复和补偿，其自由性是家庭劳动和社会劳动不能比拟的。

分工是劳动、工作社会化的结果。在社会劳动中，人们的劳动总是处于一定分工系统中不同个人的劳动，这种劳动构成了一个相互联系、相互制约、相互影响的社会共同活动整体，是社会总体劳动的构成因子。在家庭劳动中，人们作为家庭的一员，其劳动也是家庭劳动这个集合体中不可分割的组成部分。因此，人们在社会和家庭中的劳动都是一种集体性的活动、社会性的行为。在这种集体性的劳动和社会性的行为中，个体都必须超出纯私人性的愿望和意志，遵循群体活动所形成和约定的纪律、程序和规则，保持与群体规范的一致性、统一性，即自觉遵守国法、厂纪、家规。在这里，个人性必须服从集体性和社会性。相反，休闲则为个体对社会劳动和家庭劳动所要求的集体性、社会性规约的反叛和从中解放出来提供了可能。作为可以按自己的意愿自由支配的时间过程，休闲具有鲜明的个体性和私人性的特点，正如日本社会学家荫山庄司在分析杜马泽德的休闲定义时所说的，休闲具有“个人自觉、积极地花费的主体时间”的意义。在休闲里，个人不但是自己休闲的参与者，它的价值的承受者、消费者，而且是它的设计者和它的结果的评判者。因此，在休闲里，人相对地脱离了集体和社会，成了不受约束的“自由人”，并因此充分自觉地体验、认识到自己是自己的主人。当然，休闲的个性不能理解为绝对的自由和纯粹的个性。休闲的主体并非没有星期五的鲁滨逊，他不可能游离社会，也不可能摆脱家庭，寂寞嫦娥只生活在想象的月宫之中。休闲离不开伙伴，鲁宾逊也有“星期五”，嫦娥也有吴刚相伴，只不过这些伙伴的组合更具自由选择的性质而已。

人是有感情的动物，人在社会劳动和家庭劳动中总伴随着友情、亲情、爱情，有些社会角色和家庭角色甚至具有鲜明的情感色彩，如慈善、公益、社工等。但从总体上看，人的社会分工和职业角色更主要的是蕴含和体现了一种客观的社会性要求，它更多涉及人的理性、义务和责任，更多具有一种他律和强迫的性质。因此这种情感实际上是理性的情感、职业的情感、角色的情感，或者说是一种社会性情感，而不是人自由的、个性化的情感。严格地说，人们在社会劳动和家庭劳动中所要求和所应当体现和实现的情感，往往是对个人情感的抑制和放弃。而在休闲生活中，人们的情感需求有可能挣脱社会的羁绊、道德的枷锁和伦理的束缚，获得最大释放，得到最大满足。人们可以按照自己的兴趣、爱好和需要，脱下理性的厚靴，步入情感的伊甸园。在情感的伊甸园里，精神自由、洒脱、放松，彰显着自然的皈依、生命的意义、健康的活力、幸福的价值和创造的机会，这恰恰是劳动的本质，或者说，劳动的最终归宿和生命母体，也是人自身全面发展的条件和路径。

3) 休闲的意义

休闲不等于浪费时间或简单地消磨时间。它是非常有意义的，有助于个人在一生中继续成长和发展。

有关休闲意义和价值的论述，我们可以追溯到久远的历史、丰富的文献。在西方，亚里士多德《政治学》就把休闲视为重要的，甚至高尚的概念，它的含义并不是无所事事，纯粹玩乐，而是一种自由的、有意义的活动。在中国，也有人把敬德修业与休闲游乐结合起来，主张“藏、修、息、游”，如在《礼记•学记》中有“君子之于学也，藏焉，修焉，息焉，游焉”的说法，强调“读万卷书，行万里路”。这些思想实际上都可视为近代启蒙主义思想家洛克、斯宾塞等的“休闲教育论”的思想来源。但休闲的意义和价值绝不仅仅是社会学和教育学上的，更重要的是经济学上的。马克思历来认为，经济就是节约。节约从广义上来说，既是物质资料的节约，更是活动时间的节约，归根到底都是劳动时间的节约。而节约劳动时间等于增加休闲或自由时间。正是休闲和自由时间的增加，才使个人得到充分发展的时间，而个人的充分发展又作为最大的生产力反作用于劳动生产力。在这里，马克思把自由时间的增加、人的充分发展和劳动生产力的发展密切联系起来，揭示了休闲对人和社会发展的意义、对劳动生产力和经济发展的意义。不仅如此，马克思还肯定“财富就是可以自由支配的时间”是一个“精彩的命题”，并断言“自由时间，可以支配的时间，就是财富本身”。

国外自20世纪70年代以来，由于科技发展和生产效率的提高，工作时间的缩短，家务劳动负担的减少，人们的休闲渐渐增多，人们对休闲的态度也发生了显著的变化，开始逐渐将个人生活的范围从职业活动转向休闲。有许多人甚至希望在工作上尽可能少地花费时间和精力，而有意地把剩余的时间和精力用以创造丰富的生活。因此，娱乐和休闲变得越来越普遍。瑞士哲学家皮普尔在评价休闲哲学时说：“休闲是一种思想或高尚的态度，不是外部因素作用的结果，也不是空闲时间的结果，更不是游手好闲的结果。”休闲同知识与美德、愉快与幸福是不可分离的，是自由、教育与文化的维系，是通过节制行为、限制奢望和避免对世俗占有物的竞争，从而获得的一种内心世界的安宁与快乐的人生状态。美国社会心理学家琼斯认为如果恰到好处地进行休闲，可以帮助人们把生活变得更丰富和更富有人情味，并从没有报偿的不大愉快的人类境况中解脱出来。日本学者通过对本国休闲的演变史进行分析研究后认为，休闲在生活方式上所起的作用比以前大得多，休闲出现了明显的长时间化、高消费化、范围广泛化、大众化、个性化、多样化、商业化等倾向。在我国，随着人民生活水平的提高，越来越多的人不安于单纯的物质需要的满足，追求丰富的精神生活的动机更加强烈，越来越多的人意识到休闲的可贵，越来越多的人需要在紧张的劳动学习之余调节身心平衡，越来越多的青少年渴望通过多种途径成才。所以，休闲已逐渐成为人们生活中积极关心和参与的必不可少的活动。尤其是青少年一代，休闲的时间日益增多，内容也将更加丰富多彩，休闲将越来越多地在满足他们的精神欲求，完善他们的个性方面发挥更大的作用。

归纳上述观点，我们不难领悟，休闲具有如下意义和价值。

第一，休闲是劳动创造价值的必要条件。劳动是劳动力的消费和使用，作为价值唯一源泉的劳动要永不枯竭，就要持续地再生产出劳动力。劳动力或劳动能力，只是作为活的个体的能力而存在，是在人的身体即活的人体中存在，每当人生产某种使用价值时就运用的体力和智力的总和。因此，劳动力的生产要以活的个体的存在为前提，并以这个个体本身的再生产或维持为基础。活的个体要维持自己，需要有一定量的生活资料，以补偿劳动力的消耗，使劳动者能恢复自己的体力和脑力，使劳动者像任何有生命的个体一样，依靠繁殖使自己永远延续下去。不仅如此，劳动力的再生产和维持还要改变一般的人的本性，即要通过教育或训练使它获得一定劳动部门的技能和技巧，成为发达的和专门的劳动力。机器的金属材料和零构件在交变载荷重复作用下受循环应力或循环应变影响尚且会出现疲劳破坏，作为活的有机体的人的劳动力如果无休止地耗费更会出现“过劳死”。显然，劳动者消除疲劳和恢复体力、脑力，不仅要消耗一定的生活资料，而且要有休闲。这也是通过绝对延长劳动时间创造的绝对价值总是有限，通过提高劳动生产力在不增加甚至减少劳动时间的情况下创造相对价值更加重要的原因之一。

第二，休闲是提高劳动价值率的重要手段。劳动是价值的唯一源泉并不意味着价值量总能与单个劳动者劳动时间的延长成正比例。即使进行劳动所需的物质条件都具备，个别劳动的效率也会随劳动时间延长而出现边际递减趋势。边际生产效率递减是德国经济学家杜能首先提出、美国经济学家克拉克加以发展的经济范畴。这一范畴揭示了如下规律：当劳动量不变而资本(生产资料)相继增加时，每增加一个单位资本所生产的产量或价值依次递减，即资本的边际生产率递减；同样，当资本不变而劳动量相继增加时，每增加一个单位劳动所生产的产量或价值也会依次递减，即劳动的边际生产率递减。导致劳动边际生产率下降的原因，从客观因素看，在于单个劳动者所能支配和使用的生产资料是有限的，随着劳动时间延长，他所能支配和使用的生产资料会越来越少，劳动的生产率也就会越来越低。从主观方面看，在于单个劳动者劳动效率与劳动者劳动的兴趣、热情、精力密切相关。一般来说，劳动时间越短，劳动者的劳动兴趣越大、热情越高、精力越旺盛，劳动的生产效率就会越高；相反，劳动时间越长，劳动者的劳动兴趣越小、热情越低、精力越衰退，劳动的生产效率就会越低。从这个意义上说，适当增加单个劳动者的休闲，相应缩短其劳动时间，可以保持其劳动精力、提高其劳动兴趣、激发其劳动热情，提高其单位劳动时间的生产效率。而提高个别劳动生产率在其他情况不变的条件下将提高个别劳动的价值率，进而提高单位劳动时间创造的价值量。

第三，休闲是人类财富的特殊形态。休闲并非只是为了更好地劳动的一种手段，休闲的价值也不是单纯体现在它对劳动生产力发展所具有的促进作用上。从更深层次和更广范围来看，休闲就是财富，休闲是衡量经济价值的重要标尺。马克思就曾认为“偷窃他人的劳动时间”对于我们的财富计算而言是一个蹩脚的依据，我们应该用休闲而不是工作时间来测算财富。他根据当时的一些资料，认为“一个国家只有在劳动6小时而不是12小时的时候，才是真正富裕的”。原因之一在于，休闲的增加往往是以劳动效率的提高，从而带动单位劳动时间所创造的物质财富和使用价值增加为前提的，正因为如此，一个国家为生产满足社会需要的物质财富的劳动时间的缩短和休闲的增加，既是社会劳动生产率提高的结果，也是同量劳动相较过去而言所创造的物质财富增加的表现。或者说，一个真正富裕的国家和社会，是以较少的社会劳动时间生产较多满足社会需要的物质财富的国家和社会，从而也是拥有更多休闲的国家和社会。原因之二在于，正是由于社会休闲的增加，与休闲相适应的产业、企业和业态也兴旺发达起来，这就创造出了与物质财富既相联系又有区别的休闲财富。英国利物浦大学社会学教授、曾任世界休闲研究委员会(world leisure research commission)主席和国际社会学协会休闲研究委员会主席的肯•罗伯茨(Ken Roberts)，通过《休闲产业》这部专著对休闲产业所涉及的各个方面进行了相当详细和深入的讨论，既展示了以人们的休闲需求为目标，以旅游业、娱乐业、服务业、健身产业和文化传播产业为主体而形成的休闲产业在现代产业结构中的特殊地位和广阔前景，也凸显了休闲财富的巨大价值。美国休闲科学研究院的格兰代尔(Grandall)1992年就指出，1990年美国休闲产业的直接就业人员占到全部就业机会的四分之一，间接就业甚至占到了二分之一。根据美国杰弗瑞•戈比教授的预测，未来休闲的中心地位将进一步加强，休闲产业的从业人员将占全社会劳动力的80%～85%。1990年全美国消费者在娱乐性商品和服务方面总共花掉了2800亿美元，占全部消费开支的7%，但这只是全部休闲消费的一小部分。据一些专家估计，实际上用于交通运输方面的4580亿美元中，有三分之一以上花在了休闲旅行上；在机动车运行里程数上，也有三分之一的行程是休闲的产物；在飞机上有60%的乘客是在休闲旅行；用在住房、服装、餐饮和教育方面的消费开支中，也会有相当可观的一部分可以划入休闲开支。如果把上述开支加起来，用于休闲的花销会轻松地超过10 000亿美元，大约占美国人全部消费支出的三分之一。显然，休闲已成为美国第一位的经济活动。尽管休闲并不完全等同于休闲消费，休闲就是财富的含义也并非指休闲产业成为现代支柱产业，但正是由于人们需要休闲和休闲消费，休闲产业才有存在的价值和意义。正如本杰明•迪斯雷利所言："日益增长的财富与日益增长的安逸为人类带来文明。""财富的增长和休闲的增加是人类文明的两大杠杆。"

2. 休闲对青少年身心发展的作用

休闲尽管在青少年的所有活动中只处于辅助地位，但是它对青少年身心发展却有着特殊的、不可忽视的、正式的职业或学习活动无法替代的作用，具体如下。

1) 开阔视野，丰富知识经验，完善知识结构

休闲所学习和涉猎的知识是多方面的、新鲜的，这就使青少年学生跳出了狭隘的课内学习圈子，给学生完善知识结构提供了多方面的可能性。在知识学习与创造方向上可增强知识的空间结构和组织结构；在知识的纵横向联系上可使各类知识的搭配更为科学合理。

2) 启发智力

休闲为青少年观察力、记忆力、想象力、思维力及创造力的发展提供了广阔的天地。青少年在新的领域通过动手动脑去认识和解决新问题，势必会突破原有的智力水平，发展出良好的智力品质。

3) 陶冶情操

休闲具有全面陶冶青少年情操的作用。青少年在休闲中要接触自然和社会生活中的大量事物，在观察、思考和行动中无不伴随着情感的起伏，陶冶理智感、道德感、美感，使其以真、善、美的结合得到充分发展，从而更加崇高、纯洁。

4) 促进个性的和谐发展

青少年期个性结构的各个侧面都处于急剧而活跃的发展之中，不稳定且不协调。但在休闲中，青少年可以按照个人的意愿选择活动内容与方式，扬长避短，协调自己的个性。

5) 培养社会交往能力

青少年期是学习和发展社会交往能力的高峰时期。青少年有充沛的精力，丰富的情感，旺盛的求知欲和急剧发展的独立自主性，这就需要社会能给青少年提供更多的交往场所、交往对象和更多的交往形式及内容，从而扩大和加深交往活动，使青少年有机会与更多的人在交往中发生联系，在信息的获取、利用与处理的过程中得到锻炼。这一方面发展了青少年的社会交往能力与才干，另一方面促进了青少年社会经验的积累与深化。

6) 提高政治、思想、品德素质

在休闲中通过社会实践活动，可以对青少年政治思想品德的培养起到学习活动无法收到的效果。

7) 增强体质，消除疲劳

休闲可以维持生理与心理的平衡，尤其是需要一定体力和竞赛性的休闲，对于增强青少年体质的效果常常超过体育课的作用。另外，由于休闲具有多样性、丰富性等特点，能使大脑始终保持觉醒状态，协调兴奋和抑制，从而保持大脑活动的最佳状态，提高大脑的工作效率。

(二) 青少年休闲的特点

休闲具有自由性、个人性和情感性的特点。与成人和儿童相比，青少年的休闲具有以下特点。

1. 丰富性

在休闲的内容与特点方面，青少年喜欢丰富多样的活动。对中学生休闲的调查表明，中学生喜欢从事的活动至少有9类100种。以大学生为对象进行调查发现，大学生的休闲生活不仅丰富多彩，而且个体所选择的活动也各有千秋，具有较高的自主性。

2. 知识性

在休闲的功能特点方面，青少年喜欢知识性较强的活动。这和青少年思维活跃，渴望成才的心理有关，也有较强的时代特点，尤其是知识层次较高的青少年都希望能从休闲中有所得，并且这种欲求随年龄增长日益强烈。调查表明，从中学阶段开始，青少年在休闲生活中普遍重视知识的全面增长，除专业知识的巩固和提高外，他们也注意获取其他形式的知识，不失时机地扩大自己的知识面，增加文、体、美各方面的素养。

3. 活动性

从休闲的动静特点方面来看，虽然青少年也喜欢从事一定的安静性活动，但更希望和喜欢从事一些活动性的活动。体育活动和旅游是青少年喜爱并经常从事的活动，尤其是青少年初期，他们对运动量大的、竞赛性强的活动更感兴趣。

4. 喜群性

在休闲的组织形式特点方面，青少年更喜欢集群性活动，即喜欢和他人在一起而不愿单独活动。越接近青少年初期喜群性特点越明显，而到了青少年中、末期，他们喜欢群体活动的时间逐渐减少，喜欢单独活动的时间逐渐增加。

5. 情趣性

在休闲的美学学习特点方面，大多数青少年并不是追求单纯的休息和娱乐，他们更重视活动的情趣性。因此那些能够提高学习艺术修养，能使人变得更加高尚文明，能为生活增添美，能陶冶情操，能使人的个性更加富于多种色彩的休闲，如文学、艺术、摄影等活动，总是为青少年所喜爱。

6. 求新性

在休闲内容的变化性特点方面，青少年具有求新的特点，即趋向流行性活动的特点。表现为好追求时新的生活方式，赶时髦，如追星热、计算机热、网络热、打工热等现象的产生都与这一特点分不开。

7. 差异性

在休闲参加者的个体特点方面，青少年具有明显的差异性。不同年龄、性别、职业、学习、个性，以及不同道德水平的青少年在休闲中均会表现出自己有别于他人的心理特点。如在青少年早期和青少年中期、晚期，个体特点就不同。同样是读小说，青少年早期喜欢读故事性情节性强的，而中期、晚期则喜欢读哲理性强且描写人物个性与内心情感的。对中学生休闲的调查表明，学生休闲的水平与其学习成绩、品德状况之间存在显著关系，学习成绩优良的学生在课余活动中兴趣水平高，能力也强，成绩差的学生则一般对课余活动无兴趣，能力也差。品德优良的学生大多从事积极、健康、有益的活动，品德低劣的学生大多从事消极的、不健康、不文明的活动。

(三) 青少年休闲的方式及内容

中国青少年的休闲生活主要以各类娱乐和读书学习为主要活动内容。中国青少年研究中心的一项调查显示，城镇青少年在休闲活动里有29.52%的人主要在看电视，1.3%的人主要是逛商场，3.06%的人主要在做体育活动，33.26%的人主要在读书看报，11.42%的人主要在进行娱乐，3.07%的人主要是闲聊，另外12.21%的人主要是做家务，2.94%的人主要在从事第二职业，2.32%的人无事可干。农村青少年的休闲生活是：27.08%的人主要是在看电视，31.55%的人主要在读书看报，12.52%的人主要在娱乐，8.17%的人主要是串门聊天，另有15.60%的人选择做家务，2.48%的人无事可干，2.60%的人选择了睡觉。城市和农村两组数据表明，大部分人在休闲时有事可做，生活充实。上述数据也告诉我们，青少年的大部分休闲集中在户内，而户外的活动较少。

另外一些调查也显示，青少年休闲生活以室内活动为主，户外开展较少。在选择最多的四种休闲中，有三种是室内活动。并且，青少年休闲以个体独自活动为主，集体互动性活动严重不足。看电视、课外阅读、听音乐是目前青少年选择最多的休闲形式。对大学生的调查显示：大学生对参加课题、听科技讲座、院系活动等集体性活动的选择很低，而对书法绘画音乐、参加或观看体育活动、读消遣杂志、上网等个体性的活动选择较多，有明显的个人倾向。

目前，随着社会经济的发展，青少年休闲生活的内容和以往相比已经发生了一定的变化，这主要表现在以下方面。

(1) 网络对青少年的影响日益增加，一些青年人沉迷于网络的虚拟社会里不能自拔。这个问题将在本章第三节中具体探讨。

(2) 关注健康的意识明显增强，业余时间从事体育健身活动的比例有所增加，他们更关注自身的健康。

(3) 随着生活水平的提高，经济条件的改善，郊游作为休闲生活的主要内容的比例有所上升，远离喧闹的城市，回归大自然，使身心得以放松和调整，这种健康的休闲生活方式将会在青少年中继续升温。

(4) 在业余时间学习技术，喜爱阅读的青少年仍然占较大的比例。随着社会的发展，对个人素质的要求越来越高，看书学习仍然是很多青少年主要的休闲活动。对大学生双休日活动的调查表明，大学生休闲时间第一位的活动仍是学习。除此之外，交友活动、体育活动也是大学生双休日主要选择的活动内容。对青少年休闲的调查结果显示，青少年喜欢的休闲方式，依次为与同学和朋友聚会、到郊外游玩、在家里、逛街、去书店或图书馆、运动健身、上网吧、去公园、电影院、酒吧、游戏厅。可以看到，与同辈人交往是选择比例最高的休闲方式，这表明满足交往的需要在青少年身上显得尤为迫切。在休闲娱乐活动的心理倾向方面，保持个性和追求新颖，是当今青少年所表现出的两个最突出的特征。

二、青少年休闲的指导

(一) 指导青少年休闲的意义

休闲是人们生活中调剂精神、丰富生活内容的一种手段，特别是对青少年来说，他们处于人生发展中的准备期，系统地学习和掌握科学知识对于他们来说不仅是学习传递本身的需要，而且是开创未来生活的必然要求和前提。一般说来，青少年以掌握知识为中心的学习任务主要是通过学校组织、监督来完成的。在社会物质和精神学习空前发展的现代社会，青少年的休闲生活内容和方式也随之大大丰富起来，休闲在青少年发展中的社会学习功能、发展个性功能也变得越来越重要。因此，现代教育理论已经明确地把青少年学生的休闲提到了与正规课堂教学同等重要的地位。

现代课程理论认为，学生的学习，不但有正规课堂内有组织、有计划地传授知识、技能、行为规范的正规学习、正规课程，而且存在通过非正式方式和途径，借助生活环境中的各要素(习俗、风尚、学习氛围、游乐休闲、自发活动、人际交往)进行的潜在的、隐喻的、无意的潜隐学习、潜隐课程。潜隐课程对学生增加知识信息，学习社会生活技能，获得休闲愉悦，接受一定的思想和行为规范，促进个性特长的发展，起着不可替代的育人作用。可以说，休闲生活不仅为青少年学生提供了极有价值的继续“学习”的过程，而且为他们的全面发展提供了一个自由而广阔的社会空间和学习途径，休闲的效益可以分为积极的和消极的两种。它不仅就休闲生活的个人主体而言，而且是对其整体利益和发展的效果而言的。积极的休闲，其活动方式既是丰富多样的，又是文明的、健康的、科学的。积极的休闲有利于人们特别是广大青少年开阔视野、健身益智、愉悦心情、发展个性。对青少年学生来说，作为学校生活的扩展和补充，积极的休闲对主体个人身心的全面发展和整个社会学习进步来说都是积极的、有益的。而消极的休闲则与此相反，其活动形式和效果或低级庸俗，或无聊盲目，或愚昧落后，或惹是生非、危及社会。

休闲生活往往在一定程度上反映了一个人的精神面貌，如兴趣、爱好和人生观，也能反映出一个民族、一个社会的物质文明和精神文明程度。有人认为，一种学习能在多大程度上决定自身的前途，检验这种能力的有效办法之一是看它如何处理休闲问题。也有人认为，改变了某个民族的休闲品性就可以改变这个民族的整个个性和这个民族的效率。这些说法是有道理的。

休闲生活正是以它广泛而突出的自由性、个性化、情感性特点，展现出休闲个体的心灵状态和精神品位，也展示了一个民族的价值观念系统和文明水准。因此，提高休闲生活质量和品位，无疑是当代生活中一个值得重视的问题。我们要促进青少年心理健康与成才，就一定要重视休闲这一敏感的领域，并主动对青少年的休闲进行指导。

(二) 对青少年休闲的指导

1. 观念指导

要促进青少年休闲的健康发展，首先要教育青少年更新休闲观念，确立积极的休闲观念，确立惜时、重时的观念。

2. 思想指导

在对青少年休闲的指导中要注重思想性。要将思想教育的内容寓于生动活泼、绚丽多姿的休闲形式之中，将思想教育与青少年休闲的知识性、活动性、情趣性等统一起来，使青少年通过休闲变得更加积极向上，更加高尚纯洁。

3. 差异指导

青少年休闲的指导要有针对性，即根据不同年龄、年级、性别、职业，以及不同学习水平的青少年的身心特点及其在休闲中的特殊表现(如兴趣、能力等)，按照社会对他们的特殊要求给予指导。

4. 调节指导

所谓调节指导，是指通过教育提高青少年从事休闲的自我调节水平。休闲是一种在自由时间内进行的比较自发的活动。但自由不等于放任，自发的个人支配状况并不等于不负任何社会责任。因此，要引导青少年在自发的形式中寓于自觉的内涵，减少盲目性、被动性，增加自觉性、主动性，发挥主观意识的能动作用，从兴趣、内容结构、时间、能力几方面对休闲进行积极的自我调节。

5. 管理指导

所谓管理指导，是指为青少年休闲创造良好的物质条件(如场所、设备、经费等)的同时，要加强对青少年休闲的科学组织管理。如宣传休闲的意义，引起社会有关方面的重视；制定一定的措施，保证青少年的休闲时间；建设一定的机构对青少年的休闲进行研究和咨询；利用各种传播工具丰富青少年的休闲生活；组织各种活动吸引青少年参加；动员社会各方面力量关心青少年休闲活动；协调学校、社会、家庭在青少年休闲中的作用。

第三节　青少年的网络行为

休闲的方式有很多种，随着“互联网时代”的来临，网络所带来的新的变革，创造了一种全新的学习与休闲方式——上网。在中国当今的网络潮流中，青少年一代的崛起显然最为突出，他们构成了上网的主力军，网络对于现代青少年的生活方式和心态的影响比他们长辈要深刻得多，网络行为已成为青少年日常行为中不可或缺的一部分。对于青少年的网络行为，许多学者已经做了非常多的研究，通过对当今青少年网络行为的特点进行分析，从综述的角度提出一些引导性建议，以期解决一些青少年的网络行为问题。

一、青少年的网络行为及其特点

(一) 青少年的网络行为概述

1. 什么是网络行为

美国匹兹堡大学的Kimberly Young是第一位对网络行为进行研究的心理学家，1996年在美国心理学年会上她发表了《网络成瘾：一种新的临床疾病》一文，首次将网络行为这一概念定义为在基于互联网之上的网络空间中，个体以满足某种需要或者获得某种体验为目的，以文本为中介所表现出的交互式或者非交互式的行为，其中交互式行为是指个体使用具有社会交往功能的双向网络工具，如MSN、QQ聊天、线上游戏等和他人进行互动联系的行为；而非交互行为是指个体使用单向的网络工具，如搜索引擎、下载工具、IE浏览器等，单向获得信息或完成任务的行为，此类行为并不增加网络使用者与他人的社会交往。继Young的研究之后，越来越多与网络行为相关的研究开始进入学术界的视线，而随着青少年网民数量的迅速增多，以中小学生的网络行为为对象的研究也开始逐渐增加。目前，对中小学生网络行为的研究主要从两个层面展开，一是对中小学生网民的人口学特征，包括对其年龄、性别、网龄、网络使用频率、网络使用地点等特征进行调查研究和定量分析；二是对中小学生网民网络活动的行为特征，如对网络使用偏好、上网动机、网络学习行为的特征等进行实证研究和理论分析。

由于互联网在我国的应用和普及稍晚于国外，因此，关于网络行为的研究在我国主要出现在2001年之后，近年来，对于中学生网络行为的研究也逐渐重视起来，有学者对网络行为的定义、特征、分类、使用等方面从理论和实证层面进行了探索。

关于网络行为的定义，李晓东等在2011年的《大学生网络交往动机与网络行为特点关系研究综述》中提到，网络行为是行为主体有意识的活动，是行为主体为实现某种特定的目标，以计算机系统的电子网络作为手段和方法而进行的。目前对网络行为的研究，包括两方面：一是研究行为主体的网络空间行为；二是研究行为主体的网络使用行为。网络空间行为包括网络行为模式、行为逻辑和行为类型等。网络使用行为包括网络使用方式、使用习惯、地点、时间、网龄、频率及动机等。李云先、彭敦陆两人在《大学生网络行为方式的模糊分析》一文中，把网络行为定义为：在基于Internet所构建起来的网络化和虚拟化环境下，大学生群体进行人机互动、人际互动及自我互动过程中所表现出来的兴趣、爱好、行为及价值观念等满足自身成长与发展需要的全面活动总和。大学生网络行为方式大致可以从网络学习、网络社交、网络娱乐和网络交易四方面来概括，其中，网络社交可以细分为网络交流、网络交友和虚拟社区；网络娱乐可以细分为网络音乐、网络影视、网络游戏和网络小说；网络交易可以细分为网络购物、网上交换和网上出售。这些细分信息，可更加具体地描述大学生网络行为方式。高中建在《青少年网络行为及其规制研究》一文中是这样定义网络行为的：就“网络行为”的基本含义而言，有狭义和广义两种理解。从狭义的角度，或者说从严格的意义上来看，网络行为专指人们在电子网络空间里展开的行为活动。这类网络行为活动，可以被称为“纯粹的网络行为”或者“上网活动”。从广义的角度，或者说从非严格的意义上来看，网络行为则不只限于人们在电子网络空间里展开的虚拟形态的行为活动，也包括那些与互联网密切相关，同时在很大程度上要借助和依赖于互联网才能顺利展开的行为活动。从人们所展开的网络行为活动来看，有一部分行为活动要利用并借助于互联网而展开，但整个行为活动过程并非完全局限在虚拟的电子网络空间之内，而是要延伸到互联网之外，甚至还可能要在网上和网下不停地“转换”，包括“上网活动”和“下网活动”。李一在《网络行为：一个网络社会学的概念分析》一文中认为“网络行为”这一概念有狭义和广义之分，从狭义的角度来看，网络行为专指人们在电子网络空间里展开的行为活动。从广义的角度来看，网络行为则不限于人们在电子网络空间里展开的那些虚拟形态的行为活动，也包括那些与互联网密切相关，同时在很大程度上要借助和依赖互联网，才能顺利展开的行为活动。只有把“网上”和“网下”这两部分的行为活动加在一起，才得以概览并获知这类行为活动过程的全貌。

综上所述，目前对网络行为最简单又最全面的理解是：人利用互联网而产生的一切活动都可以被称作“网络行为”，也就是偏向于高中建和李一在广义上的网络行为，它包含了全部的网络活动的总和。

2. 青少年的网络动机

青少年的网络动机大致可以归结为以下几方面。

(1) 学习和求知的需要。青少年处于长知识、长见识的时期，好学求知、追求真理、丰富经验是他们成长的内在需要。互联网汇聚了全球各领域的知识，是青少年获取知识的理想平台。

(2) 社会交往的需要。通过电子邮件、BBS和聊天室、QQ、微信等方式进行网上交友，是许多青少年上网的动机和乐趣所在。网上交流的匿名性和虚拟性，更加激发了他们的好奇和动机。

(3) 展示自我的需要。随着个人网络技术的提高，许多青少年不但将上网作为了解外部世界的窗口，而且把它当作张扬自己个性的舞台。

(4) 娱乐休闲的需要。目前许多青少年工作压力大、升学压力大、课业负担重，常常通过上网进行娱乐，松弛一下紧张的情绪和神经。

(二) 青少年网络行为的特点

网络不仅仅是一个互动媒介，在网络空间，人们可以展开各种形式的社会互动，也就是说网络不再仅仅是一个传递信息的媒介，而是一个实时、多媒体、双向互动的社会行为和生活场域，网民能够在其中进行社会互动，是可以把使用者吸纳进去的一个空间，这是网络空间形成所具有的最重要的社会意义。

屠忠俊等人认为网络行为具有个性化、自由性、虚拟性、快速性、匿名性、技术依赖性等特点，也可描述为生成的技术性、形态的隐匿性、方式的间接性、场域的流动性、内容的多样性和本质的社会性等。苗青认为，青少年网络行为特点有：内容的复杂性、心理过程的有限性、时空的超越性和对象的模糊性。宋巨盛将网络行为特点归纳为：交往主体角色具有虚拟性，交往形式与心理具有间接性，交往心态具有平等性，思想情感表达具有直接性，使网络人际交往形成了不同于现实人际交往的一些基本特征。华伟认为网络行为与现实生活行为相比具有三个特点：交往情境的虚拟性、交往范围的全球化和“一次博弈”。郝文清认为，青少年网络行为主要有如下特点：交往的平等性、使用的匿名性、方式的间接性及对象的无限性。杨妹认为网络行为有以下特点：交往动机的多样性；交往主体、情境和情感体验的虚拟化；交往方式和类型的简单化；交往过程的弱社会性；交往关系平等化；网络交往发展方向现实化；交往心理的隐秘性。高中建认为青少年的网络行为有以下特点：网络行为的无节制性与随意性；行为主体的广泛性与独立性；主体性的随意发挥与视野的无限开放；符号意义的非一致性与碎片化。

(三) 网络对青少年行为的影响

网络就像一条大河，裹挟着珍珠与泥沙翻腾而下，它带给我们巨大的影响中，既有积极的一面，又有消极的一面：它既传播文明又倾泻垃圾，既开启民智又制造蒙昧盲目。一方面，网络作为一种新的大众传播媒介、交往方式，极大地满足了人们信息资源共享、进行超越时空限制的交流等需求；另一方面，网络本身存在一定的缺陷，网络环境往往较为复杂，并且缺乏有效的管理和保护。而青少年身心发育和社会化尚未完成，他们对“网络学习”、网络环境和网络交往等信息的甄别往往缺乏深刻的认知。因此，在当前家庭教育、学校教育侧重于学业成绩，学生的学业负担和心理压力比较重的情况下，网络极易成为青少年躲避负担和压力的“防空洞”，使一些人沉迷其中不能自拔。

目前大多数的学者们研究的是其消极影响，以期通过研究其成因及通过什么样的方法、采取何种措施来尽量避免这些影响。因此对于网络成瘾、网络道德、网络行为失范及对青少年网络行为的规制等方面的研究越来越多。其中，青少年网络成瘾问题的研究成为重中之重。但是，互联网毕竟代表了当今世界科技发展的最高水平，它为人类带来无限生机和动力，展示出一方美好的乐园。我们没有理由因噎废食，而应充分发挥它的积极作用，采取相应的措施，引导青少年健康地成长，以使青少年适应信息时代的发展、与时俱进。

1. 网络对青少年的正面影响

1) 有利于青少年非线性思维方式的形成

线性思维方式强调事物的先后顺序，对事物的认识从头到尾都遵循单一的顺序。而在网络中大量使用的超文本阅读方式是以网状形式来构筑和处理信息的。它是一种跳跃式的、综合的非线性思维方式。从非线性的角度出发，思考问题的同时必须考虑它与周围事物的种种联系，并通过这种网状的联系来寻求解决问题的方法。这种思维方式改变了传统线性思维所固有的较狭隘、死板的弊端，有利于培养青少年的发散性思维、拓展青少年的思路，有利于帮助他们正确地看待周围的人和事，树立科学的人生观和世界观。

2) 青少年的创造能力得到了发展

随着国内几大互联网公司的崛起，年轻的网络创建者们成为青少年的榜样。网络创业的神话、网络平等的故事激励着大量朝气蓬勃的年轻人。知识与创造力的重要性已越来越深地植根于广大青少年的心中。网络上的信息极其丰富，而且更新速度非常快。青少年在这种浩如烟海的信息面前，不再看重“博闻强记”，计算机和网络就是他们的记忆。他们面临最重要的任务不是获取已知，而是以高度的想象力去创造和运用新知识。网络使青少年的观念发生了革命性的变革，在创新观念、锻炼创新思维、培养创新能力、实现创新内容等方面都得到了极大的提高，他们的智力得到了升华。

3) 满足了青少年交流、沟通和理解的需要

网络高效、快速、方便、独特的交流方式与当代青少年偏于好奇、乐于幻想、追求独立的要求相吻合。因此，网络一出现，便注定与青少年紧紧联系在一起。网络使得青少年和世界息息相通，使得他们在有限的学习、工作的重压之外获得了更广泛的空间。当全世界缤纷多彩的信息资源集结在青少年的面前，他们的视野、心胸会与以往完全不同。

2. 网络对青少年的负面影响

网络在为人类进步提供了历史机遇的同时，也为社会造成了一些负面影响。特别是对正在成长发育的青少年而言，这些影响更加严重。

1) 在认知方面的影响

大量的网上信息常常使得青少年应接不暇。他们注意力往往随着信息的不断变化而转移，集中注意力的时间太短。加之网络诱导他们用“看”的思维方式来认知世界，而排斥“想”，因而对培养青少年良好的思维方式会有一定的影响，使之思维有广度而缺乏深度，想象过于虚幻，与生活背离。

2) 在人格方面的影响

五彩缤纷的网络信息无时空感和压抑感，容易使人产生亲密感。而这种力量是其他任何事物都无法具备的。特别是现在的青少年物质生活富裕，希望展现自我。他们极富好奇心和冒险精神，但自我控制能力又不强。在学习、工作的重压之下，为了宣泄、为了实现自身的价值，互联网成为其沉醉的场所，有的往往在不知不觉中沉溺其中而欲罢不能，造成心理错位或行动失调。

3) 在人际交往方面的影响

网络虚拟世界的人际信任危机可能会影响青少年在现实生活中的人际交往，使其缺少对他人和自身真诚性的信任。有一些青少年热衷于网络虚拟交往而疏远了现实中的人际交往，这些都会影响青少年正常良好的人际关系的建立与发展。青少年如果长期处于网络虚拟世界中，就有可能难以接受现实社会中的道德规范及伦理价值，从而与现实世界产生隔阂。网络世界相对封闭的环境无法实现面对面的人际交流，诸多人际交往方面的心理疾病也因此产生。

4) 在学业方面的影响

网络的发展十分迅速，新鲜事物不断充斥着网络世界，这对青少年具有很强的吸引力。由于好奇心等原因，青少年很容易对网络产生依赖性，严重时还会产生网瘾。青少年因上网而出现逃课、厌学，甚至辍学等现象已经屡见不鲜，这会直接影响青少年的学业，甚至影响国家教育事业的发展。2009年互联网信息中心第24次调查报告显示，城市网瘾青少年的比例为13.0%，农村网瘾青少年的比例为13.9%。

5) 对身体健康的影响

有报道指出，计算机作业面高度欠佳，显示器的高度、角度不合理及缺乏合理的支撑，加之不合格或不合理的网络用品充斥市场，对青少年的身体健康构成了危害。同时，青少年长时间面对计算机屏幕，导致其生理机能失调、内分泌紊乱、神经系统正常节律被破坏等。据有关专家介绍，长时间坐在计算机前的青少年中，30%患有缺铁性贫血、近视，脊椎及身体其他部位的疾患也明显偏高。

二、青少年网络行为的引导

网络犹如一把双刃剑，以正确的心态去面对与应用，网络会帮我们以更快、更便捷的途径达到我们的目标，而错误对待网络的存在，会致使我们沉沦在虚拟的网络世界中而无法自拔。如何能在发挥网络积极作用的同时，消除网络给青少年带来的负面影响，是各界应该关注的问题关键所在。以下几方面是进行引导和干预时必须考虑的。

第一，要充分利用互联网这个虚拟空间开放和资源丰富的特性，以互联网为基础展开网络教育。首先要在青少年中展开全面和系统的网络教育活动，引导青少年学生逐渐摆脱对互联网娱乐功能的依赖性；引导他们学习和享受利用互联网的信息功能，帮助自身的学习和成长；引导他们正确使用互联网的社交功能，避免因为使用网络而影响甚至脱离自己的现实人际交往环境；引导他们发挥自身的想象力和创造力，为改变互联网的现状，促进互联网的发展提出自己的创意；帮助他们建立网络安全意识，加强对自身的保护，避免发生类似于因轻信网友而使人身和财产蒙受损失的悲剧；加强性教育和健康教育，帮助青少年学生正确对待自身的身体和心理的变化，正视自身的发展需要，正确对待男女生在青春期的正常交往需要等；引导他们正确对待网络热点问题，不盲听盲信，通过引导学生正确辨别这些问题，可以帮助学生树立正确的人生观和社会观；教师和家长要充分利用网络空间的平等性和匿名性，在网上与同学打成一片，和学生在同一平台上平等地交流，倾听他们内心的声音，促进班级管理，预防问题行为的发生。

第二，要回归现实，促进青少年学生对现实社会的理解和认识，帮助他们发现现实生活的美好。许多同学热衷于互联网就是因为学校环境对他们来说枯燥乏味，没有乐趣，那么增强现实中学校环境的趣味性和吸引力就必然会对青少年学生摆脱互联网有所帮助。首先，互联网引导课堂教育的开展要在教学方法、教学素材、师生互动上求新求变，充分发挥学生的主观能动性，相信学生只要在适当的引导之下能够通过自身的思辨形成对互联网的正确认识；其次，学校内的音乐、体育、美术等课程要保质保量地完成，这些课程对培养学生正确的审美观，发现现实生活之美有巨大的帮助；再次，增加以校园为基础的文化、体育和研究活动，如开展校园艺术节、运动会等活动，不仅可以丰富学生的校园生活，增加他们对校园环境的兴趣，同时可以让学生青春期的多余能量得以释放，通过开展科技小制作竞赛等活动还可以帮助学生培养对科学研究的兴趣，帮助他们树立人生目标；最后，加强校园心理健康教育，在各级学校配备专职心理老师，使学生有一个积极健康的整体心理素质，能够抵御来自互联网和其他不良社会因素的消极影响，并将更多的精力投入学习中去。

第三，要加大管理执法力度。各职能部门应加强对网站、网络虚拟社区等的信息管制，加大对网吧这类公共场所的监管力度，认真落实未成年人不得进入网吧的规定，从而净化网络空间，为青少年营造良好的网络环境。

第四，要增强自身意识，青少年应该培养自己的抗干扰力、克制力与免疫力。网络信息的多姿多彩，很容易使青少年沉迷其中，而网络上存在的不良信息，更会令心智未发育成熟的青少年堕落而不能自已。只有加强自身道德素质、提高自我监控能力、自觉地抵制不良信息，以及与不良网络行为作斗争，才能避免滑入网络负效应的泥沼。

总之，网络的双面影响是不可忽略的。利用好网络，为青少年生活与学习提供积极作用，同时抵制网络不良信息对青少年的荼毒，是我们未来长久的努力方向。各方应该共同努力，构建和谐的网络环境，为青少年的成长保驾护航。

·本章小结·

1. 学习是一种极其普遍的人类心理活动，广义上来讲，学习是由经验产生的在行为或知识方面一种相对稳定的改变。从狭义来讲，学习仅仅是在专门的学习机构(如学校)，通过有计划、有目的的教学大纲及教学规范，获取系统的知识与技能的过程，青少年的学习，主要是指狭义的学习。

2. 休闲是生活方式改变的潜力，是社会规范等结构性因素生成、变动的源泉，因为它所引进的价值观有助于指引、支持个人与集体在时间分配上的意愿与选择。对当代青少年而言，休闲是他们生活中不可或缺的重要组成部分，对青少年的素质培养、人格及价值观念的形成等方面都会产生极其重要的影响。

3. 美国匹兹堡大学的Kimberly Young是第一位对网络行为进行研究的心理学家，她将网络行为这一概念定义为在基于互联网之上的网络空间中，个体以满足某种需要或者获得某种体验为目的，以文本为中介所表现出的交互式或者非交互式的行为。

4. 青少年的网络动机可以归结为：学习和求知的需要、社会交往的需要、展示自我的需要、娱乐休闲的需要。

·习　题·

一、填空题

1. 学习是一种极其普遍的人类心理活动，广义上来讲，学习是由__________产生的在行为或知识方面一种相对稳定的改变。

2. 青少年的学习困惑主要包括：学习动力缺乏、__________。

3. 《现代汉语词典》中，“休闲”一词的释义为“__________”，即“没有事的时候”。

4. 休闲具有自由性、个人性、__________三个基本特性。

5. 美国匹兹堡大学的Kimberly Young是第一位对__________进行研究的心理学家。

二、单选题

1. 青少年的学习，主要是指(　　)。

A. 广义的学习　　B. 狭义的学习　　C. 积极的学习　　D. 消极的学习

2. 学习是一种(　　)的人类心理活动。

A. 极其普遍　　B. 非同一般　　C. 极为罕见　　D. 属于少数人特权

3. 从一般语义学角度分析，休闲是指(　　)。

A. 人的空闲时间　　B. 浪费时间　　C. 消磨时间　　D. 无所事事

4. (　　)匹兹堡大学的Kimberly Young是第一位对网络行为进行研究的心理学家，1996年在美国心理学年会上她发表了《网络成瘾：一种新的临床疾病》一文，首次定义网络行为这一概念。

A. 美国　　B. 英国　　C. 法国　　D. 德国

三、多选题

1. 学习既包括知识的获得，也包括各种(　　)的获得与形成。

A. 技能　　B. 行为习惯　　C. 态度

D. 人格特质　　E. 气质

2. 青少年学生在学校教育条件下的学习，可以从(　　)的角度进行类型的划分。

A. 学习内容　　B. 学习方式　　C. 学习方法

D. 学习态度　　E. 学习态度

3. 在古代社会，尤其是人类社会早期，休闲更多地被理解为(　　)。

A. 一种人生哲学　　B. 一种生活态度　　C. 一种生存方式

D. 一种未来理想　　E. 一种人生愿望

4. 休闲在现代意义上，主要是指(　　)。

A. 消闲　　B. 休息　　C. 娱乐

D. 浪费时间　　E. 无所事事

5. 下列属于非交互式网络行为的是(　　)。

A. 搜索引擎　　B. 下载工具　　C. IE浏览器

D. QQ聊天　　E. 线上游戏

四、判断题

1. 学习所产生的结果既可以是积极的、良好的，也可以是消极的、不良的。(　　)

2. 青少年的学习困惑会自然而然地得到解决，无须他人进行引导。(　　)

3. 随着社会经济的发展，青少年的休闲生活的内容和以往相比发生了一定的变化。(　　)

4. 要促进青少年心理健康与成才，就一定要重视休闲这一敏感的领域，并主动对青少年的休闲进行指导。(　　)

5. 休闲等于浪费时间或是简单地消磨时间。(　　)

6. 网络行为包括交互式或者非交互式的行为。(　　)

7. 网络是把双刃剑，对青少年的影响既有积极的一面，又有消极的一面。(　　)

五、名词解释

1. 学习　　2. 青少年的学习　　3. 青少年的学习困惑　　4. 休闲　　5. 网络行为

六、简答题

1. 简述青少年的学习困惑。

2. 简述青少年休闲的特点。

3. 简述青少年的网络动机。

4. 简述网络对青少年的正面影响。
5. 简述网络对青少年的负面影响。

七、论述题

1. 论述如何解决青少年的学习困惑。
2. 论述如何对青少年的休闲进行指导。
3. 论述如何引导青少年的网络行为。

第八章 阳光少年的炼成——青少年心理卫生

·引　言·

虽然大多数青少年度过青春期时没有经历重大的心理障碍，但是有些青少年会遇到严重的心理和行为问题，这些问题不仅会干扰自己的生活，还会波及周围的亲人和朋友，如物质滥用、反社会行为、抑郁等常见情绪障碍、自杀等。而且，这些问题会直接或间接地影响我们所有人。在本章中，我们关注青少年的心理卫生。

众所周知，青春期不仅充满了谜题，而且充满了挑战或危机。一方面，很多健康的青少年都经历过好奇和解谜的过程，其间虽然曾出现自我怀疑、亲子矛盾、学业下降或心理创伤问题，但它们都最终变成了青春期的风景和颜色。另一方面，我们也常常听到或见到受到严重心理问题困扰的一部分青少年。因此，在我们关注青春期心理问题时，有必要记住：大多数青少年都会遇到的、正常的，而且往往是暂时的问题和少数青少年困扰的较严重问题之间的区别。

案例材料

情境1：小刘是一位踏入高中的男生，学习压力之下，伴随着出现了与同学之间处理关系的内心烦恼与现实人际困扰。学习不好的时候他常常感到自己像一只丑小鸭，平时说话的时候低声下气，这样便导致同学们越来越不喜欢与之相处，而且有点看不起他，仿佛小刘成了“差生”代名词。就这样，小刘同学越来越不能适应，为了自己内心能够好受一点，他开始厌学，开始比之前更加不愿意上学，常常上街玩游戏机，一到自习课就偷偷溜出学校，似乎也开始自暴自弃了。

情境2：据美国媒体报道，美国俄亥俄州费尔菲尔德镇年仅13岁的华裔女孩艾米莉•格蕾丝•奥尔森于12月11日在家开枪自尽。这位出生于中国、被美国夫妇领养的华裔女孩被曝生前在学校遭受种族欺凌，她的养父母表示计划采取法律行动。费尔菲尔德镇警察局局长弗拉奇称，艾米莉没有留下遗书。对于女儿自杀的原因，马克称，艾米莉自五年级开始受到同学言语、肢体及网络上的侮辱，其中部分是针对她的华裔身份进行攻击。

以上两个情境，生动阐释了严重程度不同的心理问题。在类似的一些令人震惊的极端事件冲击下，青少年的心理问题成为全社会关注的焦点。如何做好青少年的心理健康工作，这是一个值得广大教育工作者、家长高度重视的问题。

第一节　青少年心理卫生概述

一、心理卫生与心理健康

在现代社会，健康应包括身体健康和心理健康。世界卫生组织把健康定义为“不但没有身体的缺陷和疾病，而且要有生理、心理和社会适应能力的良好状态”。这表明，人们必须既要注意生理卫生，又要注意心理卫生，这样才能达到真正的、全面的健康。而目前对如何达到身体健康，为许多人所熟知，如讲究起居饮食卫生，锻炼身体，有足够的营养等。但对怎样求得心理健康，讲究心理卫生，知者甚少。

(一) 心理卫生的概念

心理卫生由英文mental health或mental hygiene直译而来，又称精神卫生。到目前为止，心理卫生一词尚缺代表性定义，一般专家认为，心理卫生即心理健康。从消极意义上说，心理卫生指没有心理异常和精神病的症状，或没有足以影响个人不适合面对生活需求的能力的症状；而广义的积极的意义则指能与他人建立良好的人际关系，能疏导内心的情绪困扰，能经得起适当的打击和压力，以及能善于认识和接纳自己。《简明大不列颠百科全书》中是这样注释的：“心理卫生包括一切旨在维持和改进心理健康的种种措施。诸如精神疾病的康复及预防，减轻充满冲突的世界带来的精神压力，以及使人处于能按其身心潜能进行活动的健康水平。”即通过讲究心理卫生，培养人们的健康心理，从而达到预防心身两方面各种疾病的目的。具体地说，心理卫生的宗旨在于促进青少年心理的正常发展，培养健全的人格；保持成人的心理健康；预防各种心理障碍，包括精神病、神经症、心身疾病、病态人格、精神发育迟滞；消除引起心理压力、影响心身健康的各种不良的心理因素。它除了指一门学科和一项服务工作，还专指人的心理健康及状态，我国学者肖汉仕教授认为心理卫生是运用心理学的方法促进、维护并恢复心理健康的各种实践活动。心理卫生工作包括四方面：一是开展心理矫治服务以恢复心理健康；二是开展心理健康教育以普及维护心理保健知识；三是通过提高心理素质以预防心理问题；四是优化社会心理环境以减少不良心理刺激。

(二) 心理卫生的历史

心理卫生的思想起源最早可以追溯到古希腊时代。一般把比奈尔(Pinel)在1792年提出废除对精神病人的约束，作为心理卫生历史的起点。现代心理卫生运动兴起于20世纪初。非常耐人寻味的是，它的发起人和倡导者是曾患精神病的美国人比尔斯(C.Beers)，比尔斯根据自己住院期间和出院后的亲身遭遇，特别是精神病治疗机构对病人的冷漠和虐待，以及公众对于精神病人的偏见和歧视，于1908年出版了著名的《一颗自我发现的心灵》。此书引起了心理学家和社会大众的大力支持和强烈反响，由此开始了一场由美国发轫，最后遍及全世界的心理卫生运动。1908年，由比尔斯发起成立了世界第一个心理卫生组织——康涅狄格州心理卫生协会。1930年在美国华盛顿召开了第一届国际心理卫生大会，大会的宗旨是“完全从事慈善的、科学的、文艺的和教育的活动，尤其是世界各国人民心理健康的保持和增进，心理疾病、心理缺陷的研究、治疗和预防，以及全体人类幸福的增进”。1948年在英国伦敦召开的第三届国际心理卫生大会上，成立了世界心理卫生研究会，以后各国都相继成立分会，成为世界卫生组织的重要分支。中国的心理卫生运动在20世纪30年代也开始起步，1936年，我国成立了“中国心理卫生协会”，但因抗日战争爆发，在相当一段时期内心理卫生工作的重要性得不到应有的重视。20世纪80年代以来，心理卫生工作在我国得到长足的发展，1985年，一个真正意义上的中国心理卫生协会终于成立，该协会的成立对我国心理卫生事业的发展起到了非常重要的推动作用。与此同时，防治心理疾病的研究机构，宣传、咨询和服务机构也相应设立。在我国，医学、心理学、教育学和社会工作者等共同协作，以广义的心理卫生为目标的心理保健正蓬勃开展起来。内容上大体可分为个体心理卫生和群体心理卫生两方面。前者是指一个人在不同年龄阶段的心理卫生(胎儿期、婴幼儿期、童年期、青春期、更年期、老年期的精神卫生等)；后者是指不同群体(家庭、学校、企业等)的心理卫生。总的目标是促进人们的精神健康，预防心理卫生问题及精神方面的各种疾病的发生。

(三) 心理卫生与心理健康

综上，我们可以得知，心理卫生是相对于生理卫生而言的，原意是维护和增进心理健康，减少心理和行为问题与疾病。简言之，心理卫生与心理健康在某种程度上同义。维护和增进人的心理健康是心理卫生的最终目的，心理卫生是达到心理健康的手段，心理卫生的任务就是探讨如何维护、增进心理健康的原则、措施及各种活动。从这个角度上说，心理卫生和心理健康是同一问题的不同表述。它是关于保护与增强人的心理健康的心理学原则与方法。

我国杰出的心理学家潘菽教授，在1947年出版的《教育心理学》一书中也提到：我们因注重身体健康，故研究生理卫生；我们若要使心理得到健康发展，则必须注重心理卫生。

二、青少年心理健康的标准

心理健康是青少年必不可少的关键素质，其心理健康水平对他们的成长和发展起着十分重要的作用。了解青少年心理健康的标准及其常见的心理行为问题，对于以维护青少年心理健康成长为己任的学校心理辅导工作来说，是一个必备的认识基础。

(一) 青少年心理健康的标准

心理健康与否并没有一个绝对的标准和界限，不过仍有许多心理学家从不同角度对此进行了积极的探索。例如，罗杰斯与许多自我理论学者创立了主观自我、客观自我、社会自我及理想自我四项概念，他们心目中的心理健康者是在以上各种自我间获得和谐关系的人。世界卫生组织规定心理健康的标准是：①身体、智力、情绪十分调和；②在适应环境、人际交往中能彼此谦让；③有幸福感；④在工作和职业中，能充分发挥自己的能力，过着有效率的生活。归纳各方面的研究结果得出以下几条，作为心理健康的标志。①了解自我，悦纳自我：一个心理健康的人能体验到自己的存在价值，对自己的各个方面都具有较正确的认识，能努力发展自己的潜能。②接受他人，善与人处：心理健康的人乐于与人交往，能认可别人存在的重要性和作用，同时能为他人所理解和接受。他们在社会生活中有较强的适应能力和较充足的安全感。③正视现实，接受现实：心理健康的人对周围事物和环境能做出客观的认识和评价， 并可以能动地适应现实，进一步改造现实，而不是逃避现实。④热爱生活，乐于工作：心理健康的人能在生活和工作中尽情享受人生的乐趣，而不会认为是重负。⑤能协调与控制情绪，心境良好：心理健康的人在情绪上总是积极情绪状态占优势，他们虽然也有消极情绪体验，但一般不会长久。⑥人格完整和谐：心理健康的人，其人格结构的各方面能平衡发展，人格作为人的整体精神面貌能够完整、协调、和谐地表现出来。⑦智力正常，智商在85以上。⑧心理行为符合年龄特征：心理健康的人应具有与同年龄多数人相符合的心理行为特征。如果一个人的心理行为经常严重偏离自己的年龄特征，一般都是心理不健康的表现。那么如何维护和保持心理健康呢？首先要树立正确的人生观和世界观；此外，对自己或他人不要持不切实际的过高期望；学会情绪的自我调控，烦恼时可向亲友倾诉；多培养业余爱好，自我娱乐；不要过于争强好胜，处处与人竞争；积极参加社会活动，扩大人际交往。以上这些方面对维护心理健康都是基本而重要的因素。具体而言，衡量青少年心理健康状况可以从以下几方面来判断。

1. 智力

智力正常是一个人生活、学习、工作最基本的心理条件。根据世界卫生组织的规定，包括青少年和儿童在内的正常人，智力正常的最低要求是智商必须不低于85，这样才能适应基本的学习和生活，与周围环境取得平衡。判断一个人的智力是否正常的简便方法有两点：一是能否与同龄的大多数人智力发展水平相当；二是能否基本适应周围的生活和学习。青少年智力正常发展的标准是：乐于学习，有强烈的求知欲和浓厚的探索欲，能充分发挥自己的智力和潜能，努力获得优良成绩。否则，纵然智商在正常以上，也不能视为心理健康。而注意力不集中、记忆力下降、思维紊乱则是心理不健康的表现。

2. 社会适应性

较好的社会适应性是指个体能根据客观环境的需要和变化，通过不断调整自己的心理行为和身心功能，保持与客观环境的协调一致，具备适应各种自然环境和社会环境的能力。这样的个体往往乐于交往，人际关系融洽，有亲密的朋友，并能从中获得生活的乐趣。人的行为反应是存在差异的，有的反应敏捷，有的反应迟缓。但是，这种差异有一定的限度，超过一定的限度是不正常的。反应敏捷并非反应过敏，反应迟缓也非没有反应。对事物的反应应视事物作用的大小而定。一般而言，反应异常敏感或异常迟钝均是不健康的表现。对事物一概不反应，这是出现了严重的心理疾病；对重大刺激无动于衷或反应微弱也是不正常的现象；而对任何事物都反应，一点小事就大惊小怪、心惊肉跳，稍有意外就惶惶不可终日，偶遇挫折就无法忍受等，都是心理反应不良的表现。

3. 人格

健全的人格是指构成人格的诸多要素，如气质、能力、性格、理想、信念、人生观等方面都没有明显的缺陷，个体具有相对正确、稳定的世界观，并能以此为核心，把人格结构的各要素统一起来，使心理活动和行为方式能统一、和谐、健全地发展。要培养孩子的健全人格，首先要让孩子做完他愿做的事情。如果家长强行干预，容易使他统一的一贯精神随之中断。孩子由恼火转为无可奈何，最后逆来顺受，这样其行为的统一性就受到了破坏。其次，不要让孩子扮演相互矛盾或相互抵制的角色，如有的孩子长期受到的教育态度不一致：在家中百般娇宠，在学校里逆来顺受。在如此矛盾的环境下，产生角色矛盾心理困难，轻则使孩子产生心理压力，重则使孩子造成适应性困难，甚至罹患心理性疾病。

4. 情绪和良好的心境

稳定的情绪和良好的心境，有益于身心健康和调动心理潜能，更好地适应社会。心理健康的青少年能经常保持愉快、开朗、乐观的心境，积极情感多于消极情感，同时能根据实际情况自觉控制和适度表达自己的情绪，主动调节消极情绪体验。青少年情绪健康的主要标志是稳定，反应恰如其分，强度适中，对学习生活充满信心。相反地，总是愁眉苦脸、心情郁闷、喜怒无常，则是情绪不健康的表现，而盲目地自惭自愧、怨天尤人，也是情绪不良的表现。

5. 意志

心理学上，意志指设定目标、克服困难、采取行动以达成目标的心理过程。“任何事情的发生都不是没有自觉的意图，没有预期的目的的”。古人十年寒窗苦读，终得功名，需要坚定的意志品质。心理健康的青少年对具体的行动有明确的目的性和自觉性，能有效地调节和控制自己的行为，能选择合适的方法解决学习、生活中遇到的问题，能正确对待困难和挫折并积极克服。相反地，怕苦怕难、行为优柔寡断、轻率鲁莽、顽固执拗、遇困难半途而废、冲动偏执等则是消极意志品质的表现。

6. 认识自我，悦纳自我

个体能够了解自我的现状和特点，接受自己的优点和不足。心理健康的青少年开始能够独立自觉地按照一定的目标和准则，评价自己的品质和能力，既能看到自己的优缺点，不过高或过低评价自己，又能在实际生活中注意扬长避短，并努力完善自我。青少年时期的我们，需要不断学会与真实自我的和平相处，学会悦纳自我，这是一个自爱和自省的客观过程，在这个过程中，我们需要学会更加全面地了解自己，从而不断完善自我。

7. 心理与行为符合年龄特征

不同的年龄阶段有不同的心理和行为特点。心理健康的青少年具有与其年龄特征相符合的心理和行为特征。如果心理和行为经常偏离自己所属的年龄特点，如老气横秋、老态龙钟或易哭易笑等，都是心理不健康的表现。

归纳以上几种指标可以看出，心理健康有三个基本特征：一是心理、行为与客观环境保持统一；二是内部心理活动与外在行为表现协调一致；三是人格具有相对稳定性。但是，需要指出的是，由于青少年在各自的年龄、生理、身体健康状况和具体生活条件、文化教育程度等各方面存在差异，因此要用发展的眼光去分析，要求初中生、高中生和大学生一样成熟是不可能的。

案例材料

“健康心理”的36项心理素质，你达标了吗？

这36项心理素质，分为6大类：

1. 思想态度——最基本的处理生活中各种事件的态度
2. 学习提升——保持与时俱进、乘风驭浪的能力
3. 自我管理——有效地照顾自己的人生
4. 人格发展——有效地对自己进行定位
5. 情绪智能——做自己情绪的主人
6. 人际沟通——有效地与其他人相处

这36项心理素质都可以从思想和模式上呈现出来，以下进行简明扼要的解说。

1. 思想态度

(1) 对所有的人和事物都抱着“三赢”的态度：我好、你好、世界好。

(2) 常怀着“我如何能做得更好”的态度。

(3) 经常思考如何提升自己的能力。

(4) 在困难中能够刻苦坚持。

(5) 灵活。

(6) 有创意，富于幽默感。

2. 学习提升

(7) 对很多的事物都有兴趣。

(8) 有效地运用内感官。

(9) 想掌握有关的学问和知识。

(10) 多问“为什么”和“如何”。

(11) 不满足于简单答案而想了解更多。

(12) 有尝试的勇气，可以付诸行动。

3. 自我管理

(13) 自己可以做的不假手他人。

(14) 自己想要的自己去争取、创造。

(15) 以自己能够照顾自己为荣。

(16) 爱护和尊重自己。

(17) 有效的时间管理。

(18) 有效安排自己要做的事。

4. 人格发展

(19) 认识自己拥有和未有的能力。

(20) 能够改变妨碍自己成长的信念。

(21) 具备有效思维的能力。

(22) 肯定自己拥有与别人一样的资格。

(23) 尊重每一个人的界限。

(24) 认识和珍惜自己能够做到的对世界的影响。

5. 情绪智能

(25) 明白情绪其实是来自本人的信念系统。

(26) 接受自己的情绪。

(27) 具有管理自己情绪的能力。

(28) 关心别人的感受。

(29) 明白负面情绪的正面意义。

(30) 能够接受“失去”。

6. 人际沟通

(31) 有效表达自己的意思。

(32) 能够主动与人接触。

(33) 接受跟自己不同的人。

(34) 能够妥善处理别人的不当言行。

(35) 能够面对公众说话。

(36) 良好的谈判、辩论能力。

这36项心理素质，任何人都不会天生就有，而是必须在成长过程中培育出来。这些心理素质不会限制一个人的人生取向和生活模式。相反地，无论在什么环境、做什么工作，都能够让这个人活得更开心、更成功。所有这些心理素质，都可以在家庭、学校，经由成年人引导而让孩子建立起来。

(二) 青少年心理健康误区

青少年正处于确定人生观的时期，然而也是心理误区容易产生的危险时期。为了使青少年更健康地成长，下面介绍几个青少年容易陷入的心理误区。

1. 惧怕交往

有些青少年每当看到其他同学有说有笑、非常开心时，心里既羡慕又嫉妒。他们也渴望与人交往，也想成为被同学们重视的人，但是他们做不到。他们每天独来独往，不敢与同学交往，不敢住集体宿舍，不敢去食堂打饭，不敢抬头听老师讲课，即使在自己家里也不敢去阳台晒衣服，只能偷偷在家里照镜子，心中十分痛苦。

这些青少年的错误认识在于他们没有能够正确地评价自己和周围同学，也没有准确地认识周围的环境，于是产生了强烈的自卑和害羞心理。而在人际交往中自卑和害羞常常使人处于孤独状态，往往独处一隅，过分敏感，不愿意主动与人交往，一旦受到外界刺激，即使刺激很小，也会不知所措，或者无法忍受而产生恐惧感。

克服这种心理问题的关键在于正确地对待自己，找出自身的优势，克服自卑心理，思考自己在学习上的优点，调整心态。除此之外，还应该从自己封闭的小天地走出来，注意和同学们多接触，只有在与人交往的过程中，才能逐渐培养其相互之间的友好情感，才能消除害怕别人的恐惧心理。

2. 自我要求过高

有些青少年总是故意给自己制定一个较高的目标，以为只有这样才能更好地激发自己的潜能，激发出更大的干劲。他们明知目标不能实现，但仍然坚持，以为只有这样才能有突出的表现。

其实，期望值过高，实现起来的难度相对过大，如果头脑中总是装着一个不能实现的高目标，那无异于顶着一块石头，早晚会被压垮。他们之所以定一个很高的期望值，无非是为了证明自己比别人优秀，他们也固然在力图实现它，带有一丝不达目的誓不罢休的味道，但这个期望值如果不切实际、太不合理，就会带来许多的失望和沮丧，进而影响自我的发展。

真正的成功是由明确、合理的目标开始的。首先应该对自身的真实情况有客观评价，而后根据自身条件制定合理目标，为了确保目标的实现，还可以将大目标分割为若干小目标，再制订好计划并一步步实施。

3. 排斥异性

有些青少年学习非常认真，为了不让自己的学习受到干扰，坚决不交异性朋友，认为如果结交异性朋友会产生严重的负面影响，使自己的学习变得一塌糊涂。

其实，将自己的学习状况与异性朋友挂起钩来，这一认识过于偏激。心理学家认为，和异性朋友的正常交往不但不会影响学习，而且还会产生促进作用，因为一方面异性之间的思维方式不同，可以促进相互学习；另一方面人都有在异性面前竭尽全力表现自己魅力和良好一面的心理。为了学习而抑制交异性朋友，只会使自己变得孤僻和枯燥，因为你封闭了展现自己魅力的舞台和思维碰撞的机会。

只有以一个健康、纯净的心态接纳异性朋友，才能使自己的生活更加丰富多彩，还可以不断地促使自己提高学习成绩。与其一味地排斥异性而使自己陷入空虚和不满的状态，还不如让异性看到自己的思维和魅力，这一思维和魅力的展现在学习上将体现为：因为思维的碰撞，让你丰富了学习方法和思维方式；因为魅力的展现，让你为了不让异性嘲笑或小看，而更加积极学习，因为现在最可以体现实力的便是学习成绩了。这样一来，你的学习自然会突飞猛进。但是，你在明白了异性朋友将是学习动力的同时，切记不要过于亲密地交往，如果发展到对异性朋友念念不忘的地步，那就糟糕了。

4. 狭隘

有些青少年总觉得别人和自己作对。对一个问题的看法，自己提出了意见，而别人提出不同的看法，虽然心里认为他们说得也有道理，但还是觉得那是在故意挑自己的毛病。

这种总认为别人和自己过不去的想法，在心理学上被称为反社会型人格特点。这种特点到极端程度时的直接后果是导致自律神经系统缺损。这对正值青春发育期的青少年危害尤为严重。这种心理会让他们无法正确对待自己和别人的分歧，从而妨碍健全人格的形成，影响其与别人的正常交往。另外，这种心态还可能会对他(她)的行为产生不良引导，在这种心理的支配下，很可能会做出偷窃、破坏公物、打架滋事等报复性行为。

胸襟开阔和信赖别人是克服这种心理误区的最好办法。要知道，在日常交往中，和别人发生分歧是很正常的，得不到预期的评价也不代表别人在故意和你作对。不要以为任何人都在反对你，其实，在成长过程中，多听一些和自己相左的意见更能丰富你的认知，拓展知识面，增强自己把握问题实质的能力。

积极培育自己的进取心，也有助于走出这种心理误区，一个不断进取、奋发拼搏的人是不会害怕别人的负面评价的。同时，积极的进取还能帮助你学习更多的知识，让你更有自信，更能够容纳，即使面对最尖锐的批评，也能坦然接受。

三、心理健康与青少年成长

在青少年的健康成长历程中，健康是基础，成长是楼阁，没有健康，何谈成长？

(一) 心理亚健康困扰青少年成长

2008年中国优生优育协会会长秦新华在上海公布了一项针对全国青少年进行的心理健康调查结果：中国处于心理亚健康状态的青少年约有3000万人，青少年心理问题的发生率为10.18%～15.16%，且逐年上升。这项研究的范围涵盖全国22个省市数以万计的青少年。调查显示，中国有70%的家长教育方式不合格，主要存在三大问题：过分保护、什么事情都包办代替的占30%；过分监督、画地为牢、剥夺孩子活动空间的占30%；严厉惩罚的占10%。秦新华表示：家长除了重视婴幼儿、青少年的身体健康，也应该重视孩子的心理健康、道德健康等，家庭的抚养教育能力不可掉以轻心。大量资料表明，在我国，越来越多的青少年正受到心理问题的困扰，且呈逐步增多的严峻态势。青少年心理咨询机构也从前几年的寂寞冷逐渐变得炙手可热，这同样折射出青少年心理问题正在困扰着他们的成长。

小学生因为不能忍受家长的责骂动辄离家出走；高三的学生因为考试成绩不理想，跳楼自杀……这些事件，无一不反映出孩子们的心灵脆弱、心理状况欠佳。

《扬子晚报》曾有这样的报道：一个初一的学生寄宿在学校，为了晒一床被子，就打电话要远在十几公里外的父亲来帮他；一个高一的学生在路上由于自行车链条断裂，身上没钱，结果就自己扛着自行车步行几公里回家……这些事例说明了什么问题呢？说明孩子社会适应能力的欠缺！

综上，青少年的心理健康直接影响其成长，心理的亚健康不仅会干扰孩子的正常生活，还会导致其社会适应、身体健康、全面发展等均受到较大冲击，甚至危及生命。

(二) 心理健康是青少年成长的重要保证

1. 有助于青少年建立正确的人生观

从心理健康教育与思想品德教育的关系来看，中小学阶段是一个人品德形成及人生观、世界观形成的关键时期，也是心理上充满矛盾和冲突的时期，心理复杂而多变。心理健康的发展，有利于优良道德品质的塑造。

青少年健康的心理，可以促进其形成良好的人生观，使得青少年遇到困难时能够积极乐观面对，遇到困难来临时能够豁达处之。

2. 有助于体验真实生命

心理健康教育不仅能解决学生心理矛盾问题，还能通过心理体验更好地认识自己和社会，开发潜能，促进个性的发展和人格完善，使生命得以健康成长与发展。心理的健康，能够促使青少年的“心”动起来，让学生在生活中真正进入“角色”，从而真正感受到生命的存在，体验生命成长中的丰富情感与体验。心理健康，能够促进青少年体验真实的生命世界，构建家庭、学校、社会体验网络，让青少年真正回归到真实的生活角色中，体验自己是家长的孩子，体验自己是学生，体验自己是别人的朋友等生活角色和生活责任。如此，心理健康就可以强化学生的各种角色的积极、主动的心理体验，进而促进青少年关注自己的生命经历、感受和经验，体验生命，最终实现生命成长的无限活力和激情。

近年来，中小学生心理危机问题受到越来越多的关注。这一特殊群体不仅承受着社会压力带来的精神负担，而且要经历青春期特有的心理困扰，在压力和成长面前，一些相对脆弱的学生难免陷入心理危机。而处于互联网+时代的中国社会，人才竞争日趋激烈，中小学生心理危机与突发事件也日趋频繁。有资料显示，青少年心理危机的发生率在10%～30%，约有12%的人在处于心理危机状态中会导致自杀行为，且更多的人存在自杀意念。学校是一个聚集学习、生活的大环境，心理危机发生在校园领域更具有传播性，容易给校园秩序带来不良影响。因此，正确识别青少年心理危机的类型，了解其心理危机的产生特点与原因，建立系统化的心理危机干预机制，是当前中小学校教育中的一项迫切而至关重要的工作。

第二节　青少年心理危机及干预

一、青少年心理危机及其表现

理论上的危机干预研究最早开始于第一次世界大战结束时，当时有许多士兵因为残酷的战争而出现了心理创伤，严重的甚至不能正常地工作、生活，这一现象引起了社会各界的关注，学者们开始研究创伤后应激障碍(PTSD)对人们心理的影响。1952年，美国学者Lemer等著的《校园危机反应实战指南》被誉为“一套学生心理危机干预的综合应对计划”。而我国在心理危机干预方面的工作是在19世纪80年代才慢慢开始发展的。

(一) 青少年心理危机的概念

心理危机是一种正常的生活经历，并非疾病或病理过程。在这个问题上，必须要有正确的认识。但辩证地看，如果长时间得不到恢复就可能致病。

心理危机是指个体的一种失衡状态，当危险事件或强烈刺激作用于个体时，这种威胁和挑战超出了正常人的身心健康范围，进而引起认知、情绪、意志和行为的功能失调。正常情况下，个体和环境总是处在一种动态平衡中，当个体面临沉重打击或突如其来的变故，却又无法逃避，无法应用个人的心理资源和以往的应对策略进行调节时，个体就会陷入紧张、焦虑、烦躁、抑郁甚至不能自控的心理失衡状态。如果这种失衡状态得不到及时有效的缓解，个体的认知、情绪和行为就会出现功能性失调，达到十分严重的程度时就会产生心理危机，即出现自我失控、精神失常、行为错乱，随时可能发生危险、产生危难的心理状态。

青少年心理危机是指在校的中小学生(青少年)由于其特定的角色、所处环境和身心特点在学业、人际交往、成长过程中遇到的一种心理危机。青少年因时间、地点、事件的不同而有不同的心理危机，如学业危机、情感危机、人际关系危机、生活危机、青春心理危机等。这些心理危机不仅对青少年造成极大的身心伤害，如分离焦虑等，同时给家庭、学校带来较大的损失和影响。

心理危机通常要经历三个阶段。前期：当危险事件发生时，个体知觉为一种胁迫、丧失，进而产生担心、焦虑、惊恐等情绪反应。中期：这个阶段的个体拥有高强度的紧张和焦虑，感受到身心的巨大痛苦，有强烈的求助愿望和渴求解脱的状态。后期：心理危机后，有的个体能重新恢复心理平衡，有的个体则表现出抑郁、神经症、自杀等。

(二) 青少年心理危机的表现

具有心理危机倾向或处在心理危机中的青少年，一般表现为情绪剧烈波动，躯体、认知和行为等方面出现较大不适应，一时不能应对或无法应对正常的生活模式。具体表现为：抑郁、焦虑、烦躁，很难集中注意力思考、推理和判断问题，否认出现各种分离感，身心疾病反应强烈，高度敏感，退缩性行为，非意愿、无法控制的回想，情绪疲劳或身心疲劳，情绪依赖，感到自责和羞耻，饮食困难，消化不良，耐挫能力降低，睡眠困难，学习工作生活能力降低，逃避现实，强迫观念、强迫行为，对自己喜欢的活动兴趣大减等。男性青少年甚至容易一反常态，变得孤僻古怪、不合群、脾气暴躁或出现暴力行为、顶撞老师和父母甚至逃学拒读，离家、离校出走；女性青少年则大多会出现食欲不振、抑郁焦虑、头晕头痛，严重的还会出现悲观、厌世和自杀意念等。除这些生理方面的应激反应障碍外，还会出现一些冲突性和偏激性行为，如轻生自杀、暴力攻击或杀人、肢体自残、离家出走及酗酒等。

(三) 青少年心理危机的特点

1. 危机的普遍性与特殊性

危机的普遍性是指每一个青少年都有可能遭遇到心理危机，绝对幸免心理危机的人是极少的；危机的特殊性是指面对同样的情境，有些人能够自我战胜危机，另一些人则不能自我战胜危机，需要通过他人的救助或干预方能战胜危机。

2. 危机的累加性

很多时候青少年的心理危机不是突然就出现的，不是“一朝突变”的结果，往往要经过一段时间的累积，在“渐进”的基础上有层次地逐步形成，有一个由“简单”起因经“频繁”累积，由不断量变而引致质变的“趋进”过程。

3. 危机的复杂性

青少年的心理危机是复杂的心态表现，它就像一张网，往往是个体微观生活小环境与社会生活大环境相互交错的产物。青少年极容易形成困扰性或逆反性心理冲突，一旦受到外来不良刺激的重创，埋藏在他们灵魂深处的迷惘、误解、困惑等就会凸显出来，演化成为危机。一旦危机出现，心智尚未完全成熟的青少年又会滋生出更多相关复杂的心理问题。

4. 危机解决的困难性

当青少年处于危机状态时，其可供利用的心理能量会降到最低点，有些深陷危机的青少年往往会拒绝帮助，甚至拒绝生存与成长。危机干预者要帮助处于危机中的个体迅速建立起新的平衡，恢复常态而免于精神崩溃和行为失常，难度很大。尽管可用的心理学方法很多，但无论哪种方法都有其局限性，很难在短期内产生显效。

5. 危机与转机的并存性

危机可能导致青少年严重的病态或过激行为；同时危机中又潜伏着一个人发展的机会。正所谓：福兮祸之所伏，祸兮福之所倚。心理危机带来的痛苦和焦虑，引导得当往往能使青少年积极寻求帮助，努力应对并战胜危机，这个过程就增强了他们应对危机和处理危机的能力，从而危机就可能转化成为个体成长的契机。

(四) 青少年心理危机的主要类型

1. 重要考试失利导致的心理危机

当今我国社会对一所普通中学的评价往往是看这所学校的升学率；对学校内部班级的评价往往看班级尖子生的数量；对教师的评价往往看该教师所教学科的排名；对学生的评价往往是以学生的学习分数、级部排名及班级排名为参考标准。这就形成了一种以考试成绩来评价准则的现象，从而导致学校教育、家长期望、学生目标单一化，给学生的学业造成巨大压力，引发考试相关心理问题。青少年时期正处于初、高中学习阶段，他们面临着各种大小不一的考试，一旦这些考试失利就可能引起痛苦的情绪体验，通常表现为愤懑、退缩、自卑、愧疚、不愿与人接触，自怨自艾、抑郁或出现自杀行为。

2. 人际问题导致的心理危机

青少年时期正是发展交往和友谊等人际关系的重要时期，但他们多为独生子女，习惯于以自我为中心，这就难免导致一些人际隔阂或冲突。如遭人误会、好友反目，遭同学欺辱等，会导致他们产生自卑、逃避、焦虑、对人不信任、悲愤等不良情绪，调整不好就很容易出现心理危机，如攻击、自杀等行为。随着时代的发展和青少年性成熟的提前，青少年恋爱的行为已是司空见惯。但由于他们心智尚未成熟，难免出现很多麻烦和问题，如求爱遭拒或失恋会使他们感到自卑、消沉、愤懑、不思进取，甚至因爱生恨出现攻击性行为。

3. 校园暴力引起的心理危机

校园暴力事件对于和谐的校园环境有极大的杀伤力，也是影响学生心理健康、导致心理创伤的重大因素。青少年时期正处于道德伦理、法律意识、自控力等各方面还不完善的“犯罪行为高峰期”。他们有一个很显著的特点就是叛逆，使得许多中学校园里充斥着威胁和暴力。2016年中国人民大学中国调查与数据中心(NSRC)设计与实施的中国教育追踪调查(CEPS)，自2014年起，在全国范围内抽取了28个区县112所城乡学校的10279名初一学生进行年度追踪调查，数据分析显示，言语欺凌的发生率最高，有将近一半(49.6%)的初中生遭受过言语形式的校园暴力；其次为社交欺凌，有37.7%的初中生遭遇过校园内社会交往上的欺凌；而有19.1%的初中生在校园里遭受过身体上的暴力伤害；网络欺凌作为校园暴力的新形式，其发生率也达到了14.5%。遭受到各种形式的校园暴力会使得受害学生在心理上产生创伤，数据分析显示，遭遇到校园暴力会使得受害的学生产生严重的心理抑郁。没有遭遇过校园暴力的初中生，其平均心理抑郁得分只有40.1分；遭受过一种类型的校园暴力的初中生，其平均心理抑郁得分上升到了48.1分；遭受过两种类型的校园暴力的初中生，其得分为55.1分；遭受过三种类型的校园暴力的初中生，其得分为60.6分；遭受过四种类型的校园暴力的初中生，其平均心理抑郁得分最高，为65.7分。分析结果所显示的趋势非常明显，初中生遭受校园暴力的程度越严重，其心理抑郁程度也越高。事实上，校园暴力行为对行为双方均能造成一定的心理创伤。一方面，那些受到威胁的学生充满不安全感、焦虑、羞愤和厌学等情绪，容易引发自杀或报复行为；另一方面，那些行为不良的青少年也承受着很大压力，如担心被父母或老师责罚，担心遭受报复等，也很容易出现过激反应。学校或教师的粗暴教育也是青少年形成心理危机的重要原因。

4. 家庭问题导致的心理危机

父母经常吵架、闹离婚、对待子女不公正、管理专制、疏于对孩子的心理支持和家庭暴力等，都会使原本应该是温暖港湾的家变成孩子噩梦的魔窟，从而产生各种心理危机。其中，以家庭暴力对青少年的伤害最大。家庭暴力是指家庭成员一方对另一方实施的身体暴力、精神暴力和性暴力。无论家庭暴力的对象是否是孩子，都会给孩子带来直接或间接的伤害。这些孩子更容易表现出自卑、恐惧、抑郁、焦虑、仇恨、情绪不稳定、情感淡漠等情绪问题；表现出行为退缩、流浪酗酒等行为问题；严重的甚至导致或诱发精神疾病，如抑郁症、强迫症等；他们可能因为不能忍受而自杀或杀人。

5. 躯体疾病或亲人病亡导致的心理危机

躯体疾病也会导致青少年出现心理危机，往往表现为：高度焦虑、极度紧张、眩晕、心悸、惊颤、恶心；病人对自身的疾病，轻者感到担心和疑虑，重者惶恐不安，抑郁、情绪低落、悲观绝望，严重者甚至出现自杀想法或行为。亲人病亡等重大家庭变故也会导致青少年出现心理危机。病亡者与青少年关系越密切，它所带来的悲伤反应就越严重。如果亲人是意外身亡，如交通事故，引起的悲伤反应将更大。这种反应表现为：在听到噩耗后会感到极度痛苦，严重者会出现情感麻木或昏厥；在居丧期出现抑郁、焦虑、罪恶或自责、妄想、惊恐、冷漠，脑子里常出现死者的形象或出现幻觉，不能坚持日常活动和学习，常伴有疲乏、食欲减退、惊颤等症状。

二、青少年心理危机的成因

青少年心理危机的主要成因有外部原因和内部原因。

(一) 外部原因

1. 社会心理支持失当

人存在于社会就会具有社会属性，每个人都会不自觉地注意周围的人对自己的内在或外在的评价，这是一种依赖性。这是人们在受到压力时非常重要的一种社会心理支持资源。这一支持一旦丧失或没能有效发挥或支持失当，个体可能会产生心理失衡现象，并进一步产生危机。

2. 过大的学业压力

在中国，应试教育带给中学生的压力相对来说是较重的，中学生所要面临的竞争也很激烈。学校和父母对学生学习成绩方面的要求较高，片面追求升学率和高分数从而忽视了学生内在可能会产生的心理问题，更有一些老师在教学方面偏向于成绩优异的学生，对一些成绩较差的学生关注得较少，甚者是忽视态度，使他们的心理处于过度的自卑之中，而家长对孩子的态度也会影响学生的心理健康。不仅是所谓的差生，有些成绩好的学生，也会有来自各方面的压力，产生一些紧张情绪。由此可见过大的压力会使青少年的情绪上下波动大，从而致使心理危机问题的产生。

3. 人际关系紧张

人际交往是指人和人之间内在心理和外在表现的沟通。一些气质类型属于黏液质的青少年不善言语，在与他人进行交往的过程中容易出现障碍。特别是在缺乏来自家庭中父母亲人的温暖和呵护，缺乏朋友的支持与鼓励时，他们会常常感到孤立无援，最后变得越来越自闭，只生活在自己的世界里。

(二) 内部因素

1. 缺乏积极的生命价值观

生命价值观是指在一定的社会历史条件下，生命体的全部生命活动对生命自身，以及生命对其他生命存在物的意义的自觉认识。青少年时期处在走向成熟而未成熟的阶段，这个时期是确立世界观、人生观、价值观形成的重要时期，是最为迫切，最为关注人生态度、生命价值、生命意义等一系列问题的时期。在这个阶段他们开始面临更多选择、承受不断增大的压力，适应更为复杂的生活环境。然而，这些变化很有可能会引起他们的困惑和对生命价值的迷失，进而缺失生命意识，否定生命价值。这个时期，如果不对学生进行积极的生命教育，学生很可能发展成为一个缺乏对生命足够反省，缺乏积极的生命价值观的人。这些青少年当遇到外在的压力和挫折时，很容易一蹶不振，甚至选择轻生。

2. 自我意识极度膨胀

青少年时期也是第一次觉醒时期，他们从儿童时代对师长权威的盲目服从到对自我权威的重视，甚至自我中心极度膨胀，加之对生命权的消极错误认识，认为生命是自己私有的，自己对生命拥有绝对的处置权，即使结束生命，他人也无权干涉。这类青少年一旦遇到生活中的应激事件或感到痛苦和压力时，他们就会轻易选择结束自己的生命作为解决事情的方式。

3. 个体认知偏差

个体对某一现象或者某个行为的单个主体和多个主体的认识感知和主观性的观点，在个人的决定和行为中起着重要作用。个体在认知领域的偏差会很大程度地影响青少年待人接物方面的态度、处理人际关系时的方法及其在治疗时对治疗手段的反应。如果因认知管理不当使学生曲解一些客观认识，产生一些绝对性或概括性的表现，或两者交替出现的现象，那么出现心理危机的概率就会大大增加。

4. 缺乏自我心理危机处置能力

当主客观因素使得年轻而又缺少人生阅历、社会经验和社会磨炼的青少年无所适从时，他们会产生很大的心理危机。当出现意外事故、暴力威胁、心理障碍、精神疾病、感情纠纷等突发事件所引发的心理危机时，一般来说，青少年在危机的开始，可能比较容易否定自我，丧失自信，甚至否定生命价值。在危机的发展过程中，他们个体自身会不断去平衡心理上的这种压力状态，如果缺乏必要的心理危机处置能力，一旦超过了自我平衡能力的范围，将会导致更为严重的漠视生命价值的后果。

5. 情绪容易失调

青少年时期属于情绪易动阶段，当面对贫富差距的现实、转型时期的社会腐败、学业负担沉重、心理预期与现实的过大差距时，特别是有些青少年不能容忍自己生理上的残疾、容貌被别人讥笑等过分在意别人对自己的看法时，如果缺乏必要的心理引导、情感疏理，而产生情绪失调，则会出现心理障碍。这类情绪失调也可能会发展成为人格障碍，如自卑、抑郁、孤僻、悲观、鲁莽、急躁、害羞、多疑、狭隘、焦虑等，如梳理不当，则易于诱发漠视生命的行为。

6. 个体人格缺陷

心理危机的产生还会受到个体人格特征的影响，如青少年的注意力方面存在的一些显著缺失，可能致使其社会倾向性过于内倾，使其在遇到危机时瞻前顾后，不能在解决危机过程中稳定自己的情绪，产生一些消极的想法，导致情感不稳定性。

知识链接

心理技巧：如何治愈妒忌心理

嫉妒是人的本性，在合理范围内可被视为正常反应。如果让自己的内心充满妒忌，可能使行动不顾后果，做事缺乏考虑。

以下是一些克服嫉妒的方法。

停止拿自己与他人比较

比较你和别人拥有的事物会让你变得很悲哀。当你有辆更漂亮的车或有份更好的工作时，这种类型的比较能满足你的虚荣心，让你自我感觉良好，但这只是暂时的，因为这种心态最终会让你去留意那些比你拥有更多的人。到了那时，你就不会再感觉良好了。

这世上总有人比你拥有的更多、更好，所以在这场较量中，你不可能“赢”。与他人比，你永远只能一时高兴。

另一种更有效的方法是与自己比较。检视自己的成长和收获，评价自己的付出和所得，思考自己的经历和规划。这将使你变得更积极，情绪更稳定，因为你不再与他人比较，不会再为他有你无的事情感到嫉妒。

培养丰富/洒脱的心态

嫉妒常常来自生活中某一方面的“缺乏”。你觉得嫉妒，也许因为别人得到了你想要的工作或等待的机会，因为你害怕一旦失去它们，你的生活将跌至谷底。

比较自己与他人是这种“缺乏感”的征兆。因为别人得到了你想要的东西，所以你嫉妒。

总是有这种“缺乏感”会扰乱你的想法、感觉和生活。它会引起嫉妒这种强烈的负面情绪，让你被嫉妒纠缠，并不断强化和持久化这种情绪。

为了摆脱这种局限和破坏的心态，你可以让自己洒脱一点，告诉自己，新的机会随时都会有。

总有新的商业机会、新的考试、新的朋友等着你——这种想法能减少你的压力；能让你把上一次失利归咎于自己的失误，而非别人夺走了你的机会。

洒脱的心态让你获得内在的情绪自由，并让你更放松、更积极。我相信，培养洒脱的心态在拒绝或克服嫉妒上是最重要的。当你知道这世上有很多机会时，便没什么好嫉妒的了。所以，每当你发现自己又被嫉妒纠缠上时，记得把焦点从“缺乏”转到“丰富”上，你就能洒脱应对了。

承认嫉妒

洒脱的心态对于克服嫉妒不失有效，但我还是要与你们分享另一条有益的方法，当嫉妒这种负面情绪已影响你一段时间，而你也无法立即摆脱它时，不妨试试。

停止与嫉妒斗争，承认它，接受它。这也许听起来有点反常，但当你抵制一种情绪时，往往你却给了它更多的能量。相反，若你接受一种情绪，你便能随意地看待它，停止给它提供能量，最终这种情绪将会消失。方法如下。

(1) 承认感觉。

承认并跟着感觉走。认真体会你脑中的感觉，别去评判它是对是错。如果你随着它走(对我来说，感觉最终会停留在我的胸口)，并认真体会，一两分钟之后，它就消失了。

(2) 你的想法和情感不等于你。

不要把个人同自己的想法与情感等同起来。这意味着你得意识、了解并记住：你不等于你的思想或情感。

(3) 你是它们的观察者，它们只是你生活的过客。

如果你学着不把思想和情感与自身等同，那么你就不必经常做以上练习。你只需更自发地接受你的想法与感觉，然后等待它们的离去。

(4) 想想什么对你有益。

我不知道这种分析方法是否对多数人有效。但当我有负面情绪或陷入无意义的行为时，它常常能帮助我走出以上困境。

通常，我会问自己：什么对我有益？每一次陷入消极想法和行为时，我就会拿这个问题来提醒自己。

它总是提醒我正执着的事情是多么无聊。通常我会对自己说：“嘿，我又犯傻了。是时候关注一些有用/好玩/积极的事情了。”

问自己什么有益是个好方法，它能告诉你想法与行为间的差距，激励你丢掉一些无用的负担。

思考嫉妒想告诉你什么

这是一个有趣并行之有效地看待嫉妒的方法。我曾说过：你对世界的想法和感受代表了某一部分的你。

所以思考嫉妒可以帮助你更多地了解自己，比如你的恐惧和对自我的欺骗。想想你对别人的嫉妒又反映了什么。

是害怕被拒绝吗？或担心自己不够好？还是害怕你会失去珍视的一些事/一些人/一部分自己？如果是的话，想想你为什么珍视它们？

设法通过书、人、网络等找到解决嫉妒的办法。问问自己：嫉妒揭示了什么？怎样才能从嫉妒中获得成长？

(引自壹心理)

三、青少年心理危机的干预

心理危机干预是指针对处于心理危机状态中的个体提供及时、适当、有效的心理援助，帮助严重失衡心理状态的人们，使之降低或减轻可能出现的危害，尽快走出困境。

青少年心理危机干预是指当危机事件发生在青少年身上时，在学校的基础上进行的心理危机干预。青少年心理危机干预过程中，参与的成员主要是学校心理健康老师、心理咨询师、家长、医务人员、安全保障人员等。

(一) 青少年心理危机干预的理论基础

Belkin提出，目前心理咨询危机干预的理论模式有3种，即平衡模式、认知模式、心理社会转变模式。

平衡模式理论认为，危机状态下的受害者通常处于一种心理情绪失衡状态，他们原有的应对机制和解决问题的方法不能满足他们当前的需要。因此危机干预的工作重点应该放在稳定受害者的情绪，使他们重新获得危机前的平衡状态。这种模式在处理危机的早期干预时特别适合。

认知模式理论认为，危机导致心理伤害的主要原因在于，受害者对危机事件和围绕事件的境遇进行了错误思维，而不在于事件本身或与事件有关的事实。该模式要求咨询师帮助受害者认识到存在于自己认知中的非理性和自我否定成分，重新获得思维中的理性和自我肯定的成分，从而使受害者能够实现对生活危机的控制。认知模式较适合于心理危机状态基本稳定下来、逐渐接近危机前心理平衡状态的受害者。

心理社会转变模式理论认为，分析受害者的危机状态，应该从内、外两方面着手，除了考虑受害者个人的心理资源和应对能力，还要了解受害者的同伴、家庭、职业、宗教和社区的影响。危机干预的目的在于将个体内部适当的应对方式与社会支持和环境资源充分地结合起来，从而使受害者能够有更多的问题解决方式的选择机会。

(二) 青少年心理危机干预的模式

以往的危机干预重在即时干预，忽视危机前的预防及危机后的干预；重视危机的他救力量，而忽视危机的自救力量；重视教师的力量，而忽视同伴的力量。因此，危机干预应该从全程化、多资源的角度着手，关注危机的自我干预与后干预。

(1) 自我干预模式。心理健康课程无疑是快速、全面提升青少年心理素质、提高其自我干预能力的重要途径。通过心理健康课程，向青少年传授心理危机预防知识，教会青少年学会情绪自我调节的方式，增强自我干预和帮助他人的能力，避免出现心理危机。同时，在心理健康课程中加强生命教育、压力和挫折教育，引导青少年领悟生命的意义、形成积极的人生观，并使青少年正确认识压力，勇敢地面对人生挫折。通过社会实践提升自我干预能力。鼓励青少年参与社团活动，通过实践活动提升青少年自我了解和认识的能力，帮助其与人更好地沟通，学习积极解决冲突和压力的方法，在工作和学习中学会应急情况的处理和求助技巧。

(2) 同辈干预模式。同伴之间的相互教育、相互支持和帮助是一种十分有效的教育形式。在具体操作上可从两方面入手。一方面，建立同辈监督机制，每个班均设立男女生心理委员，作为学生干部，由他们充当班级的心理健康保健员和信息员，向班上同学宣传普及心理健康知识，并定期向学校反映班上学生的心理健康状况，做到危机早报。另一方面，建立同辈支持机制，通过朋辈热线、朋辈素质拓展等方式进行同辈互助，发挥同伴对危机青少年的影响。

(3) 个体—学校—家庭—社会生态系统的危机预防与干预模式。首先，学校可以在新生普测时让学生填写家庭基本情况表，收集学生的家庭地址、家长的联系方式及成长发育等主要信息，为学生建立家庭教育档案。其次，学校要向家长传输新的教育理念及危机救助方式，可以在每年新生报到期间，对新生家长开设家庭教育的相关讲座，开展亲子团体辅导等拓展性活动，使家长和学生在报到之初就形成学生的健康成长离不开家庭支持的观念。再次，对家长进行相关培训，通过各种途径使家长掌握帮助子女度过心理危机的教育方式，如在校园网、校报等载体上开辟家庭危机教育专栏、编制心理危机干预家长手册等，定期邮寄给家长。最后，在学生陷入心理危机的时候，要充分启动家庭支持系统，使危机学生获得家庭的理解和支持，坚定其度过危机的决心。

(4) 调动社会系统的资源。社会系统(如心理学专家、精神科鉴定等)作为第三方力量可以有效地协调个体、学校、家庭之间的关系，达到系统间的互动、互助发展。但目前我国的社会教育系统还只是刚刚起步，其系统性也不够。为此，建立以社区和单位为基础，以群团组织、社会团体和新闻媒体为辅助，以医疗单位、专业预防救援机构为保证的社会预警系统，提高对高危人群干预和救助的及时性和有效性，将是我们继续努力的方向。

(三) 青少年心理危机干预的机制

心理危机的各个阶段有不同的表现形式，因此，青少年心理危机干预机制包括心理危机前干预机制、心理危机中干预机制和心理危机后干预机制。即不同阶段使用不同的干预策略，早期加强重点预防，中期侧重具体干预措施，后期需要评估、跟踪与反馈。

1. 心理危机前干预机制：心理危机高风险学生的识别

对心理危机高风险学生的识别有助于制定不同的干预策略，根据学生产生的不良状态和行为观察分析，从情绪、认知、行为、躯体这四方面对高风险中小学生心理危机进行辨别。

1) 情绪方面

情绪是个体心理需要的行为表现，良好的情绪是心理健康的重要标准之一，异常情绪是出现心理问题的重要因素，造成的负面影响足以产生心理危机。中小学生的情绪容易波动，变化无常，当他们的情绪突然发生改变，与环境有明显脱节，表现出焦虑低落、悲观抑郁、意识范围狭窄、躁狂、自我评价丧失、自制力减弱等状况时，就有可能发生心理危机。

2) 认知方面

认知是个体认识外界事物过程中的信息加工，中小学生在对环境进行认知时，由于身心发展的特点，常常会出现一些认知偏差，从而直接引发心理危机。危机中的中小学生，注意力不集中、记忆力下降、敏感多疑、反复考虑事情的原因和后果、难以区分事物的异同、对事物的关系含糊不清、思维上的扩大化和片面性、自我评价的极端倾向，这些都是在心理危机下认知功能受到损害的表现。

3) 行为方面

行为是个体心理活动的外在反应，正常的行为活动是人们心理健康的重要表现之一。当中小学生有不恰当的应对方式且出现以下异常行为时，如不能集中注意力学习或活动、回避他人或以特殊方式使自己不孤单、令人生厌、较少参与社会活动、可能发生对周围的破坏性行为、言语行为和思维情感不一致、自控力丧失、孤僻独行冷漠，就要评估是否出现了心理危机。

4) 躯体方面

严重的心理危机会产生相应的生理变化，躯体特征的改变是识别心理危机的重要标准之一。当中小学生经常处于失眠、食欲不振、免疫力下降、胸闷、头痛眩晕、呼吸急促或窒息、不停冒冷汗、心跳加剧、容易感受到惊吓的生理状态时，就说明心理状态发生了重大的改变。

2. 心理危机中干预机制：心理危机期学生的紧急干预

心理危机中干预也称心理急救，对处于心理危机状态下的个体采取准确有效的措施，保证中小学生战胜危机，更好地适应生活。

1) 确保安全

当危机发生后，作为危机干预者的学校首先应该保证学生的基本安全，具体包括提供安全的场所、必要的食物和水、简单的医疗用品等。在干预过程中及时向学生提供信息，帮助了解危机事件的前因后果及目前的状况，这样可以提高他们对安全感的关注，减少心理恐慌和压力。只有在学生基本生理需要和安全得到了满足之后，开展心理干预才有意义。

2) 建立关系

建立关系是心理干预的关键环节。良好的关系有利于对中小学生心理危机的评估。这种融洽的关系能够让求助者提供真实全面的信息，接纳干预者的建议并且感受到希望。因此，干预者需要不断提高自身的素质，让学生把自己看成是一个能及时给予支持的人，积极与学生进行沟通，让学生感受到支持的力量。

3) 评估危机

对危机进行评估是进行心理危机干预的重要环节。危机的评估有助于危机干预者收集信息，确定危机的严重程度，主要包括危机严重程度的评估、求助者的情绪及心理状态和替代解决方法的评估。在最短的时间内迅速、准确地掌握学生发生危机的原因及其反应，评估学生心理健康的状况，筛选出需要重点干预的群体。

4) 实施干预

针对不同的干预对象及其特点，提供不同的危机干预形式。根据学生受危机的严重程度和范围的大小，分为3类群体，有针对性地进行心理干预，这样不仅能节约人力资源，还能保证干预的效果。

第1类是普遍性的干预，目标群体是对整体有可能发生心理危机的学生。根据危机造成的影响程度，这个阶段的干预可以面向学校所有学生。作用在于预防危机进一步恶化，帮助学生重新建立社会支持系统，促进学生的心理健康和幸福感。大多数中小学生经过这一阶段的干预后，一般会获得很好的恢复效果。

第2类是选择性的干预，目标着眼于有一般心理问题的学生。这一阶段的干预对象是少数受到心理创伤的个体，对这一类学生干预的指导性技术比较强，如放松技术、系统脱敏、“ABC”情绪疗法、心理教育的团体辅导、急救性质的个体和团体咨询等。这些心理辅导和干预能给学生创造一个分享经历的机会，帮助他们减少自我孤独感，增强同学之间的联系。

第3类是指定性的干预，主要是提供给受到最严重心理创伤的学生。这个阶段的干预对象通常是危机幸存者中很小的部分，但也有可能包括较大比例的学生。对于严重心理障碍的中小学生，学校应该对他们进行正确的测量评估，给予心理支持和鼓励。一般这个层次的心理干预，可能需要校外机构提供支持和辅助。

3. 心理危机后干预机制：心理危机后学生的追踪干预

为了确保重新回到原来的生活环境，加强危机后的追踪干预显得十分必要和紧迫，主要包括对青少年进行定期评估、心理健康水平教育、社会支持系统的修复等。

1) 定期评估，巩固危机干预成果

危机后的学生大多数是不稳定和脆弱的，他们需要进一步的维护和后期干预，以促进其心理素质的提高，从而很好地适应学业和社会。因此，应做好学生的心理追踪、评估工作。首先，对没有改善或高风险心理危机的学生安排心理专家进行观察追踪；其次，对经过多次心理干预但仍有明显症状的学生进行及时回访，与家长、医生商讨巩固的方案；最后，对经过心理干预且取得心理恢复的学生进行跟踪调查。

2) 加强中小学生心理健康教育

开展面向全体学生不同需求的心理健康教育辅导，利用课外活动举办心理健康教育的讲座，组织学生参加心理健康教育展览活动，参加团体心理辅导和心理咨询，对中小学生进行维护性的心理干预，帮助学生了解事件的性质、影响，掌握宣泄、转移心理压力的方法，学会自我调控的技术，缓解心理危机，促进心理健康发展。

3) 修复社会支持系统

良好的社会支持有利于增强中小学生面对危机的承受能力，缓冲危机对学生的影响，恢复良好的心理状态。因此，学校应重视和积极构建社会支持系统对中小学生心理危机的援助。首先，应建立学校和家庭的心理沟通，让学生感受到家庭的关心与支持；其次，学校师生的互动应为学生营造良好的氛围；最后，社会人员或心理教育工作者应给予学生积极的关心与支持。

知识链接

创伤后应激障碍

创伤后应激障碍(posttraumatic stress disorder，PTSD)是指对创伤等严重应激因素的一种异常的精神反应。它是一种延迟性、持续性的心身疾病，是由于受到异乎寻常的威胁性、灾难性心理创伤，导致延迟出现和长期持续的心理障碍。简言之，PTSD是一种创伤后心理失平衡状态。

导致产生PTSD的事件，通常是发生在一个人经历或目睹威胁生命的事件。这类事件包括战争、地震、严重灾害、严重事故、被强暴、受酷刑、被抢劫等。几乎所有经历这类事件的人都会感到巨大的痛苦，常引起个体极度恐惧、害怕、无助感。这类事件称为创伤性事件。

许多创伤后的生还者恢复正常生活所需时间不长，但一些人会因应激反应而无法恢复为平常的自己，甚至会随着时间推移而更加糟糕，这些个体可能会发展成PTSD患者。PTSD患者通常会经历诸如做噩梦和头脑中不时记忆闪回，并有睡眠困难，感觉与人分离和疏远。这些症状若足够严重并持续时间够久，将会显著地损害个人的日常生活。

PTSD患者有明显的生理和心理症状，症状表现为长时间的情绪低落，郁郁寡欢，伤心落泪，悲观厌世，焦虑紧张，恐惧胆小，生活动力下降，不愿和人交往，社会性孤独自闭，有严重的睡眠障碍，甚至出现自杀倾向。除上述症状外，还具有典型的症状，如伤害事件的记忆或画面不断地出现在梦境中，或即使在清醒状态中也不断地在脑海中重现，因而使受害者经常处于惊恐和痛苦之中不能自拔，好像创伤事件就发生在刚才。

知识链接

严重抑郁风险大，不要只靠自我调节

小李长时间以来莫名其妙地情绪低落，干什么都没意思，工作学习中注意力不能集中，睡眠、饮食方面也不像以前那样好，对自己不满意，总觉得内疚或愧对别人。小李自己觉得自己有问题，很痛苦却不知怎么办，想去看病，但周围人乃至家人不理解，不认为他有病，认为他是心眼太小，遇事想不开，只是个人情绪问题。周围人总是劝导他，自己想开点，随时间变化自我调整些就好了。最近小李的情况越来越严重，抑郁焦虑，明显地影响工作和生活，痛苦至极，伤害了自己后，家人不得已才陪同他来看病。医生了解到小李从未因情绪问题就诊过，小李说“情绪不好很长时间了，想自己多调节，但效果不好，感觉在加重，一点没有希望”。医生了解情况后说：“你的情况是重度抑郁发作，即通常说的抑郁症，必须接受药物或物理手段治疗，单靠自我调节效果差”。

(1) 人们遇到事情尤其遇到自身能力难以解决的事情时，有紧张、受挫、沮丧、无奈感，有的甚至出现短时间睡眠、饮食问题等，如果这种情况时间短暂、偶然、出现在具体事情之后，工作生活无明显严重影响，可认为是一种生理性的情绪变化，这种状况下为避免过度紧张需要自我调节，是积极的应对，包括改善认知态度、心理减压、正常化或情感宣泄等。如果上述一系列问题表现很严重，临床上通常把这些表现或情绪反应概括为抑郁状态，而抑郁状态每天持续存在并超过2周或更长时间，明显影响工作生活，则是一种病理性反应，称为抑郁发作。这种情况下或者说病理性抑郁单靠自我调节效果差，难以解决根本问题，需要专业评估诊断后有效治疗，甚至需要住院治疗。

(2) 抑郁发作机理(原因)很复杂。有的人遇到很多事情或生活事件并非抑郁发作，而生活平顺的一些人却遭受抑郁的困扰。很多研究表明，脑内某些神经递质浓度的高低影响人的情绪，而抗抑郁药物之所以有效正是干扰体内环境的某些神经递质而实现的。由于抑郁情绪导致更多躯体化问题，有学者甚至认为抑郁症可能是一种躯体疾病。抑郁发作是疾病的一种形式，有躯体功能上的发病机理，因此，光靠自我调节远不能有效治疗疾病，而药物、物理等疗法能有效改善抑郁情绪。

(3) 抑郁发作不是简单的表面情绪问题，抑郁发作也不仅限于抑郁症。很多疾病像精神分裂症、焦虑强迫等都会出现抑郁反应或抑郁发作。抑郁发作的病人要前往医院就诊，明辨抑郁性质，有针对性地接受治疗。一味强调自我调节，就抑郁论抑郁、就情绪论情绪，难以了解抑郁背后的真正面目，反而会耽误病情、延误治疗。

(4) 抑郁发作有时伴发自伤、自杀等严重后果。因此应及时处理抑郁发作，改善病人消极、厌世情绪，防范自杀行为的出现。精神专科医院有较好的安全环境，对于严重抑郁发作、自杀观念等危险病人有些处理方法，包括药物、无抽搐电休克等。严重抑郁风险大，不能只靠自我调节，还要寻求专业治疗避免伤害风险。

知识链接

青少年心理危机的识别与自救

如果学生承受的压力超过了其应对能力就会出现心理危机。在多数情况下危机可以在几周内顺利解决，但有时会逐步加重而导致人际关系和学习问题，甚至会使学生产生自杀的想法。

据北京心理危机研究与干预中心宣传主任张晓丽介绍，心理压力超过应对能力的情况是有征兆的，而且存在的心理压力越多，持续的时间越长，就越需要帮助。

(1) 直接表露自己处于痛苦、抑郁、无望或无价值感中。

(2) 易激惹，过分依赖，持续不断地悲伤或焦虑，常常流泪。

(3) 注意力不集中、成绩下降、经常缺勤。

(4) 孤僻、人际交往明显减少。

(5) 无缘无故地生气或与人敌对。

(6) 酒精的使用量增加。

(7) 行为紊乱或古怪。

(8) 睡眠、饮食或体重明显增减，过度疲劳，体质或个人卫生状况下降。

(9) 作文或其他发挥想象力的作品所透露出的主题为无望、脱离社会、愤怒、绝望、自杀或者死亡。

(10) 任何书面或口头表达出的内容像是在临终告别或透露出自杀的倾向，如“我会离开很长一段时间……”。

(11) 出现自伤或自杀行为。

如果你需要帮助，就要从以下方面做起。

(1) 不要等待，主动寻求帮助。

(2) 要相信会有人愿意帮助你，但是你得将自己的真实困难和痛苦告诉给你信任的人，否则他们对此一无所知。

(3) 如果你的倾诉对象不知道如何帮助你，可以向学校的心理咨询中心寻求帮助。

(4) 如果你担心你的心理问题被发现，可以向心理热线或校外的心理咨询人员寻求帮助。

(5) 有时为找到一个真正能帮助你的人需要求助于几个不同的人或机构。你应坚持下去，能帮助你的人一定会出现。

(6) 解决心理危机通常需要一个过程，可能你得反复多次地见咨询人员或心理医生。

(7) 如果医生开药，应按医嘱坚持服用。

(8) 避免使用酒精麻痹你的痛苦。

(9) 不要冲动行事。强烈的痛苦会使你更难做出合理的决定。

·本章小结·

1. 健康应包括身体健康和心理健康。世界卫生组织把健康定义为“不但没有身体的缺陷和疾病，而且要有生理、心理和社会适应能力的良好状态”。

2. 心理卫生又称精神卫生。从消极意义上说，心理卫生指没有心理异常和精神病的症状，或没有足以影响个人不适合面对生活需求的能力的症状；广义的积极意义则指能与他人建立良好的人际关系，能疏导内心的情绪困扰，能经得起适当的打击和压力，以及能善于认识和接纳自己。

3. 心理危机是指个体的一种失衡状态，当危险事件或强烈刺激作用于个体时，这种威胁和挑战超出了正常人的身心健康范围，进而引起认知、情绪、意志和行为的功能失调。

4. 青少年心理危机产生的原因复杂，既有遗传和先天因素的影响，也有家庭、学校教育环境和社会大环境的影响，同时包括个体的人格特征等许多内在因素的影响。青少年的心理危机可能由突发事件引起，也可能由一系列事件的日积月累所造成。

·习　题·

一、单选题

1. 保持心理卫生的原则包括自我意识良好、社会功能良好、人际关系良好和(　　)。

A. 积极劳动实践　B. 学习成绩良好　C. 人格特征良好　D. 积极态度和性格

2. 由紧张刺激物引起的，伴有躯体机能和心理活动改变的一种身心紧张状态是(　　)。

A. 挫折　B. 应激　C. 压抑　D. 冲突

3. 心理辅导中巩固与结束阶段的工作主要有两项，一是巩固效果，另一项是(　　)。

A. 指导帮助　B. 达成共识　C. 回顾总结　D. 追踪调查

4. 人际交往的基本功能是(　　)。

A. 信息交流功能　B. 提高学习、工作效率

C. 促进人的身心健康　D. 促进良好个性的形成

5. 进入青春期的青少年，其内心世界逐步复杂，开始不大轻易将内心秘密表露出来，这是中学生心理发展的特点之一，即(　　)。

A. 社会性　B. 过渡性　C. 闭锁性　D. 秘密性

二、多选题

1. 影响心理健康的生物学因素包括(　　)。

A. 遗传因素　B. 体质因素　C. 性别因素

D. 年龄因素　E. 器质性因素

2. 学校心理辅导人员必须具备和遵循的特殊道德准则有(　　)。

A. 预防和发展相结合　B. 保持适当的人际距离

C. 全心全意为中小学生及来访者服务　D. 个别对待与面向全体相结合

E. 尊重中小学生及来访者

3. 心理测验要对测验的一系列测验指标进行检验和说明，这些指标包括(　　)。

A. 信度　　B. 效度　　C. 难度

D. 区分度　　E. 分数

三、名词解释

1. 青少年心理健康的标准　　2. 危机干预

四、简答题

1. 简述健康心理的标准。

2. 简述呼吸调节法及其原理与方法。

第九章 青春魅力的绽放——青少年人格的完善

·引　言·

青少年时期是人生的“起步”阶段，其思想意识、人格素质正处于形成的过程中。重视青少年人格塑造，是青少年健全发展的客观需要，也是现代社会发展的需要。本章通过对青少年人格特点及其影响因素的归纳和分析，从心理学角度阐述了不健康人格带来的危害，并提出了实施健康人格工程，塑造青少年健康人格的策略。

第一节　青少年人格发展概述

一、人格及其特征

案例材料

人格——最高的学位

很多年前，有一位学大提琴的年轻人去向20世纪最伟大的大提琴家卡萨尔斯讨教：“我怎样才能成为一名优秀的大提琴家？”

卡萨尔斯面对雄心勃勃的年轻人，意味深长地回答：“先成为优秀而大写的人，然后成为一名优秀和大写的音乐人，再然后就会成为一名优秀的大提琴家。”

听到这个故事的时候我还年少，故事中所透露出的含义我还理解不多，然而随着采访接触的人越来越多，大提琴家的回答就在我脑海中越印越深。

在采访北京大学教授季羡林的时候，我听到一个关于他的真实故事。有一个秋天，北大新学期开始了，一个外地来的学子背着大包小包走进了校园，他实在太累了，就把包放在路边。这时正好一位老人走来，年轻学子就拜托老人替自己看一下包，而自己则轻装去办入学手续。老人爽快地答应了。近一个小时过去，学子归来，老人还在尽职尽责地看守。谢过老人，两人分别。

几日后是北大的开学典礼，这位年轻的学子惊讶地发现，主席台上就座的北大副校长季羡林正是那一天替自己看行李的老人。

我不知道这位学子当时是一种怎样的心情，但我在听过这个故事之后强烈地感觉到：人格才是最高的学位。

这之后我又在医院采访了世纪老人冰心。我问先生，您现在最关心的是什么？老人的回答简单而感人："是年老病人的状况。"

当时的冰心已接近人生的终点，而这位在"五四"爆发那一天开始走上文学创作之路的老人，心中对芸芸众生的关爱之情历经近80年的岁月而依然未老。这又该是怎样的一种传统！冰心的身躯并不强壮，即使年轻时也少有飒爽英姿的模样，然而她这一生却用自己当笔，拿岁月当稿纸，写下了一篇关于爱是一种力量的文章，然后在离去之后给我留下了一个伟大的背影。

今天我们纪念五四，80年前那场运动中的呐喊、呼号、血泪都已变成一种文字留在典籍中，每当我们这些后人翻阅的时候，历史都是平静地看着我们，这个时候，我们觉得80年前的事已经距今太久了。

然而，当你有机会和经过五四或受过五四影响的老人接触后，你就知道，历史和传统其实一直离我们很近。

世纪老人在陆续地离去，他们留下的爱国心和高深的学问却一直在我们心中不老。但在今天，我还想加上一条，这些世纪老人所独具的人格魅力是不是也该作为一种传统被我们向后代延续？

前几天我在北大听到一个新故事，清新而感人。一批刚刚走进校园的年轻人，相约去看季羡林先生，走到门口，却开始犹豫，他们怕冒失地打扰了先生。最后决定，每人用竹子在季老家门口的土地上留下问候的话语，然后才满意地离去。

这该是怎样美丽的一幅画面！在季老家不远处，是北大的博雅塔在未名湖中留下的投影，而在季老家门口的问候语中，是不是也有先生的人格魅力在学子心中留下的投影呢？只是在生活中，这样的人格投影在我们的心中还是太少。

(资料来源：根据网络资料整理)

(一) 什么是人格

在日常生活中，我们经常听别人说：不要丧失人格、国格，要尊重人格，不要侮辱人格，要做个有人格的人。"某某是个很有魅力的人""某某舍己救人，人格非常高尚"等。"人格"是一个多么崇高、多么荣耀的字眼。那么，究竟什么是人格呢？

人格又称个性，是指决定个体的外显行为和内隐行为并使其与他人的行为有稳定区别的综合心理特征。

人格看不见，摸不着，称不出重量，量不出尺寸。但是，人生在世，每时每刻，都在以各自的具体行为表现着人格。有哲人说，人不一定能使自己伟大，但一定可以使自己崇高。有的人人格崇高，并非天生如此，乃长期培养、严于律己而成；有的人人格卑鄙，也不是生来如此，而是长期放纵，以致好逸恶劳、损人利己成了习惯。"勿以善小而不为，勿以恶小而为之"。千里之行，始于足下，人格境界的提高不是一蹴而就的，需要的是一个长期积累的过程，需要从一点一滴做起。如果说人生像一本书，人格就是书中最具哲理的名言，最真诚的故事。如果说人生像一首歌，人格就是最动听的音符，最有节拍的音律。如果说人生像一场梦，人格就是那梦中最美好的情景，最幸福的微笑。

(二) 人格的基本特征

案例材料

三面夏娃

《三面夏娃》是美国第一部以多重人格为题材的电影，根据真实的故事改编而成，涉及关于人格分裂症患者的关注与治疗的题材。

影片主人公是一位名为Eve White(夏娃)的少妇，经常莫名其妙地做一些事情，事后却浑然不知，更有甚者，她还差点把自己的亲生女儿勒死，因此被丈夫送去接受治疗。

医生通过了解发现，正常状态下的Eve属于典型的居家女人，办事唯唯诺诺、谨小慎微，对丈夫唯命是从，总是力争去扮演好贤妻良母的角色，并且为她的“病”感到深深的痛苦和羞愧。而每当到了夜晚或者某些特定的时刻，她又会自称是Eve Black(这个是她娘家时候的名字)，出入于酒吧歌厅等场所，穿着前卫且充满情色意味，举止和谈吐也变得轻佻放荡，对自己之前作为Eve White时的想法和表现感到鄙视和不屑。

通过治疗，她的病情得到了初步控制，但就在此时，她丈夫不知何故却要她停止治疗，和他搬去另一个城市。Eve以并未痊愈，怕再次伤害孩子为由拒绝了丈夫的要求，丈夫一瞬间恼羞成怒，摔门而去，却也恰巧激发出了Eve的另一重人格。她换上时髦的装扮，尾随丈夫到了一家旅店。丈夫起初还对其表示厌恶，称那并不是自己的妻子，然而很快他就褪去了正人君子的模样，被妻子的另一重人格体现出的风骚迷住，并应她要求给予其物质上的满足。不过很快他便发现，这个自称Eve Black的人格的目的仅仅是戏弄他而已，他终于对妻子大打出手，并且选择与其离婚。

独自一人的Eve想到过自杀，不过最后还是找到医生，选择继续接受治疗。此时医生发现，无论是在哪一种人格情况下，Eve都表示说自己完全不记得6岁之前发生的事情。医生敏锐地察觉这可能就是根治的关键，对其进行催眠疗法。医生无意中催生出了Eve的第三重人格——这一回，她自称为Jane，不仅神智完全清醒，还对其他两种人格非常了解，包括她们的想法和所作所为。Jane告诉医生，她们就好像是一直在一起的三个灵魂，共同栖身于一个肉体之上，当正在控制肉体的那一种人格变弱时，其余两个中最强势的一个便会控制肉体，做自己想做的事。而医生逐渐发现，Jane这种人格形态其实才是一个真正符合社会道德标准的正常女性，她识大体、知礼节，既不唯唯诺诺也不轻佻放荡。最终通过对Jane的治疗，医生终于发现藏在其心底的症结——那是在她6岁时，在祖母的葬礼上，由于其母认为吻一下死者的遗容便可以相互不再挂念，尽管小Eve很害怕且并不情愿，母亲还是抱着她强迫她与死者一吻，于是乎便在其心灵上留下了一道阴影。

最后，Jane痊愈了，她成功地从前夫那里要回了女儿的抚养权，并且找到了一个真正爱着她们母女的人，开始了全新的生活。

(资料来源：根据网络资料整理)

1. 人格的整体性

一个现实的人具有多种心理成分和特质，如才智、情绪、愿望、价值观和习惯等，但在真实的人身上它们并不是孤立存在的，而是密切联系并整合成为一个有机组织，也称统合性、统一性。一个现实的人的行为不仅是某个特定部分运作的结果，而且总是与其他部分紧密联系、协调一致进行活动的结果。

精神分裂症(schizophrenia)是精神内部的分裂，整体性的丧失、精神的内部分裂是此病的本质。电影《三面夏娃》讲述的就是一个患有精神分裂症的少妇，在三重人格挣扎中使自己的精神近乎分裂，这三个人格分别是压抑忧郁的家庭主妇，放荡不羁的花花少女，优雅大方的魅力淑女。最后，前两个人格消失不见，三个人格都统一在第三个人格之中，人格由分裂又变回统一。

案例材料

江山易改，禀性难移

明•冯梦龙《醒世恒言》第三十五卷："看官有所不知。常言道得好，江山易改，禀性难移。"

有一位久战沙场的将军，已厌倦战争，专程到大慧宗杲禅师处要求出家，他向宗杲道："禅师，我现在已看破红尘，请禅师慈悲收留我出家，让我做您的弟子吧！"宗杲："你有家庭，有太重的社会习气，你还不能出家，慢慢再说吧！"将军："禅师，我现在什么都放得下，妻子、儿女、家庭都不是问题，请您即刻为我剃度吧！"宗杲："慢慢再说吧！"将军无法。有一天他起了一个大早，就到寺里礼佛，大慧宗杲禅师一见到他说："将军为什么起得那么早就来拜佛呢？"将军学习用禅语诗偈说道："为除心头火，起早礼师尊。"禅师开玩笑地也用偈语回道："起得那么早，不怕妻偷人？"将军一听，非常生气，骂道："你这老怪物，讲话太伤人！"大慧宗杲禅师哈哈一笑道："轻轻一拨煽，性火又燃烧，如此暴躁气，怎算放得下？"克制自己、保持平和心态的功夫不是一朝一夕能练成的，需要长时间的忍耐和磨炼。

2. 人格的稳定性

人格的稳定性表现为两方面。一是人格的跨时间的持续性。在人生的不同时期，人格持续性首先表现为自我的持久性。二是人格的跨情境一致性。所谓人格特征，是指一个人经常表现出来的稳定的心理与行为特征，那些暂时的、偶尔表现出来的行为则不属于人格特征。例如，一个外向的学生不仅在学校里善于交往，喜欢结识朋友，在校外也喜欢交际，喜欢聚会，虽然他偶尔也会与他人保持一定距离，表现出安静的情绪。

俗话说的"江山易改，禀性难移""三岁看大，七岁看老"等都是描述了人格的稳定特征。

3. 人格的独特性

人格的独特性是指人与人之间的心理与行为是各不相同的。由于人格结构组合的多样性，每个人的人格都有其自己的特点。在日常生活中，我们随时随地都可以观察到每个人的行动都异于他人，每个人都各有其需要、爱好、认知方式、情绪、意志和价值观。

美国人格心理学家奥尔波特的名言"同样的火候可以使黄油溶化、也可以使鸡蛋变硬"，以及我们通常所说的"人心不同、各如其面""一母生九子，九子九条心"都是说明人与人之间的行为和心理各不相同。

知识链接

你信吗？

300多年前，在普鲁士王宫里，大哲学家莱布尼茨正在滔滔不绝地向王室成员和众多贵族宣传他的宇宙观。话锋一转，他说："世界上没有两片完全相同的叶子"。听者哗然，不少人摇头不信。于是，好事者就请宫女到王宫花园中去找两片完全相同的叶子。谁知，数十人寻个遍也无法找到。人们惊愕，原来大千世界是如此丰富多彩。后来人们都用莱布尼茨的这句话来比作人的性格。

世界上没有两片完全相同的叶子，世界上也没有性格完全相同的人！

4. 人格的社会性

人格的社会性是指社会化把人这样的动物变成社会的成员。人格是社会的人所特有的。人格是在个体的遗传和生物基础上形成的，受个体生物特性的制约。从这个意义上也可以说，人格是个体的自然性和社会性的综合。例如，人满足食物需要的内容和方式是受具体的社会历史条件制约的。

因此，可以这样概括：人格是个体各种稳定特征的综合体，显示出个体的思想、情绪和行为的独特模式。这种独特模式是个体社会化的产物，同时又影响着个体与环境的交互作用。

拓展阅读

狼孩的故事

1920年，在印度加尔各答东北的一个名叫米德纳波尔的小城，人们常见到有一种"神秘的生物"出没于附近森林，往往是一到晚上，就有两个用四肢走路的"像人的怪物"尾随在三只大狼后面。后来人们打死了大狼，在狼窝里终于发现这两个"怪物"，原来是两个裸体的女孩。其中大的七八岁，小的约两岁。这两个小女孩被送到米德纳波尔的孤儿院去抚养，还给她们取了名字，大的叫卡玛拉，小的叫阿玛拉。到了第二年阿玛拉死了，而卡玛拉一直活到1929年。

印度"狼孩"刚被发现时用四肢行走，慢走时膝盖和手着地，快跑时则手掌、脚掌同时着地。她们总是喜欢单独活动，白天躲藏起来，夜间潜行。怕火和光，也怕水，不让人们替她们洗澡。不吃素食而要吃肉，吃时不用手拿，而是放在地上用牙齿撕开吃。每天午夜到凌晨三点钟，她们像狼似的引颈长嚎。她们没有感情，只知道饥时觅食，饱则休息，很长时间内对别人不主动发生兴趣。不过她们很快学会了向人要食物和水，如同家犬一样。

据研究，七八岁的卡玛拉刚被发现时，她只懂得一般6个月婴儿所懂得的事，花了很大气力都不能使她很快地适应人类的生活方式，2年后才会直立，6年后才艰难地学会独立行走，但快跑时还得四肢并用。直到死也未能真正学会讲话：4年内只学会6个词，听懂几句简单的话，7年时才学会45个词并勉强地学几句话。在最后的3年中，卡玛拉终于学会在晚上睡觉，她也怕黑暗了。很不幸，就在她开始朝人的生活习性迈进时，1929年她死了，估计死时已16岁左右，但她的智力只相当于三四岁的孩子！

（摘自辛格《狼孩和野人》一书）

从《狼孩的故事》这个案例中我们看到：每个人生下来即具有作为人的自然属性，但如果与世隔绝、脱离社会，也不会成长为真正的人，不具有人的本质。

马克思说：“人的本质并不是单个人所固有的抽象物，在其现实性上，它是一切社会关系的总和(《关于费尔巴哈的提纲》)。”这一科学论断主要包含四个层次的内容。一是人的本质是现实的、具体的；二是人的本质是由社会关系决定的；三是一切社会关系的“总和”是诸多社会关系的有机统一；四是人的本质随着历史的发展而发展。

综上所述，人的本质在于其社会性。在人的三大属性中，物质属性是前提、基础，社会属性是本质，精神属性是灵魂。所以，人的本质是由其社会和精神属性决定的。

“狼孩”的事实，证明了人类的知识和才能并非天赋的、生来就有的，而是人类社会实践的产物。人不是孤立的，而是高度社会化了的人，脱离了人类的社会环境，脱离了人类的集体生活就形成不了人所固有的本质特点。而人脑又是物质世界长期发展的产物，它本身不会自动产生意识，它的原材料来自客观外界，来自人们的社会实践。所以，这种社会环境倘若从小丧失，人类特有的习性、他的智力和才能就发展不了，一如“狼孩”刚被发现时那样：有嘴不会说话，有脑不会思维，人和野兽的区别也泯灭了。

二、人格的发展阶段

关于人格的发展，不同的心理学家有不同的看法，这里仅介绍弗洛伊德和埃里克森两位代表人物的人格发展理论。

(一) 弗洛伊德的人格理论

弗洛伊德是奥地利精神病医师、心理学家、精神分析学派创始人。他建立了心理学史上第一个系统的人格理论，包括人格结构和人格发展两方面。

1. 人格结构

在早期，弗洛伊德把人格分为意识、前意识和潜意识三个层次。在晚期，他进一步提出了新的人格学说，提出人格由本我、自我和超我三部分组成。本我是指原始的、与生俱来的潜意识的结构部分，其中蕴含着人性中最接近兽性的一些本能性的冲动。它按照快乐原则行事。自我是指意识的结构部分，处于本我和超我之间，监督自我，予以适当满足。它按照现实原则行事。超我是人格中的最道德的部分，代表良心、自我理想，处于人格的最高层。它按照至善原则行事。

2. 人格发展

弗洛伊德的人格发展理论是建立在他的性心理发展理论的基础之上的，因此也被称为性心理发展阶段论。弗洛伊德认为，儿童出生到成年要经历几个先后有序的发展阶段，每个阶段都有一个特殊的区域成为力比多兴奋和满足的中心，此区域被称为性感区。据此，弗洛伊德把心理性欲发展划分为口唇期、肛门期、性器期、潜伏期、生殖期五个阶段，并且他认为，儿童在这些阶段中获得的各种经验决定了他们成年后的人格特征。

(1) 口唇期：出生～1岁。性本能的主要区域集中在口唇，因为婴儿从吮吸、咀嚼、咬等口唇活动中可以获得快感。喂食是特别重要的。例如，婴儿突然断奶或断奶太早，后来可能会过分纠缠配偶或者过分依赖配偶。

(2) 肛门期：1～3岁。自发排便是满足性本能的主要方法。大小便训练可能引起父母与儿童之间大的冲突。父母创造的情绪氛围有持久影响。例如，儿童如果因上厕所时发生的意外而受到惩罚，就可能会变得抑制、肮脏或浪费。

(3) 性器期：3～6岁。愉快来自性器官的刺激，儿童对异性父母有乱伦的愿望(恋母情结或恋父情结)。这种冲突引发的焦虑会导致儿童内化性别角色的特征和与之竞争的同性父母的道德标准。

(4) 潜伏期：5～11岁。性器官的创伤引起性冲突的压抑，性冲动转移到学习和充满活力的游戏活动中。随着儿童在学校获得更多的问题解决能力和对社会价值的内化，自我和超我持续不停地发展。

(5) 生殖器期：12岁以后。青春期的到来唤醒了性冲动，青少年必须学会以社会可接受的方式表达这种冲动。如果发展是健康的，婚姻和抚养孩子能够满足这种成熟的性本能。

(二) 埃里克森的人格发展理论

埃里克森是美国著名精神病医师，新精神分析派的代表人物。在弗洛伊德人格结构理论的基础上建立了人格发展渐成说。他认为人格发展是受生物、心理和社会三方面因素的影响，在自我与社会环境相互作用中形成的。这一学说强调人格发展中自我与社会环境的相互作用，并重视社会文化教育的作用。

埃里克森认为，人格发展经历八个既连续又不同的阶段，每个阶段都面临一对危机或冲突，要想顺利进入下一个发展阶段，就必须解决好当前所面临的危机。

(1) 信任感对不信任感(0~1.5岁，即婴儿期)，该阶段的发展任务是满足生理上的需要，发展信任感，克服不信任感，体验希望的实现。如果父母或照料者给予婴儿适当、稳定与不间断的关切、照顾、哺育与抚摸，婴儿就会对父母产生一种信任感，认为这个世界是安全而可信赖的地方，这种基本信任感是形成健康个性品质的基础，是以后各个时期发展的基础，尤其是青少年时期发展起来的同一性的基础。

(2) 自主感对羞耻感、怀疑感(2～3岁，即幼儿期)，该阶段的发展任务是获得自主感，克服羞怯和怀疑，体验意志的实现。儿童初步尝试独立处理事情，如果父母允许幼儿去做他们力所能及的事情，鼓励幼儿独立探索的愿望，幼儿就会逐渐认识到自己的能力，养成自动、自主的个性。反之，父母过分溺爱和保护或过分批评指责，可能会使儿童怀疑自己对自我环境的控制能力，从而产生一种羞耻感。

(3) 主动感对内疚感(4～5岁，即学龄前期)，该阶段的发展任务是获得主动感，克服内疚感，体验目的的实现。由于身体活动能力和语言的发展，儿童有可能把他的活动范围扩展到家庭之外。儿童喜欢尝试探索新环境，承担并努力完成新的任务，此时，如果父母或教师对儿童遇到的问题耐心倾听、细心回答，对于儿童的建议给予适当的鼓励或妥善的处理，不仅能发展儿童的主动性，还能培养其明辨是非的道德感。反之，如果父母对儿童的问题感到不耐烦或嘲笑儿童的活动，儿童就会对自己的活动产生内疚感。有时，当儿童的主动性与别人的主动性产生冲突时，也有可能引发内疚感。

(4) 勤奋感对自卑感(6~11岁，即学龄期)，该阶段的发展任务是培养勤奋感，克服自卑感，体验能力的实现。这个时期，绝大多数儿童已进入学校，第一次接受社会赋予他并期望他完成的社会任务。他们追求学习完成时所获得的成就感及由成就所带来的家长和教师的认可与赞许。如果儿童在学习、游戏等活动中不断取得成就并受到成人的奖励，儿童将以成功、嘉奖为荣，培养乐观、进取和勤奋的人格，反之，如果由于教学不当，或努力不够而多次遭受挫折，或其成就受到漠视，儿童就容易形成自卑感。

(5) 自我同一性对角色混乱(12~18岁，即青春期或青年期)，该阶段的发展任务是建立同一感和防止同一感混乱，体验忠诚的实现。自我同一性是指由个体组织自己的动机、能力、信任及活动经验而形成的有关自我的一致性形象，在中学阶段，学生尝试着把自己的各个方面，包括自我的能力、信念和性格等整合起来，形成自我的整体评价，认识到自己与他人的区别。如果青少年不能整合这些方面及各种选择，或者他们根本无法在其中进行选择，就会导致角色混乱。

(6) 亲密感对孤独感(18～25岁，即成年早期)，该阶段的发展任务是建立新型人际关系，获得亲密感，避免孤独感，体验爱情的实现。在成年早期，只有具有牢固的自我同一性的青年，才敢于面对与他人发生亲密关系的风险。因为与他人发生爱的关系，就是把自己的同一性与他人的同一性融合为一体，这里会有自我牺牲或损失，但只有这样才能在恋爱中建立真正亲密无间的关系，从而获得亲密感，否则就会产生孤独感。

(7) 繁殖感对停滞感(25~50岁，即成年中期)，该阶段的发展任务是获得繁殖感，避免停滞感，体验关怀的实现。进入中年，人们开始关心下一代。他们生儿育女，关心后代的繁殖和养育。反之，没有繁殖感的人，其人格贫乏和停滞，是一个自我关注的人，他们只考虑自己的需要和利益，不关心他人的需要和利益。

(8) 自我完善对绝望感(50岁以后，即成年晚期)。该阶段的发展任务是获得完善感，避免失望和厌恶感，体验智慧的实现。由于在衰老过程中，老人的体力、心智和健康每况愈下，对此他们必须做出相应的调整和适应，该调整和适应被称为自我完善对绝望感的心理冲突。自我完善是一种接受自我、承认现实的感受，是一种超脱的智慧之感。如果一个人的自我完善大于绝望，他将获得智慧的品质，否则就会产生绝望感。

知识链接

我是谁——青少年的自我同一性

著名的发展心理学家霍尔将青春期比喻为人生航程中“疾风怒涛”般动荡不安的时期。在这一时期，少男少女们正经历着生理发育的第二次高峰，身体产生了巨大的变化，他们蓦然发现自己已经是“大人”了，突然觉醒的“自我”让他们希望尽快摆脱童年，进入成人世界，扮演全新的社会角色，重新体会人生的意义。在这种追求中，青少年对人、对事的态度、情绪情感的表达方式及行为内容都产生了明显的变化，他们渴望社会、学校、家长能给予他们与其他成人一样的信任和尊重。但另一方面，他们的认知能力、人格特点还处于不成熟的阶段，社会经验也比较缺乏，因而在努力追求独立和自尊的过程中，会感受到种种困惑和矛盾。他们想独立，有时却又不得不依赖成人。偶然的成功会将他们推到自信的顶峰，而一时的失败，也可能使他们跌入自卑的谷底。他们期待被社会接纳，又想成为有个性的自己……

于是，“我是谁？我是什么样子？我将会变成什么样子？”便成了多数青少年共同的疑问，他们带着一些憧憬，不断猜测和回答。所以，认识自我、进行自我评价、产生对自我的情感、确立自我同一性、获得自信和自尊是青少年面临的重要课题。

自我同一性是著名心理学家埃里克森提出的。他认为，自我同一性是个体对自己的本质、信仰、价值等方面所产生的前后一致的比较完善的意识。形成自我同一性的青少年，能够发展出明确一致的性别角色、职业角色和社会角色，成长为富有责任感的、积极健康的公民。反之，如果不能确立自我同一性，或者处于同一性扩散状态的青少年，就不能达到自我整合。

所以，面对青春期成长的烦恼，青少年还必须进一步思索——如何获得自我价值和体现人生的意义。正如卢梭在《爱弥儿》中所说：“我们，在这个世界出生两次，第一次是为了生存，第二次是为了生活。”青春期的“第二次诞生”，就是要求青少年在疾风骤雨中，由天真烂漫的孩子蜕变为略显成熟稳健的大人。他们知道我是谁，明确自己未来的生活，意识到自己是个独特而有价值的个体，他们变得更宽容、更丰富、更平和，他们自信、自尊地继续探索成长之路。

(资料来源：[美]布莱恩•L. 西沃德等. 青少年心理压力管理手册[M]. 刘丹译. 北京：世界图书出版公司，2006.)

三、青少年人格发展的特点

青少年正处于从幼稚顽童向成熟个体过渡的时期，作为一个特殊的群体和人生发展的一个特定阶段，他们的心理发展逐渐成熟，认识水平、情感体验和自我调控能力也有了飞速的发展，他们的理想、信念、世界观、人生观、价值观也慢慢地形成和定型，由于自我认识水平的提高，自我体验程度的加深，自我调控能力的增强，他们的人格也随之趋于成熟和稳定，表现出独特的心理风貌和别具一格的人格特点。这也为他们走向社会，步入人生奠定了基础。

青少年人格发展表现出以下三个特点。

1. 产生了“独立感”

孩子在中学以前处于真正的幼稚期，要更多地依靠成人的照顾、保护，他们的独立性、自觉性都较差。到中学后就进入了少年时期，伴随着生理的逐渐成熟，他们产生了“独立感”和“成人感”，渴望摆脱成人的控制，迫切要求独立自主，喜欢自我表现和发表自己的看法。但他们的认知能力、水平还是不高的，个性倾向还不稳定，还需要教师、家长对其关怀和指导，以便加强他们的自我修养，使其真正趋向成熟。

案例材料

人啊，认识你自己

古希腊的圣城——德尔菲是传说中太阳神阿波罗的驻地，而那里最有名的却是刻在太阳神神庙外的一句神谕：“人啊，认识你自己。”这句话和所有的神谕一样，含糊其词并且使人有种自觉受其感召的冲动。也许是受它的启示，苏格拉底提出了“认识你自己”“照顾你心灵”的哲学观，并发展成古希腊哲学甚至整个西方文化的核心。而康德又把这条神谕归结为三大哲学追问：我是谁？我从哪里来？我到哪里去？中国古代的哲人老子也说：“知人者智，自知者明。”

从此，“人啊，认识你自己”成了人类永恒的坐标，屹立至今。千百年来，古今中外的圣贤、哲人们的感悟一直警示着后人。可见，认识自我是一件多么重要的事情。

(资料来源：史蒂文•密勒. 认识你自己[M]. 丁亚平，等译. 南昌：江西人民出版社，2001.)

2. 开始关注“自我”

“我是一个什么样的人？我要成为一个什么样的人？”这是进入青春期的孩子不停地问自己的问题。他们开始关注“自我”，开始由童年期对自我的模糊和不大自觉的被动状态转向更自觉、更主动地觉察自我的状态，更迫切地出现了“深入了解自己，关心自我形象”的需要，更加关心自己与他人的内心世界，逐步从行动的动机，道德品质和人格特点等方面来评价自己和他人的行为。

3. 社会性逐渐形成

随着年龄的不断增长和知识经验的日益丰富，青少年开始了解、接纳和逐渐掌握更多的行为规范、价值标准和社会角色，并对自己的未来角色进行定位和认同，喜欢独立探索和思考一些问题，随着自我意识的不断发展和抽象逻辑思维能力的提高，他们更多地运用社会价值和社会意义来衡量和评判许多社会现象，开始关注人生，思考人生，投身人生。他们在家庭、学校和社会实践活动中获得了价值标准和道德规范，学会了与谋生有关的本领，发展和养成了独立性、创造性和自我同一性，其人生观、价值观在这一关键时期得以形成。

此外，青少年随着生活环境的扩大，知识技能的积累、生活经验的丰富和心理水平的提升，在人格倾向性、人格心理特征等方面都有了长足的进步。这主要表现在以下方面。

他们的需求水平有了新的发展，增添了不少的内容。在物质需求方面，开始研究服饰，对课外读物和学习用品的需求增多，层次提高。在精神需求方面，对未来充满憧憬与渴望，希望得到家庭的温暖和朋友的支持，期望获得别人的尊重和理解，有了创造性欲望和冲动，他们的成就动机与交往动机逐渐增加，他们的兴趣和爱好有了一定的倾向性，兴趣渐趋稳定，爱好逐渐广泛而深入。

他们的理想往往充满浪漫色彩，大多是一种朦胧而美好的憧憬与向往，所以不太稳定，具有较大的可塑性，这也为我们实施教育提供了很大的空间和余地。

青少年是能力迅速发展的时期，他们的一般能力已发展到顶峰，特殊能力也基本显露出来，他们还具备了一定的创造能力，青少年时期是气质定性的关键时期，在与环境的交互作用中，他们的气质会发生一定程度的变化，班级地位的改变，重大的人生不幸或者机遇的不期而至，家庭的解体或重新组合，社会制度或风气的巨变等都会使青少年的气质有所改变，他们已经能够调节和控制自己的行动，有了行动的自觉性和一定的目的性，基本掌握一些行为规范，他们的行动已带有鲜明的、独特的个人色彩，其性格特征的表现已趋于稳定和定型。

趣味小测验

你认识你自己吗？

本测验可以帮助你认识一下你也许不知道的你自己。

注意：每题只能选择一个答案，应为你第一印象的答案，把相应答案的分值加在一起即为你的得分。最后有一个分值分析，供你参考。

1. 你更喜欢吃哪种水果？

A. 草莓2分　B. 苹果3分　C. 西瓜5分　D. 菠萝10分　E. 橘子15分

2. 你平时休闲经常去的地方。

A. 郊外2分　B. 电影院3分　C. 公园5分　D. 商场10分　E. 酒吧15分　F. 练歌房20分

3.你认为容易吸引你的人是？

A. 有才气的人2分　B. 依赖你的人3分　C. 优雅的人5分

D. 善良的人10分　E. 性情豪放的人15分

4.如果你可以成为一种动物，你希望自己是哪种？

A. 猫2分　B. 马3分　C. 大象5分　D. 猴子10分　E. 狗15分　F. 狮子20分

5. 天气很热，你更愿意选择什么方式解暑？

A. 游泳5分 B. 喝冷饮10分 C. 开空调15分

6. 如果必须与一个你讨厌的动物或昆虫在一起生活，你能容忍哪一个？

A. 蛇2分 B. 猪5分 C. 老鼠10分 D. 苍蝇15分

7. 你喜欢看哪类电影、电视剧？

A. 悬疑推理类2分 B. 童话神话类3分 C. 自然科学类5分

D. 伦理道德类10分 E. 战争枪战类15分

8. 以下哪个是你身边必带的物品？

A. 打火机2分 B. 口红2分 C. 记事本3分 D. 纸巾5分 E. 手机10分

9. 你出行时喜欢坐什么交通工具？

A. 火车2分 B. 自行车3分 C. 汽车5分 D. 飞机10分 E. 步行15分

10. 以下颜色你更喜欢哪种？

A. 紫2分 B. 黑3分 C. 蓝5分 D. 白8分 E. 黄12分 F. 红15分

11. 下列运动中挑选一个你最喜欢的(不一定擅长)？

A. 瑜伽2分 B. 自行车3分 C. 乒乓球5分 D. 拳击8分 E. 足球10分 F. 蹦极15分

12. 如果你拥有一座别墅，你认为它应当建立在哪里？

A. 湖边2分 B. 草原3分 C. 海边5分 D. 森林10分 E. 城中区15分

13. 你更喜欢以下哪种天气现象？

A. 雪2分 B. 风3分 C. 雨5分 D. 雾10分 E. 雷电15分

14. 你希望自己的窗口在一座30层大楼的第几层？

A. 七层2分 B. 一层3分 C. 二十三层5分 D. 十八层10分 E. 三十层15分

15. 你认为自己更喜欢在以下哪一个城市中生活？

A. 丽江1分 B. 拉萨3分 C. 昆明5分 D. 西安8分 E. 杭州10分 F. 北京15分

结果分析：

180分以上：意志力强，头脑冷静，有较强的领导欲，事业心强，不达目的不罢休。外表和善，内心自傲，对有利于自己的人际关系比较看重，有时显得性格急躁，咄咄逼人，得理不饶人，不利于自己时顽强抗争，不轻易认输。思维理性，对爱情和婚姻的看法很现实，对金钱的欲望一般。

140分至179分：聪明，性格活泼，人缘好，善于交朋友，心机较深。事业心强，渴望成功。思维较理性，崇尚爱情，但当爱情与婚姻发生冲突时会选择有利于自己的婚姻。金钱欲望强烈。

100分至139分：爱幻想，思维较感性，以是否与自己投缘为标准来选择朋友。性格显得较孤傲，有时较急躁，有时优柔寡断。事业心较强，喜欢有创造性的工作，不喜欢按常规办事。性格倔强，言语犀利，不善于妥协。崇尚浪漫的爱情，但想法往往不合实际。金钱欲望一般。

70分至99分：好奇心强，喜欢冒险，人缘较好。事业心一般，对待工作，随遇而安，善于妥协。善于发现有趣的事情，但耐心较差，敢于冒险，有时较胆小。渴望浪漫的爱情，但对婚姻的要求比较现实，不善理财。

40分至69分：性情温良，重友谊，性格踏实稳重，但有时也比较狡黠。事业心一般，对本职工作能认真对待，但对自己专业以外事务没有太大兴趣，喜欢有规律的工作和生活，不喜欢冒险，家庭观念强，比较善于理财。

40分以下：散漫，爱玩，富于幻想。聪明机灵，待人热情，爱交朋友，但对朋友没有严格的选择标准。事业心较差，更善于享受生活，意志力和耐心都较差，我行我素。有较强的异性缘，但对爱情不够坚持认真，容易妥协。没有财产观念。

(资料来源：根据网络资料整理)

四、影响青少年人格发展的因素

案例材料

家庭教育与犯罪人格的形成——以药家鑫案为例

药家鑫虽然已经被执行死刑，得到了法律的严惩，但是由此引发的药家鑫事件发人深省。一方面由于药家鑫是一名钢琴水平较高的、成绩优秀的在校大学生，另一方面由于该犯罪行为极端性和犯罪动机的特殊性，引起了专家、学者、媒体及广大网民的讨论和争论：药家鑫人格健全与否、药家鑫的高才低素质、药家鑫的家庭教育的偏差、药家鑫的成长经历与其犯罪行为的关系、药家鑫父母的教育方式、望子成龙式的教育理念等方面，总结而言，人们在探讨药家鑫作为一位成绩优异的大学生为何成为一个残忍的杀人凶手？笔者试图从药家鑫犯罪人格的形成过程来探讨家庭教育对其人格形成的影响。

在本案中，药家鑫处于驾驶过程时，对被害人的性别、神态及好像记住自己车牌等情节均有认知，从撞人到回车取刀，再到对受害人连捅8刀，行为有着明显的连续性和目的性，药家鑫此时是有准确的认知能力与可自主的意志能力的。药家鑫的杀人行为是在自身意志支配下的选择结果。一方面，由于长期受到不良观念的影响，药家鑫自幼为了避免父母的打骂而选择顺从父母的意志，这种顺从的选择是为了避免可能遭到的生理和心理伤害，因此药家鑫的选择倾向于避免“麻烦”，这也成了他在开车撞人后选择将张妙杀死的一个主要因素。在农村人难缠观念的支配下，他脑海里浮现出了如何避免“麻烦”，如何脱身的念头，加之见被害人又是毫无抵抗能力的妇女，实施杀人行为的外部条件对他也是有利的；在内外因素的刺激下，他萌生了强烈的杀人动机，为了进一步逃避责任，消除不利后果，在强烈的犯罪动机推动下，药家鑫转身上车取刀对被害人连捅数刀，致使被害人当场死亡。

1. 从药家鑫事件看健全人格的培养和犯罪人格的形成

正常人格的形成是一个人格社会化的过程。随着个体的成长，在思想、行为上逐渐接近成人，最后变成一个被家庭与社会所接受的社会成员。犯罪人格的形成实质上是一个人格非社会化或不完全社会化的过程，家庭环境对于培养健全人格、子女的人格正常社会化有着最重要的影响。药家鑫畸形人格的形成与其不良的家庭环境有直接关系。药家鑫出生在具有暴力倾向的家庭中，据药家鑫所述，他幼年时期因练钢琴经常被父母亲用皮带抽打，甚至被关地下室；父母亲经常性的言语伤害也对其心理造成了很深的伤害，药父曾说“你这么丑，谁会看上你”。在这样的成长环境下，药家鑫长期承受着生理和心理的双重压力，在逼迫和压抑中练习钢琴，以至于他感到“觉得看不到希望，天天压力特别大，我经常想自杀”。父母过于严厉的教育和体罚，使他很少与外界交流，变得孤僻、敏感，渐渐形成了以自我为中心的性格和偏执敏感的不良人格。

在不良人格的驱使下，药家鑫对侮辱和伤害不能宽容，性格多疑，容易将别人的中性或友好行为误解为敌意或轻视，感觉到受压制、被迫害。犯罪心理学家B.A.莫雷尔认为在人格对反社会心理屈服之前，有一个等待与求助的时期，即主体在人格冲突时不甘心屈服，焦急地等待着援助和关心，但是在此关键时期，药家鑫父母并没有给予必要的关怀和爱护，一方面是长期紧张压抑的家庭环境，另一方面是痛苦压抑的内心世界，在内外不良因素的刺激下，药家鑫长期的紧张状况得不到个体以外因素的缓解，加之自身又缺乏排解的正常渠道，因此压抑紧张持久积累，药家鑫不良人格的产生不可避免。

2. 从药家鑫事件看家庭教育方式对子女的影响

基于我国传统文化和社会心理特点，父母对子女通常抱有很高的期望，而我国又长期缺乏成熟的家庭教育理论，特别是独生子女家庭教育理论，父母对独生子女的爱很容易失去理性，陷入过分溺爱和过分管制的误区，产生不当甚至畸形伤害性的教育方式。从药家鑫的家庭来看，父母都是高学历，为药家鑫练钢琴出现的小错误而动辄打骂，甚至把他关到地下室，这样一来他练钢琴的过程就变成了一个心理逐渐畸变的过程。尽管家长主观意图是想让他出色，但病态的教育必会导致病态的成长，药家鑫父母长期以来的苛求、责难、体罚，客观上却制造出一个心理和道德的变态者。家长的简单粗暴的教育方式间接导致了药家鑫人格的变异，使他过度敏感、偏执、以自我为中心。

鉴于家庭教育在个体健全人格养成中所起的重大作用，笔者认为，应从以下几方面出发培养家庭良性环境，促使个体正常社会化，形成健全人格，避免药家鑫此类的悲剧重演。

首先，父母要采取更合理的家庭教育方式。要摒弃以打骂为主的伤害性教育，注重对孩子综合素质的培养。以平等的心态与孩子交流，倾听孩子的心声，尊重孩子的想法，发展孩子的兴趣。改逼迫式教育为启发式教育。

其次，父母要更重视对孩子的道德教育和法制教育。现代家庭教育往往过于注重教育的功利化，给孩子造成了很大的学习压力，望子成龙、望女成凤是每个家庭的期望，但是加强子女的道德教育和法制教育远比学习能力的培养更重要。先成人再成才，假如没有良好的道德修养和法律素养，则很容易成为偏才、怪才，在面对挫折和压力时选择错误的行为方式，做出违法犯罪的行为。

最后，父母要与学校进行教育沟通。教育不仅仅限于家庭，很大程度上更是在学校进行的，因此加强家庭与学校的教育沟通对孩子的健康成长是必要的。通过相互交流孩子在家庭、学校的行为表现，父母和教师更能对其成长阶段所出现的问题进行及时了解，双方共同采取教育手段，遏制不良思想行为出现的苗头，将问题在萌芽时期就解决，这对于子女的正常社会化是极其有益的。

综上所述，笔者认为，家庭环境对于个体人格的养成影响不可忽视，不当的家庭教育方式很有可能会导致个体不良的社会化，形成反社会人格，极易走上违法犯罪道路。因此，在子女的教育中，父母应当采取科学合理的教育方式，以孩子的健康成长为中心，创造良好的家庭环境，使孩子顺利完成社会化过程。

（资料来源：《时代报告》2012年第6期，孟凡亮）

(一) 家庭环境对青少年人格发展的影响

家庭环境是青少年最早触及、对其影响最重要的一环。一方面，青少年会受到遗传因素的影响，这种影响会因人格特征的差异而有所不同。另一方面，青少年会受到父母人格的影响。在权威型父母影响下，青少年会缺乏自主权，使其人格可能具有被动、消极、依赖、服从等特征，缺乏主动意识，甚至会出现撒谎、欺骗等行为；在放纵型父母影响下，青少年的人格可能会出现自私、任性、无理、幼稚、野蛮、独立性差等特征，甚至会出现为所欲为、不受约束等行为；在民主型父母影响下，青少年的人格可能具有自立、活泼、善于交往、思想活跃、彬彬有礼等特征。由此可见，家庭环境对青少年人格塑造起着至关重要的作用，父母要努力优化自己的人格结构，营造良好的家庭环境，培养孩子健康的人格，增强家庭教育的说服力。

(二) 学校环境对青少年人格发展的影响

学校环境对青少年人格培养起着定向作用，校园文化、班集体、教师、同学等都是教育环境的基本元素，对青少年人格塑造、形成和发展起着最直接的影响。沃勒指出，学校文化是“学校中形成的特别文化……能满足学生的需要，这种特殊文化的存在，可能是结合各种个体形成学校的最有效因素”。也就是说，校园文化对青少年的影响和熏陶无时无处不在。一方面，教师对青少年的人格形成和发展起着示范作用，如果教师以自己的人格、学识为学生树立起榜样，教育就有力度、深度和厚度；反之，如果师生之间关系疏远，感情淡薄，教师主观武断，就会造成师生关系紧张，进而产生认知障碍。另一方面，青少年在学校接触最多的就是同学、室友、班集体和宿舍，他们之间的交往胜过他们与父母、老师之间的交往，因此彼此之间的评价和评论对青少年人格的形成和发展会产生具体影响，尤其是同学、同伴的言行举止、成绩优劣等都可能成为青少年自身成长发展的标杆，这种关系的处理对青少年人格形成和发展十分重要。

(三) 社会环境对青少年人格发展的影响

社会环境对青少年人格的形成和发展极为重要，青少年时期是人生的关键时期，也是个体发展、发育最富特色、最宝贵的时期，当然，也是人生的“危险期”，最易受环境的熏陶和渲染。社会变革初期，新的行为准则和价值观点与旧的社会规范共存，由于阶层、身份、年龄的差异，人们对新旧规范会产生不同的认知，使人的思想、行为模式、人格形态发生变化。同时，社会思潮对人格也具有一定的影响，社会思潮能够将社会意识在不同时期的变化情况准确而客观地反映出来，并影响和冲击已经形成的人格，甚至使个体的人格进行重组。此外，在人际交往或相关的社会活动中，个体容易产生自我心理暗示，模仿他人的言行，进而影响人格的形成和发展。其中，有意识模仿、无意识模仿、合理模仿等都会对人格的形成和发展产生作用，只是发挥作用的形式有所不同。

(四) 自身环境对青少年自我人格发展的影响

青少年时期是人的自我意识日益成熟、主体性人格日益完善的重要时期。自身环境是指依据个体能力和素质，能正确认识自己，主动调整自我意识、自主意识和自由能力，通过合理的自我设计、学习、协调和控制等环节，自觉地对自己的心理掌控、目标管理、思想行为进行自我环境营造，实现自我人格健康的目标。美国心理学家埃里克森指出，青少年时期正处在自我同一性和角色混乱的冲突阶段，如果此阶段的冲突能够成功化解，就会形成健康的人格；反之就会形成不确定性人格或者无归属感、为人冷淡冷漠、缺乏关心关爱，出现人格扭曲分裂等。北京大学首任校长蔡元培曾提出：“我们既自认是人，尊重自己的人格，且尊重他人的人格，本无须他人代庖。”这进一步说明自我营造环境比被动接受要好，自我营造环境在尊重自己的同时还要尊重他人，做自己的主人，促使自我人格发展。

知识链接

人这样成长

孩子在批评中成长，他学会指责；
孩子在挑剔中成长，他学会吹毛求疵；
孩子在敌意中成长，他学会打架、争强好胜；
孩子在嘲笑中成长，他学会难为情；
孩子在羞辱中成长，他学会内疚、惭愧；
孩子在恐惧中成长，他学会焦虑害怕；
孩子在怜悯中成长，他学会自哀自怨；
孩子在嫉妒中成长，他学会勾心斗角；
孩子在忍受中成长，他学会忍耐；
孩子在宽容中成长，他学会富有耐心；
孩子在鼓励中成长，他学会充满自信；
孩子在赞扬中成长，他学会提高自己的身价；
孩子在赞许中成长，他学会自爱；
孩子在赞美中成长，他学会赏识他人；
孩子在认同中成长，他学会珍惜自己；
孩子在接纳中成长，他学会心胸宽广；
孩子在肯定中成长，他学会立定志向；
孩子在分享中成长，他学会慷慨大方；
孩子在公平中成长，他学会正义真理；
孩子在安全中成长，他学会信任他人；
孩子在友善中成长，他学会热爱人生；
孩子在安宁中成长，他学会心境平和；
孩子在互相承认和友好的环境中成长，他学会在这个世界上寻找爱。

——心理学家诺尔蒂

第二节　青少年人格的完善

案例材料

人格的力量：从凡人到伟人

西谚说：“一个老人的去世，无异于一座图书馆的焚毁。”这是讲老人经历所积累起的知识、经验和智慧的珍贵。当然，这还只是对普通老百姓而言，论起那些把握世界、改造历史、转换命运的伟人来，这句谚语就显得轻了一些。

世纪老人邓小平，百年华诞在即，举国上下都在怀念他，虽然他是高龄去世，但仍让人觉得这于全党、全国，甚至这个时代、这个世界是一大不可挽回的损失。

邓小平同志为我们留下的精神财富还不仅仅在他的几本“文选”里。他在治国、治党、治军以及在处理我们国家与外部世界的关系方面，从言论到运作，从洞悉到把握，都充满着创见和智慧，其手笔之大，远非一般政治家所能达到。

其实，作为“战争之神”，邓小平早在新中国成立之前，就从凡人跨进了伟人之列。在之后长长的岁月里，我们总是带着崇敬和热爱听取他的名字和故事。

邓小平的非凡业绩除了打仗，更有改革开放。他作为“总设计师”，把贫穷落后的中国引向了富裕强盛的世界民族之林，使中国以全新的姿态，辉煌了整个世界的耳目。

但是，邓小平的非凡，并不在于他是天才，金手指一指，世界就发生了变化。他像一切凡人、一切苦难者一样，经历了大落大起的灾难。是什么东西，让邓小平从凡人成长为一名伟人，又是什么东西，使他从一名伟人坠落进凡人？他是怎样忍耐接受屈辱，怎样保持自己良好的心态，一有机会，便能奋起，完成改造中国的宏伟目标？

我们从已知的各种资料里，看到16岁的邓小平就在国外的工厂里打工度日。在那里，他刻苦磨炼自己，沉重的社会压力练就了他的“受打能力”。共产党员同样的血肉之躯，同样的心理状态，磨炼锻打，使他变得超凡，使他能够忍受一些苦难的考验。

一个凡人要成长为伟人，就得不断洗磨自己身上的世俗气，如此，方可出类拔萃；而一旦成了伟人，就要不断检点自己身上还保留了多少凡人应有的品质，使自己不虚架于一个自己设计的空中楼阁里。

我们在邓小平身上看不到流俗的东西，那些市井气，邓小平身上没有。他一身正气，不卑不亢，执着于人生追求和政治理念，这使他成为一名真正的、伟大的政治家。

我们对一个伟人品质的判定，仍要看他和凡人保持着怎样的联系，以怎样的心态看待凡人生活。邓小平有一个幸福、温馨的凡人之家。他是一个孝顺儿子，老继母在他家里度过幸福一生；他又是一个温和的父亲，愿意每顿饭都和儿女们一同进餐；他会饶有耐心地守着炉火一块一块为孙子烘烤尿布。他和底层的普通劳动者有一种天然的情感融和。正是这一切，使他从琼楼高处跌落时，获得一个柔软的托举。

刻苦、奋进、豁达、乐观、无私、刚正、忍耐，威武不屈，富贵不淫，贫贱不移……在邓小平的品格里，继承了中华民族先贤古哲的一切优秀精神因子。他在政治失意时，也不曾染上消沉、出世、淡泊。每一次政治上的重新起飞，都能以一种持续的连贯性，启动中国政治停滞的车轮。这很容易使人想到对马克思的那些评价：他的大脑就像一艘升火待发的轮船，随时准备开往他要去的目的地。

物有物的品质，人作为一种特殊的物体，也自有人的品质。

从凡人到伟人。邓小平的一生，让做人的人理解了健全人格力量的伟大。

(资料来源：《人民日报》2004年08月22日第五版，雷抒雁)

一、健康人格及其标准

(一) 健康人格

什么是健康人格？美国当代著名心理学家杜•舒尔茨认为：“健康人格是什么？迄今为止，

我们只描述了它不是什么。对于这一点，我们是有充分理由的，我们确实不知道是什么构成了健康的人格，因为在这个领域中工作的心理学家，一致的意见是很少的。关于健康人格，有足够写满一本小册子的定义。在我们认识的当前这个阶段，我们能够完成得最好的事情，是研究那些看来是最完善的心理健康的概念，看一看关于我们自身，这些概念告诉我们一些什么东西。”

由此可见，给健康人格下一个完整的定义是困难的，因为对健全人格的理解受人性观、价值取向及方法论的不同而各异。心理学家从各方面描述健康人格的特征，下面来看看他们的描述。

美国人格心理学家、人格特质理论的创始人奥尔波特认为，具有健康人格的人是成熟的人。成熟的人有七条标准：①专注于某些活动，在这些活动中是一个真正的参与者；②对父母、朋友等具有表达爱的能力；③有安全感；④能够客观地看待世界；⑤能够胜任自己所承担的工作；⑥客观地认识自己；⑦有坚定的价值观和道德心。

美国著名心理学家、人本心理学的创始人罗杰斯认为，具有健康人格的人是充分起作用的人。充分起作用的人有五个具体的特征：①情感和态度上是无拘无束的、开放性的，没有任何东西需要防备；②对新的经验有很强的适应性，能够自由地分享这些经验；③信任自己的感觉；④有自由感；⑤具有极高的创造力。

美国心理学家、精神分析学家弗洛姆认为，具有健康人格的人是有创造性的人。除了生理需要，每个人都有各种各样的心理需要，这正是人与动物的重要区别。具有健康人格的人将以创造性的、生产性的方式来满足自己的心理需要。

奥地利著名心理学家、意义疗法的开创者弗兰克认为，具有健康人格的人是超越自我的人。超越自我的人被概括为：在选择自己行动方向上是自由的；自己负责处理自己的生活；不受自己之外的力量支配；缔造适合自己的有意义的生活；有意识地控制自己的生活；能够表现出创造的、体验的态度；超越了对自我的关心。

从西方人格理论家对健康人格的论述中可以看出，健康人格的主要特点是能保持人格的完整、统一。具有健康人格的人不仅有高尚的理想和追求，而且认知、情感、价值、道德、审美等要素整合良好，身心系统经常处于平衡、稳定状态，人格和谐统一，能充分发挥自己的潜能。

有国内学者提出心理健康的5个指标：健全的认识能力，适度的情感反应，坚强的意志品质(包括毅力与自制力)，和谐的个性结构及良好的人际关系。

还有学者提出，健康人格是这样一种类型的人格：具有自我选择的能力和人格上的自主，了解自己的实际情况，奉行自我认可原则；具有自我扩展和自我表现的力量，具有对一切经验的开放性特点；坚定地立足于现实世界，具有积极地与现状相适应的能力；具有良好的人际关系，富于同情心和宽容精神；具有浓厚的社会兴趣和社会情感；具有强烈的创造动机和相应的创造才能；具有承担义务的责任心和对工作的献身精神；总是坚定地朝向未来。

王建平、马林芳分析了西方学者健康人格模式，认为他们在健康人格模式的几个主要标准上达成一致：一是生活、行为的意识性；二是对自我的正确认识和接纳；三是生活的现实性；四是强调增加紧张的重要性。

顾智明论述了市场经济条件下健康人格的标准。

一是尊严感。人格尊严感，是人对自己生存价值的感悟而产生的自尊心、自信心和自制力。实际生活中，人的理想的产生及其追求，人对自己的尊重及其严格要求，人希望被人尊重及其对他人的尊重，皆来自人格尊严感。它是人的第二生命，起着保护、稳定和升华人格的作用。尊严感缺乏，势必形成一种惰性力，使人自卑、自弃，导致人格畸形。在建立并不断发展的社会主义市场经济条件下，需要的“强者型”“自主型”“开放型”的人，一定是有尊严感的人。

二是创造性。新时期的健康人格，是一种创造性人格。这里的创造，既包括创造物质财富，也包括创造精神财富，包括践行道德，推进(创造)社会的善和个体的善。人的一生有限，从道德中，从与他人的关系中，从积极的创造中，便能领悟到人生的目的和意义，从而使自己充实起来。消极怠惰、无所事事，必然导致精神空虚、萎靡，导致人格脆弱甚至畸形。

三是合作精神。人格的创造性绝不表现为个人对社会生活的不适或逃避，恰恰相反，它表现为个人对社会秩序的自觉意识和与社会、与他人合作的人生态度。个人生活的创造，他的创造性人格价值只有在社会中，在人与人的关系中才能表现出来。市场经济强化着人们的竞争意识、功利意识，如果缺乏合作精神，势必把竞争变成弱肉强食的争斗，使互助合作的人际关系淹没在利己主义之中。现代市场经济强烈呼唤着合作精神，是健康人格不可缺少的条件和表现。

四是乐观态度。在市场经济条件下的激烈竞争中，挫折和失败甚于以往任何时期。为此，豁达乐观，善于从一时的困难、挫折和失败中奋起，建立起积极向上的生活信念，是现代健康人格不可缺少的素质之一。

尊严感、创造性、合作精神、乐观态度四方面相互联系、相互作用、相互影响。其中，创造性是核心。

沙莲香教授认为：①人格健康的人是有工作的，而且他能把本身的潜能从其工作中发挥出来，以获取成就，他常能在工作中得到满足之感，因而他通常是乐于工作的；②人格健康的人是有朋友的，他们乐于与人交往，而且常能和他人建立良好的关系，他在与人相处时，正面的态度(如尊敬、信任、喜悦等)常多于负面态度(如仇恨、嫉妒、怀疑、憎恶等)；③人格健康的人对于自己本身有适当的了解，并进而有悦纳自己的态度，他愿意努力发展其身心的潜能，对于无法补救的缺陷，也能安然接受，而不做无谓的尤怨；④人格健康的人能和现实环境保持良好的接触，对环境能进行正确的、客观的观察，并能进行健全的、有效的适应。

许金声提出了健康人格之人格三要素论，认为道德力量、智慧力量和意志力量构成健康人格。

曲炜提出了人格五要素论，建立了“生理—心理—社会—道德—审美”的宏观健康人格模型。

因此，我们可以这样理解：健康人格是指各种良好人格特征在个体身上的集中体现。

案例材料

马加爵案

马加爵，男，1981年5月4日出生，云南大学生化学院生物技术专业2000级学生。

1996年至1997年在宾州初中读初三，以优异成绩考取省重点宾阳中学；1997年至2000年就读于宾阳中学，高三时曾获得全国奥林匹克物理竞赛二等奖，被预评为“省三好学生”；2000年至2004年就读于云南大学生化学院生物技术专业；2004年2月13日晚杀一人，2月14日晚杀一人，2月15日再杀两人，后从昆明火车站出逃。2004年3月15日被公安部列为A级通缉犯；2004年6月17日被执行死刑。

(资料来源：根据网络资料整理)

(二) 健康人格的标准

人格概念既是历史范畴，又是现实范畴。不同历史时期人格的表现和对健康人格的要求具有不同的特点。人的发展与社会发展的统一性也决定了我们在建构当代健康人格的主要标准时，不能脱离当今社会实践的基础。因此，建构当代健康人格的主要特点，既要分析各个历史时期的表现形式和特点，又要分析新的历史条件下的表现形式和特点。根据当今社会的发展，纵观东西方学者的论说，我们认为，当代健康人格的主要标准有如下几点。

1. 和谐的人际关系

人际关系是人们在社会实践中形成的人与人之间相互作用的关系，是社会关系的直接表现，是构成人类社会最普遍、最直接的关系。人际关系是在社会交往中建立的。社会交往可以促进人与人之间相互沟通理解，调节身心状态，增强人的责任感。人际关系最能体现一个人人格健康的程度。人格健康的人乐于与他人交往，能与别人建立良好的关系，与人相处时，尊敬、信任等正面态度多于嫉妒、怀疑等消极态度；人格健康的人常常以诚恳、公平、谦虚、宽容的态度尊重他人，同时受到他人的尊重和接纳。和谐的人际关系既是人格健康水平的反映，又影响和制约着健康人格的形成和发展。

2. 良好的社会适应能力

社会适应能力反映了人与社会的协调程度。人的社会适应能力是在社会化过程中不断发展的。人格健康的人能和社会保持良好的密切的接触，以一种开放的态度，主动关心社会，了解社会，观察所接触到的各种事物和现象，看到社会发展的积极面和主流，在认识社会的同时，使自己的思想、行为跟上时代的发展，与社会的要求相符合，表现出能很快适应新的环境。

3. 乐观向上的生活态度

积极的人生态度是人类在社会实践中获得的本质力量的表现。乐观的人常常能看到生活的光明面，对前途充满希望和信心，对自己从事的工作或学习抱有浓厚的兴趣，并在工作中和学习中充分发挥自己的智慧和能力，获得成功。即使生活中遇到困难和挫折，也能耐心地去应对，不畏艰险，勇于拼搏。相反，悲观的人常常看到生活的阴暗面，对任何事情都缺乏兴趣，心情沉重，遇到一点挫折就情绪低落，怨天尤人，甚至自暴自弃。青少年的主要活动是学习，因此，对学习的兴趣可以反映出对生活的基本倾向。人格健康的青少年对学习怀有浓厚的兴趣，表现出观察敏锐、注意力集中、想象丰富、充满信心、勇于克服困难的精神状态；而对学习和生活缺乏兴趣，处于苦恼烦闷之中的青少年，必然影响人格的健康发展。

4. 正确的自我意识

自我意识是个体对自己与他人、与周围世界关系的认识。自我意识是一个完整的心理结构，表现在认识过程就是正确地认识自己，客观地评价自己；表现在情感过程就是自尊、自信，有自豪感、责任感；表现在意志过程就是能够自我监督、自我调节，努力发展身心潜能。具有健康人格的青少年学生对自己有恰如其分的评价，充满自信，扬长避短，在日常生活中能有效地调节自己的行为，与环境保持平衡。缺乏正确自我意识的人常常表现为自我冲突、自我矛盾，或者自视清高、妄自尊大，做力所不能及的工作；或者自轻自贱、妄自菲薄，甘愿放弃一切可以努力的机遇。

5. 良好的情绪调控能力

情绪对人的活动、对人的健康有重要影响。积极的情绪体验能使人振奋精神，增强人的信心，提高人的活动效率；消极的情绪体验会降低人的活动效率，长期积累甚至能使人致病。情绪标志着人格的成熟程度。人格健康的人情绪反应适度，具有调节和控制情绪的能力，应经常保持愉快、满意、开朗的心境，并富有幽默感。当消极情绪出现时，应合情合理地宣泄、排解、转移、升华。

总之，人格健康的人，其人格的各个方面是统一、平衡的。上述标准不仅是我们衡量一个人人格健康的尺度，也为我们改善自己的人格提供了具体的努力方向。

二、青少年健康人格的塑造

人格对一个人的成长与发展具有重要的作用和影响，并且这种影响对人的终生都会产生作用。青少年正处于身心发育的成长期，可塑性强，是培养心理素质、塑造健康人格的黄金时期。健康人格犹如一盏明灯，让我们由内而外散发迷人的魅力；健康人格可以感染他人，有效地改善与他人的关系；健康人格让我们变得自信、进取，给我们挑战未来的能力。培养青少年健康的人格，是现代社会发展对教育提出的客观要求，也是人自身发展的必然要求。青少年健康人格的培养是一项系统工程，主要从以下几方面实施。

(一) 激发青少年自我教育的意识是核心

青少年是能动的、自主的，具有选择和自我调整的能力。青少年的自我意识在自身人格发展中发挥着组织者、推动者的作用，影响并塑造着人格品质结构的其他成分和这些成分的相互关系，制约着个人行为。任何外界的教育影响都必须通过受教育者内在积极性的发挥才能起作用。从根本上讲，青少年人格的发展完善是个人主动自觉的过程，其成效主要依赖于个体人格自我教育意识的强弱和所付出的努力。青少年是自我意识发展最快的时期，独立性、自主性日益增强。教育者必须充分尊重和调动青少年的主体能动性，想方设法促使青少年成为人格教育的主人，使其意识到自我的需要，自我存在的价值。要激发其进行人格教育的意向，确立人格教育的目标，培养人格教育的方法和能力，依靠青少年人格自我建设积极性的发挥。教育者能给予受教育者最重要的帮助，应是唤起受教育者自我教育意识的高度觉醒。

(二) 进行人格素质的整合教育是重点

人格培养、人格建设本身是一个人格整合的过程。随着个体社会化的进程，人格的各方面要素总是逐渐由不成熟发展到成熟，由最初的互不相关发展到和谐统一状态，人格的整合永远不会停止，而且随着环境的变化不断发生变化。对于青少年来说，经历了儿童期人格的发展已使人格素质具备了一定水平，对其进行人格教育应当在重视发展各方面人格素质的同时，把重点放在人格素质的整合上。要在已有人格品质的基础上，进一步吸收符合新时代、新生活要求的人格成分，补充已有人格成分的不足，抛弃那些不符合社会发展需要的人格成分，整合多种人格成分，实现生理与心理的统一、思想与行为的统一，知识、能力、品德的协调统一。

(三) 实施以提高文化素质为基本内容的综合素质教育是基础

构成青少年人格的多种要素中，其核心是青少年的内在素质，即青少年的精神境界、思想意识、价值观念。这一切都与青少年的文化素质有关，也与青少年的整体素质、综合素质有关。文化素质既是青少年的整体素质的基础，也是现代人格的基础，较高的文化素质是形成现代人格的理想条件。文化素质体现着青少年的思维方式、价值取向，折射出青少年的信仰和情感，体现着青少年的精神风貌，代表着青少年的品位和品质。广博的知识是提高自身修养，完善自我的重要基础。培根说："读史使人明智，读诗使人聪慧，演算使人精密，哲理使人深刻，伦理学使人有修养，逻辑修辞文学使人善辩"。可见，健康人格的培养与塑造必须以提高青少年的文化素质为前提和基础。

(四) 强化情感陶冶与行为训练是基本途径

一般认为，良好的人格品质是知、情、意、行等要素的和谐发展与统一。重视认知教育是良好人格形成的前提，但也要重视情感、意志等因素在人格品质形成中的特殊地位和功能，要强化情境的陶冶及行为的训练。因此，要加强校园文化、社区文化、家庭文化建设，引导青少年建立良好的人际关系，学会解决冲突的技能，要净化、美化生活环境，发挥环境育人的功能。要大力开展社会实践活动，使学生广泛接触社会生活，认识社会，适应社会，培养他们判断和正确选择的能力。在现实生活的特定情境中获知、育情、炼意、导行，实现知、情、意、行的和谐均衡、健康发展，达到身心的统一，人与社会的协调。

(五) 优化育人环境，协调家庭、学校、社会教育，形成人格培养的合力

人的本质是一切社会关系的总和。人格正是在遗传因素的基础上、在社会环境的作用下逐渐形成和发展的。环境影响在人格的发展中有着重要的作用，健康的环境有利于健康人格的形成。因此，优化育人环境，协调好对人格发展起主要作用的家庭、学校、社会等教育因素，便承担了人格培养的重要任务。学校在对学生进行人格教育时，不仅要在内部形成齐抓共管的局面，而且要依赖于社会教育、家庭教育各自功能的发挥和三者的密切配合，才能收到良好的效果。如果学校、家庭、社会教育的标准不一，取向不一，则会使学生面临种种矛盾和冲突，从而影响其健康人格的形成和发展。因而，必须建立以学校教育为主体，家庭教育为基础，社会教育为延伸的人格教育体系，实现人格教育的整体化、系统化、一体化，使家庭、学校、社会三方面的教育趋于协调、形成合力，共同促进学生人格的健康发展。

(六) 积极开展心理健康教育和咨询活动

面对竞争日益激烈的现代生活，心理素质与心理健康问题已经成为世人关注的重点，培养学生健康的心理素质已被确定为德育的目标之一，心理健康教育也已列为德育的重要内容。目前，青少年的心理健康状况令人担忧，受心理问题困扰的学生呈上升的趋势。因此，大力开展心理健康教育和咨询活动是当前德育及其人格培养的重要任务。所以，普及心理健康知识，发展个性心理品质，增强心理调适能力，预防心理障碍，矫治行为偏差等都需要心理健康教育和咨询来完成，这样才有可能促进青少年人格的健康发展。

三、青少年常见的人格缺陷与教育

案例材料

镜头一：玲的父母是城里的打工族，玲随他们在城里学校就读。寒酸的衣着、拘谨的言谈使她与城里孩子格格不入。为了将自己装扮成一个城里人，她将罪恶的手伸向了同寝室的同学，结局是玲将在少管所里度过自己的豆蔻年华。虚荣心使她走上了违法犯罪的道路。

镜头二：凯是班里一名品学兼优的学生，然而在期末考试中成绩一下子滑落到17名，凯感到绝望、沮丧，一天夜里，他离家出走了。从凯的身上，我们可以看到当代青少年缺少的一种优良品质——坚强的毅力，难以经受挫折的考验。

以上案例只是学生人格缺陷的两个片段。近些年来，青少年因心理不健康，人格缺陷而导致的悲剧时有发生，应呼吁全社会积极行动起来，关注青少年的健康成长。

(资料来源：根据网络资料整理)

随着社会的发展和进步，青少年的人格教育问题引起了全社会的重视。青少年的人格是否健全不仅关系着他们的身心健康，而且决定着他们是否能够顺利成长与成才，他们的身心素质、思想道德素质的高低，与我们国家未来的发展有直接关系。当前，从总体上看，我国青少年多数具备着较高的人格素养，他们的人格表现大都积极向上、充满热情和活力，人格的发展表现出良好的态势。在肯定青少年人格发展积极因素的同时，我们也必须认识到，当下社会转型期复杂环境影响，以及青少年自身发展的不确定性，造成了青少年在人格发展中的困境，他们表现出了一些不协调的人格特征。

(一) 当代青少年日益突出的人格缺陷

青少年时期是人生思想意识、人格素养逐渐形成的时期，青少年思想单纯、思维敏捷、好奇、好胜、好探索，这些为人格塑造提供了良好的条件。但是，受内外诸多因素的影响，我国当代青少年人格缺陷日益突出。

首先，我国当代处于社会转型期，面对西方大量不良文化的渗透和我国市场经济趋利性的冲击，本位化、功利性思想意识愈演愈烈，人们生活观念、生活方式和价值取向急剧变化，给成长中的青少年带来巨大压力和精神迷乱，加之社会不良道德文化的侵蚀，青少年思想混乱、信仰偏失、价值取向功利、公德缺乏等现象出现。

其次，受应试教育体制的影响，整个社会存在严重的“重智能轻人格”的教育偏颇，从而造成青少年认知偏差、急功近利、贪图实惠、社会责任感淡漠、集体观念差。

再次，独生子女较多改变了我国传统的家庭结构，家长对孩子的过于呵护，使这些独生子女自主性差、进取意识不强、自我中心、自私自利、不懂感恩、意志薄弱、害怕吃苦等。近年来“留守儿童”、单亲家庭儿童的不断增多，加剧了青少年心理问题，人格缺陷更为突出。

最后，青少年是一个特殊的群体，他们生理与心理的快速发展，且发展的不平衡导致其难以把握复杂的事物，难以控制自己的情绪，对不正确的思想与落后腐败的现象难以从本质上加以认识，结果一部分青少年思想消沉、理想缺乏、道德观念失落、道德行为失范，还有一些青少年愤世嫉俗、缺乏进取心、破罐破摔、逆反、抵触，甚至出现偏执人格或反社会人格等。

(二) 青少年人格缺陷的原因

基础教育中人格教育的缺失导致青少年人格的缺陷。

“人是教育的产物”，同样，人格的形成也是教育的结果，教育是人格形成的主导力量。理应对青少年健康人格培养起主导作用的基础教育，在“重智能轻人格”的教育氛围中，其人格教育的缺失成为当代青少年人格缺陷的重要原因。人格教育的缺失主要体现在基础教育方方面面的偏离上。

1. 教育理念偏差

在中小学阶段，社会往往以分数和升学率高低来衡量学生、教师和学校的优劣，这就使学校和教师过于注重学生知识的掌握而忽视其思想、心灵、人格的培养和教化。教师用脱离实际的理论灌输和刻板过时的教育方法宣讲着课本知识，传授着“文凭是获取就业机会的唯一资源”的教育理念。

2. 教育目标片面

基础教育普遍存在重视智育、忽视德育、轻视心育或者以品德教育代替人格教育的现象。

3. 教育内容窄化

重智育轻德育，重知识轻能力，重说教轻实践，重科学轻人文在基础教育中司空见惯；心理健康教育、人格教育的内容极为匮乏；即使有学校、教师涉猎人格教育也是零散的、片面的，例如，谈尊重只强调对教师、父母的尊重，却忽视了对同学、他人的尊重；论拼搏、奋斗只强调成功的荣耀，却忽视了抗挫心态的培养；讲成才只强调竞争意识的培养，却忽视了合作精神的提升。

4. 教育方式简单

在人格教育包括品德教育中，大多采取“灌输式”的教育方法。这种机械的教育方法缺乏对不同年龄阶段学生心理特征的深入研究，较少关注学生的价值倾向、认知结构、心理需要等主体因素，难以使青少年产生情感和心灵上的共鸣。这种空洞的教育方法，形式化的说教多，触动学生内心的体验少，给予学生自我教育的机会少，有效的践行更少，很难使青少年内化为自己的价值观。另外，一些教师不懂青少年心理，教育方法简单粗暴，甚至以训斥、侮辱、体罚代替教育。

5. 教育者人格不完善

受教育观念和教师素质等因素的制约，教师队伍良莠不齐。在广大教师中，能真正做到既教书又育人，能真正深入学生中去，以自身威望和人格魅力去影响学生的教师并不多见。在实际教育工作中，许多教师并未意识到自己的人格带给学生的重大影响。有的教师缺乏良好的师德，有的教师本身就是人格有缺陷者，还有少数教师品德败坏，这些都极大危害了学生的身心健康，致使学生产生人格缺陷或人格障碍。

近些年，我国推行的素质教育虽然取得了一定的成效，但应试教育思想在大部分中小学教师中依然存在，人格教育依然不被重视。单调、枯燥、机械的学习生活，使不少青少年走向两个极端：部分学生因成绩不佳而放弃学习，逃离学校，过早流入社会，倘若受到社会不良刺激引诱，就容易出现冲动、冒险、叛逆、反社会等道德人格问题。而相当一部分学生只知道埋头读书，不懂得如何为人处世，如何适应社会，如何应对挫折，更谈不上健康人格的养成，上大学后人格缺陷凸显，如社会认知程度低、生存能力差、性格内向、自私、自傲、吝啬、孤僻等。

社会发展加速与竞争加剧对人才的要求越来越高，如果基础教育仍旧只是关注知识的获得，那么这种缺失教育带来的有人格缺陷的青少年或者说教育牺牲品会越来越多，这是与当代世界教育潮流及人类社会发展大趋势相背离的。青少年人格教育不得不引起我们的高度重视，青少年人格教育亟待加强。

(三) 塑造青少年的健全人格

塑造青少年健全人格，基础教育责无旁贷。

教育的本质是人格的塑造，教育的根本职能是开发人的潜力，塑造具有健康人格的人。为实现教育的根本职能，我们国家必须下决心加大教育体制改革力度，使应试教育有创新性突破。而我们的基础教育必须从根本上改变教育观念，不断深化教育改革。

1. 树立人格教育意识

近代著名教育家蔡元培先生曾说：“教育者，养成人格之事业也。使仅仅灌输知识、练习技能之作用，而不贯之以思想，则是机械之教育，非所以施于人类也。”教育不仅是传授知识，更兼具教化和修养之义。中小学应把青少年良好人格培育作为人才培养的重要目标，增强育人观念，树立全员育人、全过程育人的意识，将青少年健康人格培育渗透到教育教学的方方面面。

2. 确立人格教育目标

在基础教育中，人格教育的总目标是培养适合未来社会发展的具有健全人格的人，使青少年从心理和道德上获得健康、和谐、积极、向上的一种人格状态或境界。具体教育目标包括使青少年具有远大的理想，正确的价值取向，强烈的社会责任感，善于合作的精神，乐观向上的生活态度，积极的情绪，顽强的意志，良好的性格及道德品质等。

3. 丰富人格教育的内容

青少年人格教育的内容应紧紧围绕人格教育的目标来确定。①引导青少年树立正确的价值观，此为新时期健康人格塑造的根本所在，是青少年人格教育的重中之重。要重视道德信仰教育，帮助青少年摒弃本位价值取向，使他们学会正确处理个人与他人、个人与集体、个人与国家利益之间的关系，自觉维护社会整体利益。要重视荣辱观教育，从各个方面规范青少年的思想和行为，增强社会责任感，诚实守信，奋发图强。②加强青少年人格养成教育，这是青少年人格教育的基础内容。引导青少年正确认识自我，恰如其分地评价自我。以诚恳、公平、谦虚、宽容的态度尊重他人，与他人建立和谐人际关系，经常保持愉快、开朗的心境，并学会合理宣泄消极情绪。养成乐观向上的生活态度，不畏困难和挫折，勇于拼搏。③重视优秀传统人格熏陶，这是健康人格培养的重要方面。一个民族的生存与发展不可缺少的条件之一就是民族文化的继承和发展。中华传统文化蕴含着极其丰厚的道德人格教育资源，我们可以利用这些教育资源影响青少年，如自强不息，厚德载物，忧国忧民，追求和谐，勤劳俭朴，艰苦奋斗，务实求善，重理想、重道德、重气节。

4. 创新人格教育方式

教育实践表明“灌输式”教育对当代青少年而言，收效甚微，甚至令其反感，而平等交流、相互尊重、寻求共鸣、达到心灵相通已成为新时期青少年渴望的教育方式。因此，在人格教育方式上，应力求生动活泼。譬如，开设心理健康教育课程，举办健康人格讲座，组织竞技性体育比赛，开展人格教育课外活动，举办校园文化人格熏陶，进行校外公益实践等。在人格教育的具体操作方法上也应体现多样化，如认知法、情景法、体验法、角色扮演法、实际操作法、行为改变法。这里需要强调的是，无论采取何种人格教育方式，都应注意发挥教师情感能量的感染作用。诚如朱小蔓在其著作《情感教育论纲》中所提到的“情感因素是教育的基础，教育离开情感层面，就不能铸造人的精神世界”。

5. 提高教师人格素养

作为人类灵魂的工程师，教师的人格素养对学生人格形成具有巨大影响，教师人格的榜样是任何教科书、任何道德箴言、任何奖惩制度都不能替代的一种教育力量。作为青少年人格塑造的楷模，教师本人须先受教育，使自己具有健康人格。教师对学生的爱是塑造学生健康人格的感情基础，所以，首先教师应热爱学生。同时，教师应铭记“学高为师，身正为范”，并将之贯穿于教育教学的全过程，以坚定的信念对学生正确理想的确立起引导作用，以坚强的意志对学生心志的砥砺起激励作用，以高尚的人格行为对学生的行动起示范作用。在教育活动中，时时处处切实做到：堂堂正正做人，兢兢业业做事，怀抱理想，积极进取，公正公平，无私奉献，乐观豁达，善于合作，富于创新等。当然，在加强人格修养之时，教师还应注重提升自身教育素养，更艺术地引导和教育学生，有效维护学生心理健康。

青少年人格教育是一项意义深远的系统工程，学校教育应深刻地认识到青少年是祖国的未来，青少年强，则国家强、民族强；青少年有希望，则国家、民族有希望。在基础教育中，从改变教育观念入手，倾力扭转重视知识传授，忽视人格培养的局面，从素质教育及人格教育方面下功夫，让教育回到培养青少年健全人格为先的目标上来。把关爱青少年健康成长作为一种迫在眉睫而又需从长计议的大事来抓，设法为青少年健康人格教育创造条件和机会，设法通过适当的途径影响家庭与学生周围的社会环境，以期学校主导、家校携手、社会共建、形成合力。如此，在基础教育环节，一定会培养出人格健全的青少年。

·本章小结·

1. 人格又称个性，是指决定个体的外显行为和内隐行为并使其与他人的行为有稳定区别的综合心理特征。人格具有整体性、稳定性、独特性、社会性四个基本特征。

2. 青少年人格发展表现出三个特点：产生了“独立感”、开始关注“自我”、社会性逐渐形成。影响青少年人格发展的因素包括家庭环境、学校环境、社会环境、自身环境四方面。

3. 健康人格是指各种良好人格特征在个体身上的集中体现。健康人格的标准包括和谐的人际关系、良好的社会适应能力、乐观向上的生活态度、正确的自我意识、良好的情绪调控能力五方面。

4. 青少年健康人格塑造的主要途径：激发青少年自我教育的意识是核心；进行人格素质的整合教育是重点；实施以提高文化素质为基本内容的综合素质教育是基础；强化情感陶冶与行为训练是基本途径；优化育人环境，协调家庭、学校、社会教育，形成人格培养的合力；积极开展心理健康教育和咨询活动。

5. 我国当代青少年人格缺陷日益突出。造成青少年人格缺陷的原因主要有教育理念偏差、教育目标片面、教育内容窄化、教育方式简单、教育者人格不完善几方面。塑造青少年的健全人格主要从树立人格教育意识、确立人格教育目标、丰富人格教育的内容、创新人格教育方式、提高教师人格素养几方面做起。

·习　题·

一、填空题

1. 青少年人格缺陷的原因是____________、____________、____________、____________、____________。

2. 人格又称个性，是指决定个体的__________和__________并使其与他人的行为有稳定区别的综合心理特征。

3. 弗洛伊德在早期把人格分为____________、____________和____________三个层次。

4. 在晚期，弗洛伊德进一步提出了新的人格学说，认为人格由____________、____________和____________三部分组成。

二、多选题

1. 弗洛伊德把心理性欲发展划分为(　　　　)。

A. 口唇期　　B. 肛门期　　C. 性器期

D. 潜伏期　　E. 生殖期

2. 人格的基本特征包括(　　　　)。

A. 人格的整体性　　B. 人格的稳定性　　C. 人格的尽责性

D. 人格的独特性　　E. 人格的社会性

3. 国内学者顾智明研究论述了市场经济条件下健康人格的标准主要包括(　　　　)。

A. 尊严感　　B. 创造性　　C. 合作精神

D. 乐观态度　　E. 外向性

4. 国内学者许金声提出了健康人格的构成要素包括(　　　　)。

A. 团结力量　　B. 掌握力量　　C. 道德力量

D. 智慧力量　　E. 意志力量

三、判断题

1. 奥尔波特认为，具有健康人格的人是成熟的人，并提出了成熟的人有五条标准。　(　　)

2. 弗洛姆认为，具有健康人格的人是创造性的人。　(　　)

3. 罗杰斯认为，具有健康人格的人是充分起作用的人。他认为充分起作用的人有七个具体的特征。　(　　)

4. 弗兰克认为，具有健康人格的人是超越自我的人。　(　　)

四、简答题

1. 简述当代青少年突出的人格缺陷。

2. 简述健康人格的标准。

3. 简述青少年人格发展的特点。

4. 简述影响青少年人格发展的因素。

5. 如何塑造青少年的健全人格？

五、论述题

1. 论述青少年健康人格塑造的途径。

2. 论述埃里克森的人格发展理论。

第十章 做一个有益于社会的人——青少年的品德与价值观

·引 言·

所有个体都必须形成一整套符合社会道德规范要求的行为和价值系统，以帮助他们成为合格的社会成员，这项任务就是品德发展，或称道德发展。从某种意义上来讲，个体要立足于社会，他的言行必须符合社会规定的道德规范。否则，他就会被社会所抛弃。陶行知说过："因为道德是做人的根本，根本一坏，纵然你有一些学问和本领，也无甚用处。"青少年阶段是道德发展和价值观形成的关键阶段，青少年道德发展和价值观的特点是什么？如何培养青少年的道德品质和价值？这是我们所关心的问题。

案例材料

从前，有个放羊娃，每天都去山上放羊。一天，他觉得十分无聊，就想了个捉弄大家寻开心的主意。他向着山下正在种田的农夫们大声喊："狼来了！狼来了！救命啊！"农夫们听到喊声急忙拿着锄头和镰刀往山上跑，他们边跑边喊："不要怕，孩子，我们来帮你打恶狼！"农夫们气喘吁吁地赶到山上一看，连狼的影子也没有！放羊娃哈哈大笑："真有意思，你们上当了！"农夫们生气地走了。第二天，放羊娃故伎重演，善良的农夫们又冲上来帮他打狼，可还是没有见到狼的影子。放羊娃笑得直不起腰："哈哈！你们又上当了！哈哈！"大伙儿对放羊娃一而再再而三地说谎十分生气，从此再也不相信他的话了。过了几天，狼真的来了，一下子闯进了羊群。放羊娃害怕极了，拼命地向农夫们喊："狼来了！狼来了！快救命呀！狼真的来了！"农夫们听到他的喊声，以为他又在说谎，大家都不理睬他，没有人去帮他，结果放羊娃的许多羊都被狼咬死了。(伊索寓言——《狼来了》)

《狼来了》是我们都学习过的一个寓言故事，大意是一个孩子经常用狼来了去糊弄人，让大家都放下手中的工作去救他，但是到后来大家都不信任他了，当有一天，狼真的来了的时候，没人相信他，最后，他的许多羊都被狼咬死了！寓言告诉大家做人应诚实，不应以通过说谎来达到自己的目的。说谎就是故意说假话，故意隐瞒事实。放羊娃说谎消耗了农夫的时间和体力，损害了他人的利益，所以这种欺骗行为是不符合社会道德行为准则的行为。

第一节 青少年品德发展概述

一、品德的实质与心理结构

(一) 什么是品德

品德是道德品质的简称，是个体依据一定的社会道德行为准则行动时所表现出来的比较稳定的心理特征和倾向。品德有优劣、好坏之分。例如，尊老爱幼、助人为乐、热爱集体、遵纪守法、勤奋学习、敬业奉献是优秀的品德；而自私自利、损人利己、目无尊长、损公肥私、好逸恶劳、违法乱纪等则是不良甚至是恶劣的品德。

品德是在社会道德舆论的熏陶下，在家庭、学校教育的影响下形成的，它是一种个体现象，是社会现实在个体头脑中的反映，是一定社会道德规范在个体身上的凝结。品德具有以下几个特点。首先，品德具有社会性。品德反映了人的社会特性，是将外在于个体的社会规范的要求转化为个体的内在需要的复杂过程。它不是个体的先天禀赋，是通过后天学习形成的。其次，品德具有相对的稳定性，若只是此一时、彼一时的偶然表现，则不能称之为品德，只有经常地表现出一贯的规范行为，才标志着品德的形成。最后，品德是在道德观念的控制下，进行某种活动、参与某件事情或完成某项任务的自觉行为，也就是说，是认识与行为的统一。如果没有形成道德观念或道德认识，那么，即使个体的行为符合社会规范，也不能说是有品德的。反之亦然。比如，精神病患者的行为尽管可能不符合社会规范，但也不能说是不道德的。

(二) 品德与道德的关系

品德与道德是既有联系又有区别的两个不同的概念。

品德与道德有着极其密切的内在联系，二者相互依存、相互促进。品德是社会道德在个体身上的具体表现，是外在的社会道德内化的结果。品德的内容来自社会道德，离开社会道德，就谈不上个人品德。同样，社会道德只有通过个体的品德才能真正发挥作用。此外，个人品德也可以转化为社会道德的有机组成部分，从而丰富和发展社会道德。

品德与道德又是两个不同的概念，它们的区别主要表现在如下方面。首先，道德是一种社会现象，是人们共同生活及行动的准则和规范，用以调节人们的相互关系与行为。道德的效用在于和平地解决和协调人际间的冲突，发展人际间良好的关系。而品德是一种个体的心理现象，是个体遵照一定的道德行为准则行动时所表现出的稳定的特点或倾向。其次，道德是社会关系的反映，它的发生、发展服从于社会发展的规律，而不以个体的存亡或个别人品德的好坏为转移。品德属于个性的重要组成部分，它是个性中具有道德价值的核心部分，是稳定的倾向和特征。它的发生发展依附于具体存在的个人，既服从于整个社会的发展规律，又服从于个体心理的发展规律。可以说，个体品德的形成和发展，是客观的社会生活条件和主观的心理发展因素相互作用的结果，是通过人的心理活动接受社会影响和教育要求而实现的。再次，道德与品德的内容不尽相同。道德是一定社会伦理行为规范的完整体系，而品德只是道德在个体上的反映和表现，是道德内化的结果。最后，道德是伦理学、社会学的研究对象，而品德是心理学、教育学的研究对象。

(三) 品德的心理结构

研究品德的心理结构，有助于人们了解品德的心理实质，为有效地进行品德的教育与培养提供科学的依据。品德的心理结构非常复杂，它是由多种心理因素交互作用的综合结果，是多层次、多水平的有机统一整体。

品德的心理结构包括道德认识、道德情感和道德行为三种成分。

1. 道德认识

道德认识是人们对社会道德现象、道德规范及其履行意义的认识，也就是对客观存在的道德关系及处理这些关系的原则、规范的认识。道德认识是个体品德的核心部分。道德认识的结果是获得有关的道德观念、形成道德信念。如学生对爱祖国、爱人民、爱劳动、爱公物和爱社会主义的重要意义，都有了较好的了解和理解，就表明他们的道德认识达到了一定的水平。道德认识包括道德观念(即道德表象)、道德概念、道德信念、道德评价等方面。其中，道德概念的掌握、道德信念的形成和道德评价能力的发展是衡量青少年学生道德认识形成和发展的主要标志。

道德观念、道德信念的形成有赖于道德认识。当个体对某一道德准则有了较系统的认识，感到确实是这样时，就形成有关的道德观念。当认识继续深入，达到坚定不移的程度，并能指导自己的行动时，就形成了道德信念。道德信念对行为具有稳定的调节与支配作用，只有道德观念而无道德信念时，就经常会发生诸如明知故犯之类的错误行为。

2. 道德情感

道德情感是伴随着道德认识而产生的一种内心体验。它既可以表现为个体根据道德观念来评价他人或自己行为时产生的内心体验，也可以表现为在道德观念的支配下采取行动的过程中所产生的内心体验。道德情感渗透在人的道德观念和道德行为中。道德情感的内容主要包括爱国主义情感、集体主义情感、义务感、责任感、事业感、自尊感和羞耻感，其中，义务感、责任感和羞耻感对于儿童和青少年尤为重要。缺乏义务感、责任感和羞耻感，也就无所谓品德的发展。

道德情感从表现形式上看，主要包括三种。一是直觉的道德情感，即由于对某种具体的道德情境的直接感知而迅速发生的情感体验。由于其产生非常迅速，故当事人往往不能明显意识到这个过程。二是想象的道德情感，即通过对某种道德形象的想象而发生的情感体验。道德形象之所以能引起人们的情感，是因为它是以社会道德标准的化身而存在的，又具有极大的鲜明性，所以能使人更容易理解道德规范的要求及其社会意义，也更容易使人受到感染和激励。三是伦理的道德情感，即以清楚地意识到道德概念、原理和原则为中介的情感体验。它具有清晰的意识性和明确的自觉性，具有较大的概括性和较强的理论性，具有稳定性和深刻性。例如，爱国主义情感和集体主义情感就属于伦理的道德情感。

道德情感既反映了人们的道德需要，又表现出了人们对客观现实是否符合自己的道德需要而产生的一种态度体验。一般来说，在现实生活中的各种事件或是他人、本人的行为，凡是符合自己的道德认识或自己所维护的道德观念时，就会产生积极的情绪体验，否则就会产生消极的情绪体验。例如，我们对英雄模范人物产生敬仰之情，对损人利己的人产生厌恶的情感，对自己的舍己为人的行为感到欣慰，对自己的过失言行感到羞愧等。可见，道德情感是一种自我意志监督的力量，它能使人悔过自新，保持良好的行为。

3. 道德行为

道德行为是个体在一定的道德认识指引和道德情感激励下所表现出来的对他人或社会具有道德意义的行为。它是道德观念和道德情感的外在表现，是衡量品德的重要标志，是实现道德动机达到道德目的的手段。

道德行为包括道德行为技能和道德行为习惯，它们与一般的技能、习惯并无本质的区别，只是在完成一定的道德任务时，它们具有了道德的性质。道德行为技能的掌握有助于实现道德目的，它将指导道德行为做出对他人和社会具有道德意义的事情。道德意志调节和控制着人的道德行为，使其贯彻始终，经过多次反复和实践，便形成道德行为习惯。道德行为习惯的形成则是品德形成的客观标志。例如，一个人做一件好事并不难，难的是一辈子做好事。因此，只有学生具有良好的道德行为及习惯，学校的品德教育才能具有社会价值。

除了道德认知、道德情感和道德行为的三分法，还有学者提出四分法。坚持四分法的学者认为，心理结构可以分为“知”“情”“意”“行”四个成分，即包括道德认知、道德情感、道德意志和道德行为。道德意志是人们自觉地确定道德行为的目的，支配自己的道德行为，克服各种困难，以实现既定目的的心理过程。它体现在实现道德目标过程中的支持与控制行为的力量，如有的学生常年帮助走路困难的同学上学就是意志支持的结果。道德意志还能使人抵御现实中的各种诱惑，不以外界环境为转移，始终坚持道德行为。道德意志的作用就在于发动与既定目的相符的行动，制止与既定目的相悖的行动。

二、青少年品德发展特点

按照发展心理学的观点，青少年阶段是指小学开始直到成年之前的一段时期。从进入小学开始，学习成为孩子们的主导活动。研究表明，从小学阶段开始，青少年的品德发展在国家与社会、国际与环境、法制与纪律、人生与爱心、科技与学习等方面都会有所体现，是良好的品德发展的关键阶段。青少年的品德心理发展主要可以概括为以下三点。

(一) 从接纳到自主的道德判断

道德认知是人们对于一定的道德原则、道德规范的感知、理解和接受，并逐渐深化，形成一种比较系统的观念。道德判断是指从道德方面对某种行为做出的判断。按照柯尔伯格的看法，道德认知是对是非、善恶行为准则及其执行意义的认识，并集中表现在道德判断上。他认为道德判断是人类道德要素中最重要的成分，是道德情感、道德意志和道德行为的前提。因此，他所研究的道德认知发展主要集中于道德判断的发展上。

道德判断是对是非、善恶行为进行的判断，但并不是所有的是非、善恶判断都是道德判断。道德判断不同于其他判断，它具有三个特征。首先，道德判断是一种价值判断，而不是事实判断。前者是解决道德领域中的“应不应该”的问题，后者是解决认知领域中“是不是”的问题。其次，道德判断是一种社会判断，即对人的判断，而不是对物的判断。前者是对社会领域中的人与人之间或群体之间各种冲突性的权利和义务的选择和判断，后者是对物理关系的判断和推理。最后，道德判断是一种规定的或规范的判断，即对应该、权利和义务的判断，而不是对喜欢、爱好的价值判断。

我国儿童从小接受的都是“听话的好孩子”式教育，家长在幼儿心目中具有相当重要的地位，幼儿的道德判断标准往往以“家长说”为直接依据。到了小学阶段，孩子崇拜的对象由家长转向了教师，相应地，在道德判断上，小学初期会逐渐变成“老师说的就是对的”。比如，上过以“学雷锋”为专题讨论内容的思想品德课，小学生拾金不昧的行为表现会大大增多。

随着年龄的增长，小学生的自我独立意识不断增强，一方面，他们不再认为凡事都要由成人来管束自己；另一方面，他们也发现在实际生活中成人未必会按照曾经教导他们的方式处理生活中的实际问题。从而，小学生逐渐开始对原来习得的，诸如“简单的互惠公平原则——别人怎么对我，我就怎么对别人”等各种道德判断标准进行重新评估，并结合自身经历与对社会现实的观察，逐渐形成更为切合实际、灵活多变的道德判断标准。

多项研究表明，小学生的道德判断能力随着年级的增高而不断增强，而且存在明显的加速期和转折期。加速期表现在小学五六年级阶段，这一时期小学生道德判断能力发展速度明显快于此前的发展速度。到了初中一年级，学生们的道德判断能力反而开始有所下降。因此，研究者把“小学六年级到初中一年级”看成是儿童道德判断能力发展的转折期。

(二) 从易变到稳定的道德情感

道德情感是直接与人所具有的对于一定道德规范的需要相联系的一种体验，是情感的一种高级形式。它是人们根据社会的道德规范评价自己和别人的思想、意图和举止行为时所产生的一种情绪状态，因而它是激发人们思想行为的重要的内部驱动力量。道德情感是品德结构中的重要组成部分，是促使青少年把道德概念转化为道德行为的中介，是人们道德意志和道德行为的内驱力。积极的道德情感体验是儿童德性形成的基本特征和动力源泉。小学儿童的道德情感主要是在新的集体生活下发展起来的。

小学儿童道德情感的发展与其思维特点存在一定的联系，即以直觉的道德情感体验和与形象相联系的道德情感体验为主要形式。抽象的、与道德信念相联系的情感体验随着年龄的增长有所发展，但道德情感体验的发生离不开具体的道德情境和道德意义的人或事物的形象。实验表明，儿童道德情感体验的发展具有较大的情境性、主观性和任意性，并非完全基于道德原则、道德信念的支持。因此，儿童道德认知发展关键期与道德情感发展关键期的转折点并不完全相一致，也证明了儿童道德发展关键期各因素、结构之间发展所具有的不平衡的特性。

道德情感的发展关键期是指良好的道德情感最易于养成的时段，或者说，在此时期内，道德情感由于良好的教育条件和外部环境而可能得到最好的发展，易于收到最好的效果。我国对于小学生道德情感发展关键期的研究主要采用了故事情境法。李怀美指出，小学三年级是道德情感发展的转折期，但小学儿童的情感发展具有不平衡性。陈会昌的研究发现，小学一年级至三年级，三年级至五年级是爱国主义情感发展的关键期。岑国祯等人的研究也得到类似的结论，8岁以上儿童能在自己有困难的冲突背景下仍做出助人行为倾向的反应。刘守旗的研究发现，5岁组与7岁组和9岁组之间在道德情感的自我体验方面存在显著或极显著差异。由此可见，我国小学生道德情感发展的过程中显现出了量变和质变、连续性与阶段性的统一，并表现出了一定的年龄转折。总的来说，我国小学生道德情感发展的转折年龄主要集中在8～9岁。因此，我们要充分利用其情绪易感性和情感表达多样性等特点，多交流，多关怀，在这一关键时期，强化其积极道德观念，稳固其良性道德情感。

(三) 从他律到自律的道德行为

道德行为是在一定的道德认识的指引下，在一定的道德情境激励下，表现出来的对他人或社会所履行的具有道德意义的一系列具体行动。从儿童道德发展的角度来看，小学阶段是个体道德行为发展的重要转折时期。研究发展儿童的分享行为、助人行为、利他行为、亲社会行为和爱护公物等行为方面都存在一个年龄相关的发展关键期。如有研究者认为：①利他行为观念发展的转折期在小学四年级，对分享观念的测查表明该道德观念的转折期在7～9岁；②小学三年级下学期前后是小学阶段儿童品德发展的关键期，儿童分享和助人行为转折点均为7～8岁；③儿童自我控制能力发展以7岁为转折点，在此之前随年龄增长而提高，此后其发展呈现为一种“高原”现象。这些研究都说明，小学阶段儿童行为习惯养成的关键年龄在7～9岁。

从表面上看，小学阶段儿童的良好道德行为表现呈一种倒“U”型的发展趋势。即从小学一年级至三年级儿童的良好道德行为倾向呈上升趋势，在三四年级达到最高水平，之后则逐渐有所下降。

陈会昌等人采用自编问卷，分别从游戏、物品、学习和心理四个方面，对7～11岁儿童分享行为进行的研究发现：①由教师评价的小学儿童的分享行为在小学一、三年级无显著差异，从三年级至五年级，教师评价得分显著下降，学生自我评价的分享行为在一、三年级呈上升趋势，在三、五年级呈下降趋势；②根据教师的评价，在分享行为的各方面，一年级小学生在游戏分享和物品分享上的得分最高，学习分享次之，心理分享最少，但是对三、五年级小学生来说，游戏分享与物品分享行为逐渐退居次要位置，而让位给心理分享和学习分享行为。

胡雁波(2002)等人比较了假设情境与真实情境下，二、四、六年级小学生自述的利他行为表现，结果如下。①在假设情境中，各年级小学生的自述利他行为发展年级差异不显著，大体上各年级小学生做出利他行为选择的人数都接近或超过半数。这表明小学阶段儿童利他行为观念从二年级就已经出现且表现出较稳定的发展态势，而各年级小学生所认为的大多数人的利他行为发展则表现出年级显著差异。各年级小学生做出利他行为选择的人数比例随着年龄的增长而增多，做利己行为选择的人数比例随年龄的增长而减少。具体分析发现，二年级与四年级间小学生利他行为发展差异显著，而四年级与六年级间小学生利他行为的发展差异不显著，表现出先快后慢，到六年级时略有回落的发展趋势。②在实际情境中，各年级小学生的利他行为发展年级差异非常显著，各年级小学生做出利他行为选择的人数比例随着年龄的增长而增多。具体分析发现，二年级与四年级间小学生的利他行为发展年级差异显著，而四年级与六年级间小学生的利他行为发展年级差异不显著。这说明二年级至四年级之间是小学生利他行为发展的急剧变化时期，四年级以后小学生的利他行为发展趋于稳定状态。

事实上，小学生这种道德行为发展的不均衡性，恰好是其道德认知和道德意志发展的一种反映，即说明小学生正在将成人与学校教育过程中学得的道德判断不断内化，逐渐完成从他律到自律的发展过程。

如胡雁波(2002)等人在研究中还发现，①比较假设情境中小学生的自述利他行为选择与实际情境中小学生的利他行为选择的关系，以及假设情境中小学生所认为的大多数人的利他行为选择与实际情境中小学生的利他行为选择的关系。结果表明，假设情境中小学生所认为的大多数人的行为选择与实际情境中小学生的利他行为选择差异不显著。而假设情境中小学生的自述利他行为选择与实际情境中小学生的利他行为选择在不同年级之间差异显著，表明小学生的利他观念与利他行为的一致性程度随着年龄的增长而增高。二年级时，二者之间的差异非常显著，四年级时二者一致性程度最高；到六年级时，二者的一致性程度又有所下降，但差异不显著。这一结果表明，二年级时小学生的利他观念还没被内化为自己的行为准则，仍处在他律的状态中。而六年级的回落现象，则可能暗示六年级小学生考虑问题的复杂性。②对小学生利他行为选择的理由进行分析时，发现二年级小学生在进行利他行为选择的理由阐述时，更多地从“遵从权威”“做好孩子”的水平上做出反应。如“老师让我们要互相帮助”“这样做老师会夸我”“老师在就帮，老师不在就不帮”等，显示出他律的明显特征。这种观念使他们的利他行为表现很不稳定，当个人欲望很强或缺少权威人物的约束时，往往很难发生利他行为。四年级小学生在进行利他行为选择的理由阐述时，往往采用“交换与互惠”和“以规则为中心”的行为取向，如“我帮别人，别人也会帮我的”“我发的书，我要负责”“同学应该互相帮助”等。他们开始从他人的角度来考虑问题，懂得相互交往时，利他是必须的道理，产生了互相尊敬的情感及合作的道德。其中也有一部分学生从“公正、公平”的角度来阐述理由，如“每个学生都应该有本好书”“比赛要公平，否则得第一也不光荣”等。道德观念和原则开始支配他们的行为，小学生的公正感得到发展，表现出从他律到自律的转化。此时，小学生利他行为的发展无论从量上还是质上都有很大的变化，表现出迅猛发展的趋势。六年级小学生在进行利他行为选择的理由阐述时，表现出行为归因的复杂性增加，问题的考虑和处理更具有多样性和深刻性。他们往往会在平衡自己和他人两方面的利益后，更多地做出折中的行为选择，如“出现看人下菜碟”的现象。同伴关系和性别差异对其行为选择的影响不断加深，如出现“好朋友就帮，不是好朋友就不帮，同性别的会帮助，异性之间很少帮助”等理由阐述。这也是小学生利他行为发展在六年级时出现回落的主要原因。由此可见，小学六年级儿童的利他行为已经发展到比较高的层次，对于不同情境和行为准则的理解也比较深刻，因而在不同情况中，表现出比较稳定的利他行为选择。③虽然从总体上小学生的利他行为发展在不同情境中都表现出随年龄的增长而增多的趋势，但在涉及荣誉的竞赛故事情境中，各年级小学生所认为的大多数人的利他行为发展，年级差异不显著。与其他情境比起来，在竞赛情境中，各年级小学生更多地做出了利己的行为选择。对其行为选择的理由进行分析时我们发现，无论是二年级、四年级，还是六年级的小学生，他们对于荣誉的敏感性都很高。这说明小学生的荣誉感，好胜心极强，在与自己的荣誉需要无关时，易于表现出利他的行为选择，而在关系到自己的荣誉和需要时，却容易产生思想矛盾，表现出利己的行为选择。

又如，裴利芳(1992)在游戏情境中观察儿童爱护公物的行为后指出，小学生在爱护公物方面表现出的道德行为是不稳定的，而且具有情境性，在教师、父母或集体的监督下，儿童能表现出良好的道德行为，但在没有监督或没有觉察到的监督情况下，儿童又往往表现出不良行为。

这些研究都说明，伴随着儿童思维水平的发展和道德认识的逐步加深，以及自我控制能力的加强，小学儿童逐步形成自觉地运用道德认识来评价和调节道德行为的能力，呈现出由具体形象向抽象概括过渡，由他律向自律过渡的发展趋势。

三、青少年品德的培养

教师可以综合应用一些方法来帮助学生形成或改变态度和品德。常用且有效的方法有说服、榜样示范、群体约定、奖励与惩罚等。

(一) 有效的说服

在品德和态度形成或改变的过程当中，一种经常使用的方法就是说服。说服是应用言语来说服学生，通过摆事实、讲道理，使学生提高认识、明辨是非、形成正确观点的一种工作方法。一般而言，如果学生还没有形成某种态度，那么要让他形成或改变态度比较容易；如果学生已经形成某种态度，那么改变态度会比较困难。这就像让劝说一个刚吸烟的人戒烟要比劝说一个长年吸烟的人戒烟要容易得多。通过劝说改变个体原有的态度，有以下几方面需要注意。

1. 说服者方面

首先，在某些方面具有专长性的人传达的信息更容易说服对方，例如，律师更容易让你改变你法律方面的态度，医生更容易改变你对健康饮食的看法。所以，在说服学生的时候，说服者首先要收集足够多的资料，自信地表达，语速可以适当地快一点。另外，如果说服对象对说服者已经产生抵触情绪，在条件许可的情况下应该及时更换说服者，说服者最好选取说服对象信任或者喜欢的人。

2. 说服信息方面

教师经常应用言语来说服学生改变态度，在说服的过程中，教师要向学生提供某些证据或信息，以支持或改变学生的态度。对于理解能力有限的低年级学生，教师最好只提供正面论据，以免学生产生困惑，无所适从；对于理解能力较强的高年级学生，教师可以考虑提供正反两方面的论据，这样容易引起学生兴趣，然后用充分的材料进行说理论证，这样比较容易产生稳定、长期的说服效果。对于低年级的学生来说，情感因素作用更大。通过说服也可以引发学生产生某些负面的情绪体验，如恐惧、焦虑等，这对于改变作弊、吸烟等简单的态度有一定的效果。教师进行说服时，还应考虑学生原有的态度。若原有的态度与教师所希望达到的态度之间差距较大，教师不要急于求成，不要提出过高的不切实际的要求，否则将难以改变态度，而且容易产生对立情绪。教师应该以学生原有的态度为基础，逐步提高要求，让学生产生客观、公正的感觉，从而相信教师所言，改变态度。当学生没有相反的观点时，教师应只呈现正面观点，不宜提出反面观点，以免转移学生的注意力，误导学生怀疑正面观点。当学生原本就有反面观点时，教师应该主动呈现两方面观点，以增强学生对错误观点的免疫力。当说服的任务是解决当务之急时，应只提出正面观点，以免延误时间。当说服的任务是培养学生长期稳定的态度时，应提出正反两方面的材料。

3. 被说服者方面

教师在说服学生的过程当中，要注意学生的情绪。社会心理学的研究表明，心情好的人更容易接受他人说服性的观点。另外，自尊也是说服效果的影响因素之一，低自尊的个体相对于高自尊的个体更容易被说服。在说服过程中，教师可以多使用反问或适当的沉默激发学生思考，让学生通过自我思考促使态度改变。

(二) 树立良好的榜样

班杜拉的社会学习理论及大量的实践经验都证明，个体态度和行为可以通过观察学习来完成。观察学习是指人们仅仅通过观察他人(榜样)的行为及其结果就能学会某种复杂行为。个体可以通过对榜样人物的观察和模仿而形成态度和品德。班杜拉的社会学习理论认为在社会学习过程中，人不是消极地接受外在刺激，而是经过一系列的主动加工过程，对外在刺激进行选择、组织，并以此调节自己的行为。观察学习是社会学习的一种最重要形式，它是通过观察他人所表现的行为及其结果而发生的替代性学习。这种学习过程并非直截了当完成的，相反要经过注意榜样的行为特征，在头脑中组织和编码所观察到的信息，以适当的方式再现出所观察到的行为方式，对这种行为方式进行各种形式的强化等过程来实现。其中强化不仅包括外部强化，还包括自我强化和替代强化。替代强化即观察者因看到榜样受到强化而如同自己也受到强化一样，是一种间接的强化方式。

班杜拉的大量实验表明，榜样在观察学习过程中起到非常重要的作用，榜样的特点、示范的形式及榜样所示范行为的性质和后果都会影响观察学习的效果。班杜拉在一个经典实验研究中，将3～6岁的儿童分成三组，先让他们观看一个成年男子(即榜样)对大小如成人一样的充气玩偶进行攻击，如大声吼叫或拳打脚踢。然后让第一组儿童看到“榜样”攻击玩偶后受到另一成人的表扬和奖励；让第二组儿童看到“榜样”攻击玩偶后受到另一成人的惩罚；第三组儿童则只看到“榜样”攻击玩偶。之后，把这些儿童一个个单独领到一个房间里去。房间里放着各种玩具，其中包括玩偶。对儿童的行为观察表明，第一组儿童产生较多的攻击性行为，第二组则比第三组显示更少的攻击性行为。实际上，三组儿童都学会了攻击行为，但由于不同的替代强化，使他们在一定的情境中表现或不表现出与榜样相似的行为。班杜拉认为，观察学习中替代强化是非常重要的。

由于榜样在观察学习中具有重要作用，政府、社会、教育界应当树立道德模范、先进人物，通过物质和精神奖励，产生替代强化，从而引导学生形成良好的道德品质。2011年，深圳市两位少年因扶起倒地的老太太而被评为“助人为乐阳光好少年”，并重奖一万元。在给学生呈现榜样时，我们还应考虑榜样的年龄、性别、兴趣爱好、社会背景等特点，应尽量与学生相似，这样可以使学生产生可接近感，避免产生高不可攀或望尘莫及的感觉。另外，应给学生呈现受人尊敬、地位较高、能力较强且具有吸引力的榜样，这样的榜样具有感染力和可信性，使学生产生情感共鸣，榜样本身也容易成为学生向往、追随的对象，激发学生产生见贤思齐的上进心。学生也希望通过学习这样的榜样来发展自我、完善自我。

榜样行为的示范有多种方式，既可以通过直接的行为表现来示范，也可以通过言语讲解来描述；既可以是身边真人真事现身说法的示范，也可以借助于各种传播媒介象征性的示范。教师可以根据实际情况，选择和充分利用恰当的示范方式。一般而言，多种示范方式的结合是较有效的。教师作为学生的榜样，也应注意其示范作用，必须言行一致才能取得良好的教育效果，而且身教重于言传。此外，各种大众传播媒介也应发挥其独特的作用，为学生提供良好的榜样示范，坚决杜绝消极、不健康的内容。

由于观察学习受到多种因素的影响，因此即使呈现最引人注目的榜样，也不一定使观察者产生相同的行为。为了使学生能够最大限度地做出与榜样的示范行为相匹配的反应，教师需要反复示范榜样行为，并给予指导。当学生表现出符合要求的行为时，应给予鼓励。教师使用榜样引导时，选取的榜样必须可亲、可敬、可信并与学习者有较大的相似性，榜样行为的展现应是渐进的，呈现榜样的同时最好配以讲评突出模仿行为，为学生模仿行为提供心理安全，促使其大胆模仿，并要为学生提供及时的反馈信息强化模仿行为。具体可采用参观、访问等方法，如参观工厂、农村、公园、学校等，走访工人、农民和优秀学生，激发学生向榜样学习的强烈愿望，加强自身修养，养成良好的行为习惯。

(三) 利用群体约定

研究发现，经集体成员共同讨论决定的规则、协定，对其成员有一定的约束力，使成员承担执行的责任。一旦某成员出现越轨或违反约定的行为，则会受到其他成员有形或无形的压力，迫使其改变态度。教师则可以利用集体讨论后做出集体约定的方法，来改变学生的态度。具体可按如下步骤操作。

(1) 清晰而客观地介绍问题的性质。

(2) 唤起班集体对问题的意识，使他们明白只有改变态度才能更令人满意。

(3) 清楚而客观地说明要形成的新态度。

(4) 引导集体讨论改变态度的具体方法。

(5) 使全体学生一致同意把计划付诸实施，每位学生都承担执行计划的任务。

(6) 学生在执行计划的过程中改变态度。

(7) 引导大家对改变的态度进行评价，使态度进一步概括化和稳定化。

如果态度改变未获成功，则应鼓励学生从第四步开始，重新制定方法，直至态度改变。

(四) 给予恰当的奖励与惩罚

奖励和惩罚作为外部的调控手段，不仅会影响认知、技能或策略的学习，而且对个体的态度与品德的形成也起到一定的作用。

奖励有物质的(如奖品)，也有精神的(如言语鼓励)；有内部的(如自豪感、满足感)，也有外部的。给予奖励时，首先要选择确定可以得到奖励的道德行为。一般来讲，应奖励诸如爱护公物、拾金不昧、尊老爱幼等一些具体的道德行为，而不是奖励一些概括性的行为。其次，应选择恰当的奖励物。同一种奖励物，其效用可能因人而异，应考虑个体的实际情况，选用最有效的奖励物。最后，应强调内部奖励。外部的物质奖励只是权宜之计，不可过多使用，应引导学生进行自我强化，让学生亲身体验做出道德行为后的愉快感、自豪感、欣慰感，以此转化为产生道德行为的持久内部动力。

虽然对惩罚的教育效果有不同看法，但从抑制不良行为的角度来看，惩罚还是有必要的，也是有助于良好的态度与品德形成的。当出现不良行为时，可以用两种惩罚方式，一是给予某种厌恶刺激，如批评、处分、舆论谴责等；二是取消个体喜爱的刺激或剥夺某种特权等，如不许参加某种娱乐性活动。应严格避免体罚或变相体罚，否则将伤害学生的自尊心，或导致更严重的不良行为，如攻击性行为。惩罚不是最终目的，给予惩罚时，教师应让学生认识到惩罚与错误行为的关系，使学生从心理上能接受，心服口服。同时还要给学生指明改正的方向，或提供正确的、可替代的行为。

(五) 价值辨析

研究者认为，人的价值观刚开始不能被个体清醒地意识到，必须经过一步步的辨别和分析，才能形成清晰的价值观念并指导自己的道德行为。在价值观辨析的过程中，教师引导学生利用理性思维和情绪体验来检查自己的行为模式，鼓励他们努力去发现自身的价值观，并根据自己的价值选择来行事。有多种策略可以促进辨析，如大组或小组讨论，解决假定的与真实的两难问题，交谈等。针对个体时，教师应抓住个别学生表达某种态度、志向、目的、兴趣及活动的时机，做出适当而简短的言语反应，以促使学生对自己的所说所为做进一步的反省与探讨，达到辨析并形成自己的价值观的目的。针对团体时，可通过讨论，让每个人都公开表达自己的意见，了解其他人持某种价值观的理由，以促进学生的道德认知和做出正确的道德抉择。

不论应用什么策略，一种观念要真正成为个人的道德价值观，须经历三个阶段，其中包括七个子过程。

1. 选择阶段

(1) 自由选择。让学生思考“你认为你是从什么时候第一次产生这种想法的”。

(2) 从多种可选范围内选择。让学生思考“在你产生这一想法之前，你经常考虑什么事情”。

(3) 充分考虑各种选择的后果之后再行选择。让学生思考“每一种可供选择途径的后果将会怎样”。

2. 赞赏阶段

(1) 喜爱自己的选择并感到满意。让学生考虑“你为这一选择感到高兴吗”。

(2) 愿意公开承认自己的选择。让学生回答“你会把你知道的选择途径告诉你的同学吗”。

3. 行动阶段

(1) 按自己的选择行事。教师可以对学生说：“我知道你赞成什么了，现在你能为它做些什么呢？需要我帮忙吗？”

(2) 作为一种生活方式加以重复。教师问学生：“你知道这一途径已经有一段时间了吗？”

个体只有从头至尾地完成这一过程，才能说他真正具有了某种稳定的价值观念，也才能较持久地指导行动。整个过程实际上就是一个“赋值过程”。

由于价值辨析的方法基本是诱导性的，而不是灌输性、说教性的，因此教师的作用就在于设计各种活动。运用各种策略来诱发学生呈现、陈述、思考、体验并实现某种价值观。教师自己的观点只能作为一个范例，而不是唯一正确的答案。教师必须诱发学生的态度和价值陈述，接受学生的思想、感情和信念，向学生提问或组织集体讨论，帮助学生思考自己的价值观念，但一切抉择都得由学生自己做出。当然，教育者不仅要帮助学生辨析各种价值观念，而且要引导学生自觉、自愿地选择符合社会道德原则的价值观念。

此外，小组道德讨论和角色扮演等方法对学生品德的培养也具有积极作用。

小组道德讨论即让学生在小组中就某个有关道德的典型事件进行讨论，以提高他们的道德判断水平。这是基于柯尔伯格道德判断理论而设计的德育模式。小组讨论的内容一般是能引起学生争议的道德两难故事，通常是根据学生家庭和学校中人与人之间或群体之间各种权利与义务的矛盾冲突关系，编成一个个道德情境故事，也可能是各种媒体报道的一些社会道德问题。小组构成最好是把道德判断、思想认识不同的学生编在一组中，使他们能面对不同的观点。在小组讨论中，教师具有重要作用，他应该了解学生道德发展的有关理论，启发学生积极地思考，做出判断，进行交流辩论。教师也要鼓励学生考虑其他人的意见，协调彼此之间的分歧。就像“精神助产士”那样循循善诱，帮助学生通过讨论提高他们的道德判断能力。

角色扮演是指让学生在团体的活动中扮演一定的角色，按照相应的角色规范进行活动，比如让不太关心班集体的学生在班中担当一定的职务。在担当一定角色的过程中，儿童可以充分理解体现在这一角色身上的规范要求，感受到相应的情绪体验，练习相应的行为方式。而且，这可以进一步改变别人对他的印象，也改变自己对自己的评价和印象，从而引起整个行为系统的改变。

第二节　青少年的价值观

作为祖国未来建设者和接班人的当代青少年，担负着推动社会主义发展、弘扬和传播社会主义核心价值观的重任。同时，青少年具有对社会变化的敏锐觉察力和思想意识的先行性，且表现出一定的代表性和独特性，可以在一定程度上代表中国社会价值取向的发展趋势和价值观教育的总体状况。因此，要把握时代发展脉搏，推动思想政治教育健康发展，首先应了解当代青少年价值观的现状，只有这样才能更有效地进行教育实践。

案例材料

2005年1月上旬，中行黑龙江省分行河松街支行原负责人高山，因涉嫌内外勾结票据诈骗案突然失踪，数亿元资金不知去向，在当地引起强烈震动。近年来，职务犯罪嫌疑人携款外逃已成为经济犯罪和腐败现象的新动向。如何预防和打击这种犯罪行为，斩断贪官外逃的“灰色通道”，成为人们关注的热点。

已故的慈善家余彭年曾公开表明，他的30亿财产不留给儿子。余彭年常说的一句话是：“儿子强于我，留钱做什么？儿子弱于我，留钱做什么？他们有房子住，有工作做，有这些就足够了。”

(资料来源：根据网络资料整理)

价值观是人们关于事物重要性的观念，是依据客体对于主体的重要性，对客体进行价值评判和选择的标准。与高山等外逃贪官迷恋金钱、贪图享乐相比，余老先生生活俭朴，却慷慨捐助社会。这反映了两种截然不同的价值观。

一、青少年价值观及其现状

(一) 价值观的含义

价值观是人们以自身的需要为尺度对事物重要性的认识的观念系统。通俗地说，就是人们认为什么事物最重要、最有意义、最有价值的看法。价值观作为一种观念系统，对人的思想和行为具有一定的导向或调节作用，使之指向一定的目标或带有一定的倾向性。从微观的角度看，价值观是人的世界观的重要组成部分；从宏观的角度看，价值观是特定社会文化体系的核心。

心理学把价值观归于人的个性倾向性，认为价值观作为衡量事物轻重缓急的标准，居于个性倾向性的最高层次。价值观比需要和动机具有更大的概括性，它指导着人的各方面行为并渗透于整个个性之中。正如美国心理学家格林所说：“个性是个人的价值观(努力追求各种目标，如理想、名望、权力、异性等)及其社会化而来的种种特性的总和。”

价值观的基本成分是价值目标、价值手段和价值评价。价值目标、价值手段和价值评价相互联系，构成价值观结构的统一整体。

价值目标是个体思考、确定并追求的对其行动具有重要意义的目标。它涉及“人的行动是为了什么”的问题，成为个体行为的动因，是价值观的核心。价值目标决定着青少年价值观的性质和方向，指导着青少年生活道路和行为方式的选择，推动着青少年社会实践的进程。

价值手段是个体为达到价值目标而采取的途径和方法。它涉及“人怎样行动”的问题，它是价值目标的实际表现。价值手段是实现价值观的保证，它直接关系到选择什么样的生活道路和方式。为了实现价值目标，个体需要对多种手段加以比较分析，选择最佳手段。

价值评价是个体根据一定的价值标准对客观事物有无价值和价值大小做出的判断。它涉及“人的行动有无意义和意义大小”的问题。价值评价是价值观的重要方面，它对人们价值观的确立、维持或改变，以及相应的社会态度和行为起着调控作用。人们在社会生活中，总是会依据一定的价值标准，对人生和社会行为的价值进行评价，并由此产生值不值得、幸不幸福的价值感和意义感，从而对价值目标和手段的方向和程度，以及相应的社会行为产生或促进或维持或阻止或改变的影响。

价值观系统中包括人生价值观、政治价值观、道德价值观、职业价值观、婚恋价值观、消费价值观、审美价值观、人际价值观、宗教价值观、知识价值观、教育价值观、生育价值观、健康价值观等多种价值观。其中，人生价值观占主导地位，决定着总的价值目标，对价值观系统中其他价值观起着制约作用，而其他价值观则是人生价值观的具体体现。

举例来说，在人生道路上，有的人追求学术成就，有的人追求经济收入，有的人追求艺术创作，有的人追求民众福利，有的人追求政治权力，这是人生价值观的不同；在职业选择上，有的人愿意选择收入高的职业，哪怕要承担极大的风险，而有的人则愿意选择稳定可靠的职业，收入上只要过得去就行，这是职业价值观的不同；在选择配偶上，有的人侧重外貌，有的人偏重地位，有的人看重金钱，有的人珍重感情，有的人注重能力，这是婚恋价值观的不同；在购买商品上，有的人喜欢经久耐用，有的人喜欢时髦新颖，有的人喜欢价格便宜，有的人喜欢功能齐全，有的人喜欢美观大方，有的人喜欢高贵豪华，这是消费价值观的不同。人们的价值观不仅是其对人对事态度的决定因素，也是其行动的决定因素。价值观对人的行为具有导向作用。可以说，人的一切行为都是在人的价值观系统指导下进行和完成的。

(二) 青少年价值观的形成

心理学学者通过研究发现，人生价值观的形成必须具备三个条件：①思维的发展水平要达到能够对社会现象进行分析，能够通过各类社会标准评价生活的价值，提出明确的生活设想的程度；②自我意识的发展水平要达到经常能够自我观察、自我分析、自我评价、自我教育的程度，这样才有可能对自己生活的意义进行反思，能初步根据社会的要求来设计人生；③社会性需要的发展，个体要能够认识自己与他人、与社会的关系，认识到承担的社会任务及完成社会任务的意义，这样才能产生对人生的思考，形成对人生价值与意义的认识。以上三点是人生价值观问题进入个体意识领域所必不可少的心理条件。

一般认为，人生价值观在个体意识中产生的时期一般是在青少年初期，基本稳定是在青少年中期。

1. 价值观产生于青少年初期

儿童少年时期，虽然积累了一些对人生零星而感性的经验和体会，但个体对社会生活的意义进行概括的思维能力还没有得到充分发展，其人生价值观问题还没有提到日程上来。当个体进入青少年初期即十五六岁时，三个心理条件便初步达到，于是个体开始思考人生问题，人生价值观开始萌芽。最初的标志是提出对涉及社会生活及与自己前途直接有关的事件的种种疑问，如“人为什么活着”“人活着的意义是什么”“人应该怎样活着”等。但最初对这些问题的思考还不是经常性的，遇到有关的事件时思考，离开有关事件又不思考，还没有达到经常而且主动思考的程度。

个体成长到十七八岁，由于生活上的独立性显著增强，社会活动范围日益扩大，并逐渐承担一些社会义务，接触到升学就业的选择问题，个体对人生的思考就要主动和经常些。对于自己所接触的社会活动和事件，总喜欢从有没有社会意义这方面来考虑。但这一时期对人生意义的思考，涉及的面还不是很宽，看法也不稳定，具有明显的短暂性。一旦自己认为最有价值的目标达不到，又容易产生悲观失望情绪，从而改变对人生意义的看法。外界环境的变化，人际关系的变化，或者遇到一些人生挫折，也可以改变其对人生意义的看法。

2. 价值观基本形成于青少年中期

青少年中期是价值观确立、稳定的重要时期。处于青少年中期的个体，不管是进入大学后所学专业的定向还是对所从事工作的社会意义的认识，其社会任务的性质已比较确定，而且随着时间的推移、知识的增多、智力的发展，个体对其所承担的社会任务在社会生活中的作用和意义的认识也越来越明确。另外，由于个人生活的坎坷，体验到人生的悲欢离合、走运、倒霉，越来越多地看到社会错综复杂的矛盾，也迫使青少年更经常主动和深刻地思考一个凭他的经验难以回答的“人为什么活着”的问题。个体在青少年中期人生观的稳定还不及成年时期，还没有稳定到难以改变的程度，仍具有一定的可塑性。特别是对于大学生而言，一方面，在几年的大学学习期间，他们所承担的社会任务远没有成人那样具体而明确，所以在整个大学阶段，青少年学生的价值观只能说日趋稳定。另一方面，大学生与未上大学而直接就业的青少年相比，虽然在承担社会任务方面不像已就业者那样直接，但在涉及价值观问题的理论方面，则有更多学习和探讨的机会，这又有利于他们更深刻地理解价值观的意义。

(三) 青少年价值观的一般特点

1. 自主性

随着青少年自我意识的发展，他们逐步具有了独立、自主的能力，“成人感”越来越强烈。他们要求享有与成年人同等的地位和权利，要求独立地处理自己的恋爱婚姻、经济开支、工作、学习、休息、娱乐的时间和方式，这就使其价值观具有了自主性的特点。例如，在婚姻价值观上，青少年反对父母包办，主张自由恋爱，注重人品才干而不看重门当户对；在审美价值观上，青少年开始按照自己的审美标准安排生活、购置衣物；在政治价值观上，青少年常常要求与成人平等、民主、自由地探讨问题，喜欢怀疑和争论，反感成人的空洞说教，有时甚至会由此产生过激行为。

2. 阶段性

青少年期是由不成熟走向成熟的跨度较大的时期，因而在青少年期的各个不同阶段，价值观具有不同的特点，体现出明显的阶段性。例如，就青少年所面临的人生课题而言，青少年早期主要是接受教育，青少年中期主要是就业、婚恋，青少年晚期则主要是成就、参与和家庭关系。虽然这些需求互有交叉，但各阶段的主要价值取向则有差异。

3. 广泛性

在青少年期，价值观体系正处于逐步形成之中，青少年所面对的社会化任务日益广泛，其价值观的目标和内容也日益丰富，价值观的广泛性甚至超过了成人期。例如，在学习、友谊、爱情、婚姻、家庭、职业、成才、人际、政治、道德、消费、娱乐等方面，青少年都需确立价值目标，做出价值评价、选择价值手段，他们的价值观也必然具有广泛性。

4. 从众性

青少年在价值目标、价值手段和价值评价上普遍存在从众倾向。青少年喜欢与青少年群体中的同伴在活动的内容和形式上保持一致。青少年中经常出现的各种热潮，实际上很多时候都是一种从众现象。而青少年在活动中所持有的价值观，显然也具有从众性。

5. 新异性

青少年的价值观具有趋向新异事物的特点。新异时髦的社会思潮、艺术流派及服饰装扮，多为青少年所倡导和崇尚，也容易为青少年所接受和肯定。这种新异性特别容易体现在审美价值观上，例如，迪斯科、染发等都是首先在青少年中流行开来的。

6. 短暂性

青少年时期的价值观处于形成过程，许多方面常表现出短暂性。这一方面是由于社会飞速变化的影响，另一方面是青少年自身心理特点的反映。例如，在青少年中，时尚音乐、时尚服饰、时尚语言等方面的各种潮流，其持续时间往往非常有限。在研究青少年价值观时，必须注意这种短暂性特征，不要轻易用以前的研究结果来说明当代青少年的现状，而要经常对青少年价值观进行动态性的研究。

7. 可塑性

青少年的价值观是逐步趋于稳定的，但相对于成人的价值观仍具有很大的可塑性。青少年的生理、心理都还处于成熟过程中，他们在人生历程中必将遇到许多新的问题，加上现代社会的急剧变化，青少年的价值观也会处于边形成边变化的状况。实际上，社会化过程是持续整个一生的，只是青少年期价值观的可塑性大大高于成年期而已。正是由于青少年价值观具有可塑性，才使我们引导、纠正和培养青少年价值观成为可能。

(四) 我国现代青少年价值观的变化

改革开放以来，由于外来文化的影响、市场经济的发展、青少年自身文化素质的提高，青少年价值观发生了深刻而持久的变化。社会主义市场经济的建立和发展，必然会对青少年的价值观产生双重影响。一方面，发展社会主义市场经济给青少年的健康成长创造了有利条件和新的生机，改革本身是一项开创性的事业，改革者需要具备开拓创新的精神、积极进取的态度和勇往直前的气概，这会促使青少年民主观念、公平观念、效益观念、自强自立观念和竞争意识的加强，从而为越来越多的青少年接受并形成具有时代特征、进步向上的价值观提供了可能。另一方面，在我国实行对外开放、引进西方先进的科学技术和管理经验的同时，西方的价值观也不可避免地会随之涌入。以个人主义为核心的价值观在政治上容易导致无政府主义，在生活上容易导致非道德主义，某些人可能会更加自私、贪婪，以致不择手段追求金钱、贪图享受。因而总体上看，现代青少年价值观出现了多样性、复杂性和矛盾性的特点。其中最突出的变化如下。

(1) 在政治价值观上，逐步由冷淡、怀疑变为关切、思考，积极关注和参与改革，民主与法治意识更加强烈，反对空洞的说教，注重实事求是，不轻信盲从，喜欢独立思考。但也有不少青少年政治观念淡漠、政治修养欠缺。

(2) 在人生价值观上，多数青少年寻求个人发展与社会需要的结合点，在集体社会价值的实现中注重个人价值的实现，考虑人生价值目标的主要前提是立志成才、适应和促进社会发展和进步。但也有一些青少年追求个人享受、不求上进、胸无大志、个人主义严重。在道德价值观上，义利分离转变为义利统一，安贫乐道、为富不仁的旧观念已被抛弃，致富成了青少年们新的追求目标。但也有青少年信奉拜金主义，唯利是图，甚至为了金钱铤而走险，走上犯罪的道路。

(3) 在生活价值观上，由刻板、单调、封闭转变为活泼、多样、开放。现代青少年特别喜欢追新求异，充分展现自我。随着人们生活水平的提高，现代生活方式常常首先受到青少年的青睐和欢迎。但有的青少年生活格调不高，花钱无计划，享乐主义严重，个别的甚至参与黄、赌、毒等违法活动。

(4) 在知识价值观上，由轻视知识转为崇尚知识，青少年对知识的追求和学习已蔚然成风，很多青少年认识到“知识可以改变命运”，形成了终身学习的观念。但也有青少年学习意识淡化，学习兴趣不浓，混毕业、混文凭的现象并不少见。

(5) 在职业价值观上，青少年们倾向于既根据社会发展需要和个人发展需要来选择职业，倾向于选择电子技术、信息技术、IT产业、现代管理等现代职业，倾向于选择充满竞争的环境和快节奏的工作，并把经济利益、物质待遇放到了应有的地位。但少数青少年在职业价值观上对个人利益过分的追逐、对金钱不切实际的苛求期盼，以及对趋乐避苦的崇拜令人担忧。

(6) 在婚恋价值观上，由看重门第出身和家庭政治、经济地位而转向注重才华、品格、感情等内在素质，择偶时的自主性不断增加，择偶的方式越来越广泛。但青少年中越来越多的早恋现象应当加以注意和研究。

(7) 在审美价值观上，青少年越来越注重自我的体验，表现出鲜明的个性色彩，大胆追求不同格调、不同色彩、不同意境的多样美，时装的花样翻新和美容的兴起是最明显的例证。但少数青少年审美格调低下，盲目模仿西方，以怪为美，迷恋一些色情、暴力文化，这是需要加以引导的。

二、青少年价值观的引导

青少年的价值观需要引导，也能够引导。我们要摸清青少年的特点，坚持正确的导向，选择恰当的教育内容，采取多种教育方法，促使广大青少年确立正确、科学的价值观。

(一) 坚持正确的价值观导向

青少年是价值目标确立的关键时期，特别需要正确的教育和引导。关心、注重现实，但又不甚了解现实是这一代青少年的特点之一。青少年常常处于理想与现实之间的矛盾和困惑中，有的青少年认为，学校所教的价值观念、道德准则是一幅美丽的图画，但一到社会上就被撕毁了。这一方面说明社会环境日益复杂，价值观教育任务艰巨，另一方面也告诉我们，价值观教育必须努力适应现在的社会环境，使教育内容更好地适应现代化建设的新形势。既要充分认识价值观教育适应当代、指导未来、影响终身的重要意义，不放弃高标准和先进性，又要注意先进性和广泛性的结合，提出为广大青少年可接受的必须达到的基本要求。应使青少年懂得，确立价值目标是重要的，但实现目标的途径更为艰难。要帮助他们认识到人生价值目标确立之后，仍然有着不断巩固和完善这个目标的任务，仍需要坚韧不拔的精神和艰苦奋斗的努力。与此同时，还要不断地与各种错误的价值观念做斗争，培养抵制和战胜各种错误思想的能力。必须引导青少年掌握价值的评价标准和方法。要使青少年逐步懂得，人生的意义和价值就在于对社会所尽的责任和所做的贡献，人们对社会历史使命的认识和所做的工作是衡量人生价值的尺度。要引导青少年构建符合社会要求、适应市场经济需要的积极的合理的成才观念、功利思想和自我意识，进而增强他们抵制“拜金主义”“个人主义”及形形色色腐朽落后思想的内在动力。

(二) 加强价值观引导的针对性

要使对青少年价值观的教育富有实效，必须有的放矢，因势利导，加强引导的针对性。当代青少年价值观的引导是比较艰巨的，这一代青少年缺乏艰苦生活的磨炼，对于未来的生活，国家、父母和学校常常有所安排，因此，他们确立的正确价值观需要的时间比过去的青少年要长，加上社会上各种错误价值观念的影响，使他们在价值观的形成过程中更多地表现出摇摆性和反复性。所以，加强对当代青少年的价值观引导显得尤为重要。要深入研究当代青少年的特点，既要看到他们的长处，也要看到他们的短处，切忌对他们评估忽高忽低，以偏概全，要更多地注意他们的积极面。对于部分青少年身上存在的缺点、错误和消极因素，要满腔热忱、循循善诱，启发引导他们自觉地克服。要注意教育不能满足于一般号召，要坚持“一把钥匙开一把锁”，有理有据、令人信服地回答和解决青少年思考而未澄清、提出而未解决的问题，让他们既弄清道理，又感到温暖。要特别注意消除一些青少年的逆反心理。这一代青少年思想活跃，独立性较强，但他们的实践能力、观察生活的能力、辨别是非的能力和实际生活的能力较差，所以，应在耐心细致、积极引导上下功夫。针对青少年自我意识的特点，对他们进行合理的、正面的教育，是人生价值观教育取得良好效果必须遵循的方法。由于青少年自我意识的分化，他们具备自我观察、自我分析、自我评价的可能性，这是他们自我教育的有利条件。因而教育者充分发挥青少年自我教育的作用十分重要，切忌采取强制、压制的教育手段。青少年的情感容易波动，常处于理想和现实之间的矛盾和困惑中，感性的冲动多于理性的思考，他们常感叹学校教育和社会现实的反差，也感受着外部教育和自己内心价值判断水平、道德水平的矛盾。这就构成了三足鼎立的矛盾碰撞点，内心情感体验往往就在这里产生，这正是教育的着手点。教育者对青少年出现的孤独、矛盾和困惑，不要妄加批评或责难，而要正确地引导。要引导青少年正确对待挫折，帮助他们确立积极乐观的人生态度，提高挫折应对能力。

(三) 采取多种行之有效的引导方法

青少年价值观的引导是一项复杂而艰巨的工作。采取单一固定的方式常常难以奏效。实践表明，针对青少年身心发展的特点，采取多种方式进行教育，可以收到实实在在的效果。

从对象看，应该采取多层次的教育，在青少年中，存在群体差异、年龄差异、性别差异和个体差异等，实施教育应区分不同青少年的特点，采用相应的方法，提出不同的要求。在内容上，围绕价值观引导这个主题，可以有许多专题，应该根据不同需要适当变化，从而进行立体化教育。可以根据不同时期的重点和需要选用，通过各种专题教育的深入开展，可以促使青少年逐步树立起正确的价值观。在形式上，应尽量多样化，如果老是采用一种形式，青少年则会感到厌倦。由于价值观教育本身具有丰富的内容，同时青少年好奇心强，喜欢花样翻新，因而在教育中采取生动活泼、青少年喜闻乐见的形式，融科学性、知识性和趣味性于一炉，就会增强教育的说服力、感染力和吸引力。

总之，青少年期是个体价值观形成并逐步稳定的关键时期，价值观作为指导人的行为的观念体系，对于青少年的人格养成、社会适应和心理健康等都具有极其重要的实质性意义和作用。因此，重视和加强对青少年形成科学正确的价值观的引导，应当成为社会学、心理学、教育学、管理学等领域研究者和工作者的共同任务。

·本章小结·

1. 品德是道德品质的简称，是个体依据一定的社会道德行为准则行动时所表现出来的比较稳定的心理特征和倾向，品德有优劣、好坏之分，是在社会道德舆论的熏陶下，在家庭、学校教育的影响下形成的，它是一种个体现象，是社会现实在个体头脑中的反映，是一定社会道德规范在个体身上的凝结，品德与道德是相互之间密切联系又有区别的两个概念，二者相互依存、相互促进。

2. 品德的心理结构非常复杂，它是由多种心理因素交互作用的综合结果，是多层次、多水平的有机统一整体，包括道德认识、道德情感、道德行为等方面。

3. 青少年的品德心理发展主要可以概括为三点：从接纳到自主的道德判断；从易变到稳定的道德情感；从他律到自律的道德行为。教育者应当采用多种综合手段帮助青少年实现优良的品德发展，包括说服、榜样示范、群体约定、奖励与惩罚等。

4. 价值观是人们以自身的需要为尺度对事物重要性的认识的观念系统，作为一种观念系统，价值观对人的思想和行为具有一定的导向或调节作用，使之指向一定的目标或带有一定的倾向性，价值观既是人的世界观的重要组成部分，又是特定社会的文化体系的核心。

5. 价值观在青少年初期初步形成，在青少年中期基本稳定，青少年的价值观具有自主性、阶段性、广泛性、从众性、新异性、短暂性、可塑性等特点，教育者要引导青少年价值观的发展，坚持正确的导向，选择恰当的教育内容，采取多种教育方法，促使广大青少年确立正确的、科学的价值观。

·习　题·

一、单选题

1. 下列说法错误的是(　　)。

A. 品德是比较稳定的一种特征　　B. 品德没有好坏优劣之分

C. 品德的形成受到多方面影响　　D. 品德是一种个体现象

2. 品德的心理结构不包括 (　　)。

A. 道德认识　　B. 道德情感　　C. 道德行为　　D. 道德规范

3. 价值观的基本成分不包括(　　)。

A. 价值目标　　B. 价值手段　　C. 价值评价　　D. 价值水平

二、判断题

1. 道德与品德完全等同，是同样的概念。　　(　　)

2. 道德行为包括道德行为技能和道德行为习惯。　　(　　)

3. 价值观系统中，人生价值观占据主导地位，决定着总的价值目标。　　(　　)

三、填空题

1. 品德是道德品质的简称，是个体依据一定的社会道德行为准则行动时所表现出来的比较稳定的__________和__________。

2. 从表现形式来看，道德情感可以分为__________的道德情感、__________的道德情感及__________的道德情感。

3. 青少年价值观的特点有__________、__________、广泛性、从众性、新异性、短暂性、__________等特点。

四、简答题

1. 请简述青少年品德发展的主要特点。

2 请简述如何培养青少年的优良品德。

3. 请简述如何引导青少年价值观的发展。

第十一章 我的未来不是梦——青少年的成功

每个人的生命都是有限的，如果能够把握好生命的每一分钟，也就把握了理想的人生，也就能离成功越来越近。然而把握时间仅仅是通往成功的要素之一，青少年如何把握自己的人生和未来，如何才能离成功的顶峰越来越近，并最终摘取成功的果实呢？本章将从青少年的成就动机和青少年的生涯规划这两方面来进行阐述与探讨。

第一节 青少年的成就动机及其激发

一、成就动机及其作用

(一) 成就动机

1. 成就动机的概念

动机是激发和维持个体活动并使该活动指向某一目标的心理倾向和动力，学习动机是直接推动学生学习的一种内部动力，是引起学习活动的动力机制，是学习积极性的最直接因素，是学习得以维持、发生和完成的重要条件。成就动机是最主要的学习动机，是激励个体乐于从事自己认为重要或有价值的工作，并力求获得成功的一种内在驱动力。

成就动机的概念始于默里(H.A.Murray)，他于20世纪30年代提出“成就需要”的概念。默里提出，人格的中心由一系列(20种)需要构成，其中之一即成就需要，这一需要使人表现出下述行为：追求较高的目标，完成困难的任务，竞争并超过别人，并称成就动机为“克服障碍，施展才能，尽好尽快地解决难题”。

关于成就动机的概念，人们的界定不尽一致，究其共同之处有以下三个表现：第一，成就动机促使人追求某一社会条件下比较高的目标；第二，成就动机促使人以较高的水平达到其目标；第三，由于在追求某一社会目标时既可能成功也可能失败，因此成就动机促使人追求成功和回避失败。由此可见，成就动机为一种在较高水平上达到某一卓越的社会目标的需要。

2. 成就动机的特点

根据默里对成就动机的界定及麦克利兰(D.C.McClelland)、阿特金森(J.W.Atkinson)等人关于成就动机理论的阐述，成就动机具有以下特点。

(1) 人的活动总是指向一定的目标，总是力图在某些方面取得成就。

(2) 在克服障碍和困难的过程中，成就动机使人正视所遇到的挫折和失败，表现出极大的韧性和毅力，不达目的决不罢休。

(3) 成就动机具有复杂的多级性，从幼儿到儿童、青少年、成人再到老年，会出现许多不同情况。儿童幼小时，言语学习、生活自理、游戏等是主要活动，他们的成就动机就表现在努力做好这些事情上；入学后的儿童其主要活动是学习，取得优良学习成绩是他们成就动机的主要目标；到了青少年时期，成就动机逐渐复杂化，除了仍追求好的学习成绩，也追求文娱、体育、团体活动上的成功；至于成年人和老年人，他们主要的追求是在劳动、工作、学术等方面有所成就。

(4) 人的成就动机是整个动机体系中的一种，它与求知、自我提高、创造及赞誉、遵从、归属等动机交织在一起，相互渗透，相互作用。

3. 成就动机的经典理论

对成就动机进行科学的实验研究的真正开端始于麦克利兰和阿特金森等人于1953年合著的《成就动机》一书。他们在20世纪40年代末用投射测验来测量成就动机，对默里提出的“成就动机”进行了系统的实验研究，并总结出一套成就动机理论。迄今为止，关于成就动机的研究和理论已经积累了很多，可谓不胜枚举，在这里我们仅介绍较为经典的三个成就动机理论，即麦克利兰、阿特金森和韦纳(B.Weiner)三人的理论。

1) 麦克利兰的成就动机理论

美国哈佛大学教授麦克利兰在20世纪50年代提出的成就动机理论被称为情绪激发理论，它带有享乐主义的色彩。麦克利兰认为，成就动机是一个人人格中非常稳定的特质。个体记忆中存在着与成就相联系的愉快体验，当情境能引起这些愉快的体验时，就能激发起个体的成就动机。他指出，成就动机强的人对学习和工作都非常积极，能够控制自己不受环境影响，并且能善于利用时间。成就动机得分高的人比得分低的人，会取得优良的成绩。麦克利兰把成就动机看作决定个体行为的根本原因，并且将一个民族的成就动机看作社会经济的决定力量。洛威尔(E.L.Lowell)等人的实验表明了高成就动机组比低成就动机组成绩要好。洛威尔等人选取大学生作为被试者，高成就动机组19人，低成就动机组21人，要求他们用一些打乱了的字母去组成普通的词(如把w、t、s、e组成west)。测验时间为20分钟，平均时间为4分钟，分为5个时间段。开始时，两组差别并不大，但随着时间的推移和学习过程的进展，高成就动机组的成绩比低成就动机组的成绩明显要好。7天后，洛威尔等人要求同一批被试者去做加法题，平均时间为2分钟，也分为5个时间段。结果高成就动机组的成绩也明显比低成就动机组好。

麦克利兰和阿特金森等人对人类的成就动机做了长期的实验研究，他们在1953年合著了《成就动机》一书，受到心理学界的广泛关注，确立了成就动机在人类动机体系中的地位。他们采用主题统觉测验等科学的实验方法来研究人类成就动机，激起了后人研究成就动机的热潮。但是，他们把成就动机作为决定个体行为的根本原因，忽视了个体行为的复杂性，忽视了其他因素对个体行为的影响。比如，他们在社会发展方面，忽视了政治、经济、自然条件的影响，把一个民族的成就动机看作经济发展的唯一决定因素，这是一种单一决定论，显然是片面的，并且过于简单化。

2) 阿特金森的成就动机模型

该理论比麦克利兰的成就动机理论稍晚，美国心理学家阿特金森在20世纪60年代提出了成就动机模型(也称期望价值理论)，影响也较大，与麦克利兰的成就动机理论一起在20世纪七八十年代引起了广泛的实证研究。该理论的特征是它可以用数量化的形式来进行说明。阿特金森指出，规定某一动机强度的因素有动机水平、期望和诱因，最初的高成就动机来源于个体生活的家庭或文化群体，特别是个体在幼儿期的教育和训练的影响。个人的成就动机可以分成两部分，其一是力求成功的意向；其二是避免失败的意向。也就是说，成就动机涉及对成功的期望和对失败的担心两者之间的情绪冲突。追求成功的动机是成就需要、对行为成功的主观期望概率及取得成就的诱因值三者乘积的函数，如果用T_s来表示追求成功的倾向，那它由以下三个因素所决定：①对成就的需要(成功的动机)M_s；②该项任务将会成功的可能性 P_s；③成功的诱因值I_s。用公式可表示为：$T_s = M_s \times P_s \times I_s$。

在这个公式中，M_s代表争取成功的相对稳定的倾向(这是用主题统觉测验得到的)；成功的可能性P_s指的是认知目标的期望，或是主体理解到的成功的可能性；I_s为成功的诱因值，这一项被认为是与P_s有相反的关系，也就是$I_s = 1 - P_s$，即当P_s值减小时，成功的诱因值增加。目标的诱因值是一种叫作对成绩自豪的感情。他认为，一个困难任务取得成功以后所体验到的自豪比一个容易任务成功后体验到的自豪感更强，比如说，在经过了几天冥思苦想后解出的数学题比轻而易举地解一道简单的数学题要高兴得多。阿特金森认为：在与成就有关的情景中既能引起对成功的期望，也能引起对失败的担心。决定对失败担心的因素类似于对成功希望的因素，即避免失败的倾向Ta_f是以下三个因素的乘积的函数：①避免失败的动机Ma_f，也就是因失败而体验到的羞愧感的能量；②失败的可能性P_f；③失败的消极诱因值I_f。其公式为：$Ta_f = Ma_f \times P_f \times I_f$。

同前面一样，$I_f = 1 - P_f$，也就是说，失败的可能性减小时，失败的诱因值就增加。失败的诱因值可理解为一种消极的情感，如羞愧、消沉等。那么在一种容易的任务失败后所体验到的羞愧感比一种困难任务失败后的羞愧感要强。由以上得出：作为结果的成就动机由力求成功的倾向的强度减去避免失败的倾向的强度，$Ta = (M_s \times P_s \times I_s) - (Ma_f \times P_f \times I_f)$。如果一个人在一种特定的情境中获得成功的需要大于避免失败的需要，那么他就敢于冒风险去尝试并追求成功。

根据这一理论，如果一个学生获取成就的动机大于避免失败的动机，他们为了要探索一个问题，在遇到一定量的失败之后，反而会提高他们去解决这一问题的愿望，而且另一方面，如果获得成功太容易的话，反而会降低这些学生的动机。研究表明，这种学生最有可能选择成功概率约为50%的任务，因为这种选择能给他们提供最大的现实挑战，他们能抵制不可靠的意见，有自己独立的见解，在学校进行的智力测验中能得到较好的分数。他们对成功完全不可能或稳操胜券的任务，动机水平反而下降。相反，如果一个学生对失败的担心大于获取成就的动机，那么，也有可能由于失败而灰心丧气，由于成功而得到鼓励。这种学生在选择任务时，倾向于选择非常容易或非常困难的任务，选择容易的任务可使他们免遭失败，而选择的任务极其困难，那么即使失败，也可找到适当的借口，从而可减少失败感。麦克利兰的实验研究证实了这一点。成就动机的水平与完成学业任务的质与量紧密相关。高成就动机者在没有外力控制的环境下仍能保持好的表现，在经历失败的过程中，高成就动机者在任务的坚持性上也比低成就动机者强。另外，追求成功者有很强的自信心，有高的成就动机水平和内归因。成功更增强了他们上述的三个特征，使他们更相信自己的能力，一旦失败，他们会认为是自己采取了不合适的策略，没有付出足够的努力，而不会将失败视为缺少能力，他们会更加努力地去完成任务。避免失败的学生正相反，他们的自信心不强，倾向于外归因，由于他们认为自己的能力有限，他们往往设置一些不切合实际的目标，不付出足够的努力，于是导致了又一次的失败，不断的失败导致了他们对自己能力不足的固定看法。将失败归因于缺乏能力，而将成功归因于运气、机遇、任务简单。这样无论成功还是失败对他们都没有积极的影响：成功了，他们不会再付出努力，而一旦失败，却导致他们进一步去避免失败。

阿特金森的成就动机理论模型提出了需要、期望、诱因价值的综合动机理论，把人的动机的情感方面与认知方面统一起来，并用数学模式简明地表述出来，揭示出了影响成就动机的某些变量和规律，并用实验检验，证实了其理论假设的合理性和客观性，这是对传统的动机理论的一种突破性进展，对动机理论的建立和发展有着深远的意义与巨大的贡献，但是这一理论模型还是很不完善的，它并不能很好地说明成就动机的本质，发生、发展的条件，以及影响成就动机的各种变量。其主要的缺陷如下。①人的成就动机被看成仅仅由内部因素所激发，更多地看到内部因素的影响，而没有充分看到外部社会生活条件对人的成就动机的作用。人的成就动机是一种社会性的动机，它的形成、发展和变化都受社会的政治、经济和文化的影响和制约。这个模型忽视或者没有充分地看到这一点，就不可能最终解决个体成就动机的来源，也看不到社会生活条件对人的成就动机和行为的决定性作用。仅仅把成就动机看成个体经验的产物是很不充分、很不彻底的。②这一理论虽然是初步把动机的情感方面和认知方面结合起来的模型，但它对认知的作用的了解是模糊的、笼统的、不具体的。实际上，人的期望、诱因价值都要通过人对环境条件和自身条件的认知作用才能影响人的动机。③对影响成就和行为的内部因素的了解和探讨也是不全面和不够充分的。成就动机作为稳定的人格特征之一，它和整个人格特征的关系也没有进行充分的研究和探讨。

为了更好地理解阿特金森的成就动机理论，我们举一个实际生活中的例子来进行说明。例如，在报考学校的选择问题上，成就动机比较高的学生($M_s>M_f$)往往追求成功而且不怕失败，所以他们选择成功的把握程度为50%的学校，竭尽全力去取得好成绩。而成就动机比较低的学生($M_f>M_s$)害怕失败和产生失望，他们或是选择轻易就会考取的学校，或是选择根本考不上的学校。选择考不上的学校的原因在于自我防卫，因为选择这样的学校即使考不上也不会产生心理上的痛苦。

在学校里，一方面可以采取适当的方法提高学生的成就动机，如可以通过改变课题的难度使课题对学生的意义(即诱因值)发生变化；另一方面可以根据学生的实际情况培养成就动机。

后来，许多学者扩展了阿特金森的成就动机理论。其中有代表性的是雷陆(Rayor)的观点，他认为，过去的成就动机理论强调当前的目标，其实长远的目标对现在的行为有很大影响，应该把当前的目标与长远的目标结合起来，真正的成就动机是由两者结合而产生的。

3) 韦纳的成就动机的归因模式

美国认知心理学家韦纳等人对成就动机进行了归因分析，从认知心理学角度研究了成就动机，在20世纪70年代提出了成就动机的归因模式。他认为，分析一个人成功与失败的关键是理解一个人的成就动机的归因模式。个体对行为成败原因的知觉影响个体成就行为的坚持性、强度和选择。动机的归因理论是奥地利社会心理学家海德(F.Heider)首创的，海德在20世纪50年代指出，一个人的成功，可以归因于自己的努力或能力；一个人的失败，可以归因于环境或他人过错。归因可以是内源的或外源的。内外源的归因中，还可以分为稳定的归因和不稳定的归因。如果把成功归因于能力，就是稳定的归因；如果把成功归因于努力，就是不稳定的归因。韦纳在海德的归因理论的基础上把活动成功和失败的原因归结为4个因素(能力高低、努力程度、任务难易、运气好坏)，又把成败的4个因素分为3个维度(内归因和外归因、稳定归因和非稳定归因、可控制归因和不可控制归因)，将这3个维度和4个因素结合起来，组成了一个归因的“三维度模式”，见表11-1。

表11-1 韦纳的归因三维度模式

三维度	内部的		外部的	
	稳定的	不稳定的	稳定的	不稳定的
	不可控的	可控的	不可控的	不可控的
四因素	能力高低	努力程度	任务难易	运气好坏

如表11-1所示：努力程度、能力高低原因都是内源的，任务难易、运气好坏等原因都是外源的；任务难易、能力高低原因都是稳定的，努力程度、运气好坏原因都是不稳定的；努力等原因都是受个人意志控制的，运气等原因都是不受个人意志控制的。一般我们认为归因理论是对成就需要理论的补充，因为归因理论特别强调成就的获得有赖于对过去工作是成功还是失败的不同归因。如果把成功和失败都归因于自己的努力程度，就会增强今后努力行为的坚持性。反之，如果把成功与失败归因于能力太低、任务太重这些原因，就会降低自身努力行为的坚持性。运气或机遇是不稳定的外部因素。过分地归因于这一因素会使人产生“守株待兔”的坚持行为，也是具有高成就需要的人所不屑为的。有成就需要的人会把成就归因于自己的努力，把失败归因于努力不够。不甘于失败，坚信再努力一下，便会取得成功。相信自己有能力应对，只要尽力而为，没有办不成的事。相反，成就需要不高的人认为努力与成就没有多大关系。他们把失败归因于其他因素，特别是归因于能力不足。成功则被看成是外界因素的结果，如任务难度不大、正好碰上运气等。总之，只有将失败的原因归因于内外部的不稳定因素时，即努力的程度不够和运气不好时，才能使做出行为的人进一步坚持原来的行为。

韦纳从认知心理学的角度把成功和失败的原因分为3个维度，比海德的思想有所发展，并且有助于人们对成就行为的原因进行分析。他认为，我们对成功和失败的归因，会对以后的行为产生重大影响。例如，一个人把考试失败归因于缺乏能力，那么以后考试还会预期失败，这是因为能力是一个稳定性的因素；如果把考试失败归因于运气不佳，那么以后考试不大可能预期失败，这是因为运气是一个不稳定的因素。但是在实际生活中，个人对成功和失败的归因并不一定是成功和失败的真正原因。此外，韦纳认为，一个人的成就行为由对成败原因的知觉决定，个性特点仅起到中介作用，事实上个性特点并非直接通过对成败原因的知觉影响个人的行为，许多研究均表明个性特点是影响成就动机的因素。

(二) 成就动机的作用

成就动机能够推动人们做出努力并取得各种成就。它对个人的发展和社会的进步都具有重要作用，它好像一架强大的“发动机”那样，激励人们努力向上，在前进道路上取得一个又一个的成就，具体表现在以下两方面。

1. 对社会的作用

在当今社会生产力发展水平突飞猛进，新技术日新月异的形势下，国家需要一大批能为实现祖国现代化，为加快祖国建设而贡献力量的高成就动机者。麦克利兰的理论就表明，人们的成就动机与经济的发展具有戏剧性的高相关，高的成就动机能促进经济的发展，反之不利于经济的发展。在我国由劳动密集型向依靠科技进步的社会发展的浪潮中，社会需要大批具有高成就动机的工作者。因此培养学生高的成就动机，有利于促进经济的发展、社会的稳定。同时成就动机也有利于人才的竞争，创新意识的培养。因为成就动机高的人，他们的生活丰富且充实，工作积极性高，有事业心、进取心，他们思维活动的独立性和创造性都强，富有竞争意识，自信心强，从而对社会的发展具有重要的推动作用。

2. 对个体的作用

(1) 有利于学生目标的进一步确立和明确。我们知道目标既是行动的指南，又是行动的动力，没有目标的人就像迷失的船只，只会随波逐流，整天浑浑噩噩，没有什么作为，因而对学生来说，确立合理的目标十分重要。但在目前的高校中，有相当一部分学生的学习动力不足，目标不是十分明确。因此培养学生的成就动机，有利于他们明确自己的学习目标。研究表明成就动机高的人能使其行为具有很强的目标性、针对性，能实事求是地评价自己，进而提出适合自己的目标，并通过自己的实际行动向自己的目标不断前进，最终完成自己的目标。

从动机与人的行为来看，动机是个体行为原因及其表现方式的一种推理性解释，它是人行为的内部原动力。行为是这种内部原动力的一种外部表现形式。学校要调动学生的学习积极性、创造性，就要不断挖掘这种原动力，激发这种机能，使原动力得到充分发挥，从而促进个体不断地进步。

(2) 有利于学生正确价值观的进一步确立。价值观是指一定社会所共同具有的对于区分好与坏的根本的看法，对于某类事物是否具有价值及具有何种价值的根本看法，是人所特有的应该希望什么和应该避免什么的规范化见解，表示主体对客体的一种态度。正确的价值观有利于学生身心的发展，错误的价值观会阻碍学生身心的发展。“学历万能论”“不学习也能拿文凭”等观念和想法时时侵蚀着学生的思想，使得他们的学习积极性不高，学习动力不足。研究表明高成就动机的人，其价值观是科学的、合理的、积极的，对事物、行为有正确的看法。反过来看，科学合理的价值观的形成，对个体自我价值的实现，具有成功的机遇和可能有效发挥个体的成就动机具有重要的作用。因此，加强对学生成就动机的培养，有利于他们正确价值观的进一步确立，进而有利于其自身全面发展。

(3) 有利于学生自我效能感的培养。自我效能感指人们对自己是否能够成功地进行某一成就行为的主观判断。个体的自我效能感越强，他的能量发挥得就越充分，他对成功的渴望也就越大，他的成就动机也就越高，从而促进个体不断进步。成就动机越高的人，他的自我效能感就越强，他的行为积极性就越高，愿意付出努力，并采取一些策略去应对所遇到的问题。而当他克服困难和解决问题之后，他当初的效能感就得到了证实，维持了动机，并提高了自我效能感。

二、影响成就动机的因素

成就动机不是人类生来就有的，而是在后天的学习交往中逐渐形成的。研究表明，影响学生成就动机的因素是多方面的。概括起来可以分为主观和客观两方面。

(一) 主观因素

1. 学生个性特征对其成就动机的影响

处于同一年龄阶段的学生，其成就动机表现出相同的发展趋势，但是由于教育方式、社会条件及学生个性特点的不同，学生的成就动机出现了差异性。

兴趣是一种认识或积极趋近某事物的倾向，它是学生认知需要的情绪表现，是在过去的知识经验，尤其是在愉快体验的基础上形成的。学生的学习兴趣主要表现在对自己所选科目的好恶上，例如，有的学生喜欢计算机，有的喜欢文学，有的喜欢医学等。兴趣实际成了推动学生学习的内部动力，是成就动机一个重要的组成部分，对成就动机产生重要影响。正如我们所说的“兴趣是最好的老师”，这充分说明了兴趣对促进其动力的一种推动作用。

自信心和自尊是成就动机形成的重要影响因素。自信是对自己是否从事某项活动、事务等做出的积极评价，它能激励和鼓励人们以自己的能力和努力去取得成功的力量。自信心和自尊的强弱程度也影响着成就动机的强弱程度。部分学生由于在生理、心理等方面与大多数学生相比存在差异或不足，在一定程度上造成了他们自身的自信心和自尊水平不高，学习积极性不高，进而使得学生的学习动机很低，缺乏获得成功的欲望。而自信心和自尊能够影响他们对过去事件成败的归因，进而影响自身行为的坚持性。

意志是指自觉地确定目标并根据目标调整支配自己的行为，克服困难去实现预定目标的心理过程。坚强意志是成就动机得以保持的重要保障。无论在学习中还是在生活中，我们都会遇到困难，如果没有坚强的意志，遇到点困难我们就有可能退缩，不敢去做，进而就会造成自身对成功的渴望下降，成就动机也随之降低。具有坚强意志品质的人，能够克服各种困难，坚定地去完成已定的目标，他们保持着对成功的无限渴望，这对成就动机的保持具有重要意义。

2. 学生抱负水平对其成就动机的影响

抱负水平是指学生自己设立的目标，以及在学习活动之前，对所能达到的目标做出估计。抱负实际是自己的主观估计，它可能高于实际的成就，也有可能低于实际成就。我们在做某一工作之前，总是对它进行估计。但最后我们完成的效果可能高于事先我们设定的目标，也可能低于我们设定的目标。

由于每个人的个性不同，其抱负的水平也表现出一定的差异性。学生抱负水平不同，对其学习和工作的要求和反应也就不同。例如，一个学生在工作考核或者是学习考试中得到“良”会感到非常高兴，而另一个学生得“良”会感到羞愧。这表明这两个学生的抱负水平和成就动机存在差异，每位学生完成主观愿望的程度成了个人成败的依据。研究表明，抱负水平越高，对成功的渴望也就越大，其成就动机也就越高，反之亦然。当然获得成功的结果有利于提高抱负水平，其成绩越大，其期望成功的动力就越强；经常失败的结果会降低抱负水平，失败越惨重，就越明显。比如一位学生估计自己能考90分，但考试成绩低于90分，那么他下次再定的抱负水平可能会低于90分，反之，则会高于90分。自身的抱负水平成了影响自己成就动机高低的一个重要因素。

(二) 客观因素

1. 社会对学生成就动机形成的影响

由成就需要引起的成就动机是社会和教育等因素在学生头脑中的反映。因此，社会的生活条件、社会风气和舆论等都影响着学生成就动机的形成。很多办学实体把教育看作是一种营利的手段，政策上的不重视加上利益的驱动，使学生的学习条件较差，硬件设施跟不上时代的发展。此外，“学而优则仕”的思想使得学生求学的目的不是获得知识，而是能够获得文凭，从而谋求更好的职业。而在社会用人机制方面，大多数企业、公司和学校在录用职员时，首先考虑的是学历，只有达到规定的档次，才有被录取的资格，否则就不能被录取。这使得学生的学习目的直接指向文凭，造成他们的学习积极性不高，从而影响了其成就动机。

2. 学校对学生成就动机形成的影响

学校教育对学生成就动机的形成起着主导作用。学校教育是一种有计划、有目的进行的正规教育。其教学的方式、课程的设置、校风等对学生成就动机的形成具有重要的意义。在学校教育中，教师的作用是不可忽视的。尽管学生有一定的自制力，但我们也不能轻视教师的作用。教师在教育和教学的过程中，能否准确清晰地向学生传递教学的目的和意义会影响学生成就动机的形成。当学生对所要学习的内容明确后，就会把个人获得的意义和社会的意义联系起来进行权衡和比较，进而内化并产生学习的责任感，以推动自己不断地向前发展。课程的设置会影响学生学习的兴趣，进而影响其成就动机。目前一些学校的课程设置并不合理，不是按照学生的自身学习需要进行安排，而是按照师资进行安排。许多科目本来应该先学基础知识后学应用，但由于师资队伍有限成了先学应用知识，再学习其基础知识。另外，理论联系实际不够，学生希望学习将来工作中直接需要的知识技能，针对性更强，理论与实践的结合要求也就更高，但这种倾向并不是基于成熟的思考，而是具有一定的功利性，在现实的教学工作中往往没有有效引导学生的学习思路，当然也无法做到百分百符合这种要求。这样就使得学生学习兴趣比较低，成就动机不足。教师自身素质对学生成就动机的影响是显而易见的。在学校教育中，学生都喜欢有知识、有能力，有修养的老师。他们会被老师的魅力所征服，进而会向老师不断地学习，激发了其学习的动力，促进了其成就动机的提高。但是目前一些学校的老师理论水平较高，操作能力低下，使得学生学习积极性不高，动力不足。

三、青少年成就动机的培养

成就动机是促进青少年成长、成才、成功的重要因素，培养青少年的成就动机是教师、家长不容推卸的责任，但是也要注意运用正确的方式进行培养与激发。要注意，成就动机以成就需要为基础，培养青少年成就动机的中心环节便是令其形成对成就的需要。只有把握住他们的成就需要，才更利于其成就动机的培养与激发。

(一) 青少年要纠正自己的认知偏差

教育的广泛实践表明，个体对教育的态度及教育信息也是影响学生成就动机的重要因素。学生要对目前的学习与教育形成正确认识，纠正学习就是混文凭的错误认识，树立正确的学习观，使知识就是力量的信念得到不断的内化，激发其学习的兴趣。在自身统一性中形成自我概念。自我概念是指个体对自己的认识和印象，是个体关于自身及其与周围事物关系的认识。它的获得是后天学习的结果。自我概念的动机表现在为促进自身的不断进步适当调节自己的行为，使之与自我概念水平一致。自我概念水平制约着自身的行为。自我概念水平高的人，会给自己制定较高的标准，并力求去实现，成就动机比较高；自我概念水平低的人，会因为害怕失败而在面对问题时犹豫不决，他们看不到自身的力量，积极性不高，成就动机低下。因此，学生既要形成一个自己肯定和接纳的自我概念，也要纠正自我认识上的偏差。

(二) 学校要保持和维护青少年的成就动机

受自身生理、心理等因素的影响，学生学习兴趣低下、自信心不强，自卑现象比较严重。这就需要教育者真心地去关心学生，去关注他们学业上的进步和思想观念的变化，还要保护好他们的自信心。在教学中要积极发现学生学习的兴趣点，找到他们学习的动力，保护好他们学习的积极性和获得的成就感，使得他们愿学、想学，进而又好学，从而激发他们好学上进的斗志，促进他们的成就动机不断提高。功利性和实用性的目的虽然在短时间内可以促其努力学习，但作用不稳定、不持久，容易受偶然因素的影响。同时这种实用性、功利性倾向一旦得到强化就必然导致个人主义的滋长，不利于整个社会的发展，也不利于其成就动机的保持，所以学校要使学生保持和维护自身发展的长久的成就动机，而不是受功利所驱使的一种短暂的动机。

(三) 问题情景的创设——中等难度

成就动机不是本能的、自发的冲动，而是在后天的社会实践和各种情景中形成的。这就要求教育工作者在教学实践过程中加强对学生成就动机的培养。阿特金森的成就动机理论显示：力求成功动机占优势者选择中等困难程度任务的倾向非常显著，因为这为他们提供了最大的现实挑战。教师在教学过程中不但要鼓励成功动机占优势的学生去接受中等困难任务的挑战，而且要鼓励力求避免失败动机占优势的学生去接受中等困难任务的挑战。对于后者，教师要更有耐心，要转变其思想、看法，使之领悟：失败并不可怕，在通往目标的征途中，失败是非常正常的事情，要善于从失败中吸取教训，继续追求成功。当然，教师也要教给学生完成任务的方法，培养他们完成任务所需的技能和技巧，使得他们能一步一步地走向设定的目标，并在此过程中体验到成功的欢乐和喜悦，从而激发起学生追求更大成功的欲望，并使这种成就感不断地延续下去。

(四) 挫折教育

随着学生教育的发展，学生越来越倾向于年轻化，他们的心理、思想还不完全成熟，看问题容易从一个极端滑向另一个极端，对现实中问题和困难缺乏足够的认识和准备。一遇到不顺的事情，就怨天尤人，精神沮丧，陷入痛苦的深渊而不能自拔，对自己的生理、心理造成了巨大的伤害。正如弗洛伊德所说：“厄运(外部挫折)大大增强了超自我中良心的力量。”这说明实施挫折教育对人的健康养成具有重要作用。它还可以使人产生自我张力，即容忍、谦让，使学生能够冷静地面对困难，把挫折看成砥砺人生、增长才干的好机会，坏事变好事。实施挫折教育可以使学生对遇到的困难和问题有正确的认识，提高自己忍受挫折的程度，形成坚强的意志品格，从而有利于成就动机的激发。

(五) 引导青少年对成败恰当归因

归因是指观察者对他人或自己产生的行为结果的原因进行知觉或推断。根据韦纳等心理学家对归因的研究。成就动机高者通常把成功归因于个人的能力或努力，而把失败归因于努力不够，对他们来说，失败并没有降低自信心和对成功的期待，而是更加促使他们努力争取好成绩；成就动机低者常把成功归因于运气，把失败归因于自己能力低，成功对其没有太大的激励作用，而一旦失败却会影响他们努力去避免更大的失败。因此，教育工作者尤其要帮助学生中的失败者进行恰当归因，要引导他们把失败归因于可控因素上，防止产生习得性无助感。

(六) 及时反馈学习结果

让学生知道自己学习的结果，能提高学习的热情，增强进一步学习的动力。因此，我们应及时把学生学习的结果，反馈给学生，使他们了解在学习过程中取得的成绩和不足之处，并引导学生根据自己的情况进行调节，以适应学习的需要。教师也要引导学生树立对成绩的正确态度，尤其要引导“力求避免失败占优势”的学生，在面对不良的成绩时不要陷入习得性无助的状态，否则会降低成就动机。当然还要加强对他们的心理辅导，使之走出失败的阴影，勇敢地面对生活。

第二节 青少年的生涯规划与发展

一、生涯规划及其重要意义

(一) 概念界定

对于“生涯”，目前得到普遍认可的是美国生涯理论专家舒伯(D.E. Super)的观点。舒伯认为：生涯是个人终其一生所扮演角色的整个过程，生涯的发展是以人为中心的，只有个人在寻求它的时候，它才存在。生涯不是作为一个事件或选择的结果而发生的事情。更确切地说，生涯在本质上是持续一生的过程。它受到个人内在和外在力量的影响。生涯是一个人的愿望与可能性之间、理想与现实之间妥协和权衡的产物。生涯发展是一系列选择连续进行的结果。生涯对个人来说是有意义和有价值的。生涯不仅是一个人的职业或工作，还包括生活中的各种角色担当。

生涯规划是职业生涯规划的简称，又称职业生涯设计。职业生涯规划起始于20世纪60年代，并于20世纪90年代中期从欧美国家传入中国，它是指将个人发展与组织发展相结合，对决定一个人职业生涯的主客观因素进行分析、总结和测定，以确定一个人的事业奋斗目标，并选择实现这一事业目标的职业，编制相应工作、教育和培训行动方案，且对每一步骤的时间、顺序和方向做出合理安排的过程。简单来说，生涯规划就是对影响我们生涯发展的经济、社会、心理、教育、生理等各种因素的选择和创造。它通常建立在个体对自我全面、深刻的认识的基础之上，需要结合自身发展的一般性特点。总之，就是一个人对其一生中所从事职业相继历程的预期和计划。

(二) 生涯规划的意义

“人无远虑，必有近忧”，对于个体来说，学业生涯规划的好坏必将影响整个生命历程。我们常常提到的成功与失败，不过是所设定目标的实现与否，目标是决定成败的关键。尤其是对青少年，更需要在人生的早期阶段正确地认识自我、探索自我，制定符合自身实际情况的生涯规划，选择满足社会发展需要和自己有兴趣的专业，积极做好知识、技能、思想、心理诸方面的准备，努力在未来实施生涯规划。实际上，青少年阶段是认识自我的重要时期，是生涯规划形成的关键时期，生涯规划教育应从青少年抓起。

1. 生涯规划对青少年的影响

(1) 生涯规划影响青少年的价值观取向。青少年时期是青少年成长的初期，在这一时期青少年会对自己的人生目标、生活意义和生活价值产生一定的思考，在确定了自己的人生目标后，还会针对是否能够达到和怎样做等问题进行不断思考，这是青少年价值观不断发展的表现。青少年在接受教育和与外界环境接触的过程中会结合自己的实际情况，对社会的需求加以判断，在不断头脑风暴之后确定自己要实现的人生价值目标。生涯规划能够帮助青少年在未来发展目标被夹杂在生活的琐碎之中的道路上更好地前进，能够帮助青少年不断了解自我、实现自我价值，将自身的发展与社会的发展有机结合，进而发掘自己的内在潜能，对各种事物开始有自己的想法和判断，并最终做出正确的决定与选择。

(2) 生涯规划影响青少年的自我形成。青少年时期对自我的不断开发、探索就是形成生涯规划的过程。在青少年时期其以自我为中心的独立意识非常强，对自我的发展提高了关注度，将更多的精力花费在对自我的研究上，从而更加关注社会，希望能够通过社会知识来实现自我的形成。随着年龄的增长，生理和心理上的不断成熟，青少年开始更加关注自我在社会中的价值，为自己的未来做打算，而生涯规划能够促进青少年自我形成，对自己有更深入的了解。在青少年阶段，他们必须经历的就是青春期，青春期的青少年们内心正发生着翻天覆地的变化，对自己的形象更加注重，对自己的身份也重新定位，与此同时，他们也意识到了社会的变化与自己所面临的新挑战，此时他们的心理处于极度矛盾之中，困惑、凌乱的感觉五味杂陈，而生涯规划能够帮助他们获得自我同一性，从而顺利地度过这一时期。

(3) 生涯规划影响青少年的思维水平。时代的发展需要创新型人才的努力和付出，而创新型人才所必须具有的能力就是良好的思维能力。生涯规划有助于提高青少年的思维水平。生涯规划是将青少年的问题进行细化解决的过程，能够让青少年化被动为主动，从困扰中解救出来。要实现生涯规划目标，首先就要将目标进行系统的划分，然后逐一击破、逐一解决。

(4) 生涯规划影响青少年的学习动力。传统的教育方法显然在现代化教学中难以适用，传统的教育方法因教程与实际应用无法有效结合，因此导致学生失去学习动力，一味地为通过考试而学习，对学习不能产生兴趣。青少年在为实现理想时却会在内心凝聚一股力量，迫切地需要能够帮助他们拉近与理想的距离的知识和专长，会主动去解决问题。因此正确的生涯规划能够帮助青少年在没有外力的帮助下保持信心、激发斗志，意识到学习是为了自己而学，并不是为了他人、为了考试而学，进而调动其学习的积极性。

(5) 生涯规划影响青少年的自我调节。青少年在进入青春期后面对一些棘手的问题或者情况会出现叛逆、做事冲动等行为，对情绪和心理很难做到自我掌控，如果情绪失控，则会失去理智，不但不能解决问题，还会造成很多不利影响。生涯规划能够帮助青少年更好地进行自我调节、自我监控，使青少年自己建立解决问题的规则和方式，在生涯规划中遇到一些事情的时候能够不再犹豫，指导自己做出最优选择。

2. 生涯规划对青少年的意义

人的一生中最为黄金的时期就是青少年时期，是每个人从懵懂地看世界逐渐走向成熟的过渡阶段。随着年龄的增长、生理的成熟、认知能力的拓展和思维水平的提高，使得青少年在社会中的地位与角色逐渐转变。在父母面前，他们不再认为自己是个孩子，而是渴望追求自由、不受约束，想要脱离父母的管教，变得叛逆，在与朋友的交往中，与同龄的孩子在一起的时光逐渐增多，共同语言较多。这一重要的过渡时期也是一个人进行生涯规划的关键期。生涯规划对青少年具有重要的意义，具体表现在如下三方面。

首先，生涯规划可以帮助青少年发掘自我潜能，增强个人实力。一个不断修正完善的生涯规划设计可以促使我们：①正确认识自身的个性特质、现有与潜在的资源优势，帮助我们重新对自己的价值进行定位并使其持续增值；②对自己的综合优势与劣势进行对比分析；③树立明确的职业发展目标与职业理想；④有效评估个人目标与现实之间的差距；⑤前瞻与实际相结合地进行职业定位，搜索或发现新的或有潜力的职业机会；⑥学会运用科学的方法、采取可行的步骤与措施，不断增强自己的竞争力，实现自己的职业目标与理想。

其次，生涯规划可以帮助青少年增强发展的目的性与计划性，提升成功的机会。它可以促使学生从入校起就科学地树立目标，避免学习的盲目性和被动性；尽早确定自己的位置，避免“高不成、低不就”；利于查找自身差距，并采取有效的方法，按照自己的目标和理想，有条不紊、循序渐进地努力。

最后，生涯规划可以帮助青少年提升应对竞争的能力。当今社会处在变革的时代，到处都充满着激烈的竞争，职业活动的竞争尤为突出，面对整个就业市场供大于求的严峻局面，要想在这场激烈的竞争中脱颖而出并立于不败之地，必须设计好自己的生涯规划，这样才能做到心中有数，不打无准备之仗。

二、青少年生涯规划的内容

青少年处在生涯规划的探索和起步阶段，根据现有的生涯规划理论，生涯规划基本应包括以下几方面的内容。

一是进行自我评估。即对自己深刻反思，清楚地了解自己。每过一段时间，就对自己的收获、成就及失败之处做个总结，从中得出经验和教训，为下一步的计划做铺垫。这在人的一生中都是应该经常做的事情。自我评估应包括兴趣、性格、技能、特长、思维方式等，要自我认识和他人评价相结合。

二是进行环境分析。理想要与实际相结合，不仅要了解自己，还要认清环境。环境分析包括社会环境、组织环境和各种职业环境的分析，应注意环境条件的特点、发展变化情况和自己与环境的关系。大学毕业生应结合自身的学习生活和实践经验，认真总结分析自己与环境的关系，趋利避害。

三是设定职业生涯的目标。这是职业生涯规划的核心部分，通常有短期目标、中期目标、长期目标之分。长期目标是职业生涯规划的顶点或较高点，也就是理想，但需要细化到具体工作中；中期目标一般是大学毕业后所想从事的某一具体职业；短期目标一般是大学期间素质能力的提高、考试的通过或有用证书的获取。

四是制定行动方案和实施方法。目标明确以后，就必须付诸行动，要制定具体的行动方案和切实可行的实施方法。这是职业生涯规划目标能否实现的关键，也是高校就业部门必须指导的重点。

五是进行评估和反馈。职业生涯规划的目标确定以后，它并不是一成不变、不可更改的，它也要随着主客观条件的变化，适时进行调整和修正。因此，我们在实施过程中，要不断地进行评估和反馈，以适应环境的变化。

三、青少年生涯规划的指导

青少年的成长过程具有时间跨度大、生理心理变化快的特点。本着因材施教的教育原则，应该根据不同层次、不同阶段主体的特点，以分类指导教育的方法，科学设置青少年职业生涯规划教育的内容和方式，分阶段、分步骤地进行实施。

(一) 孕育阶段——培养职业生涯规划意识

此阶段以小学时期为主，要发挥学校教育和家长引导的共同主导作用。小学时期处于职业生涯规划教育的启蒙阶段，也是儿童身心走向成熟的重要时期。小学生在认知、情绪、情感、意志品质、自我意识等方面都有自身的特点。在这个时期，儿童对自己的人生或多或少地有了一定的期望，已经开始对某些特定职业产生最初的、模糊的憧憬。要通过游戏、玩耍、收听收看媒体、观察等方式，让儿童开始发展自我观念，了解自己，了解职业的种类和内容，为今后的职业生涯规划教育打下基础。

因此，在小学阶段，一要按照不同年级，设置相关课程及教学内容。可根据生理成熟、心理发展和社会化进程的年龄特点，分低年级、中年级和高年级三个时期进行；可根据实际情况开设公选课或必修课，引导和帮助学生从小就有意识地进行职业生涯规划，鼓励不同学生根据自己的兴趣和特长，选择各不相同的课程组合，为自己的未来设计一份蓝图。二要通过各种途径增强教师的职业生涯意识和能力。教师要树立关注学生个性发展的观念，注意与学生交流，对学生的个性进行认真观察和指导。各门学科的任课教师要接受职业生涯规划教育的培训，并把职业生涯规划教育渗透于学科教学中。三要开展相关的职业体验活动。社会实践活动作为职业生涯规划教育的重要载体，应当充分发挥其作用。通过开展以职业体验为主题的社会实践活动，为小学生提供一些参观工厂、参与实践的机会，培养小学生职业意识，学校可以开展“社会职业日”活动，每月固定一天邀请社会上不同职业背景的职业人来学校介绍他们的职业情况，以及该职业必须具备的条件，从事职业的感受等。同时，家长要转变观念，树立以孩子的个性和能力为培养基础的养育观，善于观察、注重沟通，加强小学生职业意识培养的日常引导，如有意识地让孩子收看有关职业介绍的节目或阅读有关职业介绍的书籍。家长也可以配合科学的测评手段，更加准确地了解孩子的心理、能力倾向，培育孩子初步的职业意识。

(二) 萌发阶段——树立职业生涯规划意识

此阶段以初中时期为主，要发挥学校主体的教育作用，并充分激发学生职业探索的积极性。初中时期，学生在心理和生理上迅速成长、发育和变化，独立的意识和价值观念开始形成，知识和能力显著增长和增强，初步懂得了社会生产和生活的经验。这段时期，初中生在心理发展、智力发展、自我意识、人际交往、情绪情感等方面都呈现出矛盾性和阶段性的特点，因此这就决定了初中职业生涯规划教育要根据初中生的矛盾性和阶段性特点有针对性地实施，使学生在自我与学习、职业之间建立起积极的联系，在丰富知识学习和塑造个性的同时，增强社会适应能力。

具体而言，学校要分时期、有重点地实施教育，主要从自我觉察、生涯觉察、生涯规划三方面进行，每一方面都包括多个相关的主题，在不同的年级教学内容侧重点也有所不同，例如，初中一年级的内容侧重自我觉察，辅以少部分职业初探；初中二年级以认识生涯类群为主，侧重生涯觉察；初中三年级以生涯规划为主，根据学生的学习基础和个性差异，运用分类指导教育方法，开展不同的职业生涯规划教育，对于要进入高中学习的初中生，开展以学习为主的职业生涯教育，对于毕业后有意进入中职院校学习的初中生，要开展以职业规划为主的职业生涯教育，特别要在填报志愿时进行阶段性的重点辅导，这与高三学生填报志愿的情况相同。

此外，还应发挥职业指导作用和提升职业指导水平，激发学生职业探索的积极性。学校要加强职业价值观教育，使学生树立正确的择业观；建立学生个性档案，全面了解学生的现状和特点；提供职业信息服务，让学生了解职业特点；积极开展咨询指导，帮助学生确立自己的职业定向；组织学生参加校外课外活动和社会公益劳动，培养其职业素质。在对学生进行教育的同时，还要帮助家长开展职业生涯规划的相关培训。要灵活开展各种以职业体验为主题的社会实践活动，如劳技渗透、活动展示、实地参观和实习体验等。

(三) 形成阶段——逐步确立职业生涯规划

此阶段主要以高中时期为主，要强调学校的阶段性重点教育作用，并挖掘学生的自我选择能力。高中时期又称青年初期，约从14、15岁开始到17、18岁结束。经过初中时期生理及心理上的剧变及动荡，高中生的生理及心理均趋于成熟和稳定。高中毕业前青少年要综合考虑自己的需要、兴趣、能力及现实的机会等因素，做出暂时的决定，并且在幻想中、在讨论中、在学业及实践中加以尝试。高中毕业后，青少年要么进入就业市场，要么继续接受教育，这时，他们更重视现实条件，会将一般性的职业选择转为特定的职业选择。

因此，学校要有一个明确的职业生涯规划教育的理念，注重对学生技能的培养，加强与社区及外部的合作。学校还要有明确的、重点突出的职业生涯规划内容：一是职业差异的分析，让学生了解社会，了解就业形势，了解职业对人才素质的要求等，培养学生的职业意识、就业意识、竞争意识；二是个体差异的分析，让学生了解自己的职业兴趣、个性特长，帮助他们选择与自己适合的职业群或专业方向，培养学生自我评价的能力、择业的能力与求职的技巧。特别是在文理分科和填报志愿这两个关键点进行阶段性的重点辅导，结合平时的职业生涯规划教育，让学生能根据自己的实际情况尽早确立自己的职业目标。另外，还要在教学和实践中不断丰富职业生涯规划教育的途径和方法，如设立职业生涯规划指导中心，广泛收集并提供各种职业信息，让学生了解职业特点；进行心理测量与个性鉴定，有针对性地提供咨询服务；积极开展丰富多彩的社会实践活动也必不可少。学校可根据学生不同的职业定向，从“小课堂”到“大课堂”，让学生观察、体验、探索真实的劳动世界。除了进行自主职业考察，还可以设立“分流定向实践点”，结合社会实践进行职业陶冶。通过与社区、企业的合作，让学生广泛地接触从事不同职业的人，认识不同职业的内涵，促进其职业素质的提高，从而确立其职业定向。

(四) 明晰阶段——确立清晰的职业生涯规划

此阶段以大中专时期为主，要发挥大中专院校各具特色的职业生涯规划教育与学生个人的自我定位共同主导的作用。大中专时期是职业生涯中的一个特殊的时期，该时期主要涉及学校和工作前期，特征鲜明，属于职业生涯成长、培训时期。伴随着就业竞争的加剧，目前国内大中专院校陆续开设了职业生涯规划课程，培训的范围也在不断扩大，但不同地区和不同学校的发展差异较大。

因此，大中专院校一要紧密结合各大中专院校的实际情况和专业设置情况，开展针对性强的职业生涯规划教育，开创中国特色的职业生涯规划教育之路。在这方面，国内一些重点高校开展了很好的示范性工作，如北京大学注重个性化服务，首聘学生职业发展导师；清华大学开设全校性选修课，尝试职业生涯同伴教育；中国人民大学建立长效工作机制，实现制度创新；天津大学形成课堂内外合力，鼓励学生创新；中山大学健全课程体系，争取互动合作；广西柳州职业技术学院以精品课程为依托，推行系统教育。对于起步较晚的院校来说，主要是结合自身实际，学习先进经验，不断缩小差距。二要大力支持和鼓励职业生涯规划的实践建设。例如，建立学校与社会人才市场的协作网络，为学生提供实践机会；加大力度建立学生专业社会实践、实习与就业基地，有计划地组织和安排学生开展职业实践活动，让学生未出校门就可先到相关的工作岗位上锻炼一段时间，通过参与社会调研与实践，让学生实现自我与环境的磨合，理论知识与业务能力的融合；加强实践性教学，增加教学环节中的实习、寒暑假的社会实践、参观学习等机会，促进学生更全面、客观地认识社会和职业；盘活校友资源，对已经就业的校友进行跟踪服务，利用其服务的单位为在校生提供实践的机会和基地；加强与人才市场或第三方职业生涯教育单位合作，利用其资源和优势探索出一条把校园和社会、学生和职场有机连接，兼具实践性、深入性、个性化的辅导模式。另外，还要发挥个人主导的作用。在这个阶段，学生个人通过学校、娱乐活动及各种工作经验，经过自我认识、反省，检验所形成自我观念、职业角色的合理性，客观认识自己的能力、兴趣、个性和价值观，深入了解各种职业、行业、需求趋势、关键成功因素，并在此基础上对选定的职业进行修正，从而有效提升职业生涯发展所需的应变和决策技能，学习理论并制定可行的实施方案。

(五) 拓展阶段——实践优化职业生涯规划

此阶段以从业时期(走上工作岗位后七年左右)为主，要发挥个人主导与社会引导相结合的作用。在从业时期，青年的职业生涯已经开始。与其他时期不同，这一时期的职业生涯规划已经付诸实践，一个人的职业定位是否准确、职业道路是否顺畅、职业态度是否正确都将得到全面的检验。在此时期，从业青年从思想到人生观，从自我意识到情感控制都已经达到一种稳定状态，对职业生涯的追求目标明确、行动果断，能够在职业实践中不断地认识自我、定位自我，直至寻求最适合自身的工作岗位，属于职业生涯的优化时期。在这个时期，从业青年个人的自我意识得到充分发展，世界观与人生观基本形成，对外界有着自己独立的判断和思维，个人的行为能力不断提高，表现出主动性、原则性和稳定性的特点。在职业规划中，个人的稳定性明显增加，不再像缺少社会磨炼的在校学生一样，事事都要征求家长、老师的意见并受其影响，而是富有独立性，做事有明确的目标、明晰的步骤，并常常与某种远大的目标相联系。在执行中，碰到一些困难与挫折，也不会轻易放弃或见异思迁，而是想方设法克服困难、清除障碍，直至目标实现，这些都体现了从业青年在社会历练后深入了解自我、了解社会，从而增强了稳定性。

在拓展阶段的职业生涯规划教育中，个人是规划教育实施的主体，个人在职业生涯规划中上升到主导地位，对自己的人生起着主导作用，个人的性格、能力、选择、判断、机遇等因素决定了他(她)是否能够实现自己的职业生涯辉煌。要实现职业生涯辉煌这一目标，个人一要明确自我定位并适时做出调整，自我定位十分重要，在个人职业生涯中起到旗帜的作用；二要充分发挥自身的潜在优势，提升自身执行力，努力朝人生目标前进，每个人的人生目标不同，选择的职业不同，但要取得成功就必须要有个人的努力和付出，要克服各种困难和不利因素；三要努力创造一个良好的外围环境，外围环境对个人的成功十分重要，要根据个人能力利用各种资源创造一个稳定和谐的工作环境。目前针对个人职业生涯规划的理论研究正在国内深入开展，有关职业生涯规划教育机构如雨后春笋般地出现，对从业青年的专业知识、职业兴趣、性格爱好等正在进行多方位的深入分析，初步建立了一系列适应中国实际的理论体系，也出现了一系列实战课程，为帮助青年择业创业提供了很好的指导。与此同时，这一阶段的职业生涯规划也受到国家、社会、单位和家庭的很大影响。积极的国家政策、健康的社会导向、全面的单位培训、良好的家庭支持等对个人职业生涯规划都能起到很好的促进作用。

·本章小结·

1. 动机是激发和维持个体活动并使该活动指向某一目标的心理倾向和动力，学习动机是直接推动学生学习的一种内部动力，是引起学习活动的动力机制，是学习积极性的最直接因素，是学习得以维持、发生和完成的重要条件。成就动机是最主要的学习动机，是激励个体乐于从事自己认为重要或有价值的工作，并力求获得成功的一种内在驱动力。

2. 成就动机的概念始于默里(H.A.Murray)，他于20世纪30年代提出“成就需要”的概念，并称成就动机为“克服障碍，施展才能，尽好尽快地解决难题”。对成就动机进行科学的实验研究的真正开端始于麦克利兰和阿特金森等人于1953年合著的《成就动机》一书。他们在20世纪40年代末用投射测验来测量成就动机，对默里提出的“成就动机”进行了系统的实验研究，并总结出一套成就动机理论。

3. 阿特金森指出，规定某一动机强度的因素有动机水平、期望和诱因，最初的高成就动机来源于个体生活的家庭或文化群体，特别是个体在幼儿期的教育和训练的影响。个人的成就动机可以分成两部分，其一是力求成功的意向；其二是避免失败的意向。也就是说，成就动机涉及对成功的期望和对失败的担心两者之间的情绪冲突。

4. 美国认知心理学家韦纳等人对成就动机进行了归因分析，从认知心理学角度研究了成就动机，在20世纪70年代提出了成就动机的归因模式。他认为，分析一个人成功与失败的关键是理解一个人的成就动机的归因模式。个体对行为成败原因的知觉影响个体成就行为的坚持性、强度和选择。动机的归因理论是奥地利社会心理学家海德(F.Heider)在20世纪50年代首创的，韦纳在海德的归因理论的基础上把活动成功和失败的原因归结为6个因素(努力、能力、运气、任务难度、身心状况及其他因素)，又把成败的6个因素分为3个维度(内归因和外归因、稳定归因和非稳定归因、可控制归因和不可控制归因)，将这3个维度和6个因素结合起来，便组成了一个归因的“三维度模式”。

5. 成就动机的作用现在两方面：对社会的作用、对个体的作用。影响学生成就动机的因素可分为主观和客观两方面。培养青少年成就动机的中心环节便是令其形成对成就的需要，只有把握住他们的成就需要，才更利于其成就动机的培养与激发。

6. 对于“生涯”，目前得到普遍认可的是美国生涯理论专家舒伯(D.E. Super)的观点。舒伯认为，生涯是个人终其一生所扮演角色的整个过程，生涯的发展是以人为中心的，只有个人在寻求它的时候，它才存在。

7. 生涯规划是职业生涯规划的简称，又称职业生涯设计。职业生涯规划起始于20世纪60年代，并于20世纪90年代中期从欧美国家传入中国，它是指将个人发展与组织发展相结合，对决定一个人职业生涯的主客观因素进行分析、总结和测定，以确定一个人的事业奋斗目标，并选择实现这一事业目标的职业，编制相应工作、教育和培训行动方案，且对每一步骤的时间、顺序和方向做出合理安排的过程。

8. 青少年阶段是认识自我的重要时期，是生涯规划形成的关键时期，生涯规划教育应从青少年抓起。青少年的生涯规划的内容应包括：进行自我评估、进行环境分析、设定职业生涯的目标、制定行动方案和实施方法、进行评估和反馈。青少年生涯规划的指导分为五个阶段：孕育阶段——培养职业生涯规划意识；萌发阶段——树立职业生涯规划意识；形成阶段——逐步确立职业生涯规划；明晰阶段——确立清晰的职业生涯规划；拓展阶段——实践优化职业生涯规划。

·习　题·

一、填空题

1. 动机是__________和__________个体活动并使该活动指向某一目标的心理倾向和动力。

2. 学习动机是直接推动学生学习的一种__________，是引起学习活动的动力机制，是学习积极性的最直接因素，是学习得以维持、发生和完成的重要条件。

3. __________是最主要的学习动机，是激励个体乐于从事自己认为重要或有价值的工作，并力求获得成功的一种内在驱动力。

4. 生涯规划是职业生涯规划的简称，又称__________。

5. 青少年阶段是认识自我的重要时期，是生涯规划形成的__________，生涯规划教育应从青少年抓起。

二、单选题

1. 成就动机的概念始于(　　)。

A. 默里　B. 阿特金森　C. 韦纳　D. 舒伯

2. 成就动机进行科学的实验研究的真正开端始于麦克利兰和阿特金森等人于(　　)年合著的《成就动机》一书。

A. 1879　B. 1953　C. 1860　D. 1919

3. (　　)认知心理学家韦纳等人对成就动机进行了归因分析，从认知心理学角度研究了成就动机，在20世纪70年代提出了成就动机的归因模式。

A. 美国　B. 英国　C. 法国　D. 德国

4. 生涯理论专家舒伯认为，生涯是(　　)终其一生所扮演角色的整个过程。

A. 个人　B. 他人　C. 自我　D. 元自我

5. 对于“生涯”，目前得到普遍认可的是美国生涯理论专家(　　)的观点。

A. 默里　B. 阿特金森　C. 韦纳　D. 舒伯

三、多选题

1. 成就动机进行科学的实验研究的真正开端，始于(　　)于1953年合著的《成就动机》一书。

A. 麦克利兰　B. 阿特金森　C. 韦纳
D. 舒伯　E. 默里

2. 韦纳把成败的4个因素分为3个维度(　　)，将这3个维度和4个因素结合起来，便组成了一个归因的“三维度模式”。

A. 内归因和外归因　B. 稳定归因和非稳定归因
C. 可控制归因和不可控制归因　D. 短时归因和长时归因
E. 惯性归因和经验归因

3. 成就动机的作用体现在(　　)。

A. 对社会的作用　B. 对个体的作用
C. 对人生的作用　D. 对未来的作用
E. 对他人的作用

4. 影响学生成就动机的因素可分为(　　)两方面。

A. 主观　B. 客观　C. 宏观
D. 微观　E. 达观

5. 青少年的生涯规划的内容应包括(　　)。

A. 进行自我评估　B. 进行环境分析
C. 设定职业生涯的目标　D. 制定行动方案和实施方法
E. 进行评估和反馈

6. 青少年生涯规划的指导分为(　　)。

A. 孕育阶段　　B. 萌发阶段　　C. 形成阶段

D. 明晰阶段　　E. 拓展阶段

四、名词解释

1. 动机　2. 学习动机　3. 成就动机　4. 生涯　5. 生涯规划

五、简答题

1. 简述阿特金森的成就动机理论。
2. 简述韦纳的归因理论。
3. 简述青少年生涯规划的内容。
4. 简述青少年生涯规划指导的五个阶段。

六、论述题

1. 论述如何运用阿特金森的成就动机理论激发青少年的成就动机。
2. 论述如何运用韦纳的归因理论引导青少年进行正确归因。
3. 论述如何指导青少年的生涯规划。

参考文献

[1] 刘希平等. 发展心理学[M]. 北京：清华大学出版社，2022.
[2] 刘梅. 儿童发展心理学[M]. 北京：清华大学出版社，2010.
[3] 唐卫海等. 教育心理学[M]. 北京：清华大学出版社，2023.
[4] 夏凤琴，姜淑梅. 教育心理学[M]. 2版. 北京：清华大学出版社，2021.
[5] 耿燕等. 人际沟通与社交礼仪[M]. 2版. 北京：清华大学出版社，2023.
[6] 张玉霞. 好的学习是快乐的[M]. 北京：清华大学出版社，2022.
[7] 林崇德. 发展心理学[M]. 3版. 北京：人民教育出版社，2023.
[8] 朱智贤. 儿童心理学[M]. 6版. 北京：人民教育出版社，2018.
[9] 黄希庭，郑涌. 心理学导论[M]. 3版. 北京：人民教育出版社，2015.
[10] 王道俊，郭文安. 教育学[M]. 北京：人民教育出版社，2016.
[11] 张大均. 教育心理学[M]. 北京：人民教育出版社，2015.
[12] 苏彦捷. 发展心理学[M]. 2版. 北京：高等教育出版社，2023.
[13] 杨丽珠，杨文. 毕生发展心理学[M]. 北京：高等教育出版社，2006.
[14] 王振宇. 学前儿童发展心理学[M]. 北京：人民教育出版社，2014.
[15] 刘儒德. 学习心理学[M]. 北京：高等教育出版社，2010.
[16] 何先友. 青少年发展与教育心理学[M]. 北京：高等教育出版社，2016.
[17] 连榕. 发展与教育心理学[M]. 北京：高等教育出版社，2018.
[18] 伍新春，张军. 儿童发展与教育心理学[M]. 北京：高等教育出版社，2020.
[19] 桑青松，罗兴根. 心理学(中学)[M]. 北京：北京大学出版社，2018.
[20] 朱智贤，林崇德. 儿童心理学史[M]. 北京：北京师范大学出版社，2019.
[21] 张厚粲，许燕. 心理学导论[M]. 北京：北京师范大学出版社，2020.
[22] 陈琦，刘儒德. 当代教育心理学[M]. 3版. 北京：北京师范大学出版社，2021.
[23] 彭聃龄. 普通心理学[M]. 5版. 北京：北京师范大学出版社，2022.
[24] 许燕. 人格心理学[M]. 北京：北京师范大学出版社，2020.
[25] 付健中等. 儿童心理学[M]. 北京：北京师范大学出版社，2016.
[26] 陈传锋等. 当代中学生的学习生活与课业负担[M]. 北京：北京师范大学出版社，2011.
[27] 陈威. 小学儿童心理学[M]. 北京：中国人民大学出版社，2021.
[28] 刘翔平. 学校心理学[M]. 2版. 北京：中国人民大学出版社，2021.
[29] 白学军. 心理学基础[M]. 北京：中国人民大学出版社，2020.
[30] 雷雳，马晓辉. 青少年心理学[M]. 北京：中国人民大学出版社，2023.
[31] 雷雳. 毕生发展心理学：发展主题的视角[M]. 2版. 北京：中国人民大学出版社，2022.
[32] 俞国良，辛自强. 社会性发展[M]. 2版. 北京：中国人民大学出版社，2013.
[33] 何先友. 教育心理学[M]. 北京：中国人民大学出版社，2019.
[34] 郑希付. 学校心理健康教育[M]. 北京：中国人民大学出版社，2016.

[35] 樊富珉，何瑾. 团体心理辅导[M]. 2版. 上海：华东师范大学出版社，2022.
[36] 燕国材，岑国桢. 教育心理学[M]. 4版. 上海：华东师范大学出版社，2022.
[37] 皮连生等. 学与教的心理学[M]. 6版. 上海：华东师范大学出版社，2020.
[38] 肖崇好，王晓平. 青少年发展与学习心理[M]. 上海：华东师范大学出版社，2021.
[39] 刘金花. 儿童发展心理学[M]. 上海：华东师范大学出版社，2019年.
[40] 郑雪. 人格心理学[M]. 广州：暨南大学出版社，2022.
[41] 雷雳，马晓晖. 中学生心理学[M]. 杭州：浙江教育出版社，2015.
[42] 王大顺，张彦军. 中学生发展与教育心理学[M]. 西安：陕西师范大学出版社，2020.
[43] 张海芹，田建伟. 小学心理学[M]. 南京：南京大学出版社，2022.
[44] 林昆辉. 家庭心理学[M]. 北京：电子工业出版社，2014.
[45] 陈大伟. 有效教学的理念与实践[M]. 天津：天津教育出版社，2012.
[46] 王成彪. 家庭心理学[M]. 北京：开明出版社，2012.
[47] [英]莉娅•贝里曼等. 发展心理学与你[M]. 陈萍，等译. 北京：北京大学出版社，2010.
[48] [美]劳拉•伯克. 伯克毕生发展心理学[M]. 陈会昌，等译. 北京：中国人民大学出版社，2014.
[49] [美]罗斯•帕克等. 社会性发展[M]. 俞国良，等译. 北京：中国人民大学出版社，2014.
[50] [美] 加里•鲍里奇. 有效教学方法[M]. 9版. 杨鲁新，译. 上海：华东师范大学出版社，2021.
[51] [美]库恩等. 心理学导论——思想与行为的认识之路[M]. 13版. 郑钢，译. 北京：中国轻工业出版社，2014.
[52] [美]菲利普•津巴多等. 心理学与生活[M]. 19版. 王垒，等译. 北京：人民邮电出版社，2016.
[53] [美]戴维•谢弗. 社会性与人格发展[M]. 5版. 陈会昌，等译. 北京：人民邮电出版社，2012.
[54] [美]约翰•桑特洛克. 青少年心理学[M]. 11版. 寇彧，等译. 北京：人民邮电出版社，2013.
[55] [美]罗伯特•费尔德曼. 发展心理学——人的毕生发展[M]. 6版. 苏彦捷，等译. 北京：世界图书出版公司，2013.
[56] [美]爱利克•埃里克森. 童年与社会[M]. 高丹妮，等译. 北京：世界图书出版公司，2018.
[57] [英]鲁道夫•谢弗. 儿童心理学[M]. 王莉译. 北京：电子工业出版社，2010.
[58] [美]简•卢文格. 自我的发展[M]. 韦子木译. 杭州：浙江教育出版社，2019.
[59] [美]沙法丽•萨巴瑞. 父母的觉醒[M]. 王臻译. 上海：上海社会科学院出版社，2013.
[60] [美]沙法丽•萨巴瑞. 家庭的觉醒[M]. 庞岚晶译. 上海：上海社会科学院出版社，2020.
[61] [美]戴尔•卡耐基. 人性的弱点[M]. 朱凡希，等译. 南京：译林出版社，2016.